인문학으로 읽는

금융화폐
자본주의

자본주의의 사기에 속아
언제까지 금융 노예로 살 것인가?

어떻게 살 것인가? 양처럼 살 것인가 아니면 사자가 될 것인가? 만약 지구인 전체가 1,000명이라면 네가 의사해라 당신은 판사하고 내가 변호사를 겸해서 보일러공까지 하겠다는 사회적 합의가 가능하지 않을까? 그러나 적자생존의 경쟁은 인류가 스스로 인구문제를 조절할 수 없다. 맬서스 트랩을 어떻게 극복할 것인가?

이 책에서는 "신은 무엇이며 화폐는 무엇인가?"라는 측면에서 주류 경제학에서 다뤄지지 않았던 도발적인 주제를 제기한다. 성경에서 말하는 신들이 내려와 인간의 딸들과 혼인하여 일하고 전쟁하는 자손을 많이 낳았다는 점을 밝힌다. 우리가 살고 있는 현대 경제 사회 속에서 신들의 세상이 있고 인간들의 세상이 존재한다고 생각해 본 적은 없는가?

우리가 태어나 숨 쉬는 순간부터 관습, 전통, 종교, 역사, 학교 교육에 이르기까지 우리 머릿속에는 관념적이고 감히 건드릴 수 없었던 사회과학적 논리가 존재한다. 수학적 공식으로 위장된 것처럼 보이는 도그마적인 이 논리들을 사례와 가설 형식으로 제시하며 토론하고자 한다. 우리의 눈앞을 가로막고 있는 것은 무엇인가?

지금까지의 경제학 이론들은 세계 최고의 석학들이 과학이라는 가면을 쓰고 연구해 수량화, 계량화 통계화를 거쳐 왔다. 그 가설을 입증하면서 학문적, 논쟁적, 사변적으로 너무 깊이 흐른 결과 인간 삶의 문제와는 동떨어지고 본질이 왜곡된 채 경제학 전문가들의 파벌 다툼으로 변질해 몇십 년 동안 아무것도 수정되지 않고 있다. 이미 저질러진 지난 역사의 현상이나, 독재자에 의해 진행된 폭력 지배 또는 의도적으로 일으킨 사회적 현상에 대하여, 그 사회에 대한 연역적인 수집 방법으로 해석된 경제 논리는 인간들이 미리 상상하거나 추론 또는 합의하여 마련하는 귀납적 경제정책과는 엄청난 오류가 존재한다.

　인류 최초의 계약이란 야훼와 히브리 민족과의 선민 계약으로 시작되었다. 그 후 인류의 모든 계약은 끝없이 지켜야 하는 것으로 관념화되었다. 또한 단 한 번의 출자로 영원히 배당받는 주식회사 제도나 증권거래소 법령으로 관념화된 것이다.

　이 책의 각 장에서 전개할 '화폐와 경제, 정치와 자본주의 300년, 신화와 종교, 자본주의 수정 대안'은 하나하나의 주제가 방대하고 전문적인 스펙트럼을 펼칠 수 있다. 그러나 각 학문 간에 엄청난 높이의 벽과 칸막이가 존재하기 때문에, 전문가뿐만 아니라 일반인은 감히 그 일부조차 접근하기가 상당히 어렵다. 따라서 경제학의 전체적인 스펙트럼을 얼개 형태로나마 알아야 서로 의견을 개진할 수 있다는 점을 고려해 너무 무겁지 않은 수준으로 지금까지의 여러 가지 경제이론을 옴니버스 형태로 소개하고, 이를 바탕으로 혁명적 자본주의 수정 대안을 마련 또는 제시하고자 한다.

인간은 태어날 때부터 관념적 사고로 세뇌된다. 지배 집단이 만든 왜곡된 역사, 윤리, 신학적 지식은 자신과 다른 것을 무조건 배척하게 하는 무서운 신념이 된다. 이런 세속적 사고는 진리가 되어 정상적인 생각을 하지 못하도록 이성을 마비시킨다. 그러면 어떤 사람도 자신이 믿는 것이 절대적인 것처럼 관념화되어 버린다.

우리들이 꿈꾸는 더 나은 세상이란 미래를 건설하기 위해 지성, 이성, 합리성, 사려 깊음, 창의성, 근면성, 과학, 친절함을 사용하는 세상이다. 결코 신앙, 망상, 거짓 종교, 공포, 사이비 과학, 미신, 두려움을 이용하여 사람들을 보이지 않는 힘의 노예로 만들어 무지몽매의 상태에서 유지되는 그런 확신 따위로 만드는 세상이 아니다.

이 책의 1장은 자본주의 300년을 이해하기 위해 근대의 신고전 경제학자 마셜이 주장한 세계를 움직이는 두 가지 힘, 즉 인간의 경제적 욕망과 종교의 본질을 되짚으며 인류의 역사, 사회공동체, 문화, 철학적 자연현상의 방대한 역사를 주마간산(走馬看山)식으로라도 독자들과 함께 생각해 보고자 했다. 2장은 금융과 화폐, 3장은 자본주의 수정 대안을 통해 화폐제도의 수정과 그림자 노동의 사회화 등을 다루었고, 4장은 피눈물 나는 달러 벌기, 마약 수출, 시오니즘, 히틀러의 진짜 전쟁 등 경제 분야를 이야기한다. 5장에서는 가짜 돈의 진실, 부채경제와 기축통화의 진실 등 화폐를 다루었으며, 6장은 러·우 전쟁, 이·팔 전쟁, 팬데믹의 진실, 대중 세뇌, 가짜 선거, 사기 탄핵 등 국제정치를 조명한다. 7장에서는 종교의 야전병원인 관념적 철학을 다루었으며 8장에서는 교회와 돈, 은행과 종교 등 내세사상과 자본주의 연관성을 다루었다.

따라서 이 책은 신화, 자본, 금융, 화폐에만 초점을 맞춘 것이 아니다. 현재의 세상이 어떻게 이런 모습이 되었는지, 우리가 어떻게 관념화되었는지를 알기 위해 학문적 벽을 허물고 접근해 보고자 시도하였다. 이러한 관점에서 신화, 정치, 경제, 화폐, 종교 등의 스펙트럼을 살펴보며 다섯 가지 문제를 제기한다. 첫째, 지배 계층이 후손들에게 학교 교과서로 어떻게 교육('성경', '세계문학' 등)해 왔으며 어떤 효과를 내고 있는지, 둘째, 후손들은 어떤 교육을 받고 세속적 지식('헬라', '헤브라', '마르크스', '프로이트' 등)에 관념화가 되었는지, 셋째, 정보, 통신, 운송, 과학의 발전으로 증가한 '부(富)'를 누가 파괴하고 어떻게 대중을 지배하는지, 넷째, 화폐는 무엇이고 신은 누구인지, 다섯째, 이러한 사회를 바꿀 수 있는 대안은 무엇인지 대화와 토론을 통해 현재의 세상을 살펴보고자 한다.

새로운 사상과 경제질서가 발견되거나 시작되기 전까지는 현재의 사회적 사상 배경과 경제질서를 이해해야 한다. 사회구조와 인간의 심리적 구조, 과학 발전, 종교를 폭넓게 사유하여 물질주의에서 벗어나려는 노력을 통해 자유와 행복한 삶을 상상할 수 있다. 현재 우리가 살고 있는 세상은 어떻게 이런 모습이 되었을까? 이 세상에 우리는 어떻게 프로그래밍 되었는가를 이해해야 현재와 미래의 삶에 대해 대응하고 준비할 수 있다.

현재의 사회가 야수적인 자본주의와 인간 소외가 강화되는 원인과 현상을 단순한 논리로 설명할 수 없다. 이 글에서는 삶과 죽음, 노동과 화폐, 바티칸과 월스트리트, 펜타곤과 전쟁 자본주의, 축적과 소비 등을 통해 교육과 종교로 인한 관념적 사고가 어떻게 자본주의 사회에 길들었는지, "신은 누구인가"에 대한 도발적인 생각과 행동 변화를 탐색한다. 권력 집단은 다양한 전략을 사용해 대다수 피지배 집단이 부당한 불이익을 인식하지 못하도록 한다. 이를 극복하기 위해서는 역사 공부가 중요하다. 역사를 통해 현재의 사회구조가 일시적인 것임을 이해하고, 발전적인 방향으로 사회를 개선해 나갈 비전을 세울 수 있다.

역사의 시작부터 자연과의 타협 또는 극복 과정에서 나타난 종교 문제, 전쟁 과정, 고대부터 현대까지의 정의 개념 변화, 현대사회와 금융과의 관계, 기술 발전에 따른 사회를 운영하는 시스템을 살펴봄으로써 자본주의의 전반적인 메커니즘을 이해하는 데 큰 도움이 될 것이다. 2008년 리먼 브라더스의 금융위기 이후 미국 연방준비제도의 양적완화 정책은 시장에 대량의 달러를 투입했으나, 이는 장기적으로 인플레이션을 촉발하는 위험을 불러왔다. 미국의 양적완화 정책은 전 세계적으로 인플레이션을 일으키고 있으며, 많은 국가가 환율전쟁에 참여하고 있다. 한국에서도 중산층의 몰락과 다양한 형태의 '푸어' 현상이 나타나고 있다. 필자는 이러한 상황의 근본적인 원인으로 인플레이션을 지목한다. 이 책은 이러한 현상의 원인과 우리 삶의 여러 측면을 토론하고자 한다.

기업경영의 성공은 희생을 먹고 자란다. 예컨대 의사가 되려면 많은 시간과 학자금, 인간관계에서 엄청난 대가를 치러야 한다. 프로선수,

영화배우, 뮤지션, 정치인 등도 마찬가지일 것이다. 그러나 교실에서는 가장 적게 실수하는 사람이 성공한 자로 인정받는 교육제도하에서 실수와 실패가 나쁘다고 배우기 때문에 창의적인 지도자가 나올 수 없는 구조다. 반면, 기업 세계에서는 실수를 두려워하지 않는 자가 세상을 새롭게 바꾼다. 독창성과 참신함은 이미 있던 것들을 개량하는 힘, 다시 말해 재배치하는 기술이다. 이는 현상의 문제점을 발견하고 수정을 가하는 능력을 말한다. 독창적 환상을 좇아가기보다는 이미 자신이 축적하고 있는 지식과 새로운 생각을 어떻게 조합하고 수정할 것인가를 출발점으로 삼는다면 제2의 발명가가 되는 것이다. 이 책은 이런 관점에서 확인되지 않은 가설들이라고 생각하는 과거의 역사, 관습 등 그동안 도그마되어 있었거나 고착화되어 있는 이론들에 대하여 독자를 대신해 도발적인 질문과 가설을 제시했다. 따라서 필자는 특정 종교나 인종, 어떤 단체를 폄하하거나 명예를 실추시키려 하지 않았다. 다만, 우리가 지금까지 돈에 대해 생각하지 못했거나 시도하지 않았던 모든 상상력을 동원해 어떤 제한도 두지 않고 생각해 보자는 의미에서 여러 가설 형식을 발췌하며 토론하고자 했다는 점을 밝혀둔다.

경제생활을 이해하는 데는 경제학만으로 충분하지 않다. 정치, 경제, 사회, 종교, 역사에 대한 깊은 이해 없이는 현대 경제학의 문제점을 파악하거나 대안을 제시하기 어렵다. 고전 자유주의 경제학인 '스미즘', 사회주의 경제학으로 알려진 '막시즘', 자본주의 경제학인 '케인즘', 신자유주의 경제학인 '레이거주의', '대처주의' 등은 이미 많은 참고 서적을 통해 알려져 있다. 이 책에서는 최근 주목받는 우파 경제학인 '자본론'과 금융자본주의의 이념적 근거를 탐구하며, 향후 수정 대안을 제시하고 있다. 이를 위해 파격적이고 도전적인 사례와 가설들을 제시하며 토론의 주제나 논거를 제안한다.

창의적인 아이디어와 새로운 창조는 반드시 유명한 주류 지식인만 해낼 수 있는 것이 아니다. 현대사회가 변화되기를 갈망하는 인류에게 무명의 개인도 새로운 사상을 제시할 수 있다는 가능성은 미래 세대의 용기 있는 경제학 공부를 위해서 필요하다. 필자는 학계와 현장의 중간 어디쯤에서 더 실용적인 대안을 찾는 매개자 역할을 하고자 한다.

새로운 경제 3론은 맹목적으로 지식을 습득하는 것이 아닌, 현실과 상식에 부합하는 대안을 모색하는 데 초점을 맞추고 있다. 단순히 지식을 주입하는 방식의 교육은 학문적 사고를 촉진하기보다는 주류 사회에 순응하는 꼭두각시를 양산할 뿐이다. 학문이 단순한 기술로 전락하는 순간, 더 이상 학문이 아니고 그것은 기술로 그 본질을 잃게 된다. 현대 경제학은 종종 기술적인 방식으로 가르쳐져 왔으나, 이제는 유효수요, 한계소비성향, "수요가 공급을 창출한다"라는 케인즈의 이론 또는 "공급이 수요를 창조한다"라는 세이의 법칙 같은 수학적 접근을 넘어서야 한다. 경제학은 통계의 결과에만 집중하기보다는 경제 주체의 의도를 반영하는 분석 모델로 발전해야 할 것이다.

이 책의 제4장부터 8장은 금융자본주의와 화폐자본주의를 설명하기 위해 기획되었다. 제1장부터 3장까지는 자본주의의 보편적 발전 과정과 신화, 종교와의 인과관계를 다루었지만, 제4장부터는 더 획기적이고 도발적인 내용을 담아 독자들과의 토론을 촉진하고자 시도했다. 만약 앞부분이 다소 진부하다거나 지루하게 느껴진다면, 제4장부터 먼저 읽는 것도 좋은 방법일 수 있다. 제5장부터 독자들은 금융과 화폐에 대한 인문학적 사고를 통해 새로운 시각을 갖게 되며, 이는 정신적 귀족으로 거듭날 수 있는 길로 이끌 수도 있다. 이 책을 통해 독자들이 많은 질문을 던지고, 토론하며 대안을 상상할 수 있기를 바란다.

CONTENTS

CONTENTS

PART 1

자본주의 300년은 어떻게 변화했는가?

경제적 행동은 윤리학 및 인간의 가치로부터 분리되었다. 더욱 많이 소유할수록 나는 탐욕스러워질 수밖에 없다. 경제학에서 정치학의 제거와 계급의 배제는 마치 평등하고 이성적인 판단인 것처럼 포장된다.

신화와 자본주의

자본주의를 이야기하는데 왜 신화를 알아야 하는가?

꿈은 개인의 신화이며, 신화는 집단의 꿈이다. 신화의 세계는 우리에게 이 세상을 누가 만들었을까? 이 세상은 어떻게 만들어졌을까? 세상이 만들어진 이유는 무엇일까? 등과 같은 질문에 대한 답을 찾기 위해 끊임없이 요구한다. 신화란 사전적 의미에서 신들에 관한 이야기다. 그렇다면 도대체 신이란 무엇인지에 대한 질문이 뒤따라야 할 것이다. 신은 인간의 삶과 우주에 기능하면서 동기를 부여하는 힘으로, 신화는 인간 삶의 영적 잠재력을 찾는 데 필요한 실마리 같은 것일 것이다.

신화는 사람들에게 자기 내면으로 돌아가는 길을 안내해 주는 나침반 역할을 한다. 사람들은 신화 속에서 메시지를 읽어낼 수도 있다. 그러나 많은 사람이 결국 신화는 거짓말에 불과하다고 말한다. 과연 신화는 거짓말일까? 조셉 캠벨(Joseph Campbell)의 말처럼 신화는 거짓말이 아니라 메타포(metaphor)⁻*에 불과할 뿐이다. 신화는 이 세상을 살아가는

-* 은유, 비유를 통해 그 의미를 나타내는 표현법.

사람들의 꿈이다. 신화는 절망의 위기나 기쁨의 순간, 실패나 성공의 순간에 우리가 어떻게 대처해야 하는지를 가르쳐 준다. 요컨대 신화란 우리가 지금 어디에 있으며 어디로 가야 하는지를 가르쳐 주기도 한다.

BC 10000년경, 신석기 시대와 수렵 문명 시대 이후 농업과 정착 문명이 시작되었다. 당시에는 땅에 씨앗을 뿌리면 싹이 올라오는 것을 새로운 생명이 성장하는 농업 기술을 신의 능력으로 해석한 것 같다. 빙하기가 끝나고 메소포타미아 지역의 빙하가 녹아 대홍수가 발생하면서 바다 수면이 약 150m 상승했다. 이러한 홍수는 수메르 신화와 구약성서에서 신의 보복 또는 응징으로 설명되고 있다.

서구 문명의 뿌리는 중세 이슬람 문명이나 비잔틴 문명에서 시작되었다. 19세기 유럽인들은 그리스 문명이 열등한 햄계나 셈계 인종에 속하는 이집트인이나 페니키아인의 영향을 받지 않은 것처럼 꾸몄다. 전통적으로 통치자의 학문이던 인문학은 이제 유럽인이라는 정체성의 관리자가 되어 유럽 탄생 이전의 과거를 독점하기 위해 고전학을 조작하기 시작한다. 역사 없는 족속들은 인류학의 대상이 되었고 동양은 오리엔탈리즘의 포로가 되었다.[1]

BC 1700~1570년경 동지중해 일대에서 커다란 민족 이동에 따른 정복과 식민이 있었고 이를 통해서도 이 지역주민들과 문화의 혼합이 있었다. 이 민족 이동의 주인공은 오늘날 튀르키예, 시리아, 이라크 접경 지역에 살면서 이미 인도 유럽어족과 섞인 힉소스인이다. 이후 이들은 팔레스타인, 이집트로 이동했고 에게해와 그리스 본토까지 진출했다. 이렇게 본다면 당시 동지중해 일대는 종족적으로나 문화적으로 혼합된 힉소스인의 세계였고 고대 그리스 문명은 그러한 토대에서 나온 것이다.

터키는 서양 역사에서 주역이다. 하지만 터키는 상식적으로도 서양에 속하는 나라가 아니다. 서양 철학의 시조인 탈레스는 터키반도 밀레토스 사람이다. 호메로스, 아낙시만드로스, 아낙시메스, 피타고라스, 디오게네스, 히포크라테스, 헤로도토스 등은 모두 터키반도의 사람들이다.

수메르의 신화적 전승에서 엔키의 신성은 그리스로 건너갔고 프로메테우스는 그것을 이어받았다. 그리스인이 엔릴과 엔키의 신성을 제우스와 프로메테우스에게 연결시킨 반면 히브리인은 그것들을 모두 야훼에게 부여해서 유일신을 만들어 냈다.

최초의 종교적 애도가인 시편은 수메르와 아카드의 시인들에 의해 개발되고 발전된 문학 장르이다. 주기적으로 계속 유린되는 그들의 땅과 도시와 신전들에 대한 그들의 구슬픈 응답이다(이 기원은 BC 24세기인 우르카기나*의 시점까지를 말한다). 성서 시편의 성가들과 매우 비슷하다. 시편에서 왕은 이스라엘의 목자로 찬양되고 미화되며 너는 나의 아들이며 나는 너의 아버지다. 수메르의 작가들은 그 땅의 충실한 목자이며 수메르인들이 그들의 이상적인 메시아로 상상한 수메르의 왕에게 바쳐진 것이다.

최초의 메시아는 수메르 시인들이 우르, 남무에서 시작해 바빌론의 함무라비와 그의 후임자들에 이르기까지 그 땅의 지배자를 엄청난 상

-* 기원전 2300년경 수메르 도시 국가 라가쉬에서 소작농노 및 채무노예들이 민란을 일으켜 우르카기 왕조가 건설됐고 우르카기 왕은 혁명가로서 빚을 탕감하고 채무 노예를 해방하는 칙령을 선포했다.

상력과 과장으로 미화하는 찬미가에서 볼 수 있다. 그들은 왕의 진짜 됨됨이와 믿을만한 역사적 업적들을 말하는 대신에 사람들이 상상하고 갈망하던 이상적인 지배자 수메르의 메시아를 묘사한다.

한편 수메르인은 약 5800년 전 벌써 성곽을 쌓아 도시생활을 했으며, 수메르 도시 중 에리두는 약 7300년 전 이미 세워졌다는 사실을 밝혀내고 있다. 이후 BC 3000년경에 동유럽, 남유럽에서 현재의 터키 아나톨리아(카파토키아) 지역으로 이민족들이 정착하며 아카드족, 히타이트족으로 문명을 유지하다 BC 1200년경 그 지역의 자연재해로 갑자기 사라진 문명이다.

주목할 만한 사실은 100년 전까지만 해도 고대에 수메르인들이 존재했었다는 사실 자체를 아무도 몰랐다는 것이다. 몇백 년 전, 고고학자들과 고전학자들은 메소포타미아로 알려진 중동의 지방을 발굴하기 시작했다. 그러나 그들은 수메르인이 아니라 아시리아인과 바빌로니아인을 찾고 있었다. 그들은 이민족들과 그들의 문명에 관하여 그리스와 히브리 사료들로부터 얻은 상당한 정보를 가지고 있었다.

그러나 수메르와 수메르 민족에 대해서는 어렴풋한 짐작도 하지 못했다. 왜냐하면 그 땅이나 거기에 살았던 사람들에 대한 흔적을 담고 있는 어떠한 문헌 자료도 근대의 학자들에게 전해지지 않았기 때문이다. 수메르라는 이름은 인류의 기억에서 2000년 이상이나 지워졌었다.

그러나 1901년 바빌론 동쪽 수사에서 발견된 함무라비 법전은 최초의 양원제 등 "역사는 수메르에서 시작되었음을 알게 해 주었다." 함무라비 법전에는 인류 역사상 최초의 39가지 사실들이 기록되어 있다.

🪙 유대교의 기원과 기독교

창세기 이야기의 주인공들은 최초로 카인과 아벨의 이야기를 통해, 정착화되는 농업과 커지는 도시의 발전으로 인한 파괴적인 변화에 대한 세계적인 문제에 대해 씨름했다. 창세기에 등장하는 카인과 아벨의 이야기는 예루살렘과 솔로몬의 성전이 외세인 바빌론 제국에 의해 파괴된 BC 587년 경과 관련이 있다. 이 시대에는 이미 토지의 사람과 도시의 사람 사이에 수천 년간 이어진 긴장이 형성되어 있었다.

그들의 도시인 예루살렘에서 바빌론의 수도로 강제 이주한 유대인들은 새로운 문화에 적응하지 않고 저항했다. 포로가 된 유대인들은 바빌론 제국에 대한 반박으로 창세기와 같은 이야기를 창조한 것이다. 이 이야기는 바빌론 제국이 신의 뜻에 따라 세워지고 다스려졌다고 주장하는 구약의 창세기에 나와 있다. 이들은 이 이야기 속 카인을 통해 나타난 부정적인 발전(집약적 농업, 복잡해지는 도시)을 상징적으로 나타내고 있다.

카인의 탄생은 인간 역사상 두 가지 부정적인 발전을 하나의 문화적이고 신화적인 인물로 표현한 것이다. 이 이야기의 원래 의도를 간파하지 못하면 카인은 살인을 한 첫 인간이며 타락한 인간성을 보여주는 것 이외에 더 이상 다른 것이 없다. 그러나 카인과 그의 동생은 훨씬 더 큰 의미를 갖는다. 그들은 힘이 분권화된 것을 좋아하는 사람과 도시에 힘을 열심히 집중하려는 사람의 크나큰 헤어짐을 나타낸다.

지구에 사는 인류의 모습이 어떻게 변화했는지를 보여주는 드라마에서 그들은 배우였고 지금도 그렇다. 그들을 단순히 아담과 이브의 역사적인 후손으로 여긴다면 결코 진실을 바로 전달할 수 없다. 이 이야기를 새롭게 이해하고 두 가지 세계관을 더 많이 알면 알수록 아벨은 목축, 유목 이동하는 생활방식에 고도로 협동적인 인간의 작업을 통해 지구를 위대한 '공유지'로 보는 사람을 대표하고 있다는 인식을 더욱 공고히 할 수 있다.

카인은 '정착지와 시장'이 발생할 수 있도록 인간이 잉여 생산을 위해 흙에서 일할 때 진보가 이루어질 수 있다고 믿는 사람들을 대표한다. 처음에는 촌락이 그 이후에는 도시가 뒤따랐다. 점차 공유지에 울타리를 두르고 결국은 사적 소유권을 허용하는 길을 터 주었다. 오늘날 부자, 법인 그리고 부국들이 공동으로 점유했던 땅과 물을 사적으로 소유해 이익을 내는 수 세기에 걸친 관행을 따라 하고 있다. 카인의 세계관은 수많은 변신을 거쳐 현재까지 번성하고 있다.

바빌론에서 본 것에 항의하면서 쓰인 창세기는 그 당시의 유대인에게 새로운 방향을 모색하게 하고 있다. 바빌론의 세계관과 지배하에 살면서 유대인들은 그들의 디아스포라 세계관의 지혜를 새롭게 보게 되고 그 지혜를 실천할 이야기를 창조하였다. 바빌론에 있던 유대인들은 그들 자신의 실험들(다윗 왕국과 솔로몬 그리고 그 계승자들이 한)이 참담한 실패로 끝났다는 것을 알게 되었다. 그들이 외국 정복자들의 이야기를 들었을 때 정복당한 사람들인 그 당시 유대인들은 어떻게 인간들이 되풀이해서 권력자들의 허울 좋은 거짓말을 믿게끔 꼬임을 당하는가를 그들이 이해할 수 있도록 해 주는 의심할 여지가 없는 이야기가 필요했다.

우리는 에덴동산을 성서적인 역사에서나 존재하는 것 정도로만 생각하라고 가르치는 사람들에게 평생 배워 왔기 때문에 이런 이야기와 실상에 대한 우리 인류의 탐구는 훨씬 더 어려울 수밖에 없었다. 하지만 좀 더 밀도 있게 생각해 보면 신화는 우리의 문화에 있는 것뿐만 아니라 우리 내면 안에 있는 것도 끄집어내 보여준다. '카인과 아벨'의 이야기는 말을 돌려서 하지 않는다. 고대에 이 설화를 만든 사람들은 경쟁 사회가 시샘, 그리고 무엇보다도 살인을 가져올 것임을 명백히 내다보았다.[2]

　한편 인간이 영원히 살고싶은 소망은 예수사건 전까지 율법에는 '메시아'나 '죽음'에 대한 개념이 그리스 신화의 하데스와 같았으며, 죽은 자가 살아 돌아오는 것은 디오니소스 신화에만 존재했다고 한다. 인간은 죽으면 그것으로 끝이었다.

　"너는 먼지이니 흙으로 돌아가라"는 인간의 본질에 대한 고전적인 생각이었다. 인간은 신의 뜻에 따라 살다가 죽으면 그만이라는 생각에서 벗어나, 살아생전에 행복을 추구하고 죽음 이후에도 부활하여 행복을 이어가려는 욕구를 갖기 시작하면서 종교적 혼란이 발생했다. 이러한 죽음의 사상에서 부활의 신앙으로 인류의 종교관이 변화한 이유는 무엇일까? 인간이 신을 믿는 것은 단순히 환상이나 느낌 때문만이 아니다. 인간은 행복을 추구하는 본능을 가지고 있으며, 자신이 행복해질 수 있다고 믿기 때문에 행복한 존재, 즉 신을 믿게 되었다. 인간은 스스로 죽음을 원하지 않기 때문에 불멸의 존재를 믿게 되었다는 것이다.

종교의 근원으로서의 행복 욕구는 인간이 신을 믿는 것이 환상과 느낌 때문만이 아니라 행복해지려는 충동 때문이다. 인간은 행복을 상상하기 때문만이 아니라 스스로 행복해지려 하며, 행복한 존재를 믿는다. 인간은 죽음을 원하지 않기 때문에 불멸의 존재를 믿으며, 자연을 신에게 종속시키는 것을 통해 자연을 자신의 힘 안으로 끌어들일 수 있다고 믿는다. 인간에게 신이 없다는 것은 희망이 없다는 것을 의미한다.[3]

인간에게는 영원히 살고자 하는 소망이 있으나, 이러한 소망을 제한하는 것이 죽음이다. 죽음은 유한성과 사멸성이라는 필연적인 성질을 지닌다. 이 모든 소망을 기독교인들은 자신들의 상상 속에서, 자연을 벗어나고 초월해 있는 존재 안에서 실현하려 한다. 그들은 자연과 세계의 종말을 바라며, 이는 세상을 넘어선 초자연적인 세계, 즉 영원한 천국의 삶에 대한 믿음과 밀접하게 연결되어 있다.

무덤은 죽음의 관념을 구체화한 것이다. 무덤을 만들고 장례식을 치르는 인간 외의 동물은 아직 발견되지 않았다. 죽은 사람들의 공동체인 무덤은 살아 있는 사람들의 공동체에 필수적인 요소가 된다. 장례는 이 두 공동체의 결합 의식이다. 인간은 눈에 보이지 않는 것을 마치 실제로 존재하는 것처럼 상상적으로 창조하는 능력을 지닌다. 무덤과 화폐가 인간만의 특성이라면, 무덤을 성립시킨 조건과 화폐를 성립시킨 조건이 동일하다고 가정할 수 있다. 무덤, 증여, 화폐, 권력은 모두 '죽음의 관념'에 의해 특징지어지는 인간 특유의 현상이다.

증여된 것은 답례를 강요한다. 그리고 이때 죽음의 관념을 띤 증여물이 원초적 '화폐'다. 근대에 이르러 죽음의 관념은 경제나 정치에서 분리되어 종교에 위임되었다. 무덤은 소재적 의미로서의 화폐는 아니지만 "산 자와 죽은 자의 교환"이라는 화폐 형식을 갖는다.

즉, 신화는 인간의 꿈이며 고대 오리엔트신화, 이집트신화, 페르시아신화, 그리스신화에 이르러 그리스인들은 신들에게 인간적 현상을 부여함으로써, 두려운 자연에 한발짝 더 다가서려 한 반면, 예루살렘 정신은 자연은 신이 인간을 위해 만들어 주었기 때문에 신에게 복종하고 죽음도 초월하는 부활신화로 창조된 것이다.

고대 팔레스타인 지역은 처음에는 수렵 채집민들의 사회였다. 유대교와 원시 기독교가 자리 잡기 전에는 애니미즘 신앙, 샤머니즘 신앙, 족장사회의 종교단계를 거쳐 진화했다. 히브리 사람들은 이 지역에서 수메르의 함무라비 왕의 법치주의, 아카드의 샤르곤 왕의 신 '엘릴', '이난나'와 같은 신앙을 수용했으며, 바빌론의 유일신 '마르둑'과도 접했을 것이다. 여호와 하나님이 아담을 부르시며 "네가 어디 있느냐?"라고 물으신 구절은 당시의 수렵 채집 사회와 족장사회의 원시적 신들과 닮았다.

히브리 민족은 자연 발생적인 인류사를 따르지 않고 하나님의 계획과 섭리에 따라 만들어진 민족이기 때문에 그 문화는 매우 다르다. 종교의 근원으로서의 행복 욕구는 인간이 신을 믿는 것이 환상과 느낌 때문만이 아니라 행복해지려는 충동 때문이다. 인간은 행복을 상상하기 때문만이 아니라 스스로 행복해지려 하며, 행복한 존재를 믿는다. 인간은 죽음을 원하지 않기 때문에 불멸의 존재를 믿으며, 자연을 신에게 종속시키는 것을 통해 자연을 자신의 힘 안으로 끌어들일 수 있다고 믿는다.

인간에게 신이 없다는 것은 희망이 없다는 것을 의미한다.[4] 종교의 표현 방식은 신화 혹은 기본 설화이다. 신화는 대개 신들이 세상을 좌우하던 옛 시대를 다루는데, 유대교에서는 이 신화가 역사와 결합되었다. 유대교의 신화는 구원사로 묘사되며 태초 이후 이스라엘 민족에게 집중되었던 이 신화는 결국 현재 시대까지 이어진다.

로마는 무력으로 그리스를 정복했지만, 실제로는 그리스의 앞선 문화 수준에 정복당한 형국이었다. 이러한 배경에는 그리스 신화가 있다. 로마 신화는 그리스 신화의 아류로 여겨질 수 있지만, 우수한 문화를 수용하여 삶을 고양시킨 로마인들의 생각은 새로운 로마 신화를 탄생시키는 밑거름이 되었다. 이질적인 문화에 대한 로마인들의 편견 없는 적극적인 태도가 로마를 역사상 가장 강한 국가로 만든 숨은 무기이다.

최근에 미국은 이라크 땅에 총부리를 겨눠 수메르 유적지들을 파괴하고 바그다드 박물관의 귀한 유물들을 박살 내서 도난당하게 하는 해괴망측한 일을 벌였다. 또한, 고대 알렉산드리아 도서관 화재, 이집트 역사 지우기, 바빌론 역사 왜곡 등 많은 부분 히브리 종교와 관련된 것으로 추정된다.[5]

자본주의의 시작은 '계약'으로부터 시작한 것으로 추정할 수 있다. 인류 최초의 계약은 야훼와 히브리 민족과의 영원한 선민계약으로 시작되었다. 그 후 인류의 모든 계약은 끝없이 지켜야 하는 것으로 관념화되었다. 또한 단 한 번의 출자로 영원히 배당받는 주식회사 제도나 상속의 영원성 증권거래소 법령으로 관념화된 것이다.

이러한 신화와 인간의 정신을 이해하지 못하면 자본주의를 해석할 수 없다. 따라서 신화와 종교, 계약은 서로 연결되어 있다는 것쯤은 상상하며 사유할 수 있도록 자본주의 제도를 설명하고자 한다.

고전적 자본주의와
자유주의

💰 자유주의 전통의 뿌리

역사학자들은 고대 그리스와 로마에서 자유주의적 요소를 발견했지만, 자유주의는 정치적 흐름과 지적 전통, 실천적 노선으로서 17세기경에야 등장했다. 근대성의 위기로는 16세기와 17세기 유럽의 봉건적 질서 해체, 18세기 말 프랑스 혁명과 미국 혁명, 19세기 후반의 민주주의적 사회주의적 대중운동, 20세기 전체주의 정부에 의한 자유주의 사회의 붕괴 등이 있다.

17세기 영국에서 형성된 자유주의적 인간관은 독특한 특징을 가졌고 시간이 지나며 새로운 모습을 띠었지만, 옛 모습을 완전히 잃지는 않았다. 18세기 프랑스 자유주의 작가 콩스탕의 주장에 따르면, 근대인에게 자유는 법의 지배 아래 보호와 간섭받지 않는 독립된 영역을 의미하며 고대인에게 자유는 집단적 의사결정에서 발언권을 의미했다. 그리스인들과 로마인들의 자유 관념은 개인과 공동체에 모두 적용되었으며 이는 외부 통제 없는 자치를 의미했다.

플라톤의 『국가』 제2권에서 글라우콘은 "정의란 잘못을 범하지 않거나 잘못을 당하지 않기 위한 계약이다"라고 말했다. 아리스토텔레스에 따르면, 소피스트인 뤼코프론은 "법의 유일한 목적이 개인의 안전 보장이며, 국가는 정의롭지 못한 일을 방지하는 소극적 기능을 담당하기에 법과 국가는 계약에 의존한다"라고 주장했다.

특히, 자연과 관습을 구분한 소피스트들은 '자연적 노예 상태'라는 관념을 거부했다. 이는 그 당시 그리스인들 사이에서 통용되던 신비주의적이고 엘리트주의적인 국가관에 반대하여 정치적 평등의 교설을 최초로 제시한 소피스트들의 중요한 기여였다. 이에 맞서, 플라톤은 인간의 자유라는 관념을 가장 체계적이고 강력하게 공격한 인물 중 한 명이었다. 레오 스트라우스는 고대적 자연권이 시민의 의무에 근거하는 반면, 홉스나 로크와 같은 근대주의자들이 요구한 자연권은 개인의 권리를 주장한다고 보았다.

🏦 근대 초기의 자유주의

17세기 영국에서 토머스 홉스는 만인의 만인에 대한 투쟁이라는 자연 상태에서 출발해 인위적인 시민연합을 이끌어냈다. 이 시민연합의 상태는 강력한 통치 권력을 가진 무제한적 권위자에 의해 평화가 보장되는 상황이다. 홉스는 인간의 조건을 다루며 고전적인 개념들을 거부했고, 정치제도는 인간의 번영과 덕을 위한 것이 아니라 인간의 자연적 악행을 부분적으로 치유하기 위한 책략으로 보았다.

홉스는 인간의 행복을 자아실현이나 번영의 상태로 이해하는 아리스토텔레스적 관점을 버리고, 대신 인간은 본성이나 주변 환경으로 인해 불가피하게 늘 변화하는 욕구의 대상들을 끊임없이 추구해야 할 운명을 타고났다고 주장한다. 이런 홉스의 사상은 근대성의 징표들로 우리에게 친숙하다. 자연 상태에 있는 모든 인간의 동등한 자유를 평등주의의 관점에서 확고하게 언급한 점, 완전히 세습적인 권리가 부여되는 정치적 권위를 확고히 거부한 점 등이 그 예이다. 한편 로크의 사상은 존 스튜어트 밀의 시대까지 지속되며 영국 자유주의에 분명한 모습을 갖출 수 있도록 도움을 주었다. 로크의 사상은 기독교적 일신론과 깊게 연관되어 있으며, 로크의 자연권은 신이 부여한 자연법 아래에서 우리의 삶을 보호하고 보존하는 데 필요한 조건들을 구체화하고 있다.

로크의 사상에서, 자연법 아래 우리는 자유권과 어느 누구도 침해할 수 없는 재산 소유권을 갖지만, 우리는 여전히 신의 소유물이기 때문에 자신의 자유를 노예 계약처럼 원상 복구할 수 없을 정도로 완전히 양도해서는 안 된다. 또한, 자살을 통해 생명을 버리는 것도 허용되지 않는다. 신의 창조물인 우리는 자연과 우리 자신이 만든 대상물들에 대한 제한 없는 권리를 갖고 있을지 모르지만, 우리는 신이 부여한 법 아래에서 그런 자유를 누리고 행사한다. 이런 자유주의적 소유권이 기독교적 일신론의 맥락 속에서 정당화되는 복합적인 사고는 로크의 주요 정치 저작들이 출판된 후 300년 동안 영국 자유주의의 특징이 되었다. 로크의 사상은 홉스와 스피노자의 사상에서 결여되었거나 부정되었던, 사유재산권과 개인의 자유권을 연결해 주는 주제를 전면에 부각시켰다.

로크의 인식론-*은 비판받을 수 있는 부분이 있으며, 특히 그가 신의 명령에서 자연법의 토대를 찾는 자신의 설명과 양립하기 어려운 측면이 있다. 또한, 로크가 상세히 설명한 소유권 이론은 그 애매함 때문에 논쟁의 여지가 있으며, 이는 소유권이 인간의 노동을 통해 형성된다는 가치 이론과 연관되어 있다. 이러한 점은 훗날 자유주의를 이론화하는 데 있어서 약점으로 지적되었다.

그러나 로크가 제시한 사적 소유라는 주요 권리 없이는 자유가 실패로 끝난다는 주장은 정치사상에 지속적인 영향을 끼쳤으며, 이는 영국 자유주의를 규정하는 중요한 특징 중 하나가 되었다. 로크의 이론은 당시의 사상적 맥락과 사회적 조건에 깊이 뿌리를 두고 있으며, 이는 그의 사상이 오늘날까지도 영향력을 가지는 이유 중 하나이다.

💲 자유주의 핵심 가치

자유주의의 인간관과 사회관을 구성하는 주요 요소로 첫째, 자유주의는 집단보다는 개인을 우선시하는 '개인주의'이다. 둘째, 모든 인간에게 동등한 도덕적 지위를 부여하는 '평등주의'이다. 셋째, 모든 인류의 도덕적 단일성을 인정하는 '보편주의'이다. 넷째, 인간의 삶을 개선할 가능성을 인정하는 '사회개량주의'이다. 이 중에서도 특히 보편주의와 사회개량주의가 핵심적인 구성요소가 된다.

이러한 자유주의의 핵심 요소들을 이론적으로 체계화하고 제시한

-* 인간은 어떻게 알 수 있는가, 안다는 것은 무엇인가, "우리는 무슨 권리로 안다"라고 말할 수 있는가 등의 문제를 탐구하는 학문이다.

사상가는 17세기의 존 로크였다. 18세기에는 인간의 이성과 역사의 진
보를 신뢰하는 계몽주의가 확산되면서, 자유주의는 이와 결합되어 그
전통을 더욱 확고하게 다져나갔다. 로크와 계몽주의 사상가들의 기여
로 인해, 자유주의는 현대사회의 중요한 이념적 토대 중 하나로 자리
잡게 되었다.

특히 애덤 스미스는 자유주의의 원리를 체계적이고 포괄적으로 이론
화하여 후대에 큰 영향을 주었다. 그러나 1970년대 후반, 케인즈주의
의 문제점이 드러나기 시작하면서 하이에크, 미제스, 노직, 뷰캐넌 등
을 중심으로 고전적 자유주의를 부활시키려는 움직임이 다시 일어났
다.

🏦 자유주의의 여정

구릉 위에 하나의 성이 있고, 이 성주 위에 성주의 토지가 있다. 멀
리 떨어져서 농민들의 마을이 있다. 농민은 성주의 토지에서 보수 없
이 노동 즉, 부역할 의무가 있다. 장원제는 농민의 착취에 기초한다. 하
지만 이 착취에는 분명한 한계가 있다. 왜냐하면 농민이 영주를 위해
영지에서 수확하는 곡물과 조세로서 납부해야 하는 가축은 보통 판매
되지 않기 때문이다. 아직 농산물 시장은 존재하지 않았고, 각자 자신
이 소비하는 곡물을 재배했다. 그래서 농민도 영주가 가족 및 하인들
과 함께 소비하는 것 이상으로 영주를 위해 노동할 필요가 없었다. 영
주 계급은 농민의 노동에 대한 반대급부로 하나의 사회적 임무 즉, 외
적에 대하여 영지를 방위하는 임무를 맡는다. 이것은 군대 제도의 변
혁과 밀접하게 연결되어 있다.

교통이 나쁜 시대에, 영주와 그의 하인들은 공통의 적과 싸우기 위해 도보로 전투를 수행할 수 없었다. 적들이 주로 말을 타고 왔기 때문에, 영주와 그를 따르는 하인들로 이루어진 군대도 당연히 기사군으로 편성되었다. 봉건 국가의 국가 생활이 기사 계급에 제공한 기회를 제외하더라도 자발적인 교류가 기사 생활자들을 결합시켰다. 농민은 동네의 이웃밖에 알 수 없었던 반면, 기사 계급의 생활은 제한된 영역의 경계를 넘어 다양한 교류를 경험할 수 있는 많은 기회를 제공했다.

그러나 14세기 중반 이후, 봉건제에서 근대국가 체제로 전환되면서 화폐 임금을 위해 정신노동을 판매하는 한 계급을 형성한다. 관료기구, 즉 새로운 공무원제도이다. 근대국가는 동시에 용병 군대의 창설을 통해 민족의 구 지배계급인 기사 계급으로부터 존재 기반을 빼앗는다. 15세기에는 유럽의 옛 농경지에서 인구가 더욱 과밀해졌다. 많은 지방에서 이미 경지가 보통 4분의 1로 줄어들었다. 그리고 그 밖에도, 나중에 태어난 많은 농민의 자식들로부터 소작인 혹은 소농 계급이 형성되었다.

소유한 토지만으로는 농민 가족에게 더 이상 일상의 양식을 보장할 수 없었다. 농민이 자신의 소유로부터 얻는 매우 부족한 양식을 보충하기 위해서는 두 가지 길이 있었다. 첫째는, 이제까지 놀고 있던 많은 시간에 자신과 가족의 노동력을 이용하는 방법이었다. 이를 통해 농촌에 자본주의적 가내공업이 등장하며, 그중에서도 자본주의적 도매상인에게 봉사하는 옛 농민과 일용 소작인에 의해 경영되는 방적업과 직물업이 발생했다. 둘째는, 상속 재산이 없는 농민의 자식들이 도시로 이주하는 것이었다. 이주자의 증대는 도시의 세습적 수공업자들 사이에서

인문학으로 읽는 금융화폐 **자본주의**

경쟁 상대를 염려해야 했다. 그래서 수공업자의 조직, 즉 동업조합은 생업으로서 수공업자와 장인이 되는 길을 점점 더 제한하기 시작했다.

도시로 이주한 농민의 자식들은 더 이상 독립된 장인이 되리라는 꿈을 접고 장인과의 대립을 의식하게 되며, 그 결과 전투적인 직인 운동이 발생한다. 다른 한편으로, 수공업의 기회를 얻지 못해 오직 목숨만 부지할 정도의 임금을 위해 노동력을 팔아야만 하는 프롤레타리아의 수가 도시 근교에서 증가한다. 자본가(상인, 대금업자, 토지소유자)는 이것을 기회로 포착하여 그들을 노동자로 고용하고 자본주의적 공장이 생긴다. 도시에서는 처음으로 자본주의적 매뉴팩처가 등장하고 도시 시민 계급의 수와 부유함이 증대된다.

이후 자본주의 경영은 기계를 사용하는 공장으로 전진했다. 방적기계와 기계직기, 그리고 증기기관은 산업자본의 도구가 되었다. 이러한 새로운 무기로 무장한 자본의 근대 공장은 먼저 농민의 오랜 가내공업을 파괴했다. 방적기계는 겨우 몇십 년 만에 가내 방적업에 종지부를 찍고, 기계직기는 가내 직물업을 제한했다. 겨울 동안 농민 가족의 부업과 부수입은 박탈되었다. 농민은 점점 더 순수한 농업인이 되었고, 자본주의 공업은 더 이상 생산적 부업거리를 남기지 않았다. 궁핍한 가계의 잉여는 소멸해 버렸다. 농민의 생산은 도시에 농산물을 제공하는 노동으로 전환되었고, 농민은 자본주의 공업의 생산물을 구매하기 위해 자신의 생산물을 판매해야 했다.

탈곡하는 데에도 증기 탈곡기를 사용하자 농민의 자녀들은 농촌에서 더 이상 자신의 자리를 찾을 수 없었다. 그 결과, 농민의 자녀들은 토지를 떠나 대공업 지역으로 이동하게 되었다. 이러한 산업화 과정에서 근대 자본주의는 주민들을 그들의 전통적인 뿌리에서 뽑아내고, 지역적, 직업적으로 재편함으로써 계급 형성과 직업 형성 과정에서 그들을 분리시켰다. 근대 자본주의의 뿌리인 자유주의 사상은 민주주의의 수단과 보통 선거권을 통해 작업을 완수했다.[6]

중세 초기의 부는 모두 거의 전적으로 토지 소유로 이루어져 있었다. 초기에는 모든 부유한 사람들이 지주였으며, 대지주들이(교회를 제외하고) 귀족을 형성하고 있었다. 그 당시에는 부유한 시민 계층이 전혀 존재하지 않았다. 그러나 13세기와 14세기부터 이러한 상황이 변하기 시작했다. 이 시기에 봉건제의 관계 속에서는 생겨나지 않았던 큰 재산이 공공연하게 증가했다. 특히 이탈리아에서는 거대한 화폐 재산이 급속도로 늘어났다.

이탈리아가 13세기와 14세기에 경험한 이 변화는 독일에서는 15세기와 16세기에 일어났다. 독일 남부와 헝가리에서는 금광과 은광이 개발되었고, 이어서 아메리카의 은 자원 개발과 거대한 금융업이 등장하며, 푸거 시대가 시작되었다. 17세기에는 네덜란드가 이 경향을 이어받았다. 스페인과 포르투갈은 식민지 약탈을 통해 극동의 부의 원천을 개발했고, 17세기에는 프랑스와 영국에서도 부의 형성이 시작되었다. 1600년에서 1800년 사이의 200년 동안 새로운 화폐 재산으로 완전히 새로운 사회계층이 형성되었다.[7]

당시 존 로크가 주장한 사적 소유권에 대한 부르주아들의 재산권 옹호의 주된 목적은 그들의 무제한적인 재산축적을 정당화하기보다는 왕에 의한 부르주아들의 재산 탈취를 막기 위함이었다고 볼 수 있다. 이

시기에 왕과 로버트 필머 경은 왕권신수설을 주장하고 있었으나, 의회
파의 신흥 세력들은 왕의 전쟁 결정이나 징세권에 대해 의회의 승인을
요구하는 주장을 관철시켰다.[8]

1776년 영국 관세청 직원이자 경제학자인 애덤 스미스는 『국부론』에
서 수요와 공급의 원리에 따른 시장의 자동조절 기능을 설명한다. 자
유주의 이전의 경제는 경제활동에 근거한 국가 개입으로 이익을 보는
것은 왕정 체제하의 정치세력과 결탁한 상업자본가들이었다. 상업자
본가들에게 도전하는 신흥산업자본가들은 경제활동의 자유를 억압당
했다. 교회에서 불완전하고 탐욕스러운 인간에게 세상사를 맡기면 세
상이 타락하고 만다고 경고했기 때문이었다. 따라서 신의 섭리에 따라
세상을 통제해야 함을 주장한 결과 이익을 보는 것은 성직자 계층이었
다.

역사의 전면에 새로이 등장한 산업자본가라는 신흥 세력은 산업혁명
을 배경으로 경제 분야에서 역량을 계속 강화하고 있었지만 굳건하게
자리 잡은 기득권 세력의 논리와 사상 체계에 맞설 수 있는 대항 이론
과 사상 체계가 없었다. 간단히 말해, 그들은 상당히 억울함을 느끼고
있었지만, 어떻게 대응해야 할지 몰랐던 상태였다.

애덤 스미스의 『국부론』은 세계를 변화시키기 시작했으며, 산업자본
가 세력은 자신들만의 대항 논리와 사상 체계를 갖추게 되었다.[9] 당시
교회와 군주가 부과한 경제활동에 대한 제약과 규제는 고리대금업의
금지, 정당한 가격 설정(종교 관리들에 의한 이윤 제한 관행), 광고의 금지, 촛불
을 사용해 야간작업 금지, 장인이 고용할 수 있는 견습공 수 제한, 발
명품에 대한 통제, 그리고 왕실 독점과의 경쟁 금지 등이 있다.

상업자본가들과 절대왕정, 교회가 주도하던 중상주의 체제가 몰락하고, 산업자본가들과 새로운 정치세력이 주도하는 자본주의 체제가 새로운 세계질서의 규범으로 자리 잡았다. 심지어 교회조차도 "프로테스탄티즘의 윤리와 자본주의 정신"(막스 베버)의 관계를 인정하며 산업자본가들의 논리와 발맞추었다. 부유해진 기업가들의 자녀들은 성공적인 기업경영을 통해 지배계급에 진입했다. 한편, 귀족들은 이러한 벼락부자들의 부를 시기하며, 공장 노동자들의 물질적 및 도덕적 조건을 조사해 기업가들의 저축을 착취의 산물로 비난했다.[10]

막스 베버는 국왕과 구교가 신과 인간 사이에 끼어드는 것을 반대하고 당시의 교회와 귀족 권력에 저항하고 새로운 사회질서를 주장하는 자유주의 기업가 정신이 그리스도교의 프로테스탄트 윤리에서 나왔다고 주장하고 좀바르트는 15세기 말 에스파냐에서 쫓겨난 유대교도들이 16세기 초 네덜란드로 가서 그들의 자본과 신용에 의지하여 자본주의 발전을 도왔을 뿐만 아니라 네덜란드를 거쳐 그들의 정신이 영국에 전해졌다고 주장했다.[11] 자본주의의 발전은 생활 단위가 장원이라는 공동체에서 상공업을 운영하는 개인으로 변함에 따라 사람들의 생활양식과 사고방식도 중세의 공동체주의에서 개인주의라는 근대적인 모습으로 바뀌었다.[12]

당시의 귀족들과 교회 권력의 견해는 대체로 상속받은 재산에 대하여 호의적이었다. 특히 상업과 제조업을 통해 벌어들인 재산은 매우 경멸했다. 재산은 상속받은 것이면 도덕적으로 더할 나위 없는 것이다. 그러나 스스로 땀을 흘려 벌어들인 것이라면 더러운 것이다. 그들은 상품과 서비스를 제공하고 사고팔며 발명과 제조업을 개척하는 통속적인 기술을 존중하지 않았다. 그들은 경제 논리에 대한 지식이 전혀 없거나 어두웠으며 정치적 수완과 전쟁, 연회와 여흥, 의젓함과 후한 씀씀이 의식과 놀이에 대한 솜씨를 찬양했다. 그들은 느슨하고 태평스러웠으며 사치스러운 생활을 하는 것으로 만족했다.

다음 세대는 더욱 능률적이고 더욱 상상력이 풍부하며 더욱 많은 이익을 낼 수 있는 운영 방법을 모색하기 시작했다. 이런 변천을 통해 중상주의가 자본주의로 넘어갔다.[13] 전 근대 당시 한 인간의 운명은 자신의 능력과 노력보다도 혈통에 의해서 결정되었다. 이러한 사회에서 노예적인 상황에 처한 인간들이 자신의 운명을 바꾸기 위해서 할 수 있는 것은 능력과 소질 계발보다는 죽은 후에 천국에 가기를 빌거나 아니면 내세에서 고귀한 신분으로 태어나기를 기원하는 것밖에 없었다.

자유주의는 인간을 자유롭게 두었을 때, 그들이 이성적이고 고상한 행동을 할 것이라고 믿었다. 하지만 실제로 사람들은 자유로운 상태에서 이기적이고 저급한 욕망, 특히 남을 지배하며 느끼는 쾌감을 추구하는 경우가 많았다. 이를 통해 볼 때, 자유주의 창시자들은 사람들 간의 능력 차이를 과소평가했을 가능성이 있다. 그들은 모든 인간이 이성적이라는 가정하에 사람들의 능력이 크게 다르지 않다고 여기며, 정치적 자유만이 평등한 사회를 실현할 수 있다고 생각했다. 그러나 실제로 인간의 능력은 매우 다양하며, 노력의 정도도 천차만별이다. 그래서 자유주의 사회는 불가피하게 불평등한 사회가 되었다.

자유주의 사회는 기회균등을 외치지만 경제 권력으로서의 사유재산이 상속되는 한 엄밀한 의미에서 기회균등은 존재하지 않을 것이다. 즉 사회의 물질적 힘을 지배하는 계급이 그 사회의 지적인 힘도 지배한다.

이렇게 물질적인 생산이 사회의 가장 근본적인 요소가 되는 이유는 인류에게는 일단은 의식주와 같은 경제적 수단의 확보가 가장 우선적인 것이기 때문이다.[14]

탈자유주의

근대 초기에 자유주의 기획을 탄생시켰던 세계관의 다양성은 현재까지 감소하지 않은 채 유지되고 있지만 자유주의에 활기를 불어넣으면서 그것을 유지시켰던 계몽주의 기획은 이제 쓸모없는 문구가 됐다. 다만, 예외적으로 미국에서는 이 기획이 똑같이 격세유전(隔世遺傳)적인 기독교와 더불어서 공공문화에 지속적인 영향력을 미치고 있다.

그것이 공리주의적 토대나 권리에 기초한 토대 등 어떤 토대에 근거하든지 간에 실제적으로 사라졌다. 여기서 계몽주의 기획이란 근대성의 구성기획이며 계몽주의 기획의 파괴는 이와 더불어 자유주의의 파괴를 수반하기 때문에 이 기획에 대한 낭만주의 운동 등 다른 근대적 운동들의 저항은 단지 이 기획을 검증하는 데 기여할 뿐이었다. 그래서 탈근대의 딜레마들에 적합한 탈자유주의 정치이론을 만들어 내려는 시도 외에 다른 대안은 없는 것이다.

그동안 소비에트의 붕괴 중국의 시장개혁 서구에서 신우파의 정치적 쇠퇴 등과 같은 커다란 변화가 있었고 1980년대에 일종의 고전적 또는 근본주의적 자유주의의 재출현은 일시적이었는데 정치적 승리의 부수적 현상이었음이 입증됐다. 존 그레이는 자유주의가 근대성의 정치이론이지 보편적인 정치이론은 아니라고 하면서 그 한계를 지적한다. 자유주의에 보편적 권위나 우선성을 부여해 주는 역할을 담당했던 보편주의나 사회개량주의가 그 타당성을 확보하기 어렵기 때문이다. 또한 자유주의 제도가 사회발전을 보증해 주는 유일한 제도라는 사회개량주의적인 역사철학도 옹호되기 어렵다.

이제 자유주의적 제도는 보편적 권위를 포기하고, 다양한 문화적 양식 중 하나로 자리매김해야 한다. 따라서 다원주의 사회에서 중요한 것은 자유주의적인 것과 비자유주의적인 것이 함께 공존할 수 있는 잠정협정을 찾는 것이다. 결론적으로, 어떤 정권이 정당한지 여부는 그 정권이 자국민의 문화적 전통과 얼마나 연관되어 있는지, 그리고 자국민의 욕구를 얼마나 충족시켜 주고 있는지에 달려있다.[15]

공리주의 이론
제러미 벤담(Jeremy Bentham, 1748~1832)

공리주의 이론은 사회 전체의 이익을 위해 일부 구성원의 인권이나 이익을 희생시킬 수 있다는 것이었다. 이는 모든 쾌락의 가치를 합산하고 모든 고통의 가치를 합산하는 방식으로 사회 이익의 총량을 최대화하려는데 중점을 두었다. 그러나 이러한 접근 방식은 "목적이 수단을 정당화한다"라는 논리를 옹호한다는 비판을 받았다. 선택적 희생, 최대의 행복 등과 같은 엄격한 공리주의적 특징들은 자본주의 사고의 핵심 요소인 자유 무역과 방임주의가 퍼지던 시기에 제러미 벤담과 그의 측근들에 의해 개발되었다. 자본주의는 공리주의에서 선택적 희생을 용인하고, 수단을 정당화하는 목적에 동의하는 사상을 발견했으며, 이는 이후 200년 동안 자본주의 개념으로 계속 사용되고 있다.

경제발전론
조지프 슘페터(Joseph Alois Schumpeter, 1883~1950)

무엇 때문에 기업가가 지도력을 발휘하게 되는가? 첫째, 무엇보다도, 기업가들은 개인적인 왕국을 세우려는 꿈과 의지를 가지고 있다. 요즈음에는 그런 지위가 없지만, 현대인이 산업이나 상업에서 성공하는 것은 중세 영주가 되는 것과 비슷하다고 볼 수 있다. 둘째, 정복욕, 다른 사람보다 자신이 우월함을 증명하고 성공의 열매를 위해 싸우는 것이 아니라 성공 자체를 원하는 충동이 존재한다. 경제적 활동은 이런 면에서 스포츠와 유사하며, 권투 경기가 아니라 금융 경기가 있다. 셋째, 창조의 즐거움이 있다. 일을 통해 자신의 활력과 창의성을 표현하는 즐거움이 그것이다. 이 유형의 사람들은 어려움을 일부러 찾고 변화를 통해 모험에서 즐거움을 찾는다.[16]

시장과 이기심
데이비드 리카도(David Ricardo, 1772~1823)

애덤 스미스의 이기적 본능은 고전학파에서 리카도만 배척했다. 이기주의자가 되는 것은 나누어 갖는 것이 아니라 더 많이 소유할수록 그 존재가 확실해지기 때문에 더욱 탐욕스러워진다. 나는 다른 사람들 즉 속여야 할 고객, 없애야 할 경쟁자, 착취해야 할 노동자에 대해 적의를 품어야 한다. 소유에는 끝이 없어 결코 만족할 수 없다. 나보다 더 많이 가진 사람을 시기하고 더 적게 가진 사람들을 두려워해야 한다. 소유에 대한 정열은 끝없는 계급투쟁을 가져올 것이다. 모두가 더 많이 갖기를 바라는 한 계급이 형성되고 계급투쟁이 일어난다. 전 세계적으로는 국제간의 전쟁이 발생한다. 탐욕과 평화는 서로 어울릴 수 없다.[17]

인구론
토머스 맬서스(Thomas Robert Malthus, 1766~1834)

맬서스 모형의 논리에 따르면 빈자에 대한 소득 재분배, 즉 구빈법은 장기적으로 노동자의 임금을 낮추는 결과를 초래해 빈자를 더 많이 만든다. 빈민구제법은 출산 비용을 줄여 출생률을 높이므로 결국 임금 수준을 낮춘다. 전쟁, 전염병, 무질서 등은 사망률을 증가시키는 요인이다. 이러한 요인들은 기대 수명을 단축시켜 전 사회의 물질 수준을 향상시킨다. 1800년 당시 생활 수준을 향상시키기 위해서는 주어진 소득수준에서 사망률을 높이거나 출산율을 낮추는 방법밖에 없었다.[18]

자본주의란 무엇인가

자본주의는 이윤을 얻기 위한 민간기업의 생산 활동과 임금을 얻기 위한 노동자의 노동으로 이루어져 있다. 자본주의 경제만 시장에 의존하는 것은 아니다. 자본주의 이전에도 농산품이나 수공품을 거래하는 시장이 있었으며, 향신료나 직물과 같이 먼 곳에서 생산된 제품을 거래했다. 사회주의 경제도 최종 생산물을 분배하고 투자 및 생산 계획을 세울 때 시장에 의존한다. 따라서 시장은 자본주의뿐만 아니라 다른 형태의 경제에서도 존재한다.

오늘날 선진 자본주의 국가에서 서비스 부문이 GDP의 약 70퍼센트를 차지하며, 가사노동까지 포함하면 이 비중은 더 커진다. 일부 경제학자들은 대규모 장치산업의 중요성이 줄어들면서 자본주의가 변화했기 때문에 노동자와 자본가라는 전통적인 구분이 더 이상 적용되지 않는다고 주장한다. 현대 자본주의에서는 서비스의 생산 비중이 증가하고 재화의 생산 비중은 감소했으며, 정보와 컴퓨터 산업도 대기업들이 지배하고 있다. 예를 들어 마이크로소프트와 구글과 같은 대기업들은 여전히 높은 이윤을 추구한다. 기업들은 정교한 컴퓨터 기술을 사용해 이윤을 얻고, 금융자산은 주로 소수의 부유한 사람들이 소유한다. 그러므로 자본주의의 본질은 변하지 않았으며, 임금을 받는 노동자들이 서비스를 생산하고 있는 상황이다.

💰 자본주의 이전의 경제사

자본주의 이전 사람들은 의식주를 해결하기 위해 야생 열매를 채집하고 동물을 사냥했으며 움막을 짓고 유목민 생활을 했다. 이때 소유나 타인을 고용하는 개념은 없었으며 이후 식물 재배가 시작되며 농경 생활이 시작됐다.

첫째, 정착 생활을 시작하며 더 좋은 집을 지었다. 둘째, 농업 생산성의 증대로 생존에 필요한 양을 넘어 경제적 잉여가 발생했다. 셋째, 잉여 생산물 덕분에 일하지 않고 살 수 있는 사람들이 생겨났다. 이후 사회에 계급이 생겼으며 경제 문제를 해결하기 위한 여러 제도가 등장했다. 군주제에서는 군주가 잉여 생산물을 차지했다. 군주는 백성들의 인정이나 묵인을 얻기 위해 폭력을 사용했으며, 사회는 노예제에 의존했다. 노예 신분은 인종 또는 계급에 따라 결정됐다. 지배계급은 노예들을 통제하고 생산성을 높이기 위해 가혹하게 대했으며, 노예들은 고통을 겪으며 일했으며 종종 반란이 일어났다. 이러한 결점 때문에 보다 효율적인 경제 제도인 봉건제도가 탄생했다.

봉건제도에서는 지주와 토지를 경작하는 소작인으로 구분된다. 지주들은 잉여 생산물을 받아 사치스러운 생활을 하거나 성을 짓는 데 사용했고, 장인과 성직자들의 생활을 지원하거나 전쟁을 준비하는 데에도 사용했다. 대신 지주들은 다른 지주들의 공격으로부터 소작인들을 안전하게 보호했다.

이모작, 가축의 사용, 품종 개량 등으로 농업 생산성은 꾸준히 증가했으며, 이에 따라 잉여 생산물도 점차 늘어났다. 이는 농업 외 다른 산업의 발전을 촉진했다. 중앙정부의 힘이 강해지고 제조업이 발달하면서 중앙정부는 다른 지역을 탐험하거나 정복 전쟁을 일으키기도 했다. 대양을 항해할 수 있는 효율적인 교통수단의 등장으로 무역이 발달했고, 멀리 떨어진 식민지 국가들로부터 특산품을 들여올 수 있게 되었다. 이러한 무역의 발달로 봉건제도 말기에는 상인이라는 새로운 계급이 등장했다. 상인들은 무역의 발달과 함께 잉여 생산물의 상당 부분을 차지하며, 봉건제도에서 자본주의로의 전환에 중요한 역할을 했다.

자본주의 개념

자본주의는 18세기 말 영국에서 처음으로 기본적인 형태를 갖추고 발전을 시작한 체제이다. 그 이론적 기초를 마련한 사람은 애덤 스미스였다. 그러나 그 자신은 자본주의라는 용어를 사용하지 않았으며, 마르크스가 자본주의적 생산양식의 내적 모순을 파헤치려는 의도로 '자본주의자' 또는 '자본주의적'이라는 용어를 사용하기 시작했다. 지난 200여 년간 전개되어 온 자본주의 경제는 역사의 흐름을 통해 그 이념과 제도가 크게 변화하여 매우 다양한 형태의 자본주의 경제 체제로 존재하게 되었다. 자본주의의 다양한 형태로 자유방임 자본주의, 규제된 자본주의 또는 혼합경제 체제 자본주의, 복지 자본주의로 구분할 수 있다.

🏦 자본주의 태동 배경

17세기 과학 혁명이 18세기 산업혁명과 연계되면서 과학적 지식과 이론은 실용화되기 시작했고, 이는 인류 사회에 물질적 풍요와 정신적 만족을 가져오기 시작했다. 과학기술의 실용화로 인한 산업화는 물질적 풍요와 동시에 이기심과 경쟁을 심화시켰다. 이 과정에서 경제적 부를 축적한 도시 상공 계급이 새로운 지배 세력으로 등장했다.

이들 상공 계급은 축적된 부를 바탕으로 봉건적 특권계급(왕실, 귀족, 영주 등)에 대항하는 제3의 세력으로 성장했다. 상공 계급은 자신들의 부에 상응하는 사회적 권리를 요구하며, 봉건적 구 정치질서와 체제에 반발하여 투쟁을 전개했다. 이 투쟁은 1789년 프랑스 대혁명과 1832년 영국의 개혁안과 같은 대표적 사건들로 이어졌다. 이러한 과정을 통해, 과학기술의 실용화와 산업화로 형성된 자본가 계층이 점진적 개혁이나 급진적 혁명을 통해 봉건적 구질서를 무너뜨리고 자본주의적 근대 질서를 건설하는 사회적 변혁이 일어났다.

자본가 계층, 즉 부르주아 계층이 과학기술을 실용화하기 위해 세운 산업공장에는 임금 노동자들이 필요했다. 당시 임금 노동자들에게 강요된 여러 가지 악조건들은 노동자 계층을 새로운 불만 세력으로 등장하게 했다. 그러나 자본가 계층은 노동자 계층의 불만에도 불구하고 19세기 중반까지 큰 저항을 받지 않는 가운데 자본주의 체제와 질서를 다져왔다.

이와 관련해서는 두 가지 견해가 있다. 첫 번째는 과학기술의 발달과 생산력 증대가 필연적으로 나타나는 역사 발전 단계에 불과하다는 유물사관에 입각한 마르크시즘의 견해이다. 두 번째는 중세적, 폐쇄적 신분주의에 의해 억압되어 왔던 개인의 해방과 자유 욕구가 증대되어 형성된 경제적 측면의 부산물이라는 견해이다.

자본주의 체제를 이룩한 자본가 계층은 한편으로는 자기들에게 유리한 방향으로 정치권력을 개편하고자 자유와 평등을 구호로 내세우며 봉건 영주와 왕실 귀족의 독점적 특권 폐지와 정치적 평등을 주장했다. 다른 한편으로는 자신들의 사회적 세력을 공고히 하기 위하여 의회민주주의와 참정권 확대를 요구하고, 사유재산제와 자유계약, 그리고 경쟁과 능률의 원칙에 입각하여 정부의 간섭 배제와 자유 방임주의를 요구한 것이었다.[19]

막스 베버는 자본과 이윤의 출처에 따라 자본주의를 경제적 자본주의와 정치적 자본주의로 나눈다. 경제적 자본주의는 시장을 바탕으로 한 경제적 영리 행위가 자본 축적의 근원이며, 이는 상업 자본주의 및 금융, 재정 자본주의 등으로 더 세분화할 수 있다.

정치적 자본주의는 정치권력 또는 정치적 현상과 밀착된 자본 축적 방식을 의미한다. 예로 '전쟁 자본주의', '노획물 자본주의', 또는 '노예 자본주의' 등이 있다. 이데올로기에 의한 사회주의와 자본주의 구분은 강요의 질적 성격과 그 분배에 관한 것이며, 자유의 전체 양과는 별개의 문제이다. 강요의 질적 차이는 사회주의가 공적 인권 위에 바탕한 강요(관료 및 당의 권위, 혹은 관료 독재)를 주로 하였지만, 자본주의는 시장 세력과 이해관계에 바탕을 둔 사적인 지배에 의지하는 것이다. 따라서 자본주의와 사회주의의 차이는 종국적으로 누가 명령을 내리고 지배하느냐의 문제에 귀결되며, 자유의 다과 문제와는 직접적인 연관이 없다.

16세기부터 18세기에 걸쳐 자본주의가 등장했다. 19세기는 공고화된 유럽 자본주의 경제가 전 지구적으로 확산되어 가는 국민국가 시대(베스트팔렌 체제)-*가 시작된 시기였다. 이 시기는 자본주의의 세계적 확산과 함께 국가의 형성 및 국경의 명확화, 그리고 국가 간의 관계 정립과 같은 중요한 변화가 있었다.

🏛💲 영국의 황혼

영국의 해상 지배는 프랑스·러시아·독일·미국·일본의 전함 건조 때문에 위협을 받기 시작했다. 1920년대부터 런던의 금융 거래가 미국 뉴욕으로 옮겨가자 케인즈는 통탄했다. 영국의 상속자 소유자들은 투자 확대 혹은 새로운 계통의 연구를 위한 이윤의 재투자보다는 이익의 배당금을 유지하는 것에만 관심이 있었고 설립 초기와 같은 정력적인 경영을 보여주지 못했다.[20]

이와 같이 자본주의가 베네치아에서 시작되고 에스파냐, 포르투갈을 거쳐 네덜란드 영국으로 이전되었고 영국에서 실행된 지 100년이 되지 않아 프랑스와 미국으로 확산되었다. 이때부터 보편적이고 전 지구적 자본주의 경향의 시대가 도래되었다.

20세기 자본주의는 1950년대 이후 유럽 사회 본격적인 산업화를 통해 자본주의적 발전의 길로 접어들었다. 이러한 산업화의 본격적인 진

-* 1648년 30년 종교전쟁에 종지부를 찍고 근대 영토국가 초석을 놓게 된 조약.

전은 유럽 사회의 내부에 중요한 두 가지 변화를 가져왔다. 이에 따라서 자본진영 내부에서 자본 간 경쟁을 격화시키는 결과 자본의 집적과 집중을 통하여 독점이 발생했으며 노동 진영에도 다수의 대중이 발생했다.[21]

과거 길드의 수공업은 고객의 주문에 따른 생산이었으며 자본주의는 익명의 고객집단을 위한 생산이다. 다시 말해, 수공업은 국지적인 판매에 집중했지만, 자본주의는 초국지적인 판매를 특징으로 한다. 즉 판로의 공간적인 확대, 해외시장, 수출에는 자본주의적인 조직이 필요했으며 많은 상품의 대량판매나 조합된 상품들의 판매에 기여한 두 가지 제도는 식민지 개척과 근대적인 군대이다. 과거의 자본주의는 국민국가라는 물리적 장벽이 존재한 상태에서 재화가 이동하는 경제시스템이었다.

사유재산권과 완전경쟁을 핵심으로 하는 자본주의의 원초적 문제점은 부의 독점과 민주주의의 파괴에 있다. 완전경쟁이 장기간 계속되면 경쟁의 탈락자들이 많아지는 동시에 부는 경쟁에서 승리한 몇몇 기업가나 주주에게 집중된다.

또한 권력이 경제력에 의해 지배되면서 1인 1표라는 민주주의의 원칙이 1달러 1표로 변화한다. 이렇게 경제가 권력을 지배하고 경제 논리가 보편적인 진리가 될 때 민주주의의 왜곡이 발생함은 역사의 필연이다. 따라서 자본주의의 수정을 위한 다양한 시도는 마르크스의 사회주의에서 시작되어 첨예한 이념대결 기간인 냉전 시대까지 이어졌다. 냉전 시대의 본질은 자본주의와 사회주의 간의 체제 대결이었다.

따라서 양측은 체제의 유용성과 안정성을 높이기 위해 자본주의와 사회주의의 제도적 결함을 치유하기 위해 많은 노력을 기울였다.

이러한 체제 대결에서 자본주의가 승리하고 승리를 쟁취한 장본인이 미국이 되면서 전 세계는 시장경제라 불리는 자본주의 일방의 시대로 진입했다. 냉전 시대에는 체제 경쟁에서 승리하기 위해 자유민주 진영 국가들이 분배에 신경을 쓰는 자비로운 자본주의였다.[22]

그러나 냉전 시대가 해체되면서 이후 자본주의는 대다수 사람들이 살아가는 데 꼭 필요한 생산수단을 극소수의 엄청난 부자들이 소유하고 지배하는 착취에 기초한 사회가 되었다.[23]

자본주의의 구성요소

:: 경쟁

현실 세계에서 경쟁은 신고전학파 발라의 일반균형이론(一般均衡理論)은 완전경쟁시장에서는 개별기업 규모는 매우 작다고 가정한다. 그런데 시장에서 한쪽은 5천억 달러를 들고 있는 제너럴일렉트릭(GE)사가 있고 다른 한쪽에는 지식 또는 힘을 지닌 노동자들이 있다. 과연 GE와 노동자의 거래는 평등한가? 따라서 자본주의를 시장경제로 표현하는 것은 적절치 않다. 경쟁뿐만 아니라 독점 요소들에 의해서도 움직인다.

:: 투자와 성장

자본가들은 이윤을 재투자하지 않고 사치품 구매와 금융 투기 등에 지출하거나 은행에 저축할 수도 있다. 기업의 수익률은 늘었지만, 신규 투자는 제자리걸음을 하고 결과적으로 기업이 보유한 현금은 주주 배당금으로 돌아가거나 금융자산에 투자되는 등 생산적이지 못한 곳으로 흘러간다. 가장 중요한 것은 고정자본(固定資本)과 운전자본(運轉資本)에 대한 투자가 경제를 성장시키고 고용을 창출하는 긍정적인 효과를 나타낸다.

:: 고용과 실업

사회에 실업자가 많으면 경제적으로나 정치적으로 문제가 발생한다. 따라서 자본주의 국가에서는 장기적인 대량 실업을 막기 위해 다양한 노력을 한다. 정부는 고용 수준에 영향을 미치기 위해 정부 지출을 늘리거나 저금리 정책을 추진하기도 한다. 하지만 노동 공급을 조정하는 것도 매우 중요하다. 실업률이 지나치게 떨어져 고용주들에게 불리해지면 중앙은행이 개입한다. 중앙은행이 고금리 정책을 추진하면 실업률은 높아지고 고용주들은 임금 인상의 압박에서 벗어나 노동 규율을 강화할 수 있다. 이는 실업률이 지나치게 떨어지면 임금 인상의 압박을 받게 되며 이를 통해 인플레이션이 나타난다는 생각이 담겨있다. 중앙은행이 개입하지 않더라고 지속적으로 유지되는 실업률을 밀턴 프리드먼(Milton Friedman)은 자연 실업률, 다른 경제학자들은 물가안정 실업률이라고 부른다.

신고전파 경제학자들은 사회보장제도와 노동조합 그리고 노동자들의 권익을 보호하는 법률이 노동시장의 유연성을 방해하여 장기적으로 실업률을 낮게 유지할 수 없다고 본다. 노동시장의 유연성은 본질을 숨기려는 의도가 깔려있다. 노동자들의 힘이 약한 나라일수록 중앙은행이 저금리 정책을 추진한다는 통계 결과가 있다. 즉 고용 수준 실업률이 높아 노동자들의 임금 수준이 낮아진다는 것은 소비지출도 줄어들고 그 결과 경제 전체의 총수요가 떨어진다는 의미이다.

:: 재생산

보통 사람들은 출산을 사랑과 혼인에 따른 계약 의무의 이행으로 생각한다. 그러나 경제학자들은 출산을 경제적인 관점에서 인간을 재생산하는 것으로 본다. 가계는 노동자들을 만드는 공장이라고 생각하는 것이다. 가계에서 벌어지는 재생산에서는 가정부나 정원사, 보모처럼 가사노동을 대체할 사람을 고용하는 경우에는 국가의 GDP 통계에 반영되지만, 가족들이 맡을 경우에는 돈이 이동하지 않으며 이윤이 발생하지도 않는다. 따라서 GDP 통계에 잡히지도 않는다.

이런 이유로 많은 경제학자들이 재생산을 개인적인 문제 혹은 비경제적인 문제로 치부해 버린다. 그러나 가계는 다양한 재화와 서비스를 구매하며 주택의 구매는 실업률, 이자율, 기타 경제 추세에 따라 건설업계의 상승과 하강을 일으켜 전체 경제의 성장을 결정하기 때문에 매우 중요하다. 원활한 가계 재생산을 위해 정부는 학교, 탁아소, 양로원, 병원 등을 설립하여 과거에 가정이 담당했던 재생산 기능을 일부 수행한다. 이렇게 중요한 탁아소와 양로원 같은 복지 사업을 신자유주의자들은 없애려고 한다.

:: 노동자와 고용주

노동은 다른 상품과 달리 시장에서 수요와 공급이 잘 균형을 이루지 못한다. 경제학자들이 언급하는 완전 고용, 즉 모든 노동자가 직장을 갖는 상황은 실제로 발생하지 않는다. 따라서 자본주의에서는 실업자가 필연적으로 나타난다.

　시장거래는 수요와 공급의 균형이 아닌 구매자와 판매자의 힘의 균형을 반영한다. 특히 노동시장에서는 구매자와 판매자, 즉 고용주와 노동자 간의 힘의 균형이나 불균형이 더욱 분명하게 드러난다. 노동자는 생계유지를 위해 노동을 판매해야 하지만, 고용주는 그렇게 절박하지 않다. 고용주는 이윤을 얻기 위해 상품을 생산하며, 이를 위해 노동이 필요하다는 점에서 노동자보다 상황이 덜 절실하다. 이 때문에 고용주와 노동자 간의 거래에서는 힘의 불균형이 심해진다.

　고용주는 강자로서 노동자 한 사람의 이탈에 크게 영향을 받지 않는다. 반면, 노동자는 일자리를 잃으면 큰 타격을 받는다. 따라서 노동시장의 주요 특징 중 하나는 고용주와 노동자 간의 힘의 불균형이다. 고용주는 노동자들이 질적으로나 양적으로 만족스럽게 일하기를 원한다. 노동자들이 부과된 노동 성과를 달성하기 위해 노동시간에 얼마나 집중적으로 일하는지를 나타내는 것을 노동강도(labor intensity)라고 한다.

　노동자 집단 사이의 격차가 크고 노동시장 분리 현상이 두드러질수록 실업에 따른 비용이 높아지며 고용주들은 노동 규율을 더욱 강화할 수 있다. 고용주는 공익을 위해 노동자를 고용하는 것이 아니다. 제품을 만들고 팔아 이윤을 극대화하기 위해 생산 비용을 줄이려고 최선을 다한다. 따라서 고용주는 노동에 들어가는 비용을 최대한 줄이고 동시에 생산량을 최대한 늘리려고 한다. 고용주와 노동자는 복잡하고 서로 갈등하는 관계이다. 다투면서 함께 사는 부부와 같이 자본주의에서 두 계급은 서로가 필요하다. 그러나 진정으로 화합하면서 살아가는 방법은 아직 찾지 못했다.

화폐와 금융

자본주의 경제에서는 금융기관이 화폐를 창출하는 기능을 한다. 화폐는 현금과 동전으로 구성, 정부가 발행한다. 예금은 현금을 몸에 지니지 않고 주로 은행에 예금한다. 신용은 현금을 미래에 지급하겠다고 약속하고 재화나 서비스를 구매할 수 있다. 화폐는 지급수단, 가치 측정 기준, 가치 저장 수단이다.

자본주의 경제에서는 다른 경제와 달리 화폐를 축적하는 것이 생산의 목표이다. 기업은 이윤을 얻기 위해 생산하고 이윤은 화폐로 측정된다. 생산을 새로 시작하는 과정에서 기업은 화폐를 창출한다. 은행은 기업이 자본재에 투자하고 노동자들에게 임금을 주고 기타 생산 요소를 구매하도록 신용을 제공한다.

자본주의에서 기업의 신용은 화폐를 창출하는 주요 원천이며 창출된 이윤을 추구하는 은행 같은 민간금융 기관은 대출이나 예금을 통해 화폐를 창출하거나 창출된 화폐를 흡수한다. 금융은 본질적으로 실물경제를 돕는 보조 역할을 한다. 재화와 서비스를 생산하는 기업이 성장하도록 신용을 제공하는 것이다. 금융 부문과 실물 부문의 이윤을 어떻게 나눌 것인가를 놓고 서로 갈등할 가능성이 있다. 이윤을 은행에서 많이 가져간다면 기업은 실물 투자를 꺼릴 것이다.

🪙 인플레이션과 중앙은행

시간이 지나면서 상품의 절대가격 수준이 전반적으로 상승하는 현상을 인플레이션(inflation)이라고 한다. 물가와 소득이 같은 수준으로 오르면 실제 경제에는 별 변화가 없지만, 인플레이션이 일어나면 소득이 일정한 가계는 실질 구매력이 떨어진다. 인플레이션을 따라잡을 정도로 임금을 올려 받지 못하면 노동자들의 실질 구매력이 떨어진다. 고정된 이자율로 돈을 빌려준 사람은 빌려준 돈의 실질 가치가 떨어진다. 이러한 연쇄작용으로 금융자산의 실질 가치가 떨어진다.

인플레이션의 발생 원인으로는 경제 전체의 초과 지출, 노동자들의 임금 상승, 자본가들의 이윤 증가, 원재료 가격 상승 등이 있다. 또한, 물가 상승률이 낮을 때 금융기관들이 수익을 많이 올릴 수 있어, 인플레이션의 사회적 비용을 과장하는 경향이 있을 수도 있다. 한편, 채권을 발행한 정부에게는 이자 부담이 줄어들 수 있으며, 부채가 많은 채무자에게는 인플레이션이 이득이 될 수도 있다.

중앙은행은 인플레이션 억제를 위하여 시중은행에 제공하는 단기 대출금의 이자율을 직접 조정하거나 시중의 물가 가격부터 고용 창출에 이르기까지 거의 모든 경제정책을 입안하고 추진하는 권한을 가지고 시중은행의 대출 업무를 감독하여 위험이 큰 금융 행위를 규제하고 경제위기와 공황이 발생하는 경우 긴급 구제 금융을 제공하여 은행의 파산을 막는다. 이런 기능 때문에 중앙은행이 최종 대출자로도 불리는 것이다. 또한 시중은행을 관리 감독하는 것보다는 경기를 조정하는 역할이 더 중요하다. 중앙은행은 통화정책을 담당하며, 이자율 조정과 같은 정책 수단을 이용해 경제의 활성화를 도모하거나, 필요한 경우 경기 과열을 냉각시키는 정책을 시행한다.

💰 투기와 금융화, 연금

은행이 신용을 창출할 때, 기업은 이 신용을 바탕으로 자본재를 구입하고 노동자를 고용하여 생산을 확대한다. 자본주의에서 대출과 투자는 경제 성장과 고용 창출에 반드시 필요하다. 기업이 투자 자금을 마련하는 방법에는 은행 대출, 회사채 발행, 주식 발행 등이 있지만, 최근에는 많은 기업이 이윤을 이용해 신규 투자를 한다. 따라서 돈의 흐름이 과거와 달라졌다. 과거에는 기업이 금융기관에서 돈을 빌려 투자했지만, 이제는 여유 있는 현금을 금융기관에 투자해 수익을 올리기도 한다. 실물 부문의 이윤은 기업이 노동자들을 고용해 재화나 서비스를 생산하고 판매한 후, 비용을 제외한 나머지 금액을 의미한다. 이윤을 추구하는 과정에서 부작용이 발생할 수 있지만, 고용을 창출하고 상품을 생산한다는 점에서 중요한 역할을 한다.

반면 투기로 인한 수익은 생산 활동과는 무관하다. 투기는 단순히 낮은 가격에 자산을 구매하고 높은 가격에 판매하는 원칙에 따라 움직인다. 이 과정에서 고용 창출은 일어나지 않는다. 투자자들은 주식이나 채권을 사들여 가격 상승을 기대한다. 가격이 상승하면 구매했을 때보다 높은 가격에 판매하여 이익을 얻는다. 투기는 가격 상승을 기대하며 자산을 구매하는 행위를 의미한다. 제2 금융권이 발달하면서 투기적 금융 거래가 활발해졌다. 투자자들은 기업의 생산 활동보다는 금융

자산에 관심을 갖게 되었다. 이제 많은 투자자들은 기업의 상품 생산에 투자하고 그 결과를 기다리는 것보다는 금융시장에 투자하여 더 빠르게 부를 증가시키는 방법을 선호한다.

오늘날 투자자들은 새로운 금융 상품들을 완전히 이해하지 못하고 이에 따라 예상치 못한 상황에서 수익률이 크게 떨어질 수 있다는 사실을 잘 모르고 있다. 그럼에도 불구하고 은행은 이들에게 투자 자금을 기꺼이 빌려준다. 이로 인해 금융시장이 침체하면 실물경제에 영향을 미치게 되고, 기업들은 상품 판매 불확실성으로 인해 투자 계획을 연기하게 된다. 소비자들 역시 부정적인 뉴스의 영향을 받아 지출을 줄이며, 특히 주택이나 자동차와 같은 큰 소비를 크게 줄인다.

일반 가계도 연금펀드에 투자하면서, 연금펀드는 금융시장에서 고수익만 추구하는 투기적 목적을 가진 투자자들의 타깃이 되어 그 규모가 커지고 있다. 이러한 연금펀드는 기업에 엄격한 재무 규칙을 부과하는 수단이 되어, 기업이 운영 비용을 줄이고 수익을 극대화하기 위해 임금 삭감, 규모 축소하며 노동조합 약화된다. 결과적으로 연금펀드의 수익 극대화를 위한 노력은 노동자들의 복리를 감소시키는 리스크를 안게 된다. 이는 재생산의 선순환 구조를 파괴시키는 것이다. 연금제도에는 정부가 연금을 거두어 지급하는 부과식연금과 민간금융 기관이 금융상품에 투자 운영하는 적립식연금이 있다.

💰 정부의 크기

보수주의자들은 사회복지 프로그램의 축소, 정부 기관의 민영화, 세율 인하 등을 주장하며 작은 정부를 외친다. 반대로 진보주의자들은 사회복지 프로그램의 확대, 세금 인상 등을 주장하며 큰 정부를 외친다. 보수주의자들은 시간이 지나면서 정부가 점점 커지고 있으며 이것이 경제 지표가 나빠지는 가장 큰 이유라고 주장한다. 자본주의는 개인주의를 실현하려는 목적에서 출발하여 자기조정 기능을 수행하는 자유시장을 만들었는데 정부가 세금과 규제·공적 소유권 등을 통해 자본주의의 이상을 짓밟고 있다는 것이다. 반면 진보주의자들은 초기 자본주의 시대 당시 영국, 유럽, 미국, 독일에서도 정부가 관세를 부과하고 무역정책을 추진하며 보조금 제도와 공공소유제도를 도입하고 규제를 강화하는 한편 강력한 노동시장 정책을 추진하였으며 독일의 산업화를 조기에 달성하기 위해 정부가 주도하여 경제개발계획과 공공투자 관세정책을 추진하였음을 내세운다.

따라서 진보주의자들은 경제를 자유시장에 맡겨두면 경제적 불평등이 발생하여 필연적으로 정치적 불평등으로 연결되기 때문에 정말 중요한 것은 작은 정부를 지향하는가 혹은 큰 정부를 지향하는가가 아니라 누구를 위해 정부의 개입이 필요한가를 논의해야 한다고 본다.

기업은 다음과 같은 다양한 수단을 동원하여 정부가 기업의 이익을 존중하도록 영향력을 만든다. 언론의 소유권과 지배권을 장악해 기업 친화적인 메시지를 만들어 사회 전반에 전파한다. 선거 후보자로 나서거나 선거 자금을 지원하여 선거에 직접 영향력을 행사한다. 사회구조와 관습에 영향을 미쳐 노동자와 가난한 사람들이 투표에 참여하기 어렵게 만든다. 또한, 싱크탱크, 학술연구소, 학교, 기타 교육 기관을 지원해 기업 친화적인 사고를 퍼트린다.

정부의 목표와 정책 수단

정부의 목표와 정책 수단은 부의 재분배와 사회적 불평등을 줄이고 경제적 기회의 균등을 증진시키며 고용 창출과 경제활동 참여 확대를 통해 더 많은 사람이 경제에 참여하도록 하는 것이다. 또한 민간기업이 제공하지 못하는 공공서비스(국방, 치안 등)를 제공하고, 특정 상품(교육, 의료 등)에 대한 정책을 개발하여 이를 공정하고 효율적으로 이용하도록 한다. 민간기업의 경제활동(독점, 위생, 노동기준, 공해, 최저임금 등)을 규제한다. 이를 위해 법률제도, 통화정책, 재정정책, 노동시장 및 사회정책, 경쟁정책, 기술정책, 산업정책, 공공소유권, 대외정책 및 무역정책 등 다양한 수단을 사용한다.[24]

자본주의와 시기심

시기하는 사람들은 다른 사람이 정당하게 얻은 재산을 갈망한다. 특히 아름다움이나 재능과 같이 한 사람과 뗄 수 없는 재산에 대한 시기는 화해하기 어렵다. 시기심은 극단보다는 중간을 장려하며 불평등을 평등하게 만들려는 노력은 복잡하다. 평등의 이상은 누군가가 우월하다고 느낄 때 불쾌함을 초래한다. 시기하는 사람은 행복한 사람이 타인보다 두드러지게 행복함으로써 권리를 부당하게 차지했다고 생각한다. 그러나 그들은 행복한 사람의 입장이 되지 못하고 자신이 행복하지 못한 것을 애석하게 여길 뿐이다.

시기하는 사람은 대상이 가진 재산에만 집중하며, 그 재산을 얻기 위한 노력이나 재능은 고려하지 않는다. 이는 그들이 자신이 차별받고 있다고 느끼는 편견을 다른 사람에게 인정받길 원하기 때문이다. 자신의 이상을 대단한 사람으로 설정하면 실제 자신은 미천해 보인다. 이것이 과도한 요구와 시기심의 원인이 된다. 이상적인 자아에 속한다고 여겨지는 재산을 더 많이 가진 사람을 만나면 시기심을 느끼게 되며, 이는 자신과 타인을 비교하며 생기는 불만과 부정적인 감정에서 비롯된다. 이러한 시기심은 자신의 가치와 능력을 객관적으로 평가하는 데 방해가 될 수 있다.

예정론
칼뱅(Calvin 1509~1564)

인간은 태어나면서 신에 의해 운명이 정해져 있으므로 인간의 노력으로는 그 운명을 바꿀 수 없다는 관점은, 금욕적이고 순명한 삶을 강조한다. 이러한 생각은 성공한 사람들이 신에 의해 구원받았다고 여기는 논리다.

15, 16세기 유럽, 특히 영국과 프랑스에서 자본가, 전문가 등 사회적으로 성공한 사람들은 개신교를 빨리 받아들였다. 이들은 귀족이나 구 교회 권력의 사회제도를 거부하며 눈에 띄지 않게 살면서 자신의 도덕적, 종교적 의무를 충실히 이행하는 시민 유형을 형성했다. 이러한 태도는 개인주의와 개인의 강렬한 욕망을 억제하고 관료제의 권위를 강화하는 데 기여했다.

칼뱅주의는 이러한 배경 아래에서 지배적인 영향을 미쳤으며, 그 지배를 받는 사람들로 하여금 정확하고 겸손하며, 지속적으로 공동체에 소속된 인간 유형을 만들어 냈다. 이는 관리적이고 이상적인 중산층 인간을 형성하는 데 중요한 역할을 했다. 따라서 막스 베버는 자본주의 연구에서 칼뱅주의가 산업화에 미친 중요성을 강조했다. 베버는 다른 어떤 요소보다도 절대적 복종을 가르치는 칼뱅주의가 산업화에 크게 기여했다고 주장했다.[25]

사회주의 이론의 개념

사회주의라는 용어는 1827년 런던에서 발간된 〈협업지(Cooperative Magazine)〉라는 잡지에서 처음 사용되었으며, 이후 5년 뒤 생시몽파의 파리 잡지 〈지구(Globe)〉와 같은 해 오웬파의 잡지 〈빈민의 후견인〉에서도 사용되었다. 그러나 사회주의적 사상은 이미 BC 400년경 이상국가를 묘사한 플라톤의 사상에서 찾아볼 수 있으며, 근세 초기 영국의 토마스 모어가 제시한 '유토피아 사상'과 이탈리아의 깜빠넬라가 구상한 이상국가에서도 찾아볼 수 있다.

이들 사상가는 사회주의의 본질을 공동체 이상과 인간의 잠재성 실현, 인간적 해방에 두었다. 하지만 이러한 사회주의 사상은 마르크스의 사회주의와 본질적으로 달랐다. 마르크스는 자본주의 발달로 인한 노동자 계급의 착취 증대와 궁핍화, 이로 인한 폭력적 혁명으로 사회주의가 도래할 것을 필연적 역사 법칙으로 보았다.

19세기 전반 다양한 사상에서 출발한 사회주의는 19세기 후반 마르크시즘으로 발전했으며, 레닌에 의해 계승된 레닌주의와 베른스타인의 수정주의로 분화되었다. 마르크시즘은 소련 공산당에서 정통 이념으로, 베른슈타인의 수정주의는 중·서·북유럽의 사회민주당의 기본 이념으로 발전했다. 유고슬라비아, 중국, 쿠바 등은 소련의 도움 없이 마르크시즘 정권을 창설하며 독자적인 사회주의 노선을 추구했다.

사회주의는 공상적 사회주의, 마르크스 사회주의, 리카도 사회주의, 독일 사회주의, 영국 사회주의, 기독교 사회주의, 길드 사회주의, 시장 사회주의 등 다양한 형태로 나타났다. 이 개념은 자본주의의 모순에 대한 경제적, 사회적 분석에서 비롯되었으며, 추구해야 할 사상이나 이념, 혹은 집권 중인 사회주의자들이 수립한 정책이나 정치적 운동을 의미하기도 한다.

19세기 중반 이후, 사회주의 사상이 퇴조 현상을 보일 때, 마르크시즘이 더욱 확산되어 사회주의의 중심 사상을 이루게 되었다. 마르크스가 사망한 후 엥겔스를 필두로 하여 베른슈타인, 소렐 등의 사상 분열이 일어났고, 레닌에 의한 볼셰비키 혁명을 통해 절정에 이르렀다. 마르크시즘은 중국의 농민혁명, 베트남 및 북한의 식민지 해방과 독립 투쟁, 쿠바의 사회주의 혁명 등에 이용되기도 하였다. 이처럼 마르크시즘은 국제적인 사회주의 운동에 큰 영향을 미쳤으며, 세계 여러 지역에서 다양한 형태로 발전하고 적용되었다.

사회주의 태동 배경

1840년대에 접어들면서 자본주의 체제는 자유방임적인 시장 논리와 기업경쟁으로 인해 기업의 집중과 구매력의 편중화 현상이 가중되었다. 이는 무계획한 생산 과다와 구매력 부족이 상승 작용하여 공황과 실업이 주기적으로 반복되는 경제적 불안을 야기했다. 이 시기의 사유재산제도 보장, 이익 추구, 기업 활동의 자유가 완전히 보장되는 순수

자본주의 경제에서는 경제적 부와 소득의 분배 구조가 소수 자본가 계층에 집중되는 현상이 나타났다. 그 결과, 분배 과정에서 소외된 대다수 노동자 계층은 자본주의 체제 질서에 대한 반감과 분노를 표면화하기 시작했다.

18세기 후반부터 시작된 산업혁명이 급속도로 진행되면서 기업은 대량 생산 체제로 전환할 수 있었다. 그러나 이 과정에서 공장 분업제에 따른 노동자의 도시집중, 핵가족화, 저임금과 열악한 노동 환경, 노동자의 비인간화 현상이 나타나며 사회 관습, 문화, 제도, 인간관계 등이 급속히 붕괴되었다. 새로운 문화 질서의 부재와 사회 가치의 혼란, 생활 질서의 파괴가 연속되면서, 자본주의 체제 질서가 이러한 사회 상황을 야기한 원인이라고 간주되었고, 자본주의에 대한 회의와 반동 심리가 고조되었다. 당시 노동자 계층은 자본주의가 소수 자본가 계층의 부를 축적하는 데 적합한 체제로써 정치권력과 국가조직이 그에 공모하기 때문이라고 인식했으며, 이러한 사회 정치의식이 형성되고 확산되면서 결국 자본주의적 체제 질서를 부인하는 사회주의가 등장하게 되었다.

1840년대에 들어서면서 경제, 정치, 사회, 문화 등 각 방면에서 자본주의에 대한 비난과 공격이 분출하기 시작했다. 이러한 비난과 공격의 주된 대상은 정치적 특권과 경제적 부의 독점적 특혜를 누리고 있던 자본가 계급과 그들이 주도하고 있던 자본주의적 국가 권력이었다. 19세기 초 사회주의 사상가들은 자본가 계층이 사라지고 자본가를 옹호하는 체제 질서가 타파되면 자연스럽게 사회주의 체제로 이행하게 될 것이라고 믿었다. 이 시기 사회주의의 가치관은 낙관적인 인간관과 역사관을 바탕으로 하고 있었다.

당시 사회주의적 인간관과 역사관에 따르면, 인간은 본래 선하고 평등한 권리를 가진 존재로 여겨졌다. 또한 다른 사람이나 다른 나라의 국민을 형제와 동포로 받아들이는 덕성을 갖추었으며, 자신의 행복과 자유를 끝없이 향상시키고 발전시킬 수 있는 이성적 능력을 지녔다고 생각했다. 이러한 인간관과 역사관은 사회주의 사상가들에게 자본주의 체제의 대안으로 사회주의를 추구하게 하는 동력이 되었다.

그런데 그러한 선한 인간의 역사가 불행과 비리, 비극적 현상으로 점철되는 것은 자본주의 체제가 인간의 덕성을 왜곡하고 위축시켜 역사가 유토피아로 이행되는 것을 저해하기 때문이라고 믿었다. 따라서 자본주의 체제 질서만 붕괴되면 인류 사회는 저절로 유토피아로 이행할 것으로 보았다. 초기 사회주의 사상 운동은 자본주의를 모든 악과 불의의 원천으로 인식하고 배척했으며, 결국 사회 진화의 역사 법칙에 따라 사회주의로 대체되어야 한다고 주장했다.

1840년대에 들어와 사회주의는 단순한 사상의 영역에 머무르지 않고 행동의 영역으로 진입했으며 혁명의 기운을 고조시켰다. 19세기 중반의 사회주의 운동은 각국의 환경과 자본주의 전개 과정에 따라 달라질 수 있는 구체적이고 실제적인 자본주의를 상정한 것이 아니라 추상적인 자본주의에 대한 반체제 운동이었다. 마르크스는 봉건적 구질서를 무너뜨리고 자본가적 자유주의 혁명에 협조하되 이에 따라 자본주의 체제 질서가 구축되면 노동자 계급이 사회주의 혁명으로 이를 다시 무너뜨려야 한다고 주장했다.

💲 빗나간 소련의 사회주의

1917년 레닌의 볼셰비키주의자들은 10월 혁명을 통해 러시아에서 권력을 장악하고 소비에트 사회주의 공화국연합(소련)을 수립했다. 토지, 천연자원, 산업공장은 정부에 의해 몰수되었다. 왜냐하면 새로운 정치 지도자들은 이것을 마르크스가 예견했던 프롤레타리아 혁명, 사회주의 혁명이라고 주장했다.

1989년, 소비에트 제국은 억압과 자유의 결핍으로 인해 붕괴했다. 이 사회구조는 실질적으로 엄격한 계급사회였으며, 모든 권력은 소수의 전제적 상위 계급에 집중되었다. 이러한 사회는 사회주의적 가치들과 모순되었다. 소련 체제는 사회주의 개념을 부정적으로 만들었다.

많은 이들, 특히 보수주의자들은 소련 체제가 평등과 연대 같은 사회주의적 가치들의 실현 불가능성을 증명한다고 주장한다. 소련 체제의 붕괴는 마르크스-레닌주의 이데올로기의 실패로 여겨진다. 중앙집권적으로 통제된 획일적 체제는 고전적 사회주의 이론과 일치하는 형태를 가졌음에도 불구하고 사회주의적 이상을 실현할 수 없었다는 점에서 교훈을 얻어야 한다. 중요한 것은 형식이 아니라 내용과 기능이다.

1917년 3월, 러시아 차르 체제는 광범위한 사회적 불안과 가혹한 전체주의적 지배에 대한 반란 끝에 전복되었다. 당시 잠시 자유주의적 민주 정부가 권력을 장악했지만, 그해 11월에는 레닌이 이끄는 볼셰비키가 쿠데타를 통해 정부를 폐지했다. 볼셰비키는 관공서를 접수하고 정부에게 사퇴를 강요하며 페트로그라드의 통신 중요 거점들을 빠르게 장악했다. 그러나 당시에는 사회주의적 정권 탈취에 대한 대중적 지지도 없었다. 이 혁명은 인민을 대신하여 이루어졌지만, 인민들과 함께한 것은 아니었다. 이는 볼셰비키주의자인 자신들만이 사회발전에 필요한 것을 알고 있다고 생각했기 때문이다. 이러한 관점에서, 소수의 엘리트만이 현실을 올바르게 이해할 수 있으며, 인민들의 생각과 관계없이 이들이 인민을 대신해 행동할 권리를 가진다고 믿었다. 이러한 관념은 소련을 파멸로 이끈 첫 번째 원인이었다. 소련 체제 전체는 전위(avant-garde) 이론에 기반하고 있었다. 볼셰비키는 자신들의 혁명과 관련하여 매우 근본적인 이론적 발전 공식을 따르지 않았다. 이 공식에 따르면 프롤레타리아의 혁명은 반드시 자본주의 단계를 거쳐야만 한다. 이는 자본주의가 도래하면 생산력이 해방되어 엄청난 생산을 이루게 하고, 이를 통해 계급 없는 사회가 가능해진다는 것이 마르크스주의의 기본 전제였다. 하지만 자본주의는 자신이 창출한 이러한 생산력을 통제할 능력이 없으므로, 프롤레타리아 혁명이 필요하다고 여겼다.

이 혁명은 산업 노동계급, 즉 인구의 다수를 구성하는 집단에 의해 수행될 것으로 보았다. 그러나 1917년 당시의 러시아는 자본주의적 산업사회가 아닌, 봉건적 농업사회의 성격이 강했다. 1905~1917년 사이에 일어난 반란과 사회적 불안은 봉건체제가 성장하는 산업(상업)경제의 요구에 적절히 대처하지 못한 무능력에 대한 반작용으로 볼 수 있다. 산업 노동계급이라고 할 만한 집단은 거의 존재하지 않았으며, 따라서 1917년의 러시아는 마르크스주의적 의미에서 볼 때 사회주의 혁명을 할 조건이 형성되어 있지 않았다.

볼셰비키가 혁명의 이론으로 내세운 전위 이론은 불평등한 체제였으며, 특권 계층과 비특권 계층으로 나뉜 비연대적 체제였다. 이 체제에서는 권력 엘리트가 대중에 의한 통제를 받지 않았으며, 대다수 대중은 아무런 힘도 가지지 못했다. 이러한 상황은 볼셰비키 혁명이 이론적으로 내세운 목표와 현실 사이에 큰 괴리가 있음을 보여준다.

소련의 사회주의는 생산 체제를 개조하고 생산력을 해방시켰지만, 하나의 정당이 대중의 욕구에 부응하며 이 생산력들을 조정하는 데 실패했다. 결국 체제에 내재된 갈등이 그 체제를 붕괴시킨 것이다. 이는 잉그바르 칼손과 안네 마리 린드그렌이 『사회민주주의란 무엇인가』에서 지적한 내용과도 일맥상통한다.

레닌은 『제국주의』에서 자본주의가 초과로 발전한 단계로 파악하고, 이 단계에서 자본주의의 근본적인 모순이 최고도로 성숙한다고 보았다. 이 모순은 생산이 사회적(수공업–집단적)인 반면 소유는 사적이라는 사실에 있다. 제1차 세계대전도 식민지 쟁탈전이라는 양상을 띠지만, 본질적으로는 경제적인 원인이 있다. 순수한 혁명(마르크스의 경제적 배경에 입각한)을 기다리는 자는 아무리 기다려도 결코 혁명을 만나지 못할 것이다. '소련 붕괴'는 후진국 자본주의 국가에서 발생한 사회주의 혁명이 처음부터 짊어진 멍에였다. 이는 "늙은 아버지보다 젊은 아들이 먼저 죽은 꼴"이다.

애덤 스미스는 『국부론』에서 시장의 실패와 국가 개입의 필요성, 그리고 사회보장 제도의 중요성에 대해 언급한다. 그는 시장에만 맡겨두면 모든 일이 성공적으로 조절되는 것이 아니며, 어떤 부분에서는 시장이 실패할 수밖에 없다고 지적한다. 완전경쟁을 위해서는 출발선이 동일해야 하지만, 출발선이 동일하지 않은 사회적 약자들에 대해서는 국가의 배려가 필요하다고 강조한다. 경쟁에서 탈락한 사람들은 다시 동일한 출발선에 서지 못한다. 이들에 대한 국가의 배려도 필요하다.

그러나 당시 산업자본가 세력들은 이러한 애덤 스미스의 주장을 애써 무시했다. 그 결과, 약탈적 자본주의 시대가 도래하였고, 19세기 공장 노동자들은 하루에 18시간까지 노동에 내몰리게 되었다. 부녀자, 노약자, 어린이들도 최소한의 생계를 위해 동일한 열악한 노동조건에 처하게 되었다. 이는 시장의 실패와 불평등을 방치한 결과로, 애덤 스미스가 경고한 바와 같이 국가의 적절한 개입과 사회보장 제도의 필요성을 잘 보여준다.

공장 노동 환경은 매우 열악했다. 노동자들은 석탄 가루를 마시며, 졸린 눈을 비비며 야간 노동에 시달렸고, 사고와 과로, 질병으로 죽거나 쓰러지는 일이 잦았다. 사회에는 소요사태가 발생했고, 경찰과 군대가 동원되어 이를 진압했다. 노동자라는 새로운 사회계층의 출현과 그들이 처한 비참한 상황은 사회적 문제의식을 일으켰다.

18세기에, 산업자본가들이 역사의 전면에 신흥 세력으로 등장했을 때, 그들은 중상주의를 배경으로 한 기득권 세력의 논리와 사상 체계에 대한 불만을 가지고 있었다. 하지만 세월이 흘러 이제 산업자본가들이 기득권 세력이 되었다. "비합리적인 사람은 세상을 자신에게 맞추려 하고, 합리적인 사람은 자신을 세상에 맞추려 한다"는 말처럼, 당시의 세상을 받아들일 수 없었던 한 사내가 대영제국 도서관에서 집필 작업에 몰두하고 있었다.

그는 가난했기 때문에 책 한 권을 살 돈조차 없었으며, 도서관에서 무료로 책을 볼 수 없었다면 집필도 할 수 없었을 것이다.

1876년, 마르크스의 『자본론』이 출간되었다. 이 책은 노동자 계급이 기득권 세력에 맞설 수 있는 대항 논리와 자신들만의 사상 체계를 갖추게 되고, 이후 세상에는 사회주의 체제라는 새로운 경제시스템이 태어난다. 세계의 절반이 사회주의 체제로 바뀌고 세상은 양 진영이 서로 경쟁하는 시대가 도래한다. 사회주의와 경쟁으로 자본주의도 훨씬 건강해진다. 이 경쟁은 자본주의 체제에도 긍정적인 영향을 미쳤다. '자본론'은 애덤 스미스의 『국부론』이후 자본주의 체제에 가장 큰 영향을 미친 책으로 평가받는다. 경쟁자의 존재로 인해 자본주의는 야수적인 탐욕을 절제하고, 사회주의의 장점을 흡수해 수정자본주의 체제로 발전했다. 유럽에서는 이러한 변화의 일환으로 사회민주주의가 자리 잡게 되었다. 이는 경제적, 사회적 불평등을 완화하고 더 포괄적이고 지속 가능한 사회를 구축하기 위한 노력의 일환이었다.[26]

사회정의는 어떤 힘의 지원을 받아 움직이는 지침이 되는 규칙이다. 사회정의에 대한 새로운 개념의 기초를 놓은 것은 사회가 순수한 개인을 부패시킨다는 루소의 견해였다. 사회주의 사상들은 결코 사상논쟁에서 패배한 적이 없으며 선거에서도 자유시장론에 지지 않았다. 경제적 평등에 대한 꿈은 많은 인기를 누리고 있어서 공정한 싸움으로는 이기기 어려웠다. 따라서 신자유주의자들은 쇼크 요법을 사용했다.[27]

볼셰비즘

시온 장로 의정서(The Protocols of the Elders of Zion)-*에서는 유대인 볼셰비키 학정이 갖는 의미를 다음과 같이 더 정교하게 밝혔다. "그러므로 유대인의 세계 투쟁은 유혈의 볼셰비키화로 끝을 맺게 된다." 실제 이것이 의미하는 것은 이들 민족과 연관된 모든 지적인 상류층의 괴멸이며 그럼으로써 유대인 자신들이 성장하여 지도자 없는 인류의 지배자가 될 수 있는 것이다.

러시아에서 레닌의 마르크스주의는 테러용 무기로 전락하고 말았다. 말하자면 유대인들이 원래 반유대적 러시아를 파괴하고 그곳 민족주의적 지식인들을 상류층과 함께 전멸시키기 위해 이 무기를 앞뒤 가리지 않고 사용했다는 것이다. 유대인이 러시아에서 헤게모니를 장악하려는 이 투쟁으로 2,800만에서 3,000만 명에 이르는 사망자가 발생하는 만행이 저질러졌으며 이것은 1차대전에서 독일인의 희생자 수를 15배나 상회한다. 볼셰비키 혁명은 결혼, 성적 윤리, 그리고 사회질서의 연대를 붕괴시켰을 뿐만 아니라 의도적으로 혼란스러운 질적 하락을 연출하여 유대인 들을 그 사회에서 유일한 지식인으로 남겨놓고자 했다.

히틀러는 제2차 세계대전의 이데올로기적 의미를 독일 외교문서보다 더욱 예리하고 잘 정돈된 어법으로 설명했다. "독일은 현재 유대인의

-* 1903년 러시아에서 처음 출판된 이후 여러 언어로 번역되었으며 20세기 초반에 전 세계에 퍼졌다. 1920년대까지 누구의 저서인지 밝혀지지 않은 비밀서적.

'두 성채', 즉 영국과 소련과 생사를 건 투쟁을 하고 있다." 영국의 자본주의와 소련의 공산주의는 이론적으로 서로 차이가 있음을 인정했지만 실제로는 유대인들이 양국에서 동일한 목적을 추구하고 있다고 보았다. 정치적으로는 이 전쟁이 주로 독일과 영국 사이의 투쟁이지만 이데올로기적으로는 나치와 유대인 사이의 투쟁이다. 유대 공산주의 제국을 전멸시키는 전쟁을 벌이고 있다는 사실을 깊이 인식할 것을 요청했다. 러시아에서 시작된 공산주의(마르크시즘)는 유연노선과 강경노선 두 가지 유형으로 나뉘었다. 강경노선은 '사회주의, 마르크스주의'(볼셰비키 마르크스주의) 트로츠키, 레닌파와 유연노선 에두아르두 베른슈타인의 사회주의(멘셰비키 수정주의)로 권력투쟁을 벌였으나 레닌파가 승리했다.

1918년 이후 독일에 등장한 퇴폐적 상황은 에카르트가 보기에 로마 제국 말기와 비교할 만한 극히 위험스러운 것이었다. 이 부패의 주된 원인은 '자본주의' '볼셰비즘' 그리고 '프리메이슨'에 있었다. 이는 근대적 유대화에서 빠질 수 없는 요소이다. 유대인들은 고대 세계에 악의적으로 그것을 붕괴시키기 위해서 기독교를 몰래 끌어들였고 근대에 이르러 이번에는 사회문제를 구실삼아 다시 이와 똑같은 약점을 엿보고 있다. 이것은 예전과 전혀 다를 바 없는 속임수다. '사울'이 '성바울'로 변신했듯이 '모르데차이'(시온주의 지도자)가 '마르크스'가 되었을 뿐이다. 기독교의 등장은 "인류에게 가해진 가장 강력한 타격"이었다고 말했다. 로마제국을 멸망시키고 1500년 동안 이룩해 온 문명을 단숨에 파괴한 것이 바로 기독교였다는 것이다. 그리스·로마 세계의 관용성에 비하면 기독교는 사랑이라는 이름으로 적대자들을 제거한 세계 최초의 신앙이었다.

그런데 이제는 설상가상으로 볼셰비즘까지 기독교의 사생아여서 결국 이 두 가지 모두가 바로 유대인의 창작품인 셈이었다. 기독교는 종교라는 형식을 빌려 고의적인 거짓말을 이 세상에 들여온 반면 볼셰비즘은 실제로는 사람들을 노예로 만들면서도 그들에게 자유를 가져다준다고 선전 함으로써 똑같은 거짓말을 반복하고 있었다. 홀로코스트를 저지르면서 히틀러가 기독교와 볼셰비즘이 공통적으로 인류의 모든 문화를 파괴할 악랄한 교리라고 강조했던 것은 정말 놀라운 사실이 아닐 수 없다. 그는 이 양자에 내재된 평등주의적 개념이 유대인의 파괴적인 효소에 똑같이 감염되어 나타났다고 주장했다.

로마 사회는 새로운 교리에 대해 반대만 했을 뿐인 데 반해서 기독교는 그 초기부터 대중에게 봉기를 획책했다. 로마는 볼셰비키적 혁명에 압도되었고 이 볼셰비즘은 나중에 러시아에서 초래했던 것과 똑같은 결과를 로마에서도 빚어냈다. 바울의 원시적 볼셰비즘으로 명백한 그리스 라틴적 성격을 띤 세계는 종말을 고했다. 유대인들은 이 바울의 기독교로 위장하여 우주의 미적 조화와 자연스러운 민족들 간의 위계질서 대신에 의도적으로 형이상학적인 '내세'라는 허구를 창조했다.

공상적 사회주의자들

생시몽 학설은 사회주의 구약성서로 비유된다. 푸르동과 생시몽은 생산 문제를 사상의 중심에 두었으나 퓨리에는 유통 문제, 즉 매점과 매석 문제에 중점을 두었다. 로버트 오웬은 협동조합 운동의 사상 창시자이다. 마르크스는 부르주아적 자본주의의 여건 아래에서 프롤레타리아 계급이 사회주의적 혁명을 이룩할 것을 주장했다. 그러나 소련과 중국을 비롯한 동구권 사회주의 국가들은 자본주의적 토대의 형성 없이 바로 사회주의 단계로 진입했다. 이에 따라 사회주의는 결국 자본주의와의 대결에서 실패한 것이 아니라 레닌, 스탈린, 모택동과 같은 급진 사회주의자들이 자본주의가 충분히 발달하지 않은 국가에서 자본주의 발전 단계를 생략하고 사회주의를 대립적으로 시행함으로써 사회주의의 실패를 초래하는 중요한 단서가 되었다.[28]

마르크스는 자본주의의 본질이 착취에 있다고 말했으나, 지역적 자본주의에서는 자본가가 노동자를 일방적으로 착취할 수 없다고 지적한다. 이러한 지역적 자본주의에서, 자본가가 노동자를 철저히 착취할 경우, 노사 양측 모두 쓰러질 수 있다. 지역에 한정된 시장에서는 생산과 소비가 일치되어 있으므로, 소비를 확대하기 위해 임금을 적절히 올리지 않으면 기업의 수익이 증가하지 않는다.[29]

마르크스는 자본가 수가 점점 줄고 노동자 수는 점점 증가한다고 말했다. 또한, 궁핍화 법칙에 의해 노동자들은 점점 더 궁핍해지고 자본가들은 점점 더 부유해진다고 지적했다. 궁핍이 더 이상 견딜 수 없는 지경에 이르면, 노동자들은 급진적 혁명주의자가 되어 계급의 이해를 추구하게 된다. 이러한 상황에서 모든 국가의 노동자들이 하나로 통합되어 사회주의 혁명을 전개한다. 결국 자본주의는 자본가 계급과 함께 소멸되어, 더 이상 지배계급이 없으며, 지배자와 피지배자가 없는 평화가 도래한다고 주장했다.[30]

마르크스의 공산주의는 극단적인 사회주의로, 생산수단의 공유뿐만 아니라 모든 사유재산의 철폐, 절대적인 균등 분배, 폭력 혁명을 통한 집권, 단 하나의 중앙 계획 당국에 의한 경제 운영 등이 특징이다. 이 사회제도가 성공하기 위해서는 중앙정부 당국자들이 전지전능하고 공평무사해야 하며, 수요와 공급에 관한 모든 정보를 알고 사심 없이 정부를 운영해야 한다. 또한, 모든 사람은 천사처럼 착해야 하며, 자신보다 적게 일한 사람도 자신과 같이 분배받는 것을 불평하지 않아야 한다고 주장한다. 이러한 이상적인 조건들이 충족되어야만 공산주의 사회가 성공할 수 있다고 본다.[31]

💰 유물사관적 계급투쟁

사회제도는 오늘날 지배하는 계급인 부르주아지에 의해 창조되었다. 부르주아지는 봉건제도를 파괴하고 그 폐허 위에 부르주아적 사회체제를 건설했다. 이는 자유경쟁, 이동의 자유, 상품 소유자의 평등권 등을 포함한 부르주아적인 혜택의 왕국이다. 모든 사회적 변화와 정치적 변화의 궁극적 원인은 사람들의 머릿속에서 영원한 진리나 정의에 대한 인식에서 찾는 것이 아니라, 생산양식과 교환양식의 변화에서 찾아야 하며, 이를 철학이 아닌 그 시대의 경제에서 찾아야 한다. 이에 반해, 독일 농민 전쟁이나 프랑스 혁명과 같은 역사적 투쟁들이 과학적 운동이 아니었듯이, 사회주의 운동 역시 과학적 운동이 아니라는 것은 명백하다.

어떤 '주의'도 과학이 아니다. 우리가 '주의'라고 부르는 것은 신념의 방식, 경향, 사상과 요구의 체계일 뿐이며, 이러한 것들은 엄격한 과학적 규정과는 거리가 있다. 그러므로 사회주의에 내재된 특성은 엄격한 과학적 규정의 특성에서 벗어나 있다. 사회주의는 특정한 사회질서에 관한 상상, 구상, 학설로 볼 수 있다. 이는 실증적으로 경험하는 세상의 저편에 있는 것이며, 현재 우리가 살고 있는 이행성의 저편이 아니다. 사회주의는 되어야만 하는 어떤 것이거나, 되어야만 하는 어떤 것을 향한 운동의 일부로 볼 수 있다.

잉여가치론

1857년부터 1863년 사이, 마르크스는 고전파 경제이론을 극복함으로써 부르주아 경제학을 과학적으로 평가할 수 있었으며, 이 과정에서 스미스와 리카도의 노동가치론을 마르크스 경제이론의 원천으로 삼는 계기를 마련했다. 리카도는 노동자의 임금과 그의 노동 생산물 사이의 불일치를 밝혀냈지만, 노동자가 지불받지 못한 성과물이 자본가의 이윤의 원천임을 알아내지 못했다. 마르크스는 노동자가 노동 과정에서 생산한 생산물의 가치가 자신의 노동력 가치보다 크다는 점, 즉 잉여가치의 창출을 지적했다. 리카도의 이론에서는 추상적 노동과 구체적 노동이 구분되지 않고 혼합되어 잉여가치를 '이윤'과 동일시했다.

이에 반해, 엥겔스는 사회주의가 잉여가치로부터 과학적으로 도출된다는 견해에 강력히 반대했다. 마르크스의 언급을 인용하며, 엥겔스는 이러한 견해가 단순히 도덕을 경제에 적용한 것에 불과하며, 경제적 관점에서 오류라고 설명했다.

부르주아 경제학의 법칙에 따르면, 생산물의 대부분은 그것을 생산한 노동자들에게 귀속되지 않는다. 이러한 현상을 부당하다고 비판할 수 있지만, 이것은 경제학과 직접적인 관련이 없다는 것이 중요한 지점이다. 우리는 단지 이러한 경제적 현실이 도덕적 감정에 위배된다고 말할 뿐이다. 잉여가치는 미지불 노동에서 비롯된다는 것은 단순한 사실이다. 노예제에서 노예가 자신이 소비하는 것보다 더 많은 것을 생산해야 한다는 사실을 발견한다고 해서, 그것이 노예제에 기초한 사회질서에 반대하는 과학적 증거가 될 수는 없다.

엥겔스는 마르크스가 자신의 공산주의적 추론을 자본주의 생산양식의 필연적인 붕괴라는 개념 위에 세웠다고 설명한다. 마르크스가 주장하는 "자본주의 생산양식의 필연적인 붕괴"가 실제로 과학적으로 입증될 수 있는지, 혹은 단순한 가정에 불과한지는 중요한 질문이다. 또한, 자본주의 생산양식의 붕괴가 과연 사회주의의 과학적 필연성을 추론하는지도 중요한 논점이다. 이러한 질문들에 대한 명확한 답변과 관점을 갖는 것은 사회주의의 과학성을 고수하려는 입장에서 반드시 고려해야 할 요소들이다.

마르크스가 프루동에 대한 강력한 비판을 가했음에도 불구하고, 마르크스 자신도 유토피아적이고 형이상학적인 개념 방식으로 인해 비판을 받았다. 특히, 프랑스 사회주의자 폴 부르스 박사는 마르크스의 유토피아적 성격을 이유로 여러 차례 비난했으며, 마지막으로 그를 위대한 마지막 '공상주의자'로 묘사했다.

냉소주의자들은 역사적으로 탐욕이 모든 것을 좌우했다고 주장하며, 부, 축재, 황금, 석유, 권력에 대한 욕망이 현실이며 앞으로도 계속 그럴 것이라고 믿었다. 마르크스는 1847년 『철학의 빈곤』에서 자신의 논리에 대한 반론을 예상하며, 새로운 지배계급이 결국 새로운 정치세력의 생성을 야기하지 않을까 하는 질문에 대해 '아니다'라고 답했다. 그는 생산 계급이 분열되지 않을 것이라고 확신했다. 이러한 마르크스의 견해는 그의 이론과 사상에 대한 깊은 신념과 확신을 반영한다.

사회주의는 혁명의 승리와 절대권을 취하기도 전에 리더들이 지배자의 형태를 취했고, 곤란한 질문을 던지는 자는 주저 없이 당에서 축출했다. 이는 우리가 악으로 가득한 세상에 살고 있다는 주장이 거짓임을 보여준다. 이러한 사상이 퍼짐으로써 많은 젊은이를 좌절에 빠뜨린다는 것은 사회에 희망이 없다는 것을 의미한다.

마르크스는 자본주의를 지옥에 비유하며 단테가 그린 지옥처럼 모든 희망을 버리라는 문구를 자본주의에 대입했다. 마르크스가 남긴 것은 공허한 말들과 자본주의 타도, 존재하지 않는 사악한 자본주의를 해체하라는 것이었다. 레닌, 스탈린, 흐루쇼프는 이를 실제에 적용하려 했다. 마르크스의 『자본론』에서는 자본가 수가 줄고 노동자 수가 증가하며, 궁핍화 법칙에 따라 노동자들이 더 궁핍해지고 자본가들이 더 부유해진다고 했다. 궁핍이 견딜 수 없는 지경에 이르면 노동자들은 급진적 혁명주의자가 되어 계급의 이해를 추구하게 되며, 모든 국가의 노동자들이 하나로 통합되어 사회주의 혁명을 전개한다.

자본주의는 자본가 계급과 함께 소멸되어 청산되고 평화가 이 땅에 도래한다. 그러나 오늘날 마르크스 사관은 더 이상 신뢰받지 못하며, 서구의 마르크스주의자들도 우리가 추악하고 타락한 자본주의 세계에 산다는 이론을 설파하면서도 더 이상 마르크스 사관을 고집하지 않는다.

마르크스가 제시한 부르주아와 프롤레타리아의 투쟁은 생산자 집단의 승리로만 끝날 수 있다. 이들이 계급의식으로 무장하고 조직화되면 생산을 중시할 수 있기 때문이다. 우리의 강한 팔이 원하면 모든 바퀴가 멈출 것이며, 이는 스스로 의식하건 의식하지 못하건 물질적인 힘을 손에 쥐고 있다는 의미이다. 게다가 그들은 압도적인 다수를 차지한다. 따라서 그들의 해방, 즉 사회 혁명에서의 승리는 반드시 이루어질 것이다.

이 혁명은 프롤레타리아의 독재를 통해 자본 계급을 해체하고, 단일 계급으로 이루어진, 계급 차별이 없는 사회를 목표로 한다. 이는 지배 계급이 사라지며, 자본 계급이 해체되는 즉시 지배자와 피지배자가 없어지는 사회를 의미한다. 또한, 모든 전쟁이 계급투쟁의 결과라는 관점에서, 계급 차별이 없는 사회는 인류가 오랫동안 열망한 평화를 가져온다고 주장한다. 이것이 사회주의가 실현해야 하는 역사적 당위성에 대한 과학적 근거이다.[32]

그러나 마르크시즘은 외견상으로는 자본을 공격하고 있지만 유대인은 국제자본에 반대해서 항상 불평을 터트리지만 실제로는 국민 경제가 파멸에 이르고 그로 인해 국제적인 증권거래소의 무리가 그 시체가 뒹굴고 있는 전장에서 개가를 올리기를 바란다. 유대인들은 노동자에게 접근하여 그들의 운명에 동정하는 것처럼 가장 하거나 그 비참하고 가난한 처지에 분개하는 것처럼 가장 한 후에 신뢰를 얻는다. 노동조합이 계급투쟁인 것이 아니라, 조합을 자기의 계급투쟁의 도구로 삼은 것이다. 마르크시즘은 국제적인 세계 유대인이 자유 독립 국가의 경제적 기초를 파괴하고 국민적인 공업과 상업을 파괴하며 국가를 초월한 세

계 금융 유대주의를 위해 자유로운 여러 민족을 노예화하는데 이용하는 경제적 무기를 만들었다.[33]

마르크스는 유토피아를 죽어서만 갈 수 있는 장소가 아니라 살아서도 도달할 수 있는 곳으로 제시한 인물로 평가받는다. 그러나 레닌이 국제 경제에 대한 충분한 지식 없이 제국주의 논리를 설명하려 했다면, 그것에 실제로 어떤 의미가 있을지는 의문이다. 마르크스는 혁명가보다는 과학적이라는 관념적 사고로 사회를 분석하려 한 이론가로 볼 수 있다. 마치 사람들이 예수님에게 하나님 나라가 무엇인지 묻듯, 당시 사람들은 마르크스에게 그의 말하는 혁명이 무엇인지 물었을 것이다.

사회주의의 주요 이념들이 자본주의에 많이 통합되었다는 것은 사실이지만 마르크스의 이해에는 두 가지 큰 부족함이 있었다. 첫째는 근본적으로 인간에 대한 이해의 부족이고, 둘째는 개방 경제에 대한 인식 부족으로 그의 이론이 현대사회의 복잡한 경제 및 사회구조를 완전히 설명하거나 해결하는 것은 한계가 있다.

처음에 리카도가 나중에 마르크스가 주장한 '노동가치론'은 엄청나게 큰 지적 과오였다. 증기엔진으로 대표되는 지적 발명 하나로도 그 점을 이미 증명해 주었다.[34]

사회계약론
장 자크 루소(Jean Jacques Rousseau, 1712~1778)

인간은 선하게 태어난다고 여겨진다. 하지만 사회가 사람들을 타락시키며 국가의 출현으로 타락, 불평등, 노예제도가 생겨난다. 루소는 홉스나 로크와 다르게 국가의 합법성이 아니라 합법적인 국가의 모습을 고민한다.

혁명을 꿈꾸는 사람들이 루소의 철학에 매료되는 이유는 그의 가언적인 사고방식 때문이다. 루소는 미개인의 몰락 원인을 사유재산의 출현으로 보고, 사유재산이 문서화되면서 불평등과 자유 상실이 일어난다고 주장한다. 그는 소유가 많은 사람이 적은 사람의 주인이 되며, 본래 인간의 자유를 유지하고 국가로부터의 보호와 윤리적, 사회적 미덕을 강화해야 한다고 믿는다.

반면 홉스와 로크는 개인의 자유 포기 없이는 국가의 존재가 불가능하다고 본다. 홉스는 자유를 군주에게 일괄적으로 넘기는 계약을, 로크는 큰 부분의 자유를 포기하고 재판관을 지정해 군주와 계약하는 것을 주장한다. 루소에 따르면 사람이 스스로 다스린다면 통치받으면서도 자유로울 수 있으며 이것을 성취하려면 합동으로 주권자가 되기로 계약한 사람들이 자유를 포기하지 말아야 한다. 여기서 주권자는 왕도 의회도 아니고 사람들 전체로 본다. 루소는 함께 계약하는 사람들은 공동조직체의 통치권을 공유한다는 점에서 '시민'이며 자신을 공동조직체의 법 아래 놓는다는 점에서 '백성'이라고 말한다.[35]

수정자본주의
존 스튜어트 밀(John Stuart Mill, 1806~1873)

빈부격차 시정, 노동조합 인정, 참정권 확대, 의회제도 개선, 여성 권리 신장, 교육 및 복지제도 확충, 식민지 문제 등은 사회에서 중요한 이슈들이다. 자유주의는 개인의 자유를 사회적 가치의 중심에 두고 사유재산을 중시하는 경향이 있다. 그러나 빈부격차 해소를 위해서는 사유재산에 대한 제한이 필요하다는 인식이 존재한다.

밀은 이상적인 사회를 노동자 협동조합 사회로 보았으나, 현실적으로는 의회민주주의를 확립한 후에 사유재산을 부분적으로 제한하고 국가에 의한 적절한 분배정책을 도입하는 수정자본주의를 통해 개인의 자유와 공정한 분배를 동시에 실현시킬 수 있는 현실적 방법이라고 보았다.[36]

복합감정
샤를 푸리에(Charles Fourier, 1772~1837)

그는 어려서부터 부정과 억압을 미워하는 강한 기질을 가졌다. 양친으로부터 크게 꾸중을 듣는 것이 계기가 되어, 거짓을 상도로 여기는 상업에 대한 증오심을 품고 평생을 관철했다. 그는 미세한 감정을 잘 포착하고, 사려 깊으며, 학문을 좋아했다. 또한 작문과 라틴어에 뛰어난 재능을 보였고, 호주머니 속 용돈은 지도나 지구본을 사는 데 사용했다. 그는 화초와 음악을 좋아하는 취미가 있었으며, 군사 기사가 되고자 하는 꿈을 가지고 있었지만, 가정 사정으로 상인의 길을 걷게 되었다. 루앙이나 리옹에서 상점 점원으로, 프랑스 국내와 독일, 네덜란드 등지를 돌며 세일즈맨으로 일했다. 이러한 여행 중에 그의 사회를 관찰하는 예리한 안목이 형성되었다고 볼 수 있다.

21세 때 아버지의 유산으로 사업을 시작했지만, 프랑스 혁명 시 반혁명군에 의해 그의 수입 물품이 징발당했다. 쌀과 사탕은 군대의 식량으로 사용되었고, 면화는 바리케이트를 만드는 데 쓰였으며, 그는 군대에 강제로 편입되었다. 리옹을 점령한 혁명군에 의해 체포되어 투옥되었고, 사형은 면했지만 석방될 때는 완전히 빈털터리가 되었다. 이 재난을 통해 그는 상업과 마찬가지로 폭력과 혁명에 대한 증오심을 평생 간직하게 되었다. 생시몽이 생산의 문제에 중점을 둔 반면, 푸리에는 유통의 문제(예를 들어, 매점한 쌀이 썩어 강물에 버려지는 문제)에 관심을 가지고 사색했다.

인간은 자신이 미워하는 사람에게 손해를 입힐 수 있다면 스스로 큰 손해를 감수하는 원망심이 작용한다. 모든 사람이 물질적인 궁핍보다는 사회주의 제도 아래에서의 생활이 참기 쉽다고 인식하는 것이 중요하다. 이는 사회주의 제도에서는 아무도 자신의 이웃보다 더 나은 생활을 하고 있지 않다는 것을 모든 사람이 알 수 있기 때문이다.[37]

케인즈와 수정자본주의

💰 자본주의의 구세주 케인즈

케인즈의 경제 처방은 먼저 신용의 무제한적인 팽창을 규제하는 것이었다. 이를 위해 '관리통화제도'가 도입되어 국가가 신용을 통제할 수 있는 장치를 마련했다. 이 과정에서 금융기관이 자의적으로 신용을 창출하는 것을 규제하고, 금융기관이 가치의 생산 영역에 개입하는 것을 엄격히 통제했다(글래스-스티걸법)-*. 신용과 가치 생산은 직접 연결되지 않도록 분리되었다.

다음으로, 생산 확대를 가로막는 한계들을 완화하는 장치가 마련되었다. 이 중 하나는 잉여가치 생산의 한계를 이루는 가변자본(임금)의 축소 경향을 막기 위한 것이었다. 여기서 프레더릭 테일러의 발견이 중요한 역할을 했다. 테일러는 노동 조직에서 숨겨진 생산력의 잠재력을 발견하고 이를 실현할 방법을 찾아냈다. 이러한 '테일러주의'는 매우 세밀한 분업의 원리에 기초했으며, 가변자본의 축소 없이도 노동 조직의

-* 미국의 1933년 은행법: 민주당 상원의원 카터 글래스와 하원의원 헨리 B. 스티걸 공동 제안, 상업은행과 투자은행을 구분해 이들 업무를 엄격히 분리한 법.

변화만으로 잉여가치 생산의 한계를 상당 부분 해소할 수 있었다.

테일러주의는 세밀한 분업 원리를 기반으로 하는 관리 체계이다. 이 체계는 노동 조직의 변화를 통해 잉여가치 생산의 한계를 상당 부분 해소하는 중요한 역할을 했다. 이는 가변자본 즉 임금 축소 없이도 달성 가능했다. 이러한 관리 방식은 생산성 향상과 노동 효율성 증가에 중점을 두었다. 노동조합의 결성, 단체교섭, 그리고 파업권이 중요한 역할을 했다. 이를 통해 가치의 생산과 실현 사이 격차는 상당 부분 줄어들었고 공황 가능성도 대폭 감소했다. 케인즈의 처방은 공황 문제를 완화했고, 제2차 세계대전으로 인한 부의 축소는 새로운 부 증가의 토대가 되어 자본주의는 번성기를 맞이했다. 번영은 1970년대 초까지 이어졌고 공황은 사라진 것처럼 보였다. 임금 소득 증가가 가치 생산 증가를 소비 능력 확대로 받쳐 줬다. 이 모든 것은 국가라는 거인이 자본주의적 본성을 억제함으로써 이뤄진 것이다.

1960년대에 접어들며 테일러의 분업 체계로 인한 생산 한계가 드러나기 시작했다. 이 체계는 단순화된 분업을 통해 규격화된 상품을 대량 생산하는 데 적합했으며, 세계대전 이후 파괴된 시장 상태에 맞는 방식이었다. 그러나 양적 수요가 어느 정도 충족된 후에는 질적 요구로 변화했고, 이는 테일러의 분업 체계로는 만족시킬 수 없었다. 아무도 차를 갖고 있지 않은 상황에서는 차의 소유 여부가 중요했지만, 모든 사람이 차를 갖게 되자 어떤 차를 소유하고 있는지가 중요해진 것이다.

케인즈 경제학의 시대적 배경

1914년에 시작해 2천만 명 이상의 사상자를 낸 1차 세계대전은 1919년에 종결되었다. 그러나 대전과 동시에 발생한 공황은 경제학에 새로운 전기를 마련했다. 대규모 실업이라는 현실적 문제에 직면하여, 전통적인 고전학파 이론은 오랫동안 쌓아온 권위를 잃었다. 대신 케인즈 이론이 현실 문제 해결에 적합한 이론으로 인정받아 사람들의 신뢰를 얻고 있었다.

그 당시 세계 최선진국이었던 영국에서는 실업률이 급격히 상승했다. 1920년에는 2~3%였던 실업률이 1921년에는 25%로 10배 이상 증가했으며, 이후 10년간 영국을 포함한 세계 여러 나라가 10% 이상의 높은 실업률에 시달렸다. 1929년부터 1933년까지의 세계 대공황 동안 상황은 더욱 악화되었다. 세계 각국은 실업 문제 해결을 위해 필사적으로 방법을 모색했다.

영국의 고전학파 이론가들은 공황의 원인을 제1차 세계대전 중 파괴된 생산 기반 상실에서 찾고 있었다. 그들은 심각한 실업 문제에도 불구하고 생산 기반이 복구되고 생산성이 향상되어야 문제가 해결된다고 주장했다. 하지만 전쟁으로 파괴된 생산 기반을 단시간에 복구할 수는 없었다.

이에 일부에서는 정부가 지출을 늘려 공공사업을 통해 실업 문제를 해결해야 한다고 주장하며 정부의 시장 개입 필요성을 강조했다. 그러나 고전학파 지지자들은 정부의 경제 개입에 반대했다. 그들은 정부의 공공사업이 물가만 상승시킬 뿐 실업 문제 해결에는 도움이 되지 않는다고 주장했고, 민간 경제가 회복될 때까지 인내하며 기다리자는 입장만을 고수했다.

1929년부터 1933년까지 깊은 불황에 빠진 영국과 미국은 고전학파의 견해를·따를지, 아니면 정부가 시장에 개입하여 공공사업을 벌여야 할지 결정하지 못했다. 그 결과, 양국은 실업 대책을 마련하지 못했다. 이는 미국의 트루먼 대통령이 말한 대로, 결단력 있는 경제학자가 필요한 시점이었다.

경제가 심각한 불황에 빠져 있을 때, 케인지언 견해에 따르면 정부는 경비 지출 확대 등을 통한 고용 증대 정책을 채택하여 경기 침체를 회복시켜야 했다. 그런데도 미국에서는 호황일 때 사용해야 할 세수입 확대 정책을 후버 대통령이 균형 예산을 명목으로 불황기에도 채택하여 시행했다.

한편, 영국에서는 정부가 지출을 늘려 공공사업을 벌여 실업 문제를 해결할 수 있는지에 대한 논쟁이 일었다. 이 논쟁에서 당시 주류인 고전학파 경제학자들의 주장에 케인즈가 정식으로 도전장을 던졌다.

케인지언 혁명을 통해 새로운 주류 경제학을 형성한 케인즈와 그의 추종자들은 세계 대공황을 생산 기반의 파괴, 즉 농업이나 공업 등에서 발생한 공급자 측 현상으로 보지 않았다. 그들은 화폐 공급의 급격한 감소, 소비 및 투자 부족과 같은 수요자 측 요인들이 대공황을 초래했다고 봤다.

이들은 고전학파의 대표적인 주장인 '세이의 법칙'(Jean-Baptiste Say)을 부인했다. 이 법칙은 "저축은 항상 투자와 일치하여 경제가 필요로 하는 자본을 과부족 없이 축적한다"라고 주장했다. 그러나 케인즈는 저축이 투자를 초과하여 전체적으로 과잉 저축이 발생할 수 있는 경제 상황을 그의 이론에 포함시켰다. 과잉 저축이 있는 경제에서는 과잉 자본이 축적되어 총수요보다 많은 잉여 생산시설이 발생하여 일부 설비가 놀게 되는 총수요 부족 현상이 나타난다. 케인즈는 이 총수요 부족을 불황의 직접적인 원인으로 지적했다. 따라서 이 과잉 저축을 줄이고 부족한 수요를 메워 나가는 것이 불황 타개를 위한 케인즈의 처방책이었다.

케인즈의 견해에 따르면, 소비는 수요를 증가시키는 미덕이고, 저축은 수요를 감소시키는 악덕이다. 이에 따라 정부가 공공사업을 벌이는 것은 부족한 수요를 증가시키는 직접적이고 효과적인 방법이므로 정당한 정책으로 인식되었다. 이러한 케인즈의 주장은 주류 고전학파 이론가들의 눈에는 정부의 시장 간섭을 정당화하는 극단적이고 위험한 견해로 보였다. 그 결과, 케인즈는 이단자로 낙인찍혔다. 하지만 케인즈에게 고전학파 지지자들과 당시 영국 재무성 관료들의 "고용이 회복될 때까지 기다리자"는 주장은 설득력 없는 억지 주장으로밖에 들리지 않았다.

케인즈는 "무작정 기다려 보라니 그런 이론이나 정부는 있으나 마나 한 것이 아닌가? 장기적으로 볼 때 우린 모두 죽고 없다"라고 반발했다.

1936년, 케인즈는 케인지언 혁명의 기초가 되는 중요한 저작인 『고용, 이자 및 화폐의 일반이론』을 출간했다. 그는 이 책에서 고전학파 모델의 중요한 몇몇 가정이 필요 없거나 특수한 경우에만 적용될 수 있다고 주장했다. 케인즈는 고전학파의 이론을 특수 이론으로 간주하고, 이러한 가정을 전제로 하지 않는 자신의 이론을 일반이론이라고 했다.

케인즈는 당시 많은 나라에서 상품의 재고가 쌓이고 실업자 수가 증가하는 현상을 관찰하며 고전학파의 가정과 달리, "보이지 않는 손"

이 마비되어 시장이 기능을 제대로 발휘하지 못한다고 지적했다. 그에게 고전학파 이론의 핵심인 세이의 법칙, 즉 상품시장, 투자시장, 노동시장에서 수요와 공급이 항상 스스로 균형을 이룬다는 주장은 현실과 동떨어진 것으로, 멍청이의 헛된 말로만 들렸다.

케인즈가 제시한 새로운 가정에 근거한 정책은 기존 고전학파 정통 이론가들이 제시한 정책과 근본적으로 대립했다. 고전학파 모델에서는 생산 함수와 노동시장에서의 균형만으로 총생산이 결정된다고 보며, 총생산은 총수요에 따라 변하지 않는다고 주장한다. 반면, 케인즈의 새로운 모델에서는 경제가 침체되어 과잉생산 설비를 갖고 있을 때 총수요의 증가가 산출량의 증가로 이어진다고 주장한다. 이러한 케인즈의 접근 방식은 시장의 자율적인 균형 조정 능력에 의존하기보다는 정부의 적극적인 경제 개입을 강조한다.

따라서, 침체기에 총수요를 늘릴 수만 있다면 총생산까지 늘리는 것이 가능하다. 영국을 포함한 많은 나라의 경제학자들과 경제에 정부개입을 주장하는 정치가들은 이를 크게 환영했다. 그뿐만 아니라, 정부 스스로 고용을 늘리기 위해 통화량 증가나 경비 지출 확대 같은 정책을 펼쳐 총수요를 늘리려고 했고, 이것이 당시 그들에게 가장 현실적이고 유효한 실업 해결책이라고 믿었다.

케인즈의 경제정책에 근거하여 실업 퇴치라는 명분 아래 TVA(Tennessee Valley Authority) 건설을 비롯한 유사한 거대 공공투자 사업들이 세계 각국에서 실시되었다. 이러한 정책들은 즉각적인 효력을 발휘했다. 이렇게 케인즈 경제이론은 1930년대 실업 문제 해결에 큰 공을 세웠다. 또한, 제2차 세계대전(1939~1945) 후 세계 최강국이 된 미국을 비롯한 자유

진영의 모든 국가에서 경제정책 수립에 케인즈 이론을 본격적으로 도입했다. 그 결과, 세계 경제는 장기 성장을 이어갔다. 따라서 적어도 2차 대전 후 1970년대 초까지 케인즈 이론은 소위 황금기를 맞이했다. 이 시기에 케인즈 모델은 경제학에서 유일한 거시경제 모델이었으며, 1970년대 초에는 심지어 미국의 닉슨 대통령이 "우리 모두 이제 케인즈주의자다"라고 할 정도였다.

그러나 불행히도 닉슨의 말이 나온 것과 동시에 케인즈 이론에는 어두운 그림자가 드리우기 시작했다. 1970년대를 거치며 밀튼 프리드먼을 비롯한 통화론자들의 거센 도전에 케인즈 이론은 크게 흔들렸다.

1980년대에는 케인즈 이론에 대한 반혁명이라고까지 불리는 합리적 기대 이론이 새 고전학파 경제학자들에 의해 주도되면서 케인즈 이론은 주류 이론으로서의 지위를 상실하기에 이르렀다. 한편, 케인즈는 경제학자들이 철학적 성찰 없이 통계 정보만을 다루는 것이 위험하다고 믿었다. "문(文)·사(史)·철(哲)" 연구를 통해 인문학적 소양을 갖추지 않은 젊은 경제학자들을 무식하다고 비판했다. 그에 따르면 경제학 분야에서는 수리 분석 이상으로 인문학적 소양이 필요하다. 케인즈는 또한 엄밀한 분석보다는 증명할 수 없는 직관의 중요성을 강조했다. 하지만 경제학을 넘어선 다른 분야에 대한 끊임없는 탐구와 직관을 중시하는 그의 태도는 다른 경제학자들에게는 일종의 외도이자 초과학으로 여겨졌다.

실제로 고전학파 교수였던 라이어널 로빈스는 경제학의 객관성과 윤리학의 주관성이 양립할 수 없다며 케인즈식의 자유분방한 접근을 비판했다. 미국의 빈슨 재무장관(후에 대법원장)은 법조계와 케인즈 사이의 악연이 빈슨에만 국한된 것이 아닐 수도 있다고 여겨진다. 오스트리아 학파의 중심인물인 칼 멩거와 미제스는 원래 법학을 전공했다. 케인즈에 반대한 하이에크의 시장중심주의는 그들의 사상에서 비롯된 것이다. 이런 점에서 법률가인 멩거와 미제스는 케인즈의 사상적 천적이라고 할 수 있다. 흥미로운 사실은 법률을 공부한 이들이 법률보다는 시장의 힘을 믿었으며, 경제학을 공부한 케인즈는 시장의 자율 조정 기능에 회의감을 품고 정부개입을 지지했다는 점이다. 이는 지독한 아이러니라고 할 수 있다.[38]

💰 유효수요의 퇴장과 환류

케인즈의 견해에 따르면, 국민소득 중 저축되는 만큼의 유량은 경제 순환 과정에서 누출되어 퇴장하고, 투자되는 만큼은 다시 경제 순환 과정으로 환류한다. 이러한 유량을 그는 유효수요라고 보았다. 따라서 저축이 투자를 초과하면 유효수요가 감소하고, 그 결과 수요 부족으로 공급과잉이 발생하며 경기가 침체된다고 이해했다. 반대로 투자가 저축을 초과하면 유효수요가 새롭게 생겨나 경기가 회복된다고 믿었다.

💰 저축과 투자에 의한 소득 결정

소득 결정에 있어서 케인즈의 견해가 고전학파와 구분되는 결정적인 차이는 저축 결정 요인에 있다. 고전학파는 저축을 이자율의 함수로 간주했으며, 따라서 저축과 투자는 이자율 조절에 의해 항상 균형을 이룬다고 여겼다. 케인즈 역시 투자 수준이 이자율의 함수라고 생각했지만, 저축은 소득에서 쓰고 남은 나머지로 이해했다. 즉, "저축은 이자율의 함수가 아니라 국민 소득수준의 함수"라고 해석했다. 따라서 이자율의 변동으로 투자와 저축이 항상 일치할 것이라는 세이의 주장은 케인즈 이론에서는 무의미하다. 케인즈 경제학에서 투자와 저축의 일치는 이자율 조절에 따라 항상 달성되는 것이 아니라, 국민소득이 특정 균형 수준에 도달했을 때만 가능하다.

절약의 역설

초기 자본주의 시대에는 생산성 향상이 주요 문제였다. 이 시기에는 생산 부족 문제를 해결하는 것이 필수적이었다. 이를 위해 자본 축적이 필요했고, 자본 축적을 위해서는 저축을 늘려야 했다. 저축이 증가하면 투자가 늘어나고, 투자에 의해 생산 능력이 증가하여 국민소득이 향상될 것이기 때문이었다. 이렇게 해서야만 생산의 어려움을 해결할 수 있었다.

그러나 공황 시기에 케인즈가 직면한 심각한 실업 문제는 저축을 늘려서 해결될 수 있는 문제가 아니었다. 역설적으로 소비를 늘리고 저축을 줄여야만 해결될 수 있는 문제였다. 따라서 고전학파 모델에서 미덕으로 여겨졌던 저축은 케인즈 모델에서는 악덕으로 여겨졌다. 케인즈 이론의 지지자들은 "사람들이 절약하여 소비를 줄이고 저축을 늘리면 더욱 가난해진다"는 매우 역설적인 주장을 펴게 되었는데, 이 주장이 바로 '절약의 역설'이다.

📊 이자는 무엇에 대한 대가인가?

통상적으로 이자론은 이자를 '절제에 대한 대가'로 여겼다. 하지만 케인즈는 이자를 절제의 대가가 아닌, 유동성을 넘겨줌에 따른 대가로 해석했다. 이것이 바로 그의 "유동성 선호 이자론"의 핵심이다. 케인즈는 금리생활자가 상당히 높은 이자율이 아닌 이상 현금 형태로 재산을 보유하려는 경향을 지적했다. 그는 이러한 행동을 불황의 원인으로 보고, 이자나 떼어가는 비활동 계급, 즉 투자가 계급의 이익을 억제함으로써 불황을 극복하고자 했다.

케인즈의 비판대로, 금리생활자의 부는 자신의 검약이 아닌 선조의 저축에서 비롯된 것이다. 특히 선진 자본주의 국가인 영국에서는 과거에 저축된 부가 막대한 액수였다. 이러한 상황에서 부의 소유자, 즉 투자가는 단순히 현재의 저축만이 아니라 부 자체의 가치 변화에 주목해야 했다. 리카도는 자본 축적이 세 계급 간의 소득 분배에 미치는 영향을 논의했지만, 케인즈는 축적된 자본의 가치 변화와 현재 가격(이자율)에 미치는 영향을 중시했다. 따라서 고전파는 재화가 생산된 후 짧은 기간 내에 소비된다는 관점을 가졌으며, 오래 축적되어 스톡이 되는 것에 대한 문제는 완전히 방치했다고 비판한다.

📊 케인즈가 보지 않은 것

케인즈의 이론은 불황기에만 적용되는 독특한 경제이론이 아니다. 그러나 그 이론은 하나의 문제를 추상화하고 두 가지 중요한 문제를 간과했다. 이 문제들은 산업 부문 간의 불균형과 독점자본 축적의 효과이다.[39] 19세기에 산업혁명을 완수하며 번영을 이룬 서구 자본주의는 이후 100여 년 동안 여러 도전에도 불구하고 꾸준히 발전해 왔다. 이 기간에 대량 실업 문제 해결과 생산량 및 생활 수준의 향상이 이루어졌다. 그러나 1933년 발생한 경제 대공황은 자유 방임적 자본주의의 근본을 위협하며 세계 경제에 큰 충격을 주었다. 뉴욕 주식시장의 폭락으로 시작된 이 대공황은 세계 전역으로 확산되어 생산이 둔화되고 대량 실업 사태를 가져왔다.

마르크스가 예견했듯 자본주의의 종말이 다가오는 듯했다. 이때 유명한 영국 경제학자 케인즈가 등장했다. 그는 경제가 기업주나 소비자 같은 경제 주체의 자율적 의사결정으로 균형을 이루리라는 고전학파 이론에 반대했다. 그의 진단에 따르면, 자유방임적 무제한 생산은 상품의 초과공급을 일으켰고, 소비자 소득은 크게 오르지 않았다. 이로 인해 세계 경제는 물가 하락과 실업 증가 같은 공황에 직면했다. 그는 이러한 결함을 시정할 것을 주장했다. 이로부터 수정자본주의 이론이 탄생했다. 즉, 자본주의 경제가 위기 상태에 이르기 전 정부가 재정 금융 정책으로 개입하면 경제공황의 위기를 사전에 극복할 수 있다는 것이다.

결국 여러 국가 정부는 케인즈의 이론을 받아들였다. 미국 정부는 대규모 사회간접자본 투자와 기업 투자 장려를 위한 저이자율 정책을 채택했다. 이자율을 낮추기 위해 화폐도 대량으로 공급했다. 그 결과 소비와 투자가 살아나고 경제는 회복 국면에 접어들었으며, 1950년대까지 호황이 이어졌다. 자본주의의 첫 번째 위기는 케인즈 요법으로 치유될 수 있었다. 그러나 1960년대에 자본주의 경제는 두 번째 위기에 직면했다. 이번 위기는 세계적 인플레이션 문제였다. 케인즈 요법은 실업 해소와 경기 회복에는 유효했다.

그러나 정부와 통화당국이 경제에 지나치게 개입하고 통화량을 늘림으로써 인플레이션 현상이 부작용으로 나타났다. 특히, 인플레이션의 주범은 일단 오르면 떨어지지 않는 임금이었다. 임금 인상은 상품 가격에 반영되어 임금 인상, 상품 가격 인상, 생활비 상승, 임금 인상의 악순환을 이어갔다. 이 현상에 맞서 세계 각국 정부는 통화량을 줄이고 생산성 향상과 기술 혁신을 통해 임금 인상분만큼의 생산량 증가를 추구했다. 그 결과 자본주의 경제는 두 번째 위기를 극복할 수 있었다.

1920년대에 유럽 각국에서는 사회보장제도가 도입되고 소득의 재분배가 이루어졌다. 반면 지역적으로 고립된 미국에서는 약탈 자본주의 체제가 더 오래 지속됐다. 미국은 약탈자본가들이 지배하고 있었고 사회계층의 양극화는 위험 수위에 도달했다. 그럼에도 불구하고 사회보장제도 도입이나 합리적인 조세제도를 통한 부의 재분배는 큰 지지를 얻지 못했다. 1929년 대공황이 발발했다. 대공황은 인간의 자제력 부족과 시장의 한계로 인해 양극화가 소비 부족으로 이어져 공황으로 발전했을 가능성이 있다. 대공황 이후 루스벨트 대통령은 '뉴딜정신'에 입각한 경제 개혁 조치들을 취했다.

맬서스는 저서 『경제학 원리』를 통해 공황을 체계적으로 연구했다. 그는 공황의 원인으로 '과소소비설'을 제기하며 케인즈에게 큰 영향을 미쳤다. 케인즈 혁명은 맬서스의 과소소비설을 발전시킨 것이다. 산업혁명으로 인한 공업 생산성의 급격한 증진은 과잉생산을 초래할 수 있음을 보았고, 이를 방지하기 위한 비생산적인 소비의 필요성을 주장했다.

또한 그는 경제발전을 위해서는 공급이 늘어나는 데에 따라 수요가 늘어나야 하는데 그런 상태는 제대로 된 분배에 의해서만 달성될 수 있다는 중요한 통찰을 남겼다(미국 뉴딜 정신의 착안인지도).[40] 케인즈는 금융(하인)이 실물(주인)을 오히려 지배할 경우 경제 성장을 기대할 수 없다고 보았다. 시장경제의 최대 경제적 해악은 위험, 불확실성, 무지이다. 왜냐하면 특정한 개인들과 거대 기업이 불확실성과 무지를 이용하여 이익을 얻고 그 결과 극단적인 부의 불평등이 생기기 때문이다.[41]

케인즈 경제정책에 따른 정부의 개입은 1970년대에 들어서 지나치게 확대되었다. 케인즈 경제학은 경기 안정화를 정부의 임무로 보지만, 경기가 좋을 때 정부는 개입하지 않고 관망하는 태도를 취해야 한다. 그러나 경기가 과열되면 긴축정책을 채택해야 함에도 불구하고, 의원들은 유권자의 환심을 사기 위해 공공사업이나 복지정책을 추진하곤 했다. 이러한 상황은 케인즈 경제학이 제시하는 경기 안정화의 기능을 저해하고, 오히려 경기 과열과 공적 부문의 비대화를 초래했다.

실제로 미국 경제는 경기 과열에 따른 인플레이션, 거대한 재정적자, 그리고 공적 부문의 비대화라는 문제를 겪었다. 1964년 존슨 대통령은 '위대한 사회' 실현을 위해 여러 사회 개혁 입법을 성립시켰으나, 동시에 베트남 전쟁 확대와 복지 정책 확충으로 인한 재정적자는 더욱 심각해졌다. 이후 오일 쇼크가 발생하면서 인플레이션이 악화되었고, 1970년대 후반 큰 정부에 대한 비판이 강해졌다.

케인즈 경제정책에는 여러 가지 문제가 있었다. 첫째, 노동자의 임금 상승률이 노동생산성 증가율을 초과하면서 자본의 이윤이 줄어들었다. 둘째, 보건, 의료, 교육, 연금 등 사회보장 지출 증가로 인해 기업의 조세 부담이 커지고 자본의 수익성이 악화되었다. 셋째, 정부는 조세 저항을 의식하여 세금 인상을 자제하고 재정적자를 메우기 위해 대량의 국공채를 발행했다. 이로 인해 재정적자가 누적되었고, 결국 작은 정부, 시장 원리, 자기 책임을 중심으로 하는 머니터리스트나 합리적 기대학파로의 전환을 촉진했다.[42]

케인즈 경제정책은 제2차 세계대전 이후 수십 년 동안 서방세계 모든 나라들에게 안정적인 경제 성장을 가져다주었다. 이러한 성장의 배경에는 전후 복구 노력이 한몫했지만, 자동차, 냉장고, 텔레비전과 같은 재화의 대량 생산을 가능하게 한 기술 발전도 있었다. 그러나 1970년대 중반에 이르러 경제 성장 속도는 둔화되었다. 경제 성장을 뒷받침하던 욕구들이 충족되었기 때문이다. 또한, 발전의 정점에서 더 적은 인간 노력으로 더 많은 생산을 가능하게 한 기술 발전과 새로운 형태의 국제무역, 신흥산업 국가들과의 경쟁 증가 등 다른 변화들이 생겨났다. 이를 마르크스주의적 용어로 표현하면 생산력의 엄청난 변화라고 할 수 있다.[43]

자기조정 시장은 사회의 인적 물적 바탕을 말살하지 않고서는 한순간도 존재할 수 없으며 인간의 육체를 파괴하고 인간을 둘러싼 환경을 황무지로 바꿔놓을 것이다.[44]

고용, 이자 및 화폐의 일반이론

존 메이너드 케인스(John Maynard Keynes, 1883~1946)

『고용·이자 및 화폐의 일반론』은 '세이의 법칙'(공급은 스스로 수요를 창출한다)에 입각한 고전학파 경제학을 뿌리부터 비판하고 대신에 '유효수요의 원리'라는 새로운 경제학을 수립하였다.

케인즈는 사회 전체로서의 '유효수요'(실제의 화폐 지출과 뒷받침되는 수요)의 부족이 산출량을 낮은 수준으로 결정하기 때문에 현행의 임금률에서 일하고 싶어도 일할 수 없는 비자발적 실업자가 발생한다는 것을 직관적으로 알게 되었다. 특히 케인즈가 비판했던 투자자계급 '금리생활자'의 '화폐애'가 이자율을 높은 수준으로 묶어두고 있기 때문에 그것이 대중심리의 영향을 받아 매우 불안정해진 자본의 한계 효율과 결부되어 투자를 낮은 수준에서 결정하기 때문에 국민소득과 고용량도 낮은 수준에서 결정된다. 결국 대량의 '비자발적 실업'의 궁극적인 원인은 금리생활자의 '화폐애'에 있는 것이다.

케인즈의 정책제언은 먼저 이자율을 인하하려면 중앙은행이 금융시장에서 국채와 채권을 적극적으로 매입, 금융시장에 유동성을 공급하지 않으면 안 된다는 것이다. 그렇게 함으로써 국채와 채권의 시가가 올라 이율로 표시된 이자율이 내려가기 때문이다. 그런데 중앙은행의 정책에 의해 이자율이 내려갔다고 해도 만약 그 효과가 자본의 한계효율표 아래쪽 이동으로 상실되면 민간의 투자는 쉽게 증가하지 않을 것이다. 그 경우 정부는 재정을 적자로 해서라도 공공투자를 해야 한다.[45]

주기적 공급 과잉설

토머스 맬서스(Thomas Robert Malthus, 1766~1834)

1820년에 출판한 『실용 정치경제학 원리』에서 맬서스는 일반적 공급과 잉에 대해 분석했다. 당시의 정통경제이론에 따르면 그러한 일은 일어날 수 없기 때문에 이 주제를 선택한다는 것은 일종의 모험이었다.

그와 동시대에 살았던 프랑스 경제학자 세이는 자본주의 체제는 본질적 으로 자기조절 능력이 있기 때문에 붕괴할 수 없다고 주장했다. 이 법칙은 공급이 수요를 창출한다. 생산된 모든 상품의 가치는 항상 구매된 모든 상 품의 가치와 같아지기에 상품의 일반적 공급과잉은 일어날 수 없다는 것이 었다. 물론 부분적 공급과잉이 나타난다고 할지라도 시장의 힘에 의해 해 소된다. 즉 팔리지 않은 상품시장을 해소하기 위해 판매자가 가격을 낮추면 해결된다는 것이다. 맬서스는 이에 동의하지 않고 경제체제에는 공급과잉 현상이 주기적으로 찾아오며 종국에는 일반적 공급과잉을 맞게 될 것이라 고 주장했다.

소비가 증가할 때 가격은 올라가며 소비가 감소할 때 가격은 내려간다. 그 러나 가격이 낮다고 팔리지 않은 상품시장이 항상 해소되는 것은 아니다. 특 히, 소비자가 돈이 없다면 전반적 공급과잉은 필연적으로 나타날 것이다.

맬서스는 이 문제를 해결하기 위해 국가가 소득분배에 개입해야 한다고 주장했다. 지주들의 수입은 더 많아져야 하고 자본가의 수입은 더 적어져 야 한다. 그러면 자본가는 과잉생산을 중단할 것이다.

반면, 지주는 늘어난 수입을 더 많은 고용인에게 나누어주거나 사치품을 사는 데 지출할 것이다. 그러면 실업이 줄고 수요가 늘어날 것이다. 그는 또 한 빈민들을 도로 건설과 공공사업에 투입할 것을 제안했다. 그러면 소득 이 늘어나 소비도 증가할 것이다. 다시 말해서 소비를 늘려서 불황에서 벗 어나자는 것이었다. 맬서스의 이러한 통찰은 20세기 들어 케인즈가 대공황 에 대한 처방을 내놓고 나서야 빛을 보게 되었다.[46]

사회민주자본주의

🪙 사회민주주의 이념의 뿌리

사회민주주의 이념은 여러 개의 다른 뿌리를 가지고 있지만 자유, 평등, 형제애 등 기본적 가치들은 프랑스 혁명의 구호들에서 나타난다. 이것들은 모든 인간은 평등한 가치를 지닌다는 이념으로부터 나온 것이다. 새로 생겨난 노동운동의 이념은 가치관의 문제만을 다루는 것은 아니었다. 그것은 사회를 이렇게 분석할 것인가? 즉 왜 사회 내에 불공정이 생겨났는가를 제대로 설명할 수 있는 이론 모델과도 깊은 관련이 있었다. 이러한 분석은 엥겔스와 마르크스에 의해 행해졌는데 그것은 역사철학과 경제학 그리고 사회학을 종합한 것이었다.

마르크스 모델에서 중요한 것 중 하나는 역사에 대한 유물론적 시각이다. 사회의 발전 가능성을 규정하는 것은 생산력(테크놀로지와 노동 조직)의 발전이라는 것이다. 이 입장은 사회주의 목적을 실현하기 위해서는 경제구조에서의 근본적 변혁이 필요하다는 결론으로 이어진다. 즉 생산수단이 소수 자본소유자들의 사적 이윤을 위해서가 아니라 산업에서 일하는 수많은 다수의 이익을 위해 통제될 때 인류는 비로소 자유와 평등을 얻을 수 있다는 것이다. 그런데 이러한 집단적 통제가 어떤 모습으로 만들어져야 하고 또 어떤 방식으로 실현되어야 하는가의 문제는 정치적으로 서로 다른 집단 간의 격렬한 갈등을 야기하는 문제가 되어왔다.

초창기 마르크스는 생산수단, 즉 토지, 자본, 공장, 원료 등에 대한 사적 소유를 폐지해야 하고, 노동 대중이 이러한 소유를 떠맡아야 한다고 주장했다. 그러나 마르크스 자신은 이러한 집단적 관리가 어떻게 이루어져야 하는지에 대해 명확한 입장을 제시하지 않았다. 그의 모호성은 신중한 고민에서 비롯된 것이었다. 마르크스는 미래에 '무료 급식 시설'을 다시 만들기 위해 집필한 것이 아니었기 때문이다. 1800년대 동안 사회주의 운동에서는 집단적 소유를 어떻게 실질적으로 디자인할 것인지에 대한 문제가 주요한 논쟁의 대상이 되지 못했다. 더 시급한 문제는 노동계급이 속한 사회에서 권력을 어떻게 장악할 수 있을까 하는 것이었고, 권력을 장악한 이후의 행동 방침은 부차적일 수밖에 없었다.

노동운동은 혁명적 경향과 개혁주의적 경향으로 나뉘었다. 탄압을 받거나 망명을 강요당한 러시아 사회주의자들은 혁명적 방식을 선택했고, 공산당 일당 지배 모델과 중앙 집권화된 국가 통제 경제를 도입했다. 반면, 서유럽의 사회주의자들은 기존 체제 내에서 활동하며 성공을 이룰 수 있었고, 사회민주당은 민주주의와 다당제, 그리고 정치적 결정에 의해 규제되는 시장경제를 선택했다.

1800년대의 사적 소유에 대한 비판은 소유권이 실제적 권력을 보장하고 있었다는 사실과 연관되어야 한다. 당시 회사에서 고용주는 임금, 노동시간, 그리고 여타 근로 조건들에 대해 무제한적인 권력을 행사했다. 정치적 권력조차도 잘사는 사람들에게만 주어졌다. 선거권을 가지려면 일정 수준 이상의 자산이나 수입이 요구되었고, 대부분의 노동자들은 이 기준을 넘을 수 없었다. 공장에서 노동자들의 권리를 주장하는 사람들은 해고의 위험에 처했으며, 정치적 과두지배(寡頭支配) 체제에 저항하는 자들도 탄압과 투옥의 위험에 직면했다.

　초기 노동운동 지도자들 대부분은 활동 중 언젠가는 반드시 재판을 받고 투옥되었다. 이들의 죄명은 주로 불경죄, 국왕 모독죄, 의회 모독죄와 같은 것들이었는데, 이는 기존 사회질서에 대한 비판이었다. 그러나 노동조합에서 노동운동의 힘이 성장하면서, 정치적 권력은 투표권과 연결되어, 생산수단의 국유화 없이도 입법과 경제정책을 사회보장과 정의를 원하는 대중의 요구를 위해 사용할 수 있게 되었다. 임금으로 분배되는 몫이 증가함에 따라 노동자들은 소비자로서 자신들의 이익을 더욱 증진시킬 수 있었다. 강력한 중앙집중적 체제의 정치적 경제적 어려움에 처하지 않고도 불공정과 착취에 맞서 싸울 수 있는 가능성이 생겼다. 자유, 평등, 경제적 안정, 사회정의와 같은 목표들은 정통 사회주의 사상을 추종했던 나라들보다 훨씬 더 많이 실현되었다.

　오늘날 국제적 변동의 결과로 권력의 축이 반대 방향으로 움직이기 시작했다. 경제의 세계화는 소유권과 자본이 사회와 개인에 대한 권력을 증대시키고 있다는 것을 의미한다. 미래를 향한 도전에서 중요한 것은 우리가 그 권력을 되찾을 수 있는 새로운 정치적 수단을 발견하는 것이다. 단, 민주주의를 억압하는 체제로 가서는 안 된다.

🏛️ 사회민주주의의 핵심 가치, 자유

1700년대와 1800년대 유럽에서 새로이 부상한 상공인 계급은 모든 법과 규제로부터의 자유를 요구했다. 특히, 상층 지주계급만이 누리던 특권들의 폐지를 요구했는데, 이는 교역과 생산의 발전에 장애가 되었기 때문이다. 그러나 노동자들이 임금과 노동조건에 관해 상공인들에게 협상을 요구하기 시작하자, 자유에 대한 요구는 갑자기 과거의 일이 되었다.

개인은 혼자서 집을 짓고, 옷을 만들고, 음식을 구하고, 배관 공사를 하며, 교통수단을 만들고, 병을 치료할 수 없다. 개인이 이 모든 것을 필요로 하고, 굶주림, 추위, 질병으로부터의 자유가 필요하다면 서로 다른 사람들과의 협력이 필수적이다. 이는 집단적 해결의 필요성을 의미한다. 예를 들어 교통법규는 속도제한, 주차금지 등으로 운전자의 절대적 자유를 제한하지만, 실제로는 이동의 자유를 증대시킨다. 교통법규가 없다면 교통 대혼란이 발생하여 아무도 목적지에 도달할 수 없을 것이다. 신자유주의와 자유지상주의는 개인주의를 지나치게 강조하며, 사회 구성원 간의 상호 의존성과 사회적 맥락을 고려하지 않는다.

사회민주주의 자유 개념은 다수를 위한 자유에 초점을 맞추지만, 집단주의는 통제 엘리트를 낳는 맹점이 있다. 이 엘리트들은 사회 전체의 공동선보다는 자신들의 지위 강화에만 관심을 가지며 집단을 착취한다. 사회민주주의는 보편적이고 평등한 선거권, 질 좋은 교육과 의료혜택, 경제적 사회적 보장이 삶을 꾸려 나갈 힘을 준다는 점에서 중요하다.[47]

산업자본주의가 발달한 서구에서는 혁명에 의존하기보다는 기존 질서에 참여하며 제도 개혁을 모색하는 민주사회주의 사상이 활발하게 전개되었다. 영국은 독특한 정치 및 문화적 배경, 예를 들어 신사 계급의 지성, 전통적으로 형성된 정치적 권리와 자유에 대한 존중, 사회적 전통, 의회의 우위 등으로 인해 일찍부터 사회주의 운동이 합법적 부분으로 존재하게 되었다.

따라서 1900년에 현 영국 노동당의 전신인 '노동대표위원회'-*가 창설되어 노동자 계급의 요구를 대변하게 되었다. 마르크시즘과는 전혀 다르게 당시 영국에서는 평화적이고 점진적인 사회 변화를 이룩해 나가야 한다는 사회주의 운동이 노동자 계급으로부터 강력한 지지를 받았는데 그 요인으로는 평등을 지고의 도덕으로 본 복음주의, 점진적 사회주의의 영향, 노동당을 통하여 유리한 입법화가 가능하다고 본 대규모 노동조합운동을 지적할 수 있다. 점진적 사회주의자들은 제 1차 세계대전 이전에 이미 영국 노동당에서 발언권이 강한 집단이 되었고 1918년 이후 웹(Sidney Webb)이 작성한 점진적 사회주의 정책 성명이 노동당의 기본계획으로 채택되었다.

이들은 후에 노동조합과 함께 영국 노동당과 연합했고 노동당의 정

-* 1900년 영국에서 사회민주동맹, 페브리언협회, 독립노동당의 3개 단체와 65개의 노동조합이 참가해 결성한 단체.

책은 이들 구성 집단 간의 협상을 통하여 수립되게 되었다. 또한 독일에서는 19세기 말엽부터 수정주의 이론이 태동되고 그 운동이 전개되었다. 1875년에 창설된 독일사회민주당은 제 1차 세계대전 이후 집단 분열이 있기까지는 독일 의회에서 의석이 점차 증가했다.

유럽의 노동자 정당은 이탈리아(1882년), 러시아(1883년), 영국 및 벨기에 (1885년), 노르웨이(1887년), 오스트리아 및 스위스(1889년) 등에서 결성되었다. 이들 정당은 모두 궁극적으로 사회주의 사회가 도래할 것이라고 믿었다. 그러나 마르크스의 예언처럼 자본주의 붕괴를 가져올 노동자 계급의 혁명은 불가능하다는 것을 깨달았다. 이와 같은 수정주의에 대한 논의는 엥겔스의 친구이며 독일 사회민주당의 지도자 중 한 사람이었던 베른슈타인에 의하여 전개되었다.

그는 자본주의가 발전 과정에서 보여주는 개량적 성향 때문에 마르크스가 예언한 자본주의 붕괴는 적용될 수 없다고 주장하였다. 경제공황의 심각성이 줄어들고 계급투쟁의 대상과 한계가 분명하게 나타나지 않아서 과격한 방법에 의한 사회주의 혁명은 성공할 수 없다고 본 것이다.

자본주의 폐단이 대중의 교육 수준 향상, 의식 개혁 등으로 점차 제거되면 이와 같은 자본주의의 개량적 성향이 장기적으로 점점 강해지기 때문에 결국은 자발적으로 문명화된 대중이 사회주의를 선택하게 될 것이라고 주장한 것이다. 수정주의는 정통 마르크스주의자들로부터 무산자 계급의 혁명 동기를 배반하는 이념이라고 공박(攻駁) 받았지만, 독일에서는 다수의 노동자와 노동조합 지식인들로부터 강력한 호응을 얻었다. 엥겔스가 죽은 후 정통 마르크시즘의 대변자로 간주되었던 카우츠키도 1920년대에는 수정주의에 합류하고 자본주의 와해가 불가피하다는 주장에 대해 반박하였다. 이와 같은 정통 마르크시즘에 반기를 든 수정주의가 유럽의 사회민주주의의 이념적 기초가 되고 20세기 중엽에 이르러 서구의 사회주의 논쟁은 수정주의의 이론적 승리로 결말이 지어졌다.[48]

오위켄(Eucken)은 "집단은 양심이 없다"고 말했다. 분배정의 실현을 위한 정책 수단으로 비생산적 이득의 환수, 투기 이득 및 음성소득의 제거, 완전경쟁 시장 조성, 독과점 방지, 물가안정, 적정한 상속제, 공공복지 제도의 확립이 필요하다. 드워킨은 "각자의 선택에 의한 차등 분배는 보상하지 않으며, 선천적인 재능 차이로 인한 분배의 차이만을 보상해야 한다"고 보았다.[49]

교육은 모든 시민의 보편적 복지권이며 모든 사람이 혜택을 누리는 보통 교육이고 무상교육이어야 하는 것이다. 그래서 교육은 사회적 통합을 목적으로 하는 공공재를 재분배하는 주요한 수단이어야 한다.[50]

오위켄은 시장 실패를 목격한 시대에 살았으며, 애덤 스미스와 달리 빈부격차, 주기적 불황과 실업, 독과점화, 환경 파괴 등을 지적했다. 그는 자유시장경제에서는 경쟁시장이 아닌 독점시장이 형성되는 경향이 있으며, 독점과 인플레가 시장 가격 체계를 혼란시키는 주요 요인이라고 보았다.

📑 노동시장에서 수요독점

19세기 영국과 독일에서 노동자들의 기본권을 보상받지 못한 것은 노동시장이 각 지방으로 분리되어 각 지방 노동시장에 수요독점이 형성되었기 때문이다. 자본주의 경제의 사적인 경제 법규가 국가의 법률을 대체하는 경우 기차 탑승, 보험 가입, 가스나 전력 사용, 은행과의 거래 등 회사가 일방적으로 정한 약관 기업에 일방적으로 유리한 부당한 법 등 기업의 독과점 문제를 경제 헌법이나 대법원과 같은 독점 관리청을 설립 운영해야 한다고 오위켄은 주장하고 있다.

최우선 정책은 고용안정이 아니라 물가안정이다. 실업의 원인이 총수요 부족이 아니라 인플레로 인하여 가격체계가 교란되어 고용 조정이 원만히 이루어지지 않은 데 있다. 따라서 팽창재정 금융정책은 인플레를 초래함으로써 실업을 축소시키는 것이 아니라 오히려 증대시킨다.

질서자유주의(Ordo-liberalism)
오위켄(Eucken, 1891~1950)

  오위켄은 경쟁하에서 기존의 근대국가는 이익집단의 수중에 놀아나는 허수아비임을 입증하려 했다. 그의 원칙에 따르면, 국가가 경제 과정을 조정하는 것이 아니라, 올바른 경제질서, 즉 경쟁 질서를 형성하는 것이 목표여야 한다. 오위켄은 헤겔과 마르크스, 역사 발전의 신봉자들을 비판했다. 헤겔은 세계정신에 의해 역사가 발전한다고 보았고, 마르크스는 자본주의가 필연적으로 사회주의로 발전할 것이라고 주장했다. 오위켄은 이러한 역사주의 편견을 비판하며, 역사적 상황에 의해 규정되기 때문에 절대적이고 항구적인 진리는 없다고 보았다.

  애덤 스미스는 공권력에 의한 자유 침해만을 문제 삼았지만, 오위켄은 사권력, 즉 독점자본에 의한 자유 침해도 중요하게 다루었다. 1936년 프라이부르크 학파의 설립과 함께 서독의 경제장관 에두하르트 베른슈타인은 미국과 영국보다 40년 빠르게 자유주의 정책을 실행했다. 오위켄은 자유방임의 시장경제에서는 경쟁시장이 아닌 독점시장이 형성되는 경향이 있다고 보았다. 그는 시장의 가격체계를 혼란시키는 주요 요인으로 독점과 인플레를 지적했다.

  오위켄은 마르크스가 사유재산제도에서 자본가들이 노동자들을 착취한다고 본 것은 틀렸다고 비판했다. 그의 분석은 시장 형태를 무시했기 때문에 결정적인 오류를 범했다고 볼 수 있다. 사유재산제도 자체가 아닌 '독점'이 문제라는 것이다. 따라서 소련처럼 생산수단을 집단적으로 소유한다고 해서 문제가 해결되지 않으며, 노동시장에서의 수요 독점을 해제하고 노동자의 생산성을 높여야 한다.

  19세기 후반부터 20세기 초반까지 노동자들의 상태가 근본적으로 개선된 것은 마르크스의 주장대로 생산수단의 사유제도가 철폐되었기 때문이 아니라 교통과 통신의 발달 덕분이었다. 이로 인해 노동자들은 지방의 협소한 노동시장에 묶이지 않게 되었고, 노동시장에서의 수요독점이 해제되어 임금이 상승했다. 스미스는 국가 공권력의 횡포만을 경계했지만, 독점자 본이라는 사적 권력의 횡포 문제는 간과했다.[51]

인본적 자유주의
빌헬름 뢰프케(Willhelm Röpke, 1899~1966)

뢰프케는 나치에 반대했다는 이유로 교수직을 잃고 해외로 추방당했다. 제2차 세계대전이 끝난 후 독일로 돌아오지 않고 스위스에서 교수로 재직하면서 1947년에 하이에크, 미제스 등과 함께 유명한 자유주의 클럽인 몽펠렝 소사이어티를 결성했다. 이 클럽은 전후 서구 자유주의의 부활에 기여했으며, 특히 에르하르트 서독 경제 장관에게 큰 영향을 미쳤다.

뢰프케는 지력의 교만, 복지국가, 케인즈주의, 인플레이션 등에 대한 비판과 중소기업 육성, 부르주아 윤리, 도덕적 지도층, 권력과 인구 분산을 주장했다. 그는 최선의 경제질서인 경쟁적인 시장경제가 자유방임의 자본주의 경제에서 자연스럽게 형성되지 않으므로 국가가 정책적으로 정교하게 조성해야 한다고 믿었다. 뢰프케는 또한 철학, 윤리, 문화, 사회, 정치 등 비경제 부문이 경제에 미치는 영향을 깊이 있게 분석했다. 그는 경제학만으로는 경제를 충분히 이해할 수 없으며, 경제는 수단일 뿐 목표는 정신적인 것이라고 강조했다. 그에 따르면, 외적 행복은 자본주의에서, 내적 행복은 사회주의에서 찾을 수 있다고 보았다.

뢰프케는 현대 의회 민주 국가에서 의회가 만든 법으로 사유재산권을 제한할 수 있다고 지적했다. 의원들은 다수결 투표로 선출되며, 투표자 대다수는 재산이 없거나 적은 사람들이므로, 이들의 의사에 따라 의회의 법이 재산권을 제한할 수 있다는 것이다. 그는 국가가 공공 복지제도를 축소하고 물가를 안정시켜 대중의 자발적인 저축과 재산 형성을 장려해야 한다고 주장했다.

뢰프케의 가장 큰 특징은 경제와 사회에 대한 종합적인 접근이다.

거대한 전환
칼 폴라니(Karl Polanyi, 1886~1964)

산업혁명으로 인한 가장 큰 비극은 저 이윤추구의 무정하고 탐욕스러운 자본가들에 의해 시작된 것이 아니다. 그것을 촉발시킨 것은 통제되지 않은 체제, 즉 시장경제가 가져온 사회의 황폐화였다.

통속 경제학의 교조들은 적하효과를 내세우며 성장이 이루어지면 저생산 직종에서 일하는 대신 실직시키는 것이 빈곤을 줄이고 국민소득을 올리는 방법이라고 주장한다. 그러나 이러한 주장은 누구의 이익을 대변하는가? 채무자가 빚을 갚을 수 없을 때 파산은 자본주의의 중심 부분을 이룬다.

IMF와 미국 재무부는 안 된다. 파산은 계약의 신성함을 침범하는 것이다"라는 주장은, 실제로는 훨씬 더 중요한 사회계약을 침범한다. 폴라니는 경제가 사회 속에 내장되어 있는 것이 아니라, 사회를 시장의 부속물로 취급하는 것에 대한 문제를 제기한다. 그는 자기조정 시장이라는 개념을 완전한 유토피아로 보고 있다.[52]

고전적 자본주의의 부활과 위기

🏦 신자유주의 이념과 역사적 배경

1960년대 말, 테일러의 분업 체계가 한계를 보이기 시작하면서 이 시대의 종말이 다가왔다. 국가에 의해 억눌려 있던 자본주의적 본성이 되살아나면서, 자본주의적 교의인 '자유', '평등', '소유', '벤담'의 부활을 의미했다. 케인즈가 만들어 놓았던 자본주의적 본성에 대한 규제들이 제거되기 시작했다. 신용에 대한 규제가 철폐되었고, 임금 소득의 보장이 철폐되었다. 이는 잉여가치 생산의 고전적 영역까지 확대되었다. 공장법 제정 이후 부분적으로 억제되었던 잉여가치의 생산을 제한하던 규제 장치들이 노동시간과 고용, 임금의 모든 영역에서 하나씩 해체되었다.

이 과정에서 노동조합은 강력한 장애 요인이었다. 그 결과, 노동조합은 정부의 공격 대상이 되었고, 영국에서는 광산노조, 미국에서는 항공관제사 노조가 첫 희생양이 되었다. 잉여가치의 생산에서 자본주의는 초기의 본성을 되찾았다. 신용은 무한히 팽창하였고, 이를 바탕으로 한 생산의 확대가 이루어졌으며, 신용의 팽창이 만들어낸 재테크의 환상이 온 사회를 뒤덮었다. 그러나 모든 것은 마르크스가 『자본』에서 이미 이야기한 것과 같았다. 달콤한 꿈은 너무 짧았다.

💰 세 가지의 신자유주의

신자유주의(new liberalism 혹은 neo liberalism)란 말은 지금까지 적어도 세 번 나타났다. 신자유주의는 지금까지 적어도 세 번 나타났다. 처음은 19세기 말과 20세기 초 영국에서 등장한 사회적 자유주의로, 그린, 홉하우스, 홉슨 등이 대표하는 이념이었다. 이는 자본주의 경제에서 발생하는 불공정한 빈부격차를 줄이기 위한 정부의 적극적인 소득 재분배 정책을 주장했다.

19세기 말 영국에서 사회적 자유주의가 등장한 것은 두 가지로 설명할 수 있다. 하나는 자유의 주된 적이 정부가 아니라 빈곤이라는 생각이 등장한 것이다. 원래 고전적 자유주의자들은 정부, 구체적으로 정치권력자들(왕과 그 부하들)이 자유의 적이라고 보았다. 그러나 영국에서 17세기 후반 시민혁명으로 절대왕정이 무너지고 18~19세기에 의회민주주의가 확립되어 정치권력자들이 개인의 자유를 억압하는 일은 거의 사라졌다. 반면에 1800년을 전후로 약 50년간 산업혁명이 영국에서 진행되어 본격적인 자본주의인 산업자본주의가 발전한 이후 경제 전체는 크게 발전하였으나 빈부격차는 확대되어 국민 다수를 점하는 노동자들의 비참한 사회의 가장 큰 문제로 인식되기 시작했다. 이에 개인 자유의 가장 큰 적은 더 이상 정치권력이 아니라 빈곤이라는 생각이 널리 공감을 얻게 되었다.

사회적 자유주의 등장의 두 번째 역사적 배경은 정부에 대한 생각이 부정적인 것에서 긍정적인 것으로 바뀐 것이다. 과거 고전적 자유주의자들은 정부는 개인의 자유를 억압하는 정치권력자들의 도구이므로 될 수 있으면 정부의 힘을 법으로 제한하여야 한다고 보았다. 그러나 시민혁명 이후 18~19세기에 의회민주주의가 확립되고 재산에 따른 선거권의 제한도 19세기 말에 철폐되자 정부는 더 이상 억압의 도구가 아니라 일반 국민의 복지를 위하여 적극적 역할을 담당할 수 있는 기구라는 생각이 퍼지게 되었다.

이런 두 가지 역사적 배경을 기초로 하여 의회민주주의하에서 정부의 재분배정책을 이용하여 노동자들의 빈곤을 해결하자는 사회적 자유주의가 19세기 말 영국에서 등장하게 되었다.

두 번째 신자유주의는 2차대전 직후 서독의 질서자유주의(der order liberalismus)이다. 오위켄과 뢰프케로 대표되는 이 사상도 자신들의 자유주의가 애덤 스미스의 고전적 자유주의와 다르다는 것을 강조하기 위하여 신자유주의라고 불렀다.

세 번째 신자유주의는 현대의 신자유주의라고 부를 수 있을 것이다. 현대의 신자유주의가 유행하기 시작한 것은 영국의 대처 총리, 미국의 레이건 대통령이 신자유주의 정책을 채택하기 시작하면서 유행하기 시작했다.

💰 고전적 현대 신자유주의의 부활

2차 세계대전의 충격은 모든 곳에서 국가 활동의 범위와 정도를 증가시켰다. 매우 성공적이었던 사회주의적 명령 경제의 경험은 영국에서 혼합관리경제를 위한 베버리지 계획을 낳았고 미국에서는 전쟁의 곤경이 루스벨트의 뉴딜정책 같은 관리정책주의 경향을 확립시켰다.

고전적 자유주의는 1차 세계대전의 재앙으로 상처를 입었고 2차 세계대전으로 죽임을 당한 듯했다. 2차 세계대전이 종결된 이후 25년간은 대체로 케인즈주의에 대한 합의를 특징으로 하는 시대였다. 외관상 아무런 방해도 없이 번영을 구가하던 이시기에는 다른 목소리를 듣기가 어려웠다. 1960년 종전 직후 그 누구보다도 고전적 자유주의의 부활에 책임감을 느꼈던 하이에크는 자신의 주저 『자유 헌정론』을 출판했다.

오스트리아 경제학파의 창시자인 멩거의 작업과 그의 스승인 비저의 이념에 의존했던 하이에크는 고전 경제학자들의 핵심적 통찰을 보존하면서도 신고전파 학자들에게서 발견되는 일반균형이론을 거부했으며 거시경제학 자체의 타당성을 의심했다. 하이에크의 동시대 인물인 케인즈에게서 발견되는 거시경제학 이론은 통계적 가상과 집단적 판단에 인과적 역할을 부여하는 오류를 쉽게 범했다.

더 많은 사람이 오스트리아학파의 이론과 통찰을 다시 검토하게 된 시기는 케인즈주의적 패러다임이 무너진 1970년대 후반부터다. 특히 주목할 만한 주장을 한 이론가로는 미국의 미제스, 로스바드, 커즈너 등이 있다 1970년대 중반의 경기 침체 때 적용했던 오스트리아학파의 주요 통찰은 통화 팽창 정책이 의사결정자들 사이의 기대환경을 변화시킴으로써 결국에는 자기파괴적으로 될 수밖에 없다는 분석이었다.

고전 경제학 이론의 부활은 1970년대 중반 하이에크, 프리드먼이 노벨상을 받으면서 공식적으로 인정받게 됐으며 몇 년 뒤 대처나, 레이건 같은 정치가들에 의해 인용되기도 했다.[53] 1947년 몽펠렝 협회가 설립되고. 초대 회장에 하이에크가 선임되었다. 창립회원 38명과 노벨경제학상 수상 7명을 포함하여 자유지상주의자들로 구성되었다.

기회균등을 실현하기 위해서는 정부가 모든 사람의 물질적이고 인간적인 환경을 조절해야 하는데 이는 불가능하다.

공공복지제도, 시장 질서 재분배정책, 이자율 제한, 최저임금제, 생필품 가격 규제, 임대료 및 집값 규제, 고용간섭 등은 시장에 맡겨야한다. 경제학에서는 사람들이 합리적으로 행동한다고 분석을 시작하는데 하지만 사람이 원래 합리적으로 행동하는 존재가 아니라 경쟁이 합리적으로 행동하도록 강요한다는 것이다.[54]

1950년대 말과 1960년대 초 '내셔널 리뷰'를 중심으로 새로운 보수주의를 표방한 소수의 엘리트 그룹이 형성되었고 이들이 2차 세계대전 후 미국인 온건파 중산층 중심의 사회가 된 것에 불만을 품은 다른 그룹들을 통합하면서 정치적으로 성장했다. 열렬한 반공주의자들은 자신들의 두려움에 공감하는 보수주의 운동에서 동류의식을 느꼈다.

노조와 협상을 하는데 진력이 난 사업가들은 보수주의 운동이 자신의 분노를 효과적인 정책으로 전환시킬 수 있다는 것을 깨달았다. 린든 존슨 사회복지 정책 '위대한 사회 구상' 추진 참모들도 신자유주의로 전향하였다. 신자유주의란 '금융'이라 통칭해서 부르는 것. 즉 자본소유자 계급과 그들의 권력이 집중된 기관들이 대공황과 2차 대전 이후 감소 추세에 있던 자본소유자 계급의 수입과 권력을 대중 투쟁이 전반적으로 약화된 틈을 타 회복하려는 열망의 표출이라는 것이다.

신자유주의는 자본이라는 말을 쓰는 것을 피해 보통 완곡하게 '시장의 규칙'이라는 표현을 사용한다. 1970년대에 자본의 수익성이 크게 하락했다. 그들은 이런 상황에서 실제로는 실업을 이용해 먹고 있었던 것이다. 금융은 노동자 정부의 경제정책과 사회정책의 담당자 국내외 공공, 준공공 기관에 넘겨주었던 권력과 이익을 다시 회복했다. 신자유주의자들에 따르면 사회질서와 생산관계를 유지하고 부자의 이익을 증진시키는 데 필요한 건전한 제약을 넘어서는 국가가 가진 특권에 대한 공격을 의미하기도 하고 과거에 민주주의로 인해 빼앗긴 권력을 되찾자는 이론이라 할 수 있다.[55]

1980년 미국의 로널드 레이건 대통령 당선인 축하연을 벌인 자리에서 공화당원들은 모두 애덤 스미스의 얼굴이 새겨진 넥타이를 매고 레이건을 연호하고 있었다. 자본의 탐욕을 억제하던 뉴딜 정신과 그에 따른 경제 개혁, 경제 제도들은 공격받게 되고 이제 신자유주의라는 경제이론이 새로이 등장하게 되었다.

과도한 사회보장제도 때문에 영국병을 앓고 있다고 얘기되던 영국 경제가 신자유주의(대처리즘)를 채택하면서 높은 경제 성장을 보임으로써 신자유주의에 대한 논리적 반박이 어려워 보였다. 이후 공산권은 완전히 몰락해 버렸고 유럽도 신자유주의를 채택하면서 우경화 경향을 보이고 부자는 더욱 부자가 되고 사회의 양극화로 전 세계적으로 중산층이 몰락했다.[56]

그들의 공기업 민영화 명분은 수백만의 사람들이 주식 보유라는 형태의 소유권을 가질 수 있게 되면 가족 복리를 증진시킨다. 시장은 민주적 정책의 손이 못 미치는 곳을 민주화한다고 주장하고 있다.[57] 마약 복용은 개인적 성격 결여, 무능력 때문에 일어나는 사회적 문제이지 가난하거나 힘이 없어서 발생하는 것은 아니다. 평등주의와 절대적 인권과 같은 추상적 자유주의적 가치 등 유토피아의 가능성은 믿지만 인간의 본성과 경제적 희소성의 실제적 제약을 망각하곤 한다는 것이 그들의 주장이다.[58]

미국 경제는 밀턴 프리드먼과 동료들은 정교하고 독창적인 수학공식과 정밀하게 짜여진 컴퓨터 모델에 의존하였고 1986년 노스웨스턴대학 알프레드 레퍼포트의 기업경영의 주주가치 이론으로 정리해고, 자회사 설립, 구조조정, 기업합병 등으로 노동자의 노동조건이 더욱 열악해졌고 복지와 부는 점점 더 불공평해지고 있었다.

좌파들이 시장으로부터 노동자를, 독재자로부터 시민을, 식민주의로부터 국가를 해방시키겠다고 약속했다면 밀턴 프리드먼은 개인적 자유를 약속했다. 즉 마르크스주의자가 노동자들의 유토피아를 꿈꾸었다면 시카고학파는 기업가의 유토피아를 꿈꾼 셈이다. 아이젠하워, 닉슨은 밀턴 프리드먼 이론을 거부했다.[59]

18세기 자유주의자들은 신이 모든 사람에게 성령을 불어넣음으로써 동일한 능력과 재능을 지닌 평등한 인간으로 창조했다고 생각했으나 신자유주의자들은 자연은 한꺼번에 똑같은 것을 한 다스씩 만들지도 않으며 자연이라는 공장문을 나서는 사람은 누구나 개성적이고 독특하며 다시는 똑같은 것이 생겨나지 않는다는 도장이 찍힌다고 생각하였다.[60] 정부는 민간기업과 다른 두 가지의 결정적 구조적 취약점이 있다. 첫째는, 독점이라는 취약점이고 둘째는, 손해를 걱정하지 않아도 된다는 문제점이다.[61]

부란 생산은 되었으되 소비되지 않은 재화를 가리킨다. 대출을 받고 다시 상환하는 방식이 영원히 계속될 수는 없다. 일반적인 상황이라면 결국 망하고 말겠지만, 망하지 않으리라고 노동자들을 속이는 주체는 다름 아닌 정부다. 정부는 생산적인 사업체가 아니라 아무것도 생산하지 않는다. 생산자들이 내는 세금을 제외하면 정부는 아무런 수입원도 없다. 그 돈은 다른 사람들의 돈으로 행세하는 압력 단체들을 보조하는 데 쓰이게 된다. 즉 그들의 투표권을 사들이는데 생산자들에게 있어 최악의 짐은 복지 수혜자가 아니라 관료들 정부 공직자들이다. 결국 생산자들을 복지 수혜자로 만드는 꼴이며 정부가 바로 나라의 종자를 먹어 치우고 있는 것이다.[62]

2005년 초 앨런 그린스펀(Alan Greenspan)은 미국 단기 금리가 상당한 폭으로 인상되는데도 미국 장기금리 하향은 수수께끼라고 말한 것은 무역수지 흑자로 미국의 국채를 매입할 수밖에 없었음을 알 수 있다. 가난한 나라들이 부유한 나라에 돈을 빌려주는 상황이 발생했다. 벤 버냉키 과잉 저축가설 개발도상국들 경상수지 흑자를 기록하면서 중앙은행들은 모두가 예상했던 대로 움직였다.[63] 심각한 불균형 양극화 현상은 세계화와 더불어 숙련된 노동자의 수요 제도와 규범 정치권력의 변화(주주 중심, 노동 유연화)를 몰고 왔다 1940년~1960년대까지 베이비붐세대의 중산층 중심 사회에서는 뉴딜정책의 입법화, 노조 활성화 2차 대전 동안 임금통제, 전쟁 기간 이후 몇십 년간 동안 비교적 안정적 소득분배가 잘 이루어졌다.

1949년 전미 자동차 노조와 제너럴 모터스 간의 역사적 협상(디트로이트 협약)으로 1950~1960년대 경제는 '임금모형'이라는 주요 노조와 기업간 협약으로 경제 전반의 기준이 잘 확립되어 있었다. 노동법은 노조에 유리하게 해석되었고 기업의 이익금 배분이 당시 사회의 60%를 차지하는 노동자 계층에게 골고루 배분되어 중산층으로 상당히 진입하였다. 그러나 1980년대부터 신자유주의 정책은 주주 이익 극대화로 인한 기업의 이익이 1%도 안 되는 주주, 경영자에게 일방적으로 배분되고 노동유연성이란 명목으로 구조조정, 비정규직 확대 등으로 사회 구성원의 25~60%에 달하는 만성적 하류 계층을 만들어 내고 있다.

특히 경제적 불균형으로 인해 극소수 부유층에게 부가 집중되면서 더 막강한 부유층을 형성하고 마침내 하나의 당과 국가를 살 수 있는 정도가 되면서 극우 정치인과 우경화가 더욱 심해지고 있다.[64] 냉전 종식 이후 세계의 제국이 된 미국은 자신들의 경제적 어려움을 타개하기 위해 원초적 자본주의로 회귀한다. 신자유주의를 간단히 표현하면 산업혁명 초기 상태의 "보이지 않는 손"이 지배하는 완전경쟁을 지향하는 자본주의이다.

그러나 자본주의의 결과인 독점과 이에 따른 비민주주의가 강화되면서 경쟁에서 탈락한 국가나 사회 소외계층들은 그들의 불만을 미국의 탓으로 돌린다. 현재 세계 자본주의의 주도권은 미국이라는 국가가 아니라 미국의 기업들이 보유하고 있다.

구체적인 세계화에 대한 반감은 개별국가의 사회복지, 부의 분배, 환경과 같은 물질적 조건에 관한 결정을 해당 국가의 엘리트나 외국 투자 기업에 맡길 수밖에 없는 상황에서 출발한다. 신자유주의자들이 주장하는 이데올로기의 종언은 마르크시즘의 종언이고 국가주의의 종언이다. 세계는 자유시장 자본주의라는 새로운 이데올로기를 창출했지만, 전 세계를 단일 시장에 통합시키려는 전체주의적 이데올로기가 되었다. 그러나 이런 이데올로기는 실현 불가능한 이데올로기이다.

"보이지 않는 손"은 완전경쟁이 보장될 때 가능하다. 그러나 완전경쟁은 불완전한 정보, 불완전한 시장(규모, 수확 체증, 외부효과, 공공재)으로 인해 현실 세계에 존재할 수 없다.[65] 특히 하버드 대학 등의 노벨상급 경제학자들이라면 시장 원리를 모토로 하는 신자유주의에는 사회적 가치를 무시하고 사회의 안심 안전을 소멸시켜 사람들의 신뢰 관계나 평화를 박탈해 가는 본질적인 결함이 있다는 문제를 알고 있었을 것이다. 그런데 신자유주의 사상이 마치 인류 보편의 진리처럼 이야기하는 것은 무엇 때문일까?

명확히 말해서 미국이나 유럽의 엘리트들에게 유용한 사상이었기 때문에 이처럼 힘을 얻은 것은 아닐까 한다. 개인의 자유로운 활동을 공공의 이익보다 우선한다는 것이 경제 활성화에 유효하다는 논리 자체는 잘못이 아니라고 해도 한편에서는 그것이 격차 확대를 정당화하는 절호의 도구가 될 수 있기 때문이다.

유럽이나 미국의 계급지배라는 말이 너무 가혹할지 모르지만, 머리가 좋은 사람이 머리가 나쁜 사람을 지배하고 착취하는 것은 당연하다는 사상이 자유경쟁이나 시장 메커니즘이라는 말로 정당화되고 있다. 신자유주의는 과격한 경쟁을 도입하고 기업이 죽기 살기로 경쟁을 한 결과 소비자와 투자자는 충분한 보상을 받았을지도 모르지만, 노동자와 시민은 골탕을 먹었다. 글로벌 시장에서는 노동자와 소비자가 동일 인물일 필요가 없기 때문이다.

신자유주의는 모럴 없는 경제활동까지도 자유경쟁의 핑계로 정당화했다. 수단은 어쨌든 자유경쟁 속에서 돈을 잘 버는 것이 자본주의의 정의이고 그 경쟁에서 패배하여 직장이나 재산을 잃는 것은 어디까지나 자기 책임이라고 하는 사상에는 격차의 확대를 정당화할지언정 그 것을 시정하여 모두가 행복한 사회 모두가 풍요하게 살 수 있는 사회를 만들려는 의도는 전혀 없다.[66]

미국 신자유주의

신대륙으로 건너간 청교도는 유럽의 고착화된 신분제 계급사회에 대한 복수로서 신분제 국가가 아닌 평등한 국가를 건국하여 청교도 이념과 근면, 성실한 생활로 부강한 국가를 건설하였다. 부족한 노동력은 노예 수입, 이민자 장려 등으로 1970년대까지는 제조업 중심의 산업사회 경제를 유지하였으나 아시아 신흥국가 중국 등의 제조업 수출에 영향으로 미국의 제조업은 급속히 영향력을 상실하고 사라지게 된다.

이때부터 미국은 금융산업을 국가 전략 산업으로 육성하여 전 세계 자본시장 개방을 요구하게 되며 그 사상적 이념은 영국의 왕으로부터 부르주아들이 주장하며 귀족 특권을 내놓으라는 자유주의 사상 즉 고전적 자유주의 사상을 세계 다른 나라 국가에 요구하게 되었다. 어떤 나라에 마음대로 자본을 넣었다 뺄 수 있는 자유는 어떤 이들에게는 엄청난 비용과 불행을 초래한다. 국제 금융계는 24시간 내내 큰돈을 거는 글로벌 카지노가 됐다. 상품과 서비스 투자자들과는 달리 어떠한 일자리도 창출하지 않고, 어떠한 서비스도 제공하지 않고, 어떠한 공장도 건설하지 않는다.

동아시아에 투자되었던 서구 자본은 영국이 중국에 갖고 들어간 아편과도 같았다. 자본은 아무런 통제장치나 장애 없이 국경을 뛰어넘어 움직이는 반면 사람은 문화, 언어, 생활습관, 사회적 능력 등의 한계로 물리적인 국경에 속박당한다. 자유, 평등, 국민주권 등은 물론 교회의 권위나 절대왕정을 타도한 다음에 눈부신 힘을 발휘했다. 그러나 이러한 것이 타도됨과 동시에 그 역사적 사명을 끝냈어야 했다. 교회의 과도한 권력도 절대왕정도 없는 현대에 이르러 이러한 이념은 너무나도 뒤떨어진 것이다. 자유, 평등, 시장원리주의라고 하는 교양은 공산주의가 그랬던 것처럼 아무리 훌륭해 보이는 논리로 장식해도 인간을 진정으로 행복하게 할 수 없기 때문이다.[67]

💲 신자유주의 위기분석과 개선의 이론적 배경

신자유주의의 세계화 이후 발생한 이번 금융위기는 상당 부분 미국 사회가 중산층에게 적절한 수준의 급여를 지급하지 못한 사실로 설명된다. 미국 사회는 적절한 임금을 지급하는 대신 주택 구입 시 빚을 얻도록 부추겨 자산 가치를 높이고 생산을 독려했다. 이 과정에서 금융기관과 '월가의 금융인'들은 부의 대부분을 독식하며 부채담보부증권(CDO)-*과 신용부도스와프(CDS)-** 덕분에 위험을 회피했다.

이 방법으로 인해 부채는 성장을 거듭하여 통제 불능 상태에 이르렀고, 신뢰의 상실과 대출 기피로 인한 집단 패닉 현상을 낳았다. 이는 전 세계적인 불황으로 이어질 수도 있고, 반대로 조화로운 성장의 출발점이 될 수도 있다. 조화로운 성장은 부채의 실질적 경감, 즉 모든 부담

-* 금융기관이 보유한 대출채권이나 회사채 등을 한데 묶어 유동화시킨 신용파생상품.

-** 대출 또는 채권투자는 부도, 파산, 지급불이행 등 위험에 대해 투자자를 대신 보상해 주는 금융파생상품.

을 납세자에게 떠넘기는 미봉책이 아닌 본질적인 해결책을 전제로 한다. 이를 위해 전 세계적 차원에서 민주주의의 권력을 통해 시장 권력과의 균형을 도모하는 것이 필요하다.

특히 금융시장의 권력을 법의 권위 아래 두어야 하며, '월가 금융인'들의 권력을 시민의 권리 아래 두어야 한다. 인류에게는 항상 위기가 있었다. 종교적, 도덕적, 정치적, 경제적 위기 등 그 종류도 매우 다양했다. 자본주의가 권력을 잡고 세계를 평정한 이후 위기는 아예 지속적인 하나의 상태처럼 자리 잡았다고 해도 과언이 아니다. 비록 그렇다고는 해도 이번만큼은 누구나 굉장한 일이 벌어지고 있음을 장밋빛 약속이 넘치는 세계에 갑자기 나쁜 소식처럼 불황의 위협이 시시각각 우리를 노리고 있음을 느끼고 있다.

또한 누구나 우리의 생활방식 사고방식에서 심오한 무언가가 바뀌고 있음을 비교적 확실하게 감지하고 있다. 현재 우리가 당면한 위기는 간단하게 설명이 가능하다. 시장은 한정된 재화를 분배하는 가장 나은 기제이기는 하나 자력으로는 자신에게 반드시 필요한 법치성을 만들어 낸다거나 생산수단을 완전가동 하는 데 필요한 수요를 창출해 내는 능력은 지니고 있지 못하다.

시장 중심 사회가 효율적으로 기능하기 위해서는 사유재산권을 보장하고 경쟁을 유지하며 충분한 임금과 공공 발주를 통한 수요를 창출하는 법치성이 존재해야 한다. 요컨대 수입과 자원의 배분에 정치적인 개입이 불가피하며 이때 개입하는 권력은 민주적일수록 바람직하다. 보다 공정한 소득분배가 이루어지지 않았기 때문에 미국에서는 적어도 20년 전부터 봉급 생활자들의 빚을 통해 수요가 유지되었고 이 빚도 대출을 통해 구입한 자산을 담보로 한 것이었다. 이러한 채무 구조가 그런대로 받아들여지게 하려면 미국의 연방준비은행은 꾸준히 금리를 내려야 했으며 금리 인하는 빚을 지면서도 가장 효과적으로 투자하는 방법을 훤히 꿰고 있는 사람들에게 또다시 부를 축적할 수 있는 기회를 제공했다.

민간금융기관들과 이 금융기관 내에 포진하고 있는 '월가 금융인'들은 부채로 야기된 위험을 커버하고 자신들의 이익을 극대화하기 위해 대단히 복잡한 보험 기제인 신용부도스와프(CDS)나 신용보장기관, 이보다 더 복잡한 지급보증 방식인 부채담보부증권(CDO), 자산유동화증권(ABS) 등을 고안해 냈다. 이 기제들은 이러한 기제를 잘 이해하지 못하는 투자자들에게 전 세계의 은행과 금융기관에 위험을 전가하는 방식이다. 이런 식으로 금융시장과 정보시장에 군림해 온 대표 주자가 바로 미국이다. 국내 예금으로 미국 국채를 사들였으나 달러 가격 하락으로 국내 산업의 수출경쟁력이 약화될 것을 우려하여 되팔지도 못하는 중국과 유럽 은행들에 의해서 증권화되거나 보험화되어 곤경에 처한 유럽은 점점 더 분수에 넘치게 생활 수준을 높여가는 미국에 돈을 공급하는 역할을 했다.

이번 위기의 해법은 몇몇 책임자를 색출하여 고발하는 데 있다기보다 진정한 의미에서의 이론적 혁명을 완성하는 데 있다고 보아야 한다. 위기에 대한 분석과 대응이라는 것이 우파는 고작 자유주의 원칙을 저버렸다는 단순한 죄책감 수준에 머물러 있고 좌파는 기껏 향수를 자극하는 복지국가로의 회귀를 열망하는 정도라면 이번 위기를 극복할 수 있는 설득력 있는 대안은 절대 나올 수 없다.

현재의 위기를 몰아온 일련의 사건들의 저변에는 미국을 비롯한 모든 선진 국가에서 사회적 불평등으로 인하여 수요가 제대로 창출되지 못했다는 사실이 자리 잡고 있다. 이 사건들은 미국 사회가 정당한 소득분배의 대체물로 새로운 금융 체제를 택했으며 이를 유지시키는 결정을 내림으로써 지속적으로 발생했다. 이 새로운 금융 체제가 지닌 놀라운 능력 다시 말해서 아무런 제재도 받지 않는 새로운 금융상품을 발명함으로써 체제가 가진 문제점을 은폐하거나 문제의 해결을 훗날로 미루거나 혹은 월스트리트의 분점 격인 런던이나 역외 지점들로 분산시켜 가면서 무한히 부를 창출하는 동시에 빚을 만들어 내는 일이 계속된 것이다. 그러나 이와 같은 얽히고설킴으로 이번 위기를 설명하는 데에는 미진한 감이 있다. 이번 위기의 원인은 훨씬 그 뿌리가 깊다. 이번 위기는 우선 은행 체제의 유용성에 대한 의문에서 시작된다. 금융 관련 기관과 시장은 문명이 진보하기 위해 없어서는 안 될 중요한 도구이다.

금융 도구들은 원칙적으로 돈을 모은 사람들이 이자나 배당금 등을 받으면서 자신들의 돈을 가장 잘 활용할 수 있는 사람들에게 전달하는 역할을 한다. 이를 위해서는 은행과 시장이 좋은 투자 기회에 대한 정확한 정보를 갖고 있어야 한다. 그러나 이 체제에서는 두 가지 상반된 왜곡 현상이 나타날 수 있다. 첫째, 금융기관들이 위험은 높지만 수익성이 좋은 투자에 대해 인위적인 붐을 조장한 후 고객들에게 빚을 내도록 부추기는 것이다. 둘째, 금융기관들이 좋은 투자 정보를 독점하고 고객들에게 알리지 않는 것이다. 이 두 경우 모두 금융기관은 본래의 기능에서 이탈해 자신들만의 이익을 추구한다.

이 때문에 중앙은행의 감독 기능이 중요하다. 이 기능은 다른 기관에 위임되거나 축소되어서는 안 되며, 금융의 정치적 압력에 좌우되어서도 안 된다. 위기는 제어장치를 조정하는 사람이 금융기관의 고삐를 느슨하게 할 때 발생한다. 첫 번째 왜곡 현상에서는 인위적 붐을 조장하여 자산 가격이 비합리적으로 상승하고, 대출이 통제 불가능한 수준에 이르는 금융위기가 발생한다. 두 번째 왜곡 현상에서는 금융기관이 실물경제 부문에서 창출된 이익을 독식하여 경제적, 정치적 위기를 야기한다. 이 두 유형의 위기는 순차적으로 발생한다.

세기를 거듭할수록 금융이 발달하면서 금융위기는 점점 더 실물경제 위기와 정치 위기를 예고하는 척후병의 기능을 수행했다. 이때의 위기란 더 이상 과거에 그랬던 것처럼 부족이나 결핍에서 오는 위기가 아니라 생산과잉, 아니 생산 능력에 비해서 불충분한 수요, 다시 말해서 경제에 균형 잡힌 금융을 보장해야 하는 체제가 제대로 작동하지 않는 데에서 비롯된다. 우리 사회를 움직이는 가장 중요한 동력 즉 '개인의 자유'라고 하는 가치에 대한 무조건적인 존중에 대해 숙고해 볼 필요가 있다. 우리를 움직이는 현재의 경제 금융체제가 부상하게 된 것은 바로 이 가치 덕분이며 이 가치로 인하여 이 체제들이 지닌 모순이 야기된다.

🏦 시장, 민주주의, 정보 선점한 월가 금융인들

세기가 거듭될수록, 북유럽에서 시작해 유럽에 이어 세계 전역에서 개인의 자유를 다른 어떤 가치(사회정의, 연대감 등)보다 선호하게 되었다. 전 세계는 인간의 조건이라 할 수 있는 희귀재화의 맥락 속에서 이 자유를 조직할 수 있는 두 가지 기제, 시장과 민주주의를 고안했다. 구체적으로 노동시장, 물건시장, 기술시장, 자본시장 등의 시장들과 국가, 자치단체 등 민주주의의 여러 차원들이다. 시장은 자유로운 환경 속에서 희귀재화를 구입하여 개인적인 재산을 생산하고 획득하게 한다. 시장과 민주주의는 서로를 강화하며, 민주주의는 시장이 필요하다. 경제적 자유 없이 정치적 자유는 불가능하기 때문이다.

무오류적, 공정하지도, 효율적이지도 않은 시장은 사유재산과 지적 자유, 모든 생계 수단을 활용할 수 있는 자유와 도전정신을 보호받기 위해 민주주의, 즉 최소한의 국가를 필요로 한다. 민주주의는 원칙적으로 다수에 의한 정치를 의미하며, 다수가 국가 조직을 제어한다. 반면 시장은 생산수단을 제어하는 자, 특히 소유한 정보에 의해 자본을 획득하는 자, 즉 예금의 관제사, 정보 선점자, 월가의 금융인들, 은행가, 애널리스트, 민간투자자들의 지배를 받는다. 이러한 정보 선점 월가의 금융인들은 일반적인 금리로는 만족하지 못하고 더 나은 수익이 나오는 곳으로 예금을 보낸다. 이는 정보가 소중한 자원이 되었음을 의미한다.

시장에서 활약하는 거래인들 간에 정보의 분배가 공평하게 이루어지지 않을 경우, 국가는 모두에게 공정성과 안전성을 보장할 수 있는 원칙을 부과하고 정보 선점자들의 행동을 제어해야 한다. 이를 통해 정보 선점자와 나머지 사람들 간의 불평등을 방지할 수 있다. 새로운 금융 수단을 창출하는 정보 선점자들은 종종 이 수단에서 가장 큰 이익을 얻으며, 실패하더라도 그들은 이익만을 취한다. 이들은 일반적으로 각종 거래의 중개인으로 활동한다.

정보 선점자들은 거래 과정에서 기술 혁신이나 금융 혁신을 통해 창출된 부의 상당 부분을 자신들의 것으로 만들고, 심지어는 기업을 감독하는 자들을 희생시키기도 한다. 이런 사람들은 현대사회에서 자본 소유자들보다 더 중요한 위치를 차지한다. 대부분은 미국에 포진해 있지만, 본질적으로 세계시민, 정확히는 '금융'이라는 세계시민으로 볼 수 있다. 모든 일은 바로 이러한 점에서 비롯되었다.

🏛️ 금융업자들의 불성실함과 자기본위

태생적으로 '시장'과 '민주주의'는 조화롭지 못하다. 개인의 자유를 진작시키며 효율성에서는 시장을, 공정성에서는 민주주의를 신뢰하는 이 커플은 다른 모든 가치, 특히 연대감 따위를 도외시한다. 이 커플은 모든 부문에서 오로지 개인의 자유만을 최고의 가치로 추구한다. 얼마든지 의견을 바꿀 권리를 추구하는 것이다. 계약조차도, 고용 계약이건 결혼 서약이건, 예외가 될 수 없다. 사회계약도 다르지 않다. 자신의 자유를 구속하는 약속이라면 존중할 이유가 없다. 자기 자신이 아니라면 다른 누구에게도 성실할 필요가 없으며, 더군다나 다음 세대에 대해서는 더욱 그러하다.

개인의 자유에 대한 옹호는 불성실함과 탐욕을 배척해야 할 대상이 아니라 충분히 받아들일 수 있는 덕목으로 바꾼다. 이는 고용 안정성과 법치주의의 안정성을 파괴하고 이타주의를 배척하는 결과를 초래한다. 정보선점자들은 그 정보를 남과 공유하지 않는다. 아니, 독점적으로 이익을 취하기 전까지는 공유하지 않는다. 또한, 이들은 시행 중인 체제가 일시적이라는 한계를 잘 알고 있으므로, 자연스럽게 절박함과 조바심을 동반한다. 위험이 증가하면 최단 시간에 최대 이익을 내는 방법을 모색한다. 이러한 일시적, 한시적 느낌 때문에 정보선점자들은 자신들이 투자하는 기업이나 자금을 맡긴 개인, 기관투자자들에게조차 성실하게 충성을 다하지 않는다.

💰 법치성의 소멸

자유를 위해 봉사하는 것으로 간주되는 민주주의와 시장 사이에는 엄청난 모순이 가로놓여 있다 우선 민주주의란 정해진 하나의 영역 주어진 경계 안에서만 적용 가능하다. 반면, 시장은 본질적으로 국경이 없다. 이는 자본이나 기술 혹은 고용시장 등 모든 시장에 적용될 수 있다.

그런데 오늘날 전 지구를 주어진 영역으로 삼는 민주주의는 아니 민주주의까지는 아니더라도 최소한의 법치성이라도 공유하는 분야는 전혀 없는 데 비해서(축구, 몇몇 운동 종목, 국제적 공인 회계 방식 등 업종만 예외적) 전 세계적인 시장은 얼마든지 존재한다. 다른 시장들에 비해서 매우 빨리 변하고 '국가'라는 테두리 너머로 얼마든지 발전할 수 있으며 규제가 비어있는 틈새를 파고들어 도처에서 특히 인터넷이라는 가상공간에서도 활동할 수 있는 자본시장이 가장 대표적이다. 자유는 환상과 무제한의 영역이다. 금융 또한 마찬가지다.

대다수의 재화와 서비스 시장도 이와 다르지 않다. 고용시장 역시 다른 시장을 지배하는 자들의 적대적인 태도에도 불구하고 자연스럽게 봉급 조절이 이루어지며, 노동자들의 이동이 가능해진다. 거의 모든 시장이 전 세계적이라고 말해도 과언이 아니다. 이처럼 법치성이 뒷받침되지 않는 가운데 세계화된 시장은 각 나라의 법치성과 민주주의를 잠식한다. 공정한 금융시장의 규칙을 제정하는 권한이 금융거점 간의 경쟁 때문에 뒷전으로 밀려나고, 각 금융거점은 자신들과 이해관계가 맞는 정보선점자들에게 유리한 규칙을 제정한다.

이로 인해 전에는 볼 수 없었던 전대미문의 상황이 전개된다. 전 세계적인 차원에서 이루어지는 시장 형성 과정에서 국가의 개입이 없기 때문에, 법치성을 부여할 수 있는 아무런 기구도 없는 상태가 된다. 이는 자산, 수입, 정보에 대한 접근에서 불평등을 증대시키고, 금융자본주의의 승리를 의미하는 상황으로 이어진다.

한 나라를 볼 때는, 강력한 국가가 시장을 만들어 낸 후에 시장이 뒤를 이어 민주주의를 정착시켜 왔다. 하지만 전 세계적인 차원에서는 국가의 개입 없이 시장이 스스로 형성되는 상황이 발생했다. 따라서 전 세계적인 차원에서 형성된 시장에 법치성을 부여해 줄 수 있는 기구가 없는 상태다. 쳐들어갈 겨울궁전도 해방시켜야 할 바스티유 감옥도 없는 셈이다. 다시 말해, 이론에서나 가능한 순수하고 완벽한 시장이 본질적으로 효과적이지 않으면서도 최적의 상황을 만들어 내는 것을 현실에서 경험하고 있는 것이다.

아무도 시장이 필요로 하는 법치성을 어떻게 만들어야 하는지 알지 못하므로 현재 시장에는 치외법권이 난무한다. 무법적, 불법적, 범죄적 경제가 기승을 부리며 사회계약으로 다루어져야 할 사안들이 민간 계약으로 대체된다. 공공서비스도 점점 더 민간 업체에 맡겨지며, 심지어 치안과 공정성 부문의 서비스까지도 그러하다. 이는 자산, 수입, 정보에 대한 접근에서 불평등을 증대시키며, 금융자본주의의 승리를 의미한다.

🏛️ 금융자본주의의 승리와 위기 촉발

현재의 위기에 이르게 된 상황을 설명해 보자. 정보는 점점 더 차별적으로 분배되며, 정보를 가진 자는 끊임없이 새로운 금융 수단을 발명하고 이를 최대한 활용한다. 이러한 정보 접근의 불평등성은 우선 공급과잉을 낳는다. 공급과잉은 정보를 선점하지 못한 자들이 자산 가치를 담보로 한 대출을 통해 흡수된다. 이 과정에서 소비 성장이 이루어지고, 실물경제 전체의 성장과 자산 가치 성장이 따른다. 이는 대출 성장으로 이어져 결국 실제로 창출되는 부로는 감당할 수 없을 정도로 증가한다.

정보선점자들은 이 현상의 최대 수혜자들로, 최빈층 대출자들과 최고 부유층인 투자자들을 매혹할 수 있는 금융 수단을 고안한다. 하지만 대출을 원하는 사람들은 고금리의 부담을 전혀 인지하지 못한다. 대금업자들 역시 자신들의 예금이 높은 위험에 노출되어 있다는 사실을 모른다. 정보선점자들은 매년 받는 보너스에만 관심을 가지며, 상황이 지속될 수 없음을 알고 있는 이들은 언젠가 대출자들과 대금업자들이 희생될 것임을 잘 안다. 정보선점자들은 '투자'와 '대출'이라는 두 기제를 복잡하게 만들어 자신들에게 돌아오는 이익을 최대한 보호하도록 금융상품을 설계한다. 이들은 자신들의 소득이 국민소득에서 차지하는 비율이 근로수입 비율보다 높아지도록 방법을 동원한다.

위기의 촉발

정보선점자 외의 누군가가 부채와 자산 사이에 참을 수 없는 관계가 존재한다는 사실을 간파하게 되면, 정보선점자는 자신들의 금융상품이 가치를 잃기 시작했음을 감지한다. 이들은 자신들이 만들어 놓은 체제로부터 탈출을 시도한다. 이 과정에서 처음에는 얼마간의 몸싸움이 벌어지다가 곧 패닉 상태가 된다. 저마다 빚을 기피하고 현금을 원하는 상황에서 금융 체제는 마비되며, 은행들이 돈을 쌓아두는 동안 시중에는 돈 가뭄이 발생한다. 이는 구소련 시절 소비재 사재기로 인한 품귀 현상과 유사하다. 은행이 돈을 쌓아두면 경제 전체가 흔들리며, 경기 침체가 시작되고 심하면 불황이 발생한다.

일반적으로 어려운 시기에도 정보선점자들은 상황을 충분히 제어할 수 있으며, 국가로부터 손실 보전을 얻어내면서 알맹이는 다 빼먹고 빈 껍질만 남은 체제를 유지해 나간다. 이들은 예금자와 봉급 생활자들로부터 미처 받아 챙기지 못한 이익분까지도 납세자들이 지불하기를 희망한다.

해결책은 법치를 통해 시장의 균형 되찾기

이 분석은 금융위기가 어떻게 진행되어 왔으며 어떻게 해서 경기 침체로 연결되었는지를 설명해 준다. 어쩌면 이를 예측할 수 있었을 것이다. 이러한 접근 방식을 통해 본다면, 해법은 각국의 국내법이 미치는 영역, 즉 보호주의와 경제력 저하를 택함으로써 국내에서만 통하는 시장을 운영하거나, 세계 차원의 시장에서 법치를 확보하는 일이 될 수 있다. 이는 민주주의적이면서 복잡한 시장을 규제할 수 있는 국가를 세움으로써 소수의 정보선점자들이 이익을 독식하는 것을 방지하는 것이다.

첫 번째 해결책은 1929년에 이미 실시되었으며 그 결과는 잘 알려져 있다. 같은 방법을 다시 사용한다면 결과는 훨씬 더 끔찍할 것이 확실하다. 경제의 상호 연관성이 광범위해졌으며, 분업도 훨씬 더 강도 높게 진행되었을 뿐만 아니라 자본시장, 재화, 노동력의 시장까지도 빈틈없이 얽혀 있기 때문이다. 두 번째 해결책은 시장, 특히 금융시장이 효율적인 법치에 의해 균형을 잡는 것이 필요하다는 것을 전제로 한다. 특히 정보가 공평하게 분배되고, 이러한 분배가 모두에게 동시에 이루어지는지를 관리 감독할 수 있는 기제가 확보되어 있어야 한다. 일부 사람들이 특혜적으로 누리는 정보 접근성을 완전히 뿌리 뽑을 수는 없을지라도, 최소한 대폭 축소할 수 있어야 한다.

궁극적으로 선물시장을 실물경제 활동에만 제한해야 하며, 정보선점자들에 의해 발생한 일부 채무에 대해서는 무효처리해야 한다. 전 세계의 예금액을 예측 가능한 액수로 계약에 따라 정직하게 나눌 것을 결정해야 한다. 예금이 없는 나라들은 실제 생산으로 감당할 수 있는 수준까지 부채를 낮춰야 한다. 또한, 정보선점자들이 요구하는 그들의 몫은 경제의 실제 수익성 수준으로 제한해야 한다. 한 걸음 더 나아가, 신용 평가와 같은 감독 기능의 사회화(비영리기관)가 반드시 필요하다. 이는 보복적인 조치가 아니라 시장에 통제를 가할 수 있는 유일한 방식이기 때문이다. 이를 위해서는 이러한 규칙을 어기는 자들을 감독하고 제재할 수 있는, 진정한 의미에서 전 세계적인 경찰과 사법 장치가 마련되어야 한다.

논리적으로 말하자면, 글로벌금융 체제를 이끌 수 있는 보다 강력하고 깐깐한 "지배 구조의 정비"라는 주제부터 시작해야 한다. 이에 대해 관료주의적 위험성을 우려하는 사람들도 있을 것이다. 하지만, 인간이 만든 조직은 어쩔 수 없이 관료주의적일 수밖에 없다. 따라서 중요한 것은 누구를 위한 서비스이며, 그 서비스가 가장 효율적인 방식으로 충분히 관리 감독되고 있는지를 살피는 것이다.

미국식 신자유주의는 가짜 신자유주의

서브프라임 위기 이후, 경제학자 크루그먼은 레이건이 표방한 신자유주의가 미국에 해를 끼쳤으며, 오늘날 발생한 금융위기 역시 그의 신자유주의 때문이라고 성토했다. 그러나 크루그먼은 미국식 신자유주의의 본질을 제대로 이해하지 못했거나, 알면서도 모른 척하고 있다. 워싱턴 컨센서스라고 불리는 미국식 신자유주의는 실제로 미국의 장기적인 금융 전략에 이론적 기초를 제공했다. 미국식 신자유주의라는 명칭은 이 이론이 기존 신자유주의를 계승한 것이 아니라, 오히려 그에 철저히 위배되기 때문에 붙여진 것이다. 미국식 신자유주의를 신자유주의와 동일시하는 주장은 인류 역사상 가장 큰 거짓말이다.

이 두 이론의 출발점은 완전히 다르다. 신자유주의는 금본위제를 기반이지만, 미국식 신자유주의는 화폐와 자본의 무한 창출이 가능한 달러와 그 국제 통화 권력을 바탕으로 한다. 여기서 '무한'이란 말은 자국의 수용 능력을 넘어 세계의 수용 능력을 토대로 통화와 자본을 창출하는 것을 의미한다. 신자유주의 창시자 미제스와 하이에크가 저서를 발표했을 당시는 금본위제나 금환본위제 시대였다. 미제스의 '사회주의 공화국의 경제적 계산' 발표 당시, 소련을 제외한 대부분의 서방 국가들은 본위제 또는 금환본위제(金換本位制度, gold exchange standard)를 실시하고 있었다. 미제스의 사회주의 반대 이론도 본질적으로 금본위제(金本位制度, gold standard)를 기반으로 하고 있었다. 하이에크의 『노예의 길』이 출간된 1944년 역시 세계는 금본위제 또는 금환본위제 시대였다.

금본위제 시대에는 자본이 유한했다. 이는 신자유주의의 가장 기본적인 전제이자 핵심이다. 이 전제에 의문을 제기하는 것은 사람이 살기 위해 왜 공기가 필요한지 묻는 것과 같다. 당시 각국은 금본위제, 금환본위제 또는 기타 귀금속본위제를 실시하고 있었으므로, 신자유주의 경제학자들도 이에 대해 자세히 언급하지 않았다. 그러나 하이에크의 다른 글을 통해 금본위제나 귀금속본위제가 신자유주의 이론의 논리적 출발점임을 확인할 수 있다.

하이에크는 1937년에 발표한 '화폐국가주의와 국제안전성'에서 자신을 '금본위제의 굳건한 신봉자'라고 말했다. 그는 정부의 화폐 발행을 통제할 수 있는 수단이 없다면, 정부가 권위를 남용하게 되고, 이는 통화 남발로 인한 인플레이션과 사회 자본에 대한 정부의 과도한 통제를 낳고, 결국 개인의 자유를 위협하게 된다고 주장했다. 1971년 8월 미국이 달러의 금본위제를 폐지하자 하이에크는 이것이 자유주의 사회에 실패를 초래할 것이라고 비난했다.

『노예의 길』에서 하이에크는 화폐 발행 권력을 통제하지 않으면 시장경제가 멸망하고 모두가 노예가 될 것이라고 주장했다. 그는 소련의 사회주의를 반대하고 파시즘을 부정했으며, 서방의 케인즈주의에도 반기를 들었다. 세 가지 이론의 공통점은 금본위제를 포기했다는 것이다. 하이에크는 금본위제가 유지되는 한 무한한 자원을 점유한 국가 또는 무한 권력을 가진 초국가적 주체가 등장할 수 없을 것이라고 주장했다. 『노예의 길』에서 그는 이 초국가적 주체를 '국제 계획경제'라고 불렀다.

아이러니하게도 금본위제 시대에는 자유주의가 유행하지 않았다. 자본의 자유로운 이동을 주장하는 자유주의가 금본위제를 시행하고 있는 국가의 이익에 부합하지 않았기 때문이다. 금본위제 시대에는 모든 국가의 자본 창출 능력이 금이나 은과 같은 귀금속의 제한을 받았다. 이는 각국의 자본과 통화 창출 능력이 유한했다는 의미이다. 국력이 강한 나라라도 자본 부족에 대한 부담감에서 자유롭지 못했다. 신자유주의 정책이 금본위제 시대에는 인정받지 못하다가, 금본위제가 폐지된 1970년대 이후에야 유행하기 시작한 이유가 바로 여기에 있다.

1920~1930년대 대영제국은 세계 최대의 패권 국가였지만, 영국 파운드화의 패권은 금본위제 또는 금환본위제에 기초했으므로 영국도 자본이 충분하지 않았다. 자본의 자유로운 이동을 주장하는 신자유주의가 영국에서 환영받지 못한 것은 당연한 일이다. 2차 세계대전 이후 세계 패권국인 미국은 트루먼 정부에서부터 아이젠하워, 케네디, 존슨, 닉슨, 포드, 카터 정부에 이르기까지 모두 케인즈주의를 표방했다. 금본위제를 시행하는 미국에서 자본의 자유로운 이동을 주장하는 신자유주의는 득보다 실이 컸기 때문이다. 금본위제도 하에서는 국제 통화인 달러의 통화 및 자본 창출 능력도 금 보유량에 의해 통제되었으므로 미국도 대영제국처럼 자본 부족에 대한 부담감 때문에 달러 유출을 제한해야 했다.

그러던 미국이 1980년대 이후 미국이 자유주의의 기치를 높이 들고, 워싱턴 컨센서스를 발전시킨 것은 그들의 통화 발행 메커니즘에 획기적인 변화가 발생했기 때문이다. 국제 통화인 달러가 금본위제를 포기한 후, 미국은 이론상으로 통화와 자본을 무제한 공급할 수 있게 되었다. 여기서 '무제한'은 자국의 자본 및 통화 능력을 초월함을 의미한다. 1971년 달러가 금과의 연결 고리를 끊은 후, 미국은 더 이상 자본을 창출하기 위해 물질적인 부를 수출할 필요가 없었다. 미국은 금 같은 귀금속을 사들이지 않고도, 세계의 수용 능력을 기준으로 달러 자본을 창출하고 수출할 수 있었다.

더 이상 자원이나 상품과 같은 실물을 수출할 필요가 없어지고, 설령 수출한다 해도 수지가 맞지 않았다. 이 때문에 30년 동안 미국은 장기간 무역적자 상태를 유지했다. 이는 워싱턴 컨센서스의 필연적인 결과이자 전략적 목표를 실현하기 위한 과정이었다. 미국의 목표는 달러를 앞세워 세계 산업의 가치 사슬에 깊숙이 침투하여 영원히 마르지 않는 수익을 얻는 것이었다. 워싱턴 컨센서스는 이러한 전략적 목표에 부응하여 등장했다. 미국식 신자유주의는 인권, 민주, 자유 등 보편적인 호소력을 가진 가치관과 미국의 자본 무한 발행 능력을 교묘하게 접목시킨 이론이다.

미국인들은 자신들의 금융 전략을 인권, 민주, 자유 등의 사상적 가치관으로 화려하게 꾸미고, 달러 자본의 무한 발행이라는 진정한 핵심을 안으로 꼭꼭 숨겼다. 미국은 워싱턴 컨센서스를 세계 각국으로 확산시켜, 세계에서 유일하게 자본 무한 창출 능력을 손에 넣었다. 워싱턴 컨센서스를 노골적으로 표현하자면, 곧 미국의 자유이며 세계 각국을 미국이 가진 절대 자유 안에 구속하는 것이다. 이는 신자유주의 학자들의 본래 의도와는 완전히 위배된다.

신자유주의의 허울을 쓰고 탄생한 워싱턴 컨센서스의 본질은 신자유주의에 대한 부정이다. 미국은 현재 조물주처럼 화폐와 자본을 무한 창출하고 있다. 그러나 미국은 세계 여느 나라와 다를 바 없는 일개 국가일 뿐이다. 다른 나라들에게 워싱턴 컨센서스는 자유가 아니라 "미국 자본의 노예화"를 의미한다. 워싱턴 컨센서스가 추구하는 금융 자유화는 세계 경제의 글로벌화를 확산시키겠지만, 그 본질은 변하지 않는다.

다른 나라들도 이 사실을 잘 알고 있다. 이 때문에 1970년대부터 달러의 수탈에 저항하는 금융 전쟁이 끊임없이 발생했다. 이 저항은 국가나 정치적 성향과 무관하게 범세계적으로 나타났다. 1970년대부터 1980년대 중반까지 서유럽이 실패했고, 1980년대 말에는 소련이, 1980년대 말부터 1990년대 말까지는 일본이 실패했다. 이후에도 동남아, 남미, 러시아 등의 저항이 있었지만 번번이 실패로 돌아갔다. 이들의 실패는 지혜가 부족했거나 정치가들이 무능했기 때문이 아니라, 달러 패권을 무너뜨릴 조건이 성숙하지 않았기 때문이다.[68]

마거릿 대처와 로널드 레이건이 등장하기 이전, 신자유주의 국가와 도시 형성을 위한 전투지로 '칠레'와 '뉴욕'을 들 수 있다. 특히 1975년부터 1977년 사이의 뉴욕은 뉴딜 정책과 1960년대의 급진적 리버럴리즘(자유주의)이 구축한 복지제도 해체의 시작점이었다. 1970년대 뉴욕은 신자유주의적 전환을 위한 리허설이자 워밍업 장소였다. 1976년, 뉴욕시 주택국장 로저 스타는 '계획된 축소'를 통해, 고속도로로 인한 중산층의 교외 이주, 탈산업화로 인한 전통적 직업 감소 등으로 불가피해진 도시 위기 속에서 범죄와 빈곤이 만연한 지역의 학교, 병원 폐쇄와 공공서비스 중단을 통해 비생산적인 시민을 제거하자는 방침을 세웠다.

1970년대 중반, 뉴욕의 엘리트와 월스트리트 기업은 뉴욕시의 재정 위기 해결 과정에서 자본의 이익을 관철하기 위해 결집했다. 1970년 캘리포니아 주지사 레이건은 주립대학 등록금 징수를 시작했고, 1976년 뉴욕 시립대학은 무상교육을 폐지했다. 루돌프 줄리아니 뉴욕시장은 복지 축소, 공공 부문 민영화, 기업에 대한 세금 감면 및 보조금 지원, 저소득층 분야 예산 삭감 등을 단행했다. 줄리아니는 사회 문제에 대한 책임을 개인에게 돌리고, 빈곤을 범죄화함으로써 가난한 사람들을 노골적으로 추방하고 배제했다.

그의 가장 큰 공헌은 뉴욕이라는 세계적인 도시에서 신자유주의적 기획인 '빈곤의 범죄화', '사회적 약자의 배제와 추방', '탈취에 의한 축적'을 성공적으로 수행한 것이다. 이는 연대의 조건인 '사회'에 대한 공격이었다. 힙합은 빈곤, 실업, 사회적 고립, 소외라는 절망에서 터져 나온 절규이자 폐허 속에서의 몸부림이었다. 게토의 젊은이들에게 재즈, 펑크, 레게 음악은 버림받은 청춘들의 피난처였다. 힙합과 그라피티-* 는 단순한 노래 장르나 거리 낙서를 넘어 빈곤과 절망을 이겨내는 삶의 방식이었다. 이후 미국은 레이거노믹스 시대로 접어들었고, 시장 자유 경쟁 체제의 일환으로 1933년 제정된 글래스−스티걸법이 폐지되었다. 그래서 투자은행들의 은행업이 허용되어 실물 시장과 괴리된 금융 경

-* 전철이나 건축물의 벽면, 교각 등에 낙서처럼 긁거나 스프레이, 페인트를 이용해 그리는 그림.

제가 독자적으로 생존할 수 있는 기반을 마련했다. 5대 투자은행(골드만 삭스, 모건스탠리, 메릴린치, 베어스턴스, 리먼브러더스)의 시대가 열린 것이다.

금융산업은 자기확대 매커니즘을 갖추고 독립적으로 발전하면서, 실물경제와 별개로 존재하는 듯한 '환상'을 만들었다. 한편, 레이거노믹스 시대에 금융위기 등의 영향으로 사회주의 국가들이 붕괴되자, 이들 국가는 선진국의 제조업 생산기지로 변모했고, 저가의 공산품과 소비재를 선진국에 공급하기 시작했다. 이는 물가 상승률을 3% 이내로 유지하는 데 기여했다. 그러나 금융산업과 IT산업의 호황은 사회적 양극화를 심화시켰으며, 1980년대부터 1990년대는 글로벌라이제이션, 신자유주의, 워싱턴 컨센서스 음모론의 시대로 불리게 되었다.

세계화 자유시장 사례와 가설

:: 세계를 팔아버린 남자

국가 엘리트에 의한 독재를 '국제금융'에 의한 독재로 대체하려는 체제에서, 로널드 레이건은 오래전부터 특권 집단과 운명을 같이했다. 그를 정치권으로 이끈 이들은 바로 헐리우드 영화사 MCA의 거물 감독, 제너럴 일렉트릭의 중역들, 그리고 미국 남부 선벨트 지역의 백만장자들이었다. 레이건의 대중적인 페르소나는 '정치 연기자'였다.

전임 대통령 지미 카터는 후버 대통령 시절부터 사용된 대통령 전용 요트, 세쿼이아호를 사용하지 않고 그대로 두었다. 디트로이트의 자동차 노동자들과 피츠버그의 철강 노동자들이 일자리를 잃는 상황에서, 대통령이 요트를 타는 것은 부적절하다고 생각했던 것이다. 그는 취임식에도 175달러짜리 기성복을 입고 참석했다. 반면, 레이건은 정부의 몸집을 줄이고 납세자들의 돈을 낭비하지 않겠다고 약속한 선거운동이 끝난 후, 백악관 건물에 4,460만 달러를 들여 개조와 보수를 승인하는 것으로 임기를 시작했다.

레이건의 '이념 부활' 혁명은 오류에 기초한 것이었다. 미국에서 정부의 부당한 구속 없이도 대중이 행복하게 살고 사기업이 번창했던 황금시대가 있었다는 잘못된 믿음이 그것이다. 로널드 레이건은 국민들의 등에서 정부를 떼어내겠다는 단순한 약속으로 규제 완화와 민영화라는 격변을 일으켰고, 그 결과 미국을 크게 변모시켰다. 이로 인해 두 차례의 주식시장 붕괴, 캘리포니아 에너지 위기, 엔론 사태, 저축대부조합 구제금융, 동북부 정전 사태, 항공산업의 파산, 서브프라임 주택담보대출 위기 등이 발생했으며, 이 모든 것은 레이건의 잘못된 자유시장 근본주의 추구의 결과였다.

레이건 정부의 금융 규제 완화에 대한 열정은 1980년대와 1990년대에 걸쳐 호황과 불황을 오가는 격변을 초래했다. 대기업 중역들의 과도한 연봉 인상, 2000~2001년의 대기업 파문과 주식시장 붕괴, 서브프라임 주택담보대출 위기를 포함한 여러 국제 금융위기가 이에 따른 결과였다. 규제 완화로 인해 금융기관들은 부패하는 한편 세계 경제의 주도권을 잡았고, '로버트 루빈'과 '앨런 그린스펀' 같은 금융기관 대표들이 연방정부의 정책을 좌우했다. 후대의 역사가들은 레이건주의의 대표 인물인 그린스펀과 루빈이 미국을 위기로 몰아갔던 시기에 천재이자 예언자로 우상화되었다는 사실에 놀랄 것이다.[69]

철학자의 무지
하이에크(Friedrich August von Hayek, 1899~1992)

아테네인들이 경제와 진화에 대해 전혀 모르는 아리스토텔레스의 충고를 따랐기 때문에, 그들의 도시는 급격히 작은 마을로 전락했다. 아리스토텔레스가 수행한 미세질서에 대한 도덕적 체계화의 영향은 13세기에 토마스 아퀴나스가 그의 가르침을 채택함으로써 확대되었다. 이 채택은 나중에 아리스토텔레스의 윤리가 사실상 로마 카톨릭 교회의 공식적인 가르침으로 선언되는 결과로 이어졌다.

중세와 근대 초기의 반상업적 태도, 이자를 고리대금으로 비판하는 것, '정당한 가격'에 대한 규정, 소득에 대한 경멸은 모두 경직되고 보수적이며 권위적이었다. 아리스토텔레스는 다른 사람에게 이익이 되는 행동만을 도덕적으로 승인할 수 있다고 생각했으므로, 개인의 사적인 이익을 위한 행동은 반드시 나쁜 것이었다. 사람들이 필요한 물품을 얻기 위해 자신의 영토만을 개간했다면 유목민의 생활을 넘어서지 못했을 것이며, 대규모 도시 건설이나 위대한 업적 달성도 불가능했을 것이다. 아리스토텔레스는 이러한 통찰을 무시했다. 그의 유치한 세계관은 위대한 진보를 무시하고 사회적 이동과 사상의 기초를 지배했다.[70]

자본주의와 자유
밀턴 프리드먼(Milton Friedman, 1912~2006)

1970년대 후반부터 1980년대에 걸쳐 선진국에서 일어난 신자유주의 흐름의 대부분은 프리드먼에 의존하고 있는 것은 틀림없다. 국가가 경제에 일일이 간섭하는 것에 대한 프리드먼의 비판은 네 가지로 유형화할 수 있다. 첫째, 금융정책에 대한 비판. 둘째, 국가관리의 효율성 비판. 셋째, 국가관리 시스템적 문제점. 넷째, 현대 민주주의의 제도적 결함은 뒤에 뷰캐넌

(James Buchanan) 와그너(Wagner, Robert Ferdinand)의 정리로 알려졌으며 민주주의적 의사결정 과정에서는 다수파가 좋아하지 않는 정책으로 그것이 타당하다고 해도 결코 채택되는 일은 없다는 점을 1950년대에 그는 이미 지적하고 있다.

경제에서 다양한 자원의 배분을 결정하기 위해서는 사회에 흩어져 있는 방대한 지식을 수집해야만 한다. 하지만 정부가 시장보다 자원 배분을 더 잘할 수 있다는 보장은 어디에도 없다. 대부분의 경우, 인간의 개입은 "보이지 않는 손"의 효율성에 비해 뒤떨어진다.

복지국가에서 각 정책은 기본적으로 약자를 보호하고 경제적환경을 정비하여 모든 국민의 경제 상태를 개선하는 것을 목적으로 만들어진다. 그러나 대부분의 정책은 시간이 지나면서 본래의 목적에서 벗어나, 제도를 가장 잘 이용할 수 있는 소수의 이익을 위해 작동하게 된다는 시스템적 문제가 지적되고 있다. 프리드먼이 문제 삼은 의사 면허 제도도 처음에는 부당한 치료로부터 환자를 보호하기 위해 만들어졌지만, 실제로는 의료업계로의 자유로운 진입을 저지하고, 미국 의사회를 강력한 압력 단체로 만들며 의료비를 올려 가난한 사람들의 생활을 위협하게 되었다.

프리드먼이 몽펠리에 소사이어티의 회원들과 같은 다른 대부분의 자유주의자들의 비판에도 불구하고 큰 영향력을 가질 수 있었던 것은, 그의 논의가 이해하기 쉬울 뿐만 아니라, 당시 사람들이 느끼고 있었던 불쾌감을 정확히 반영하고 있었기 때문일 것이다.[71]

신보수주의의 갈래

신보수주의의 이념의 뿌리

고전 철학자들, 특히 소크라테스를 출발점으로 하는 이들은 민주정
치를 위험한 제도로 경고했다. 그 이유는 민주정치가 가난한 자들 또
는 무식한 자들이 평등이라는 원칙에 입각하여 인간의 본질적인 불평
등을 무시할 뿐만 아니라, 가장 사악한 폭군정치 체제로 타락할 가능
성이 내재되어 있기 때문이다. 이들 고전 철학자들은 자유로운 사회 속
의 자유로운 인간이 아닌, 정의로운 사회 속의 정의로운 인간을 모색
했다. 그들에게 최고의 인간적 가치는 자유나 평등이 아니라, 자신의
미덕을 최대한 활용하여 공동 사회에 봉사하는 보람 있는 삶, 즉 정의
로운 삶이었다.

고전 철학자들이 근대의 최고 가치인 자유와 민주주의를 상대적으로
낮게 평가한 것은 '행복'에 대한 이해 차이에서 비롯되었다. 지혜를 추
구하는 인간은 부나 자유를 추구하는 인간보다 우월하다고 봤다. 플라
톤은 정의를 자연이 실재를 구성하는 구조적 질서로 보고, 이러한 자

연 질서의 실재를 발견하는 수단은 철학이라고 주장했다. 아리스토텔레스는 모든 정치 사회에는 부자와 빈자의 두 집단이 존재하며, 대부분의 경우 빈자가 다수이다. 그래서 그는 민주주의를 빈자의 통치로 보았다.

플라톤은 정치의 기술을 아는 자, 즉 정치가가 통치해야 한다고 주장했다. 그에 따르면, 정치는 인격을 고려하여 선발되고 주의 깊게 훈련된 사람들에게만 개방되어야 하는 직종이다. 훌륭한 인간은 정치 세계에 뛰어들기를 원하지 않을 수 있지만, 그런 인물이 통치를 맡는 것은 그의 의무다. 이는 나쁜 인간들이 권력을 잡는 것을 막기 위함이다. 우수한 자가 열등한 자를 통치하는 것은 자연의 이치인 것이 그의 생각이다. 그리스 아테네의 민주주의는 재산을 소유한 시민을 기반으로 하며, 이들이 정치에 참여할 수 있었던 것은 노예들이 있었기 때문이다.[72]

근대 독일의 역사에서 프랑스와 영국의 개인 자연권과 국민적 혁명은 근대 자유주의 사상의 시작이 되었으며, 영국에서는 이것이 자유방임 정책으로 이어져 상업과 산업 확장에 적합한 철학이 되었다. 반면, 유럽에서 헤겔의 시대와 그 이후에도 독일은 프랑스와 영국에서 오랫동안 지속된 같은 민족감정의 통일을 이루지 못했다.

독일의 정신은 여러 개의 도시국가의 지방주의와 불완전하게 동화된 소수민족에 대한 적대감으로 가득 차 있었다. 20세기에 들어서면서, 독일에서는 나폴레옹 전쟁과 히틀러의 몰락 사이의 기간에 민족주의 혹은 인종주의적 역사 해석이 성행했다. 민족주의 사조는 일부 나폴레옹의 사상과 일치하는 부분과 일부는 헤겔 덕분에 존재하는 부분, 그리고 독일 민족주의자들인 피히테, 에른스트 융거, 마르틴 하이데거 등이 주장하는 "신의 섭리로 선택된 독일인"이란 관점으로 두 가지로 설명된다.

하나는, 게르만 민족이 로마제국의 세계 지배에서 유럽을 해방시켰다는 자부심과 다른 하나는 로마 교황으로부터 세계에 자유를 선물했다는 관점으로 마르틴 루터의 종교개혁을 해석한다. 그러나 이러한 민족주의 선민사관에서는 역사가 국가와 인종끼리 존망을 걸고 벌이는 지배권 투쟁으로 발전한다.

1789년 프랑스 혁명이 유럽에 새로운 방향을 제시했던 것처럼, 하이데거는 1933년 나치 혁명이 기술 문명의 위치에 직면한 유럽에 새로운 길을 제시할 중대한 기회라고 생각했다. 그는 이 혁명을 통해 독일 민족이 민족공동체를 건설하고, 미국과 러시아의 위협으로부터 유럽을 구하며, 그리스 정신을 계승해야 하는 역사적 사명을 수행할 것이라 주장했다. 하이데거가 나치에 참여할 때, 독일의 극좌파(니체를 추종하는 진보파)와 극우파(피히테를 추종하는 보수파)는 자유주의 체제가 바이마르 공화국과 같은 사회적 혼란과 분열을 초래한다고 생각했다.[73]

1914년의 이념 사상가들은 부르주아적 자유 대신 민족이나 인민이 하나가 되는 공동체를 실현하고자 했다. 그들은 이러한 공동체가 무책임한 대중이 아닌, 책임을 지는 탁월한 지도자나 소수의 엘리트에 의해 이끌어져야 한다고 생각했다. 당시의 많은 독일인들처럼, 하이데거 역시 바이마르 정권에 대해 굴욕적인 태도를 취하며, 히틀러에 의해 독일의 자존심이 회복된 것에 열광했을 것이다. 하이데거는 바이마르 체제 하의 혼란과 분열을 극복할 수 있는 유일한 해결책이 나치뿐이라고 보았으며, 나치 운동을 민족 갱생의 기회로 여겼다. 그의 야심은 플라톤과 비견될 만한 대가로서 서양 철학사에 이름을 남기고자 하는 것이었다고 생각된다.

당시 독일은 1차 세계대전 패배 후 민족적 자존심의 추락, 연합국의 엄청난 배상금 요구, 1929년 경제공황에 따른 경제 파탄, 다수의 정당 난립, 극좌와 극우의 득세 등 총체적 난국이었다. 이러한 시기에 중산층과 보수 세력을 규합하여 나치가 정권을 장악했다. 나치는 초기의 피히테 못지않게 니체와 그리스의 플라톤을 권위 있는 사상가로 간주했으며, 그의 국가론은 널리 읽힌 정치 이론서였다. 니체는 인간의 삶을 힘을 채우고, 축적하는 과정이자 권력을 손에 넣으려는 본능으로 보았고, 도덕을 우리가 살면서 만들어 낸 산물로 여겼다. 그는 각자가 '자신의 도덕'을 스스로 발견하는 것이 자연스럽다고 생각했다. 니체는 약자들의 도덕이 지배하지 않는 정치 형태, 강자들의 가치 평가가 유지되는 정치 형태를 '위대한 정치'로 규정하고, 민주주의 운동을 인간의 타락, 왜소화, 평준화로 여겼다.

레오 스트라우스와 미국의 신보수주의

독일 출신으로 유대인이자, 코제프와 칼 야스퍼스와 함께 하이데거의 정치철학을 연구한 레오 스트라우스-*는 미국 시카고대학교로 이전

-* 독일 태생의 정치철학자. 하이데거와 카를 슈미트 밑에서 공부했다. 나치의 유대인 학살을 피해 1930년대 말 미국으로 건너가 시카고대학에서 정치철학을 가르쳤다. 네오콘사상의 주요 토대를 마련했다고 평가받는다.

하기 전에 중요한 학문적 기여를 했다. 그의 주요 캐치프레이즈는 "그리스 고전 정치철학으로 돌아가자"이다. 스트라우스는 플라톤이나 아리스토텔레스의 서양 고전 정치철학이 홉스나 로크의 근대정치사상보다 우월하다고 주장하며, 그리스 고전 정치철학에 근대 사회의 병폐를 해결할 지혜가 존재한다고 믿었다.

그는 니체의 평등주의, 민주주의, 사회주의, 무정부주의에 대한 혐오와 비판을 분석하면서, 니체의 사상이 20세기를 준비하는 예언적 사상임을 주장했다. 스트라우스에 따르면, 새로운 시대적 상황은 새로운 귀족의 출현을 필요로 한다. 그는 모든 인간의 평등이라는 민주주의 원칙이 자연에 어긋난다고 생각했다. 1960년대 미국에서 부상한 급진적 신보수주의자들은 스트라우스의 정치철학을 따르며, 다른 이들이 가지지 못한 현실주의와 진리를 지니고 있다고 확신하며, 때로는 오만하고 관용 없는 행동을 보였다.

한편으로는, 스페인, 포르투갈, 네덜란드, 영국 등에서 성공한 후 신대륙으로 이주한 유대인들과 2차 세계대전 중 나치의 유대인 학살을 피해 미국으로 망명한 금융가 및 기업가들이 있었다. 이들은 미국을 전략적 국가로 만들기 위해 금융, 석유, 식량 자원 등을 장악하고, 미국 사회 내 불만을 품은 지도층 인사들을 영입하여 정치제도를 바꾸고자 했다. 이들을 신보수주의자(네오콘)라고 부른다. 이들은 1989년 베를린 장벽 붕괴와 1992년 소련 연방 해체 이후의 세계 질서 재편에 급진적 사상을 가지고 있었다. 그리스 아테네의 무절제한 민주주의, 바이마르 공화국의 혼란스러운 자유주의, 미국 뉴딜 정책에 의한 평등 사회와 복지국가 건설 등을 혐오하며, 자신들의 정치적 질서로 미국 사회를 바꾸려고 했다.

이들은 다수의 무능한 사람들이 소수의 부자와 강한 자들을 지배하는 것이 자연의 질서에 어긋나는 정치제도라고 생각하며, 강한 자가 사회를 통치해야 한다는 고대 정치사상을 주장한다. 이러한 관점을 가진 이들은 레오 스트라우스의 제자들로 보인다. 따라서, 미국의 신보수주의자들은 개인주의와 국가 이론 차원에서 근대의 자유주의 사상을 사회적 질병으로 여기며, 독일의 민족주의 정치 사상가들이 추구한 그리스 정치 질서를 추종하는 것으로 보인다.[74]

💲 스트라우시언 3분파(Straussian three waves)

첫째, 미국 건국이 자유주의가 아니라 고대적 지혜에 기초해 건설된 훌륭한 나라라고 주장하고 둘째, 미국은 고대적 지혜가 아니라 자유주의에 기반해 건국된 구제 불능의 나라라고 주장한다. 셋째, 자유주의에 의해 건국은 됐지만 이에 실망하지 않고 물줄기를 고대적 지혜 쪽으로 거꾸로 돌려서 미국을 구제해야 한다고 주장한다. 따라서 신보수주의자들은 미국이 존 로크의 자유주의에 기반해 건설되었다는 전통적 견해보다는 미국이 영국 공화주의의 전통에 기초해 건국되었다는 수정주의적 견해를 선호하며 이를 확산시키기 위해 노력한다.

신보수주의는 1960년대 미국 사회의 변화에 대한 반발로 탄생했다. 이 운동은 원래 좌파 성향이었던 사람들이 1960년대를 기점으로 우파로 전향한 것이 특징이다. 1960년대 미국 사회의 변화에 대해 이들이 반발한 주요 원인은 반문화 운동, 민권 운동, 베트남 전쟁 반대 운동, 소수자 우대정책 등의 진보적 자유주의 운동이었다. 미국 역사에서 1960년대는 진보의 시대로 기록되어 있다. 진보적 자유주의자들은 프랭클린 루스벨트의 뉴딜 정책 이후 점차 미국 사회의 주류를 장악해, 1960년대에 그 절정에 이르렀다. 케네디와 그 뒤를 이은 존슨 대통령은 '위대한 사회'(The Great Society)를 캐치프레이즈로 내걸고 인종 차별 철폐, 남녀평등, 소수자 우대정책, 사회보장 확대, 낙태 허용 등 다양한 진보적 프로젝트를 추진했다.

얼워렌 대법원장이 이끄는 대법원은 진보적인 판례를 쏟아내면서 이를 뒷받침했다. 히피로 대표되는 반문화운동은 프로테스탄트 정신에 기반한 미국적 가치들을 허물어뜨렸다. 게다가 베트남전 반대 운동은 미국에 대한 불신을 확산시키고 있었다. 신보수주의 1세대들의 눈에는 이 같은 급진 자유주의자들의 행동이 미국 사회의 기초를 무너뜨리는 것처럼 보였다. 이와 같은 급진적인 자유주의는 상대주의, 회의주의 등 근대사회의 질병을 확산시키고 도덕을 실종시키는 위험한 운동이었다. 그것은 자유주의의 과잉으로 인해 쓰러져서 결국은 히틀러에게 권력을 넘겨주고 말았던 독일 바이마르 공화국과 비슷해 보였다. 신보수주의 1세대들은 사회적 배경도 중요한 요인으로 지적된다.

그들은 부모가 이민 1세대이거나 그 자신이 어릴 때 이민 온 유대인들이 많다. 뉴욕의 하층민 거주지에서 살며 하층 노동자인 부모 밑에서 오로지 자신의 노력 하나로 명문대학에 입학한 유대인들이었다. 그들은 대학에 가서 진보주의자가 됐지만 곱게 자란 동료 진보주의자들과는 맞지 않았다. 부유한 집안에서 자란 진보주의자들은 그들이 보기에는 현실을 무시하는 이상주의에 경도되어 있었다. 소수자 우대정책도 이들의 불만을 가중시켰다. 대학에 들어올 실력이 안 되는 사람들이 흑인이라는 이유로 대거 대학에 들어왔다. 천신만고 끝에 맨주먹으로 명문대학에 입학해 신분 상승의 문턱까지 왔다고 생각한 신보수주의 1세대들의 눈에 이들이 곱게 보일 리 없었다는 것이다. 어쨌든 신보수주의 1세대들은 1960년대를 겪으면서 좌파에서 우파로 전향했고 신보수주의라는 정치 운동을 시작했다.

그러면 정치적인 견해가 다르고 비 미국적이기까지 한 신보수주의자들이 어떻게 기존의 보수주의자들과 공화당 내에서 지분을 나누고 공존할 수 있었을까? 가장 큰 이유는 미국 사회의 주류를 이루던 민주당 진보파에 대항하기 위한 연합전선 때문일 것이다. 사상적 기반이 다르더라도, 종교와 가족 등 전통적인 가치를 중시하고 도덕의 붕괴를 걱정하는 '심리적 보수주의'가 이들을 동맹으로 끌어들였을 것이다. 수십 년 동안 미국 사회의 주류를 이룬 강력한 진보파에 맞서기 위해서는 연합전선이 필요했다. 또한, 공산주의 소련이라는 공통의 적도 이 동맹을 강화시켰다.

미국 보수주의의 전통적인 모습은 '작은 정부론'이다. 기존 보수주의자들, 특히 하이에크류의 자유방임주의자들은 정부의 역할 확대에 알레르기 반응을 보였다. 그러나 신보수주의는 큰 정부를 선호한다. 정부는 기존 보수주의자들에게는 필요악에 불과했지만, 신보수주의자들에게는 기회로 여겨졌다.

미국 건국의 아버지들이 헌법을 만들 때 가장 신경 썼던 부분은 다수의 지배나 소수 엘리트의 지배를 모두 불가능하게 하는 것이었다. 이를 위해 복잡한 권력 분립 구도를 만들어, 견제와 균형을 통해 누구도 권력을 독점하지 못하도록 했다. 그러나 신보수주의자들은 소수 엘리트의 지배를 추구하며, 어리석은 민주주의를 이용해 이를 달성하려 한다. 보수주의의 원조인 에드먼드 버크는 급진적이지 않은 방식으로 중세적 질서로의 회귀를 원했지만, 신보수주의자들은 레오 스트라우스의 가르침에 따라 플라톤과 아리스토텔레스의 고대적 질서로의 급진적인 회귀를 추구한다. 신보수주의 외교정책의 테제는 한 문장으로 요약될 수 있다. "애국심을 고양시키기 위해 유엔 따위의 눈치를 보지 말고, 적과 친구를 명확히 구분하라." 이들은 정의란 친구를 이롭게 하고 적을 해롭게 하는 것이라고 주장한다.

미국의 신보수주의자들의 사상적 배경으로는 레오 스트라우스의 정치철학이 자주 지목된다. 구소련이 몰락한 후 세계의 유일한 초강대국이 된 미국의 권력 핵심부를 장악한 사람들이 바로 네오콘들이다. 이들 중심에는 스트라우스의 교의를 따르는 스트라우시언들이 있다. 세계 유일의 슈퍼파워를 장악한 이들 중 대표적 인물은 선제공격론의 선구자인 폴 울포위츠다. 울포위츠는 스트라우스의 제자인 앨런 블룸의 직계 제자였으며, 블룸은 코넬 대학에서 수학을 전공하던 울포위츠를 시카고대학의 스트라우스에게 보내 정치학으로 진로를 바꾸게 했다.

시카고대학의 다른 학생들은 블룸의 기숙사를 중심으로 형성된 서클을 스트라우스 교파라고 불렀다. 블룸과 함께 기숙사에 살았던 또 다른 스트라우시언인 에이브럼 셜스키는 미국 방부의 정보 담당 책임자로서, 사담 후세인이 대량살상 무기를 갖고 있다는 허위 정보를 퍼트리는 일을 총괄했다. 셜스키는 스트라우스와 '정보작전에서의 기만'을 주제로 책을 썼으며, 정보작전의 목표는 진실이 아니라 승리라고 주장했다. 네오콘의 대부 어빙 크리스톨 역시 스트라우시언이다. 스트라우스의 진면목은 허무주의자 니체와 연결된다. "신은 죽었고, 정의와 도덕의 기반이 사라졌다. 진리가 없다는 것, 그것이 냉혹한 진리다." 하지만 이런 진리를 대중이 알게 되면, 그들은 도덕을 버리고 사회는 도덕적 무정부 상태에 빠질 것이다. 그러므로 진리는 냉혹함을 견딜 수 있는 소수의 엘리트만이 알아야 한다.

나머지 대중은 엘리트들이 만들어 낸 정의와 도덕의 신화를 믿으며 경건하게 살아야 한다는 것이 스트라우시언들의 주장이다. 이들은 이를 '고귀한 거짓말'로 여긴다. 고대 현인들처럼 플라톤은 진리를 숨겼으나, 경망스러운 근대 자유주의 사상가들이 이를 공개함으로써 허무주의가 판을 치고 도덕이 무너졌다고 본다. 그들에 따르면, 서구 문명은 존폐 위기에 처했으며, 유일한 해결책은 고전 정치철학으로의 복귀라고 주장한다. 따라서 스트라우시언들이 진2리, 정의, 도덕에 대해 말하는 것은 단순한 거짓말이며, 정치 공동체는 강력한 적의 존재에 의해 각성되고 유지된다고 믿는다. 적이 없다면 만들어야 한다는 것이 그들의 또 다른 '고귀한 거짓말"이다.

오늘날의 신보수주의자들은 정치권력을 잡는 것이 그들의 주된 목표이며, 이를 위해 필요하다면 철학적 사고는 잠시 뒤로 미룰 수 있다고 생각한다. 현재 우리가 목격하고 있는 것은 사회 계약의 후퇴와 1920년대로의 회귀이다. 미국은 기업이 경영하는 나라가 되었으며, 국가는 투자가와 기업 제휴 세력의 이해관계에 따라 통제를 받는다. 군중들은 정기적으로 투표하는 역할만 하고, 자본주의 사회의 핵심적 제도들은 법인 조직과 산업체들의 독재적 통제 상태에 놓여 있다. 이에 따라, 정부는 기업이 사회 위에 군림하는 결과로 나타난 그림자와 같은 존재가 되었다.

💰 멍청한 제국 아테네

페르시아와의 전쟁에서 승리한 후 지중해 패권을 장악한 아테네는 무제한적인 팽창주의를 추구했다. 이는 현대 미국과 비교될 수 있다. 따라서 아테네의 역사는 미국에게 반면교사의 역할을 해왔다고 할 수 있다. 아테네는 대제국 페르시아와의 전쟁에서 이겼고, 이는 당시 동맹국이었던 스파르타가 전쟁 중에 병력을 철수해 돌아간 악조건 속에서 거둔 기적 같은 승리였다.

아테네는 강력한 해군력을 바탕으로 당시 세계의 중심으로 여겨지던 지중해를 지배했다. 이 시기의 아테네는 제2차 세계대전 직후 세계 제1의 강대국으로 떠오른 미국과 비슷한 지위에 있었다. 민주주의의 전성기를 이끈 아테네의 지도자는 페리클레스였다. 아테네인들은 페리클레스의 지도로 제국주의를 추구하며, 무력을 앞세워 식민지를 확장하고 재물을 약탈했다. 다른 폴리스들로부터 보호를 명목으로 조공을 받았으며, 이렇게 쌓인 부를 바탕으로 벽돌로 된 건물들을 허물고 대리석으로 새 건물을 지었다. 이 중 파르테논 신전을 비롯한 많은 석조 건물이 이때 지어진 것이다.

아테네의 영광은 현명한 지도자 페리클레스 덕분이었지만, 아테네는 라이벌인 스파르타를 제국주의적 팽창을 용인하도록 만들 정도로 충분히 강하지 못했다. 이러한 무제한적인 팽창주의는 결국 펠로폰네소스 전쟁을 불러왔다. 이 전쟁은 27년 동안 지속되며 지중해 전체를 뒤흔들었고, 그 참혹함과 규모는 제2차 세계대전에 비견될 만했다. 애국심이 강하고 용감한 아테네인들은 페리클레스의 지도로 잘 싸웠지만,

인문학으로 읽는 금융화폐 **자본주의**

페리클레스가 전염병으로 사망한 후 아테네는 흔들리기 시작해 결국 패배했다. 결정적인 패배의 원인은 시칠리아 원정의 실패, 원정대장 알키비아데스의 배신,-* 그리고 가난한 대중의 탐욕이었다. 아테네 함대는 시칠리아의 시라쿠사 항구를 공격하다가 결정적인 패배를 당했다.

반면, 스파르타는 아테네의 식량 보급로를 끊어버리고 진격해 오자 아테네는 견디지 못하고 무조건 항복했다. 아테네는 모든 식민지를 포기하고 민주주의가 파괴되었다. 아테네의 몰락과 함께 그리스 고전 문명의 황금기도 막을 내렸다. 아테네 몰락의 가장 큰 원인은 공적인 이익과 아테네인들의 사적인 이익 간의 부조화였다. 또한 시칠리아 원정은 아테네의 힘의 한계를 넘어서는 지나치게 큰 규모였으며, 이는 현명한 페리클레스가 생전에 경계했던 것이었다.

미국 외교정책의 설계자 투키디데스(Thukydides)

아테네의 몰락은 미국에 있어 남의 일이 아니다. 이는 단순히 수천 년 전, 수만 킬로미터 떨어진 곳에서 일어난 일이 아니라, 제국 아테네와 미국은 일란성 쌍둥이처럼 닮았기 때문이다. 아테네는 대제국 페르시아와의 전쟁에서 승리한 후 지중해를 장악했다. 마찬가지로 미국은 제2차 세계대전에서 승리한 후 몰락한 영국으로부터 세계 최강대국의 자리를 이어받았다. 아테네와 미국 모두 민주주의를 추구하며, 자신들

-* 펠로폰네소스 전쟁 당시 아테네–스파르타–페르시아––아테네를 오가며 스파르타에 투항해 아테네는 결국 패배.

이 우월하다고 믿는 민주주의를 전 세계에 수출했다. 아테네에는 스파르타 군사대국이 미국에는 소련 군사대국이 라이벌로 등장했다. 스파르타는 페르시아 전쟁에서 아테네의 동맹국이었고, 소련은 제2차 세계대전에서 미국의 동맹국이었다.

제국 아테네는 무제한적인 제국주의를 추구하다가 내부 질서가 무너지고 스파르타와의 정면충돌로 인해 몰락했다. 이와 같은 일이 미국에서도 벌어질 것인가? 공산주의를 확산시키려는 소련과의 정면 대결을 피해야 할지, 아니면 맞서 싸워야 할지는 새로운 초강대국 미국에 중요하고 심각한 문제다.

제2차 세계대전 후 미국 외교정책의 기반을 세운 조지 케넌-*은 투키디데스의 저작을 읽고 중요한 결론을 도출했다. 그의 결론은 미국이 아테네의 길을 따라가서는 안 된다는 것이었다. 미국은 케넌의 충고를 받아들여, 소련을 제압하고자 하는 유혹을 억제하고 소련과의 직접적인 충돌을 피하는 정책을 채택했다. 대신, 서유럽의 재건을 도와 소련의 팽창을 봉쇄하고, 서서히 상대를 곤경에 빠뜨리는 봉쇄 정책을 추진했는데 이것이 바로 '냉전(cold war)'이었다.

스트라우스는 명시적으로 밝히지는 않았지만, 마키아벨리처럼 불순한 교리를 자신의 입으로 말하지 않고 플라톤처럼 다른 사람의 입을 빌려 말하는 방식을 취했다. 따라서 투키디데스의 견해로 말하는 것은 사실상 스트라우스 자신의 견해로 볼 수 있다.

-* 미국의 외교관 소련 대사를 지낸 냉전의 설계자라고 불린다.

9·11 사건 이후, 미국의 외교정책은 반세기 만에 패러다임의 변화를 겪었다. 〈뉴스위크지〉는 부시 대통령이 제2기 취임사에서 강조한 '자유의 확산'을 케네디의 '자유의 생존'과 비교했다. 뉴스위크는 이 두 가지가 비슷해 보일 수 있지만, 케네디의 자유의 생존은 참주정에 대한 신중한 봉쇄를 의미하는 반면, 부시 대통령의 자유의 확산은 참주정이 없어질 때까지 적극적이고 공격적으로 자유를 확산시키는 것을 의미한다며 두 정책 간의 차이점을 강조했다. 이러한 차이는 부시 대통령이 투키디데스를 다르게 해석하는 스트라우시언들의 충고를 따르고 있기 때문이라고 볼 수 있다.

레이건 대통령은 '위대한 소통자'로 불린다. 그 자신은 외교에 정통하지 않았지만, 참모들이 제공하는 콘텐츠를 대중에게 전달하는 능력이 탁월했다. 레이건은 제2기 임기 동안 강경파와 멀어졌다.

부시 대통령도 취임 당시 외교에 정통하지 않았다. 참모들이 마련한 콘텐츠를 대중에게 쉽고 친근하게 전달하는 능력이 레이건과 유사했다. 부시의 2기 임기에서는 '악의 축'이라는 발언을 접고 참주정에 대해 언급하는 등의 변화가 있었다. 부시의 심복인 콘돌리자 라이스도 대학 교수 시절의 용어를 버리고 '참주정의 전진 기지'라는 용어를 사용했다. 울포위츠가 국방부 부장관에서 세계은행 총재로 자리를 옮긴 것도 레이건의 전철을 따르는 것으로 해석된다.

9·11 이후 신보수주의자들은 기존의 보수주의자들이 추구한 군산복합 자본주의 시스템을 재난 자본주의 복합체 시스템으로 전환했다. 테러와의 전쟁은 끝이 없는 전쟁이며, 단기간에 승리를 거두기 어려운 전쟁으로 전 세계 경제 구조에 영구적인 영향을 미친다. 모든 레벨의

업무를 민영화한 테러와의 전쟁은 사기업이 수행하는 글로벌 전쟁으로 변모했다. 신보수주의자들이 설계한 이 전쟁은 민영화된 전쟁과 재난 자본주의라는 새로운 시대의 문을 열었다.[75]

스트라우시언들은 자유주의자 존 스튜어트 밀이 주장하는 사상과 언론의 자유를 포함한 열린 사회가 오류로 가득하다고 비판한다. 그들은 어떤 사회도 사상의 자유와 언론의 자유와 대결해 살아남을 수 없다고 주장한다. 자유주의자들은 소크라테스를 속 좁은 아테네인들에 의해 무자비하게 박해받은 현인으로 여긴다. 반면, 스트라우시언들은 소크라테스가 마땅히 받아야 할 벌을 받았다고 생각한다. 즉, 소크라테스는 공공장소에서 철학을 하는 것이 적절하지 않다는 것을 알았어야 했다고 보는 것이다. 소크라테스의 말들은 체제의 기초를 허무는 효과를 가지며, 아테네인들의 소크라테스에 대한 비난은 정당방위로 정당화될 수 있다고 본다. 그들은 사회가 소크라테스를 침묵시키기 위한 모든 권한을 가지고 있다.[76] 다른 한편으로는 신보수주의 신봉자들 중 일부 전문가 그룹은 '증오의 세계화'라는 측면에서 반유대주의를 조장하고 있다. 한때 '바보들의 사회주의'라고 불렸던 반유대주의는 이제 무한한 자본과 강력한 국가 권력을 배경으로 하는 영리한 이들의 확고한 이념으로 변모했다.

오늘날 반유대주의는 전 세계에서 가장 치명적인 이념이자 관행으로, 대학 캠퍼스에서부터 상류층의 만찬 모임에 이르기까지 다양한 형태로 나타난다. 이 이념은 유대인에 대한 음모론부터 민주주의 국가에 대한 증오 교육에 이르기까지 넓은 범위를 포함한다. 반유대주의는 단

인문학으로 읽는 금융화폐 **자본주의**

순히 유대 민족이나 이스라엘의 존립 문제에 국한되지 않는다. 이는 공산주의와 파시즘과 마찬가지로 민주주의를 대체하기 위해 떠오르는 신보수주의자들의 이념이다.

반유대주의를 좌파의 책임으로만 돌리고자 하는 시각도 있지만, 이 문제는 영국, 이스라엘, 미국의 신보수주의 및 신자유주의 진영에도 관련이 있다. 유대인의 경험은 종교나 이스라엘 국가 지지에만 국한되지 않는다. 유대인 문화, 사고, 철학은 신앙만큼이나 중요하다. 오늘날 대다수의 유대인은 종교적 모습과는 다소 거리가 있다. 따라서 반유대주의가 몸집을 키워 현대의 세계평화와 안보를 위협하는 현실을 인식하는 사람은 거의 없다는 것이 안타까운 현실이다.[77]

🏛💲 펜타곤의 사제집단

빈곤으로 인해 무식해야 할 대중이 유식해지면 특권층은 조만간 자신들의 특권을 빼앗기게 될 위험에 처하기 때문에 원시 시대로 돌아갈 수 없는 한 공업의 수레바퀴를 돌아가게 하되 사회적 부를 증대시키지 않는 것이다. 이것을 달성하는 유일한 방법은 지속적인 전쟁이다. 전쟁은 인류를 안락하고 유식하게 만들 수 있는 물자를 파괴하여 독재체제의 존립 기반을 지키는 것이다.

전쟁 자본주의
사례와 가설

📊 부시 가문 전쟁

펜타곤 주식회사라 불리는 국방부는 프랑스 국가 전체 예산에 버금가는 거액을 사용하는 기업 같다. TMD는 주로 중국과 북한을 겨냥한 지역 미사일 방어 전략이며, NMD는 미국 본토를 방어하는 미사일 체계이다. 1980년대 레이건 시대에는 스텔스 전투기가 주력이었지만, 부시 시대에는 레이더가 감지할 수 없는 스텔스 잠수함이 주력 무기로 부상했다. 이에 따라 항공모함, 탱크, F-22 전투기가 주력에서 밀려났다. 북한의 노동 1, 2호 미사일은 이러한 변화에서 혜택을 받았다. 일본은 미군기지 존재와 북한과의 수교 협상 사이에서 외교적 딜레마에 직면했다.

북한 주도의 미사일 외교는 정점에 도달했다. 미국 부시 행정부의 새 국방전략은 전방위 압박 전략이다. 이는 레이건 시대의 '풀코트 프레스'에서 유래한 전략으로, 전방위 공격을 통해 긴장과 군비 경쟁을 유발해 상대 국가들의 경제체제를 붕괴시키려는 것이다. 미국은 천안함 사건을 계기로 중국에 맞서 동북아시아 지역에서의 주도권을 강화하기 위해 이 사건에 개입했다.

1948년 설립된 미국의 싱크탱크인 '랜드연구소'의 국방전략에 따라, 미국은 남중국해, 말라카해협 인공섬, 중국과 대만, 센카쿠열도/다이오위다오섬, 쿠릴열도, 독도 등 동아시아 회귀 전략의 일환으로 이 지역의 여러 분쟁 지역에 개입할 것으로 보인다. 예를 들어, 남중국해에서 분쟁이 발생하면 중동에서 말리카해협을 거쳐 들여오는 에너지 수송로가 차단되어 에너지 대란이 발생할 수 있다.

미국의 커트 캠벨은 리처드 아미티지와 조지프 나이가 주도한 〈초당적 대 아시아 전략 보고서〉, 즉 1차 아미티지 보고서(2000년)와 2차 보고서(2007년) 작성에 참여했다. 이 보고서의 핵심은 미국의 이익이 아시아에 크게 달려있으며, 아시아는 일본을 중심으로 관리되어야 한다는 것이다.

자연권과 밀교적 저술

레오 스트라우스(Leo Strauss, 1899~1973)

− 자연권

강자가 약자를 지배하는 것은 자연의 법칙이며 이는 아테네가 만든 것이 아니라 자연이 그렇게 만들어 놓은 것이다. "무엇이 옳은가"라는 질문은 양 측의 힘이 비슷할 때에만 제기될 수 있다. 약자인 멜로스는 강자인 아테네를 상대로 정의를 주장했으나 죽느냐 사느냐의 기로에서 신의 가호를 운운했다. 스트라우스는 니체의 철학을 초도덕적으로 평가한다. 그의 견해에 따르면 니체는 인위적 도덕을 초월한 존재를 생각했다. 기독교적 윤리와 민주주의적 평등주의는 자연을 문제로 만들었으며 이러한 상황의 극단화는 자기 파괴적인 허무주의의 등장을 초래한다고 본다. 스트라우스는 자연이 강함과 약함, 우월성과 열등성, 아름다움과 추함, 좋음과 나쁨을 구별하고 위계적 차별화를 정해 준다고 주장한다.

− 밀교적 저술

스트라우스는 밀교적 저술 방법을 사용한다고 알려져 있다. 그는 진리가 너무 가혹해서 대중에게 알려져서는 안 된다고 생각하며 그의 글은 알쏭달쏭하고 상황에 따라 해석이 달라진다. 이로 인해 스트라우스의 진짜 의도를 파악하기 어렵고 그를 반박하기도 힘들다. 스트라우스의 저술 방식은 반증을 회피하기 위한 수단일 수 있다는 의심을 해볼 수 있다. 스트라우스는 제자들에게 플라톤의 작품을 읽을 때 플라톤이 옳다고 가정하고 읽으라고 가르친다. 이는 플라톤의 의도를 더 잘 이해할 수 있다는 이유에서다. 그러나 이러한 접근은 플라톤에 대한 잠정적인 비판을 금지하는 것과 같다.

스트라우스의 이런 교수법은 제자들에게 자신의 정치철학을 주입하기 위한 장치로 의심될 수 있다. 이는 그의 스승인 하이데거의 교수법에서도 발견되는 일종의 최면 효과와 유사하다. 스트라우스의 교수법은 학생들에게 무언가를 이해시키기보다는 새로운 교의에 입문시키려는 목적일 수 있다는 의심이 제기된다. 하이데거의 동료 교수였던 카를 야스퍼스는 나치 패망 이후 하이데거의 재임용을 반대하며 이와 비슷한 내용을 반나치 위원회에 보낸 적이 있다. 이러한 이유로 스트라우스 학파가 다른 교파와 구분되는 것일 수 있다.[78]

허무주의
프리드리히 니체(1844~1900)

허무주의는 사람들이 의욕을 상실하고 허무주의에 빠져 적당히 사는 것을 말한다. 니체는 기독교의 '불멸'이라는 개념이 인간의 본능과 이성을 파괴한다고 주장한다. 그는 그리스도교에서 '믿음'이 중요시되며, 진리는 관찰이나 연구를 통해 밝혀져서는 안 된다고 본다. 그리스도교는 '희망'을 이용하여 고통받는 사람들이 쉽게 만족하지 못하도록 그들의 손이 닿지 않는 곳에 놓아둔다.

니체는 성직자들이 과학을 싫어한다고 보는데, 그 이유는 성직자들이 '진리'와 '비진리'를 스스로 결정하기 때문이다. 만약 저세상이 이 세상보다 중요하다면, 더 나은 삶을 살기 위한 본능이나 밝은 미래를 약속하는 모든 것이 불신을 조장한다. 니체는 초월적 도덕규범이 사람들의 나약함과 비겁함에서 비롯된 것이라고 보며, 이러한 도덕규범을 부정하는 것은 악한 세계를 정당화하기 위함이 아니라 인간을 해방시켜 그들의 잠재적 능력을 최대로 발휘할 수 있는 정신적 토대를 제공하기 위함이라고 본다.

니체는 철학자들이 수천 년 동안 신봉해 온 도덕에 대한 낡은 관념을 조사하고 붕괴시키는 작업을 진행했다. 그는 사회주의자들이나 자유주의자들이 사회에서 고통의 존재를 폐기하려는 시도를 비판하며, 이것이 인간 삶에서 고통의 가치를 무시하는 편협한 생각이라고 주장한다.

니체는 인간은 '종의 고양'을 위해 결코 포기할 수 없는 중요한 조건으로 고통을 여기며, 석가모니 불교의 사성제에 관심을 가졌다. 즉, 기독교의 '신의 죽음'은 탈인간과 밀접한 관계가 있다고 여긴다.

과학 발전과 자연의 상실
마르틴 하이데거(1889~1976)

하이데거는 자유주의와 현대기술 문명 및 도시 문명에 대해 회의적이었으며 그는 향토와 농민적인 소박함을 찬양했다. 인간이 폭포를 단지 전력을 얻기 위한 수단으로만 본다는 사실에 경악하며, 이 시대를 '고향의 상실'의 시대라고 봤다. 하이데거는 대지가 파괴되고, 우리가 뿌리 박은 대지와 산하가 에너지 자원이나 관광 자원으로 전락하는 현상을 비판했다. 그는 과학의 발전에도 불구하고 사물과 자연, 그리고 인간 자체가 갖는 본래의 충만함과 생생함을 지각하는 능력을 상실했다고 주장했다.

그는 사람들이 고향을 상실함으로써 느끼는 공허감과 불안감을 해소하기 위해 기술 발전과 물질적 소비 및 향락을 추구한다고 보았다. 그는 시대정신에 역행하는 반시대적 사유가로 자리매김하려 했으며, 고대 그리스의 역사를 발굴하는 작업에 착수한 사상가였다.

그는 플라톤을 상징으로 삼는 철학사의 빅뱅 이전에 숨겨진 철학적 언어의 원초적 의미를 복원하고자 했다. 그러나 그는 플라톤 이후의 역사가 전부 무가치하다고 보지 않았으며, 존재가 2,000년의 긴 역사 속에서 다양한 방식으로 모습을 드러내고 감추어 왔다고 봤다. 그는 초월적 진리의 빛에 눈이 멀어 역사적 뿌리를 망각한 우리가 이를 제대로 인식하지 못하고 폄하했다고 주장했다.

그는 언어를 고고학적 유물로 보았으며, 철학의 언어는 고대 그리스인들의 사유와 삶을 반영한다고 봤다. 철학은 고대 그리스에서 시작되었으며,

그의 언어도 그 시대에 형성되었다. 하이데거는 서구 언어의 어원적 뿌리, 특히 그리스적 뿌리를 추적하여 복원함으로써 현재의 사유가 과거의 전통과 단절되어 있지 않음을 밝혔다.

하이데거의 이러한 정신은 당시 유럽과 미국 문명의 거대한 흐름과 다른 것이라고 주장한다.

PART 2

금융자본주의

금융자본주의는 '세계화'라는 육식동물들이 만들어 낸 초식동물들의 학살 현장이다. 산업자본은 공존을 철학으로 삼았지만, 금융자본은 승자를 가려내는 제로섬 게임이다.

금융자본주의 사례

(S) 인간의 정신 믿음, 서브프라임 모기지론

2008년 10월 23일 미국 연방준비제도이사회 앨런 그린스펀이 최근 전 세계를 혼란에 빠뜨린 금융위기와 관련된 증언을 하기 위해 미 하원 위원회에 출석했다. 분위기는 어두웠고 위원장인 민주당 출신의 캘리포니아 하원의원 헨리 왝스먼은 그린스펀에게 너그럽게 볼 기분이 아니었다. 왝스먼은 연방준비제도이사회가 무책임한 대출 관행을 멈출 힘이 있었다고 강조했다. 그는 또한 오랫동안 의장을 지낸 그린스펀이 개입 요청을 여러 번 거절했다고 말했다. 그 후 그는 그린스펀에게 힐난조로 말했다. "당신을 비롯한 시장 자율 규제를 믿은 사람들이 심각한 실수를 저질렀습니다."

이것은 그린스펀에게 익숙한 의회의 환영 인사와는 다른 발언이었다. 그는 의장으로 재직한 5년 동안 정기적으로 "역사상 최고의 중앙은행장", "세계에서 가장 힘 있는 사람", "마에스트로"라고 칭해졌다. 그의 명성은 금융계와 정치권을 넘어 미국을 넘어 퍼져 나갔으며 프랑스 레지옹도뇌르 훈장, 영국 기사 작위를 수여 받았다. 〈이코노미스트〉에 따르면 그린스펀은 미국인들 사이에서 록 스타급 인기를 누렸으며 이는 정부의 복잡한 분야를 책임지고 있는 은행가로서는 놀랍고 당황스러운 쾌거였다.

그의 자서전 『격동의 시대』는 850만 달러어치나 팔렸으며 이는 빌 클린턴의 회고록에 이은 2위 기록이며 교황 요한 바오로 2세의 자서전 판매량과 거의 비슷하다. 2007년 여름에 출간된 이 책은 뉴욕 타임스와 아마존닷컴 베스트셀러 목록에서 모두 1위를 차지했다. 그러나 10월 23일이 되자 모든 것이 과거사가 되었다.

경제는 1년 이상 나빠진 상태였고 2008년 봄, 베어스턴스의 몰락과 함께 경제는 자유낙하 단계에 접어들었다. 서브프라임 모기지론 사태는 유동성 위기, 신용 위기, 은행 도산, 통화 위기, 무역 위기 등 거의 모든 종류의 경제위기로 확대되었다. 미국 경제는 150만 개의 일자리를 잃었으며 피해가 심각한 주와 부문에서는 실업률이 두 자릿수를 향해 계속 상승하고 있었다. 전 세계적으로 상황은 더욱 암울했다. 국제노동기구(ILO)는 전 세계적으로 1,800만 개에서 5,000만 개의 일자리가 금융위기로 인해 사라질 것으로 예상했다. 그린스펀이 미 하원 위원회에서 발언한 지 6개월 후 블랙스톤 그룹은 지구상의 부의 40~45퍼센트가 1년 반도 안 되는 기간에 증발했다고 보고했다.

웩스먼이 지적한 바와 같이 그린스펀의 경제 모델은 시장이 스스로 규제할 수 있다고 믿을 만하며, 따라서 정부가 대신 규제에 나서서는 안 된다는 가정에 기초를 두고 있었다. 그린스펀의 모델이 20년 가까이 전 세계적으로 통용되는 글로벌 모델이었기 때문에 시장의 자기규제주의는 거의 경전이 되다시피 했다. 웩스먼이 표현한 대로 "시장의 현명함에 대한 믿음의 무한대"였다. 그러나 시장이 폭발하면서 그린스펀의 경제 모델도 폭발했다. 그린스펀은 위원회에서 모든 지적 체계가 무너졌다고 말했다. 이어서 그는 자신이 "세계가 어떻게 움직이는지를 정의해주는 결정적인 기능을 하는 구조라고 생각했던 모델의 결함을 발견했다"고 말했다. 그린스펀의 말이 충분히 명확하지 않다면 웩스먼의 간결한 해석을 보면 된다. "우리는 우리의 세계관, 이데올로기가 옳지 않았다는 사실을 발견했다."

그린스펀이 동의하도록 강요받은 것은 얼마나 철저하게 그리고 공식적으로 자신의 모델이 실패했는가였다. 그린스펀은 "그것이 바로 제가 충격을 받은 이유입니다. 저는 40년이 넘도록 그 시스템이 매우 잘 작동한다는 증거를 아주 많이 발견해 왔기 때문이지요"라고 대답했다. 그린스펀은 시장이 항상 투자자들을 보호한다는 자신의 주장의 종말이 그를 충격에 빠뜨려 믿기지 않는 상태에 처하게 했다고 말했다.

노벨경제학상을 수상한 바 있는 경제학자들인 조지프 스티글리츠와 폴 크루그먼, 1996년부터 1999년까지 상업 선물거래소 의장을 지낸 브룩슬리 본을 포함한 수많은 사람이 그린스펀의 규제철폐론에 이의를 제기했다. 브룩슬리 본은 연이어 여러 번 시장이 파생상품, 결국 경제를 무너지게 만드는 데 일조한 무한정 복잡한 금융상품들을 확대하지 못하도록 규제할 것을 요구했던 탓에 금융위기의 카산드라(Cassandra) 같은 인물이 되었다. 본의 요구는 그린스펀과 당시 재무장관 로버트 루빈, 당시 주식거래소 의장 아서 레빗이 특별조치를 취해 상업 선물거래소 위원회가 브룩슬리 본의 재임 기간에 어떤 조치도 취하지 못하도록 의회를 설득하면서 잠재워졌다. 당시 발표된 합동 선언문에서 그린스펀은 "본이 제안한 규제 법안과 그것이 몰고 올 결과에 대한 심각한 우려"를 근거로 그 금지 조치를 옹호했다. 그는 정부의 규제안을 논의하는 것만으로도 시장을 불안하게 하고 자본을 미국 밖으로 유출되게 할 수 있다고 주장했다.

시장이 자체 규제에 실패하고 혼란에 빠졌을 때, 그린스펀은 충격을 받아 믿기지 않는 상태에 빠졌다고는 하지만 그것은 그가 위기의 가능성에 대해 경고받은 적이 없어서는 아니었다. 자신의 모델이 비난받은 바가 없거나 대안 모델들이 부상한 적이 없어서도 아니었다. 문제는 그의 시장 자기 규제 능력에 대한 믿음이 본의 말을 빌리면 '절대주의적'이었다는 점이다. 나머지 사람들은 무규제 시장에 말 그대로 투자했고 그린스펀은 무규제 시장에 비유적으로 투자한 것이다. 그는 세계가 돌아가는 이치에 대한 모델을 가지고 있었고, 이에 대한 믿음은 확고부동했다.

사실 그린스펀은 세계가 돌아가는 이치에 대한 모델을 수백만 개나 가지고 있었고 그는 분명히 그랬을 것이다. 우리 모두 그러하다. 이 모델들은 우리의 신념들이며, 이 신념들은 돈을 어떻게 투자해야 하는지부터 지갑을 어디에 두었는지에 이르기까지 모든 것을 포괄한다. 우리는 이 모델들 중 일부를 한시적으로만 믿으며 일부는 완전히 믿는다. 그러나 아무리 확고부동하게 믿는다 해도, 그 모델들 자체는 흔들릴 수 있다. 이것이 바로 믿음을 상상 속에나 존재하는 이상적인 앎과 구별시켜 주는 차이다. 앎은 오류가 들어설 공간이 없으므로 그린스펀은 실패할 리가 없었다. 그러나 믿음은 버릴 수 있으며 그의 신념도 그를 버렸다. 사실 그것은 우리 모두를 버렸다.

믿음이 어떻게 실패하는지 이해하기 위해서는 먼저 믿음이 어떻게 작동하는지를 알아야 한다. 그리고 그것을 알기 위해서는 "도대체 믿음이란 무엇인가"라는 가장 기본적인 질문부터 시작해야 한다.[79]

🪙 IT 혁명과 금융위기로 돌진한 터보엔진

'금융'은 숫자를 가지고 계산하여 인간의 욕망을 채우는 행위이며, 계산 능력이 따라준다면 마음껏 욕망의 나래를 펼칠 수 있는 분야다. '금융공학'이라는 용어는 이러한 배경에서 탄생했다. 컴퓨터, 통신, 소프트웨어 등 IT 분야의 비약적 발전으로 다양하고 심층적인 연산 방식을 구사하여 새로운 금융상품과 유통방법이 탄생했으며, 이는 인터넷을 통해 세계에서 24시간 작동하게 되었다. 금융업을 제한하는 유일한 한계는 인간의 상상력뿐인 시대가 도래했다. IT 혁명이 가져온 이 과감하고 새로운 세계의 총아는 CDO(파생금융증권)와 CDS(파생담보부증권)이다. 자유화와 IT 혁명이 금융을 점보제트기로 만들었다면, 거기에 장착된 신형 터보엔진은 CDO와 CDS라고 할 수 있다.

집을 소유하는 것은 동서고금의 보편적인 꿈이다. 미국에서 레이건 행정부가 제정한 '경제회복조세법'에 따라 부동산 시장의 개발이 활발하게 이루어졌다. 이 과정에서 투자은행 퍼스트보스턴은 1983년 프레디맥에 CMO(주택모기지채권)라는 상품을 개발했다. 이것이 부동산 증권의 시원이라고 할 수 있다. 수법은 이러하다. 주택을 사기 위해 은행에서 융자를 받은 사람들이 낸 원금과 이자로 들어오는 자금은 상환 안정성

인문학으로 읽는 금융화폐 **자본주의**

에 따라 상·중·하로 나뉘며, 각각을 '트랑셰'라고 한다. 이 세 개의 부분을 근거로 세 가지 다른 종류의 증권이 만들어져 투자자들에게 판매된다.

　상환 순위가 가장 높고 투자 리스크가 가장 적은 것이 '시니어 트랑셰', 그다음이 '메자닌 트랑셰', 맨 아래가 '에퀴티 트랑셰'라고 불린다. 리스크가 높은 맨 아래의 '트랑셰'는 경제력이 낮은 채무자에게 주어진다는 의미에서 '서브프라임 문제'라는 용어가 생겼다. CMO 비즈니스는 한창 번성하다가 1994년 몰락했지만, 그 수법은 더 정교해져 금융시장에서 CDO로 발전했다. CDO는 갚아야 하는 빚을 컴퓨터의 힘을 빌려 증권화한 것이다. 월스트리트의 금융회사들이 이 새로운 상품을 얼마나 남용했으며 어떻게 그것에 발목이 잡혔는지는 생생하게 보여줄 것이다. 연방준비제도이사회 앨런 그린스펀이 200여 명의 박사들을 활용할 수 있었음에도 불구하고 CDO를 완전히 이해하지 못했다고 말하는 대목이 있다. 미국 증권산업 및 금융서비스협회에 따르면 2008년 금융위기가 있기 전 3년 동안 무려 1조 2,500억 달러의 CDO가 발행되었다. 실제로 리먼은 2008년 1분기에만 최하급의 '에퀴티 트랑셰'를 65억 달러어치나 보유하고 있었다.

　얼핏 보면 CDO와 유사한 CDS는 실제로 증권이 아닌 보험이다. 타인이 발행한 증권을 사면서 그 돈을 못 받을 경우를 대비해 보험회사에서 손실 보전 보험을 돈을 주고 들어놓는 것이다. 이를 일반적으로 '신용파생상품' 또는 '신용 옵션'이라고 하며, 이 중에서 가장 정교하고 인기 있는 것이 바로 'CDS' 즉 신용디폴트 스와프다. 2008년 월스트리트에서 벌어진 비극의 주역 중 하나는 리먼브러더스였고, 중요한 조역 중 하나는 세계 최대 보험회사 AIG였다. 9월 15일 리먼브러더스가 파산한 뒤 AIG도 파산 위기에 처했으나 폴슨 재무장관과 부시 대통령의 결단으로 정부의 융자를 받아들여 부분적으로 국유화되었다.

미국 금융계에서 존경과 신뢰를 받는 투자가 워런 버핏은 CDS를 '시한폭탄'이라고 표현했다. 실제로 AIG 그룹은 2008년 1월 시점에서 서브프라임 모기지 투자에 대해 발행한 CDS 보험액이 5,000억 달러를 넘었다. 이는 손해보험 회사가 교통사고가 적은 나라에서는 가입자가 많을수록 돈을 벌지만, 사고가 빈번한 나라에서는 가입자가 많을수록 손해를 볼 수 있다는 것과 유사하다.

하지만 진짜 문제는 수학을 잘하고 200명이 넘는 박사의 자문을 받을 수 있었던 그린스펀조차 제대로 이해하기 어려웠던 CDO와 CDS의 복합성이었다. 많은 사람들이 이를 2008년 금융위기의 주범으로 여긴다. 이 '파생상품결합채권'이 유통되는 과정에서 크게 부상했다가 추락한 회사가 바로 AIG였다. AIG에서 판매한 CDS는 신용등급 회사로부터 최상위인 AAA 등급을 받았기 때문에 파생금융상품결합채권을 만들어 파는 회사로서는 최고의 선전 가치를 지녔다. 이 때문에 전 세계의 수많은 금융기관들이 AIG의 AAA 등급을 선전 재료로 활용해 파생금융상품 결합채권을 발행했고, 이것이 IT와 인터넷을 통해 다단계 형태로 세계에서 팔려 나갔다. 미국에 가보지도 못한 핀란드와 노르웨이의 한 교사의 연금 불입금이 미국 텍사스주의 주택 개발에 투자되었고, 그 사실을 핀란드의 연기금조차도 몰랐다는 식의 이야기가 이렇게 탄생했다.

1990년대의 닷컴버블 붕괴와 9·11사태 후의 경기 침체에 뒤따라 월 스트리트에 나타난 금융파국이라는 이 거대한 괴물은 한마디로 싼 돈 의 산물이라 할 수 있다. 아시아 사람들이 티끌 모아 태산처럼 모은 저 축이 세계 도처로 흘러 나간 가장 큰 원인은 2001년의 경기 침체를 타 개하기 위해 당시 연준 의장 앨런 그린스펀이 책정한 미국의 저금리 정 책이었다. 저금리 구조에서 갈 데를 모르고 미쳐 날뛰는 여유 자금이 몰린 대표적인 곳이 '서브프라임 모기지 시장'이었다. 이것은 세계 각국 달러 특히 외환보유고가 많은 아시아 국가들에 '트로이 목마'를 잠입시 켜 놓았다. 한순간 쓰레기로 전락할 수 있는 달러화라는 폭탄은 이미 세계 각국에 엄청난 규모로 떠넘겼기 때문이다.[80]

🪙 서브프라임 모기지와 생명보험

우리는 생명보험에 가입할 때 다른 사람을 보험 대상으로 삼고 자신 을 수익자로 지정해 임의로 보험계약을 체결할 수 없다. 이는 보험 대 상이 된 사람이 빠른 시일 내에 사망하길 바라는 것과 같기 때문이다. 만약 보험금이 매우 크다면, 보험 대상을 죽이도록 살인 청부업자를 고용하거나 자신이 직접 나설 수도 있다는 위험이 있다. 빈곤층이 대 출을 상환하지 못할 것이라고 예측하고 배팅한 사람들은 돈 때문에 나 쁜 생각을 품기 시작했다.

이들은 빈곤층이 예정보다 빨리 대출을 상환하지 못하도록 조작했 다. 미국의 AIG 보험회사가 최하위 모기지채권에 대해 CDS를 남발하여 발행한 것은, 보험 대상자를 죽인 것과 같이 상환할 수 없음을 알면서 위기를 조기에 발생시키려 한 것이다. 이들은 투자자들이 점점 더 신뢰성이 떨어지는 빈곤층에게 돈을 빌려주도록 유도했는데, 이러한 행위가 빈곤층이 돈을 상환할 수 없게 만든 직접적인 원인이었다. 미국은 본래 서브프라임 모기지 사태와 경제 쇠퇴를 피할 수 있었다. 비록 유동성 과잉이 결국 거품 붕괴를 일으킬 것이었지만, 차입으로 주택을 구매한 빈곤층의 파괴력은 그리 엄청나지 않았으며, 1980년대의 주택 대부조합 사태와 비슷한 수준에 불과했다. 미국에 치명적인 일격을 가한 것은 이들 빈곤층이 아니라 미국의 대형 투자은행들이었다.

이들 투자은행이 조성한 금융위기의 규모는 빈곤층의 채무총액을 훨씬 초과했다. 실물경제에 미치는 영향은 그리 크지 않았지만, 정말 큰 문제는 투자은행과 금융 세력이 투입한 수조 달러의 돈이었다. 빈곤층이 상환할 것이라고 배팅한 투자은행과 금융 세력들은 본전을 모두 날렸으며 많은 펀드와 은행이 파산했다. 이후 누가 어떻게 배팅했는지, 각각 얼마나 빚을 졌는지 아무도 알지 못하게 되어 거래에 나서는 사람도, 자금을 빌리는 사람도 모두 사라졌다. 따라서 진정한 책임을 져야 할 주체는 미 연방준비제도이사회와 도박을 즐긴 미국의 각 대형 투자은행과 금융 세력이다. 심지어 미국인들조차 '골드만삭스'를 인류의 얼굴에 붙어 있는 거대한 흡혈 문어와 같다고 말했다.[81]

💲 자본가들의 파업과 그린스펀

'로빈후드'는 수 세기 전에 죽었지만, 그린스펀은 가난한 자에게서 뺏은 것을 부자에게 주는 사람이다. 정확히 말해서 도둑질하는 가난한 자에게서 뺏어 생산적인 부자에게 돌려주는 것이다. 로빈후드는 부자를 털어 가난한 자에게 주는 사람이다. 그는 자신의 것이 아닌 재산으로 자선을 베풀었고 그의 사치스러운 동정심을 다른 사람들이 지불하게 하여 자신의 미덕이라는 후광을 내뿜는 최초의 인간으로 기억된다. 그는 권리의 근원이 '성취'가 아니라 '필요'라고 믿었다. 로빈후드 같은 사람들을 도덕적으로 이상적인 존재로 여기는 자는 '빈자의 원한'과 '부자의 피' 사이에서 사는 가장 더러운 이중 기생충이다.

힘과 부를 갖춘 세계의 모든 기업들이 은행가나 이사진에 의해 경영되는 것이 아니라 수염도 깎지 않은 채 지하 맥주 홀에 앉아 있는 박애주의자나 악의에 찬 얼굴을 한 뚱보들이 그 기업을 경영하고 있더군. 노동조합은 내가 능력을 발휘해 생계를 책임진다는 이유로 번번이 나에게 권리를 주장하여 승리를 거두었다. 나는 개인의 배를 빼앗은 적이 없고 사유재산을 뺏은 적도 없다. 나는 군함을 뺏은 적도 없다. 왜냐하면 군함의 목적은 세금을 낸 시민을 폭력으로부터 보호하는 것이고 그것은 정부의 마땅한 기능이기 때문이다. 그러나 나는 어떤 사람들이 대가를 치르지 않고 얻은 이익 노력하지 않고 얻은 이익에 대해서는 공격한다.

나 그린스펀은 총 사정거리에 있는 약탈품 운반선을 빼앗고 모든 정부 원조물자 보조금 대부금 선물 누군가에게 무력으로 강탈한 화물을 실은 모든 선박을 가로챈다. 부의 파괴(각종 근로자 연금 증권시장 시가총액) 금융공황(증권시장 시가총액 증발) 인플레이션(지폐 발행으로 인한 추가세금 징수 부동산 거품) 법인세 인하 상속세 및 증여세 인하 M&A 배당 등을 통해 가난한 자에게서 뺏어 부자에게 이전한 화물-*은 이 나라의 특별한 고객에게 '금'을 받고 팔아왔다. 인민공화국에서는 생산과 매매가 범죄로 간주되었기 때문에 유럽에서 최고의 인간들은 범죄자(관료)가 되는 것 외에는 선택의 여지가 없었다.

이들 국가에서 노예를 이끄는 영주들은 아직 자원이 완전히 고갈되지 않은 나라의 약탈자가 가진 물건에 의해 유지된다. 나는 물건이 그들에게 도달되지 않게 빼앗고 그 물건을 가장 높은 가격으로 유럽의 범죄자에게 팔아 '금'으로 지불받게 한다.[82]

그린스펀은 케인즈의 경제정책에 대해 반대 입장을 견지했다. 그러나 케인즈의 일자리 수요와 공급의 차원을 넘어서 화폐의 '양적완화' 정책은 차용한 것이다.

-* 사회복지제도 파괴.

독점기업

현대사회에서 주요 시장은 대부분 독과점 시장이며, 큰돈을 버는 기업은 대부분 독과점 기업이다. 따라서 현대의 대부분 시장에서의 분배는 신의 손이 아닌 인간의 의지에 의해 결정되고 있다. 시장에서 결정되는 분배는 인간의 의지가 아니라 능력과 운에 의한 것이므로, 정의나 불의라는 말을 쓸 수 없다는 주장은 수천수백 개의 기업이 정보의 비대칭 없이 대등한 조건에서 경쟁한다면 타당하다. 그러나 시장은 국가 권력으로부터 독립적이고 자유로운 영역으로 출현한 것이 아니라, 실상은 국가 정책에 의해 만들어진 것이다. 화폐는 군인들에게 물자를 공급하기 위해 처음 만들어지고 널리 퍼진 것이며, 시장은 주로 군부대의 이동, 도시 약탈, 공물 탈취, 그리고 전리품의 처리에 따른 부산물이었다.

시장이 정부 반대편에 서 있고 정부로부터 독립적이라는 생각은 19세기 이후부터 널리 퍼져 사람들에게 익숙해진 환상일 뿐이다. 이러한 생각은 정부의 역할을 줄이려는 자유 방임주의 경제정책을 정당화하기 위한 것이었다. 노동은 자본에 우선하며 자본으로부터 독립적이다.

자본은 단지 노동의 결과일 뿐이다. 노동이 존재하지 않았다면 자본은 결코 존재할 수 없다. 노동은 자본의 상관이며, 훨씬 더 많은 배려를 받아야 한다. 이것이 약 16세기 말까지 자본에 대한 인식이었으나, 16세기까지 베네치아, 제네바, 네덜란드의 상업시대를 지나 영국의 산업시대에 들어서면서 은행가들의 네트워크 작동 방식이 상인들의 기업활동을 보조하고 수수료를 받는 정도에서 훨씬 복잡한 수법을 동원해 체계적으로 부를 축적하기 시작했다.

이와 관련하여 경제학자 브로커 릴러는 독일과 미국이 영국보다 빠른 경제발전을 이룬 것은 18세기에 들어서면서 주식회사, 은행, 증권거래소가 체계화되고 은행이 산업의 주식 발행을 인수하여 창업을 돕는 과정에서 독일에서 먼저 독점이 형성되었다고 설명한다. 이러한 현상을 이론적으로 뒷받침하기 위해 루돌프 힐퍼딩은 『금융자본론』에서 마르크스의 화폐이론, 신용이론 및 기업이론을 새로운 방향으로 전개했다.

힐퍼딩은 『자본론』 제1권의 제1편 '상품과 화폐' 및 제2권의 제2편 '자본의 회전'을 제3권의 제5편 '금융자본'에 연결함으로써 마르크스의 신용이론을 완성시켰다. 그의 가장 중요한 공헌은 『자본론』에서 거의 다루지 못한 '주식회사'를 자본주의적 발전의 최고 단계의 핵심으로 부각시킨 것이다. 주식은 기계와 건물 등 고정 자산에 묶여 있는 투자 자본을 유동화시키기 위한 것이며, 주식 소유를 통해 카르텔과 트러스트 등 독점이 생길 뿐만 아니라, 독점적인 은행 자본과 산업자본의 결합인 '금융자본'이라는 최고 형태의 독점자본이 탄생한 것이다.

거대 기업은 독점과 기업합동(카르텔)에 의한 시장 권력이 소비자 가격을 상승시키기 때문이 아니라, 그들의 정치권력이 민주 정부의 권한을 손상시키기 때문에 문제가 된다. 거대 기업은 두 가지 방식으로 자치를 위협한다. 첫째로 직접적으로 민주제도를 제압하고 그 통제를 무시하며, 둘째로 간접적으로 노동자들이 시민으로서 사고하고 행동할 수 있는 도덕적, 시민적 능력을 훼손한다. 카르텔, 트러스트, 콘체른 등 은행 신용 제도와 주식회사 제도가 보급됨으로써 산업자본주의는 점차 독점 자본주의 혹은 금융자본주의로 나아간다. 하지만 부르주아 경제학자들은 대규모 생산의 집적과 대규모 자본의 집중으로부터 비롯된 이러한 부정적인 현상들이 자본주의와는 전혀 관계없는 것처럼 포장한다.

국가는 왜 이런 돌팔이 경제학자들의 이론을 계속 배우게 하는 것일까? 그 이유는 간단하다. 경제학을 학문으로서가 아니라 이데올로기로서 가르치려 하기 때문이다. 지불 수단으로서의 화폐 기능은 상품마다 생산하는 데 걸리는 시간이 다르기 때문에 지불 기일에 대비해 화폐를 축적할 필요성이 생긴다. 지불 수단으로서의 화폐 기능과 이자 낳는 자본으로서의 화폐 거래의 결합은 근대적 은행업의 기초인 '지불준비금제도(支給準備制度)-*'를 만들어 냈다. 처음에 은행은 화폐를 빌려주려는 사람과 빌리고자 하는 사람을 연결해 주는 매개자였다. 이 매개자의 수중에 화폐자본이 집중되고 대출자들이 모여들게 되면서, 은행은 이자

-* 은행예금의 일정 비율을 지급준비금으로서 중앙은행에 강제적으로 예금시켜 그 비율을 상하로 조절하여 통화량을 조정하는 제도.

를 낮게 차입하여 높게 대출하는 것으로 이윤을 남긴다. 그러나 은행은 단지 예금의 형태로 유입된 화폐만을 대출하는 것이 아니다.

보통 은행이 운용하는 자본은 '투하자본'과 '차입자본'으로 분할될 수 있다. 차입자본은 일반적으로 예금, 어음, 지폐 혹은 수표의 발행을 포함한다. 지폐의 발행은 국립은행이든 민영은행이든 국가의 신용을 배후로 하는 신용화폐이다. 독점적 은행은 더 이상 중개자의 역할에 머무르지 않는다. 은행은 이제 지배자의 역할을 하게 되며, 노동뿐만 아니라 산업자본과 나아가 국민경제 전체에 대한 정부의 통제권을 실질적으로 지배한다.

미국 공업의 3분의 2를 100개의 기업이 장악하고 있으며, 이들 회사는 단 몇 명의 손에 의해 통제된다. 중개자 역할을 하는 은행이 개별자본들을 모두 통제하고 그들의 운명을 전적으로 결정할 수 있게 된 것이다. 은행의 대규모 집적은 몇 개의 은행이 수백 개의 전국적 지점망을 가진 독점적 대형은행을 형성한다. 이를 통해 이들은 개별적으로 흩어져 있는 자본가들을 하나의 집단적 자본으로 묶을 수 있게 되며, 이 과정에서 자본의 집중이 이루어진다. 이 거대한 자본은 주식회사 제도와 함께 생산의 집적을 매개함으로써 각 산업 부문에는 단 몇 개의 독점기업만이 생존하여 시장을 장악한다. 따라서 경제학의 법칙이란 거짓말과 화폐에 대한 광신적인 믿음은 신앙에 가까운 것이다.

현대 화폐자본의
발달 과정

  부르주아 경제학 내부에서 그들의 경제학을 비판하는 것은 불가능하며 기독교 신앙 내에서 교리를 두고 다투는 것과 같다. 수많은 종파가 생겨나도 근본적인 신앙을 무너뜨릴 수는 없다. 지폐는 다른 모든 상품과 마찬가지로 노동 생산물로서의 가치를 지닌 금을 대표하는 한 가치의 상징이다. 부르주아 경제학자들은 금화에 의해 수행되던 화폐의 모든 기능이 법률로 제정된 인위적인 가치 이외에 아무런 가치도 없는 지폐의 유통에 의해서도 동일하게 효과적으로 수행될 수 있다는 사실로부터 새로운 화폐제도를 고안해 내게 된다.

  현재 근대의 화폐제도는 단순법화 체제에 기반한다. 이 법화 체제 하에서 지폐는 연방준비증서가 아니라 연방준비은행의 차용증에 불과하다. 이 경우 과도한 지폐 발행으로 물가 상승을 일으킬 수 있는 정부나 은행의 힘을 통제할 수단은 어디에도 존재하지 않는다. 가치는 한 상품이 다른 상품들과 맺는 '관계'이지 한 상품에 내재한 고유성이 아니다. 금은 자연에서 왔지만, 자연 자체는 환율이나 은행, 화폐를 낳지 않는다. 금은 이미 사회화된 사물이다. 마르크스의 말처럼 왕이 왕인 이유는 신하의 눈에 그가 왕으로 비친다는 사실에 있지, 그가 실제로 왕의 품성을 타고났느냐에 있지 않다.

사회주의자들도 부르주아 경제학자들처럼 이 점을 이해하지 못했다. 그들은 화폐를 없애겠다며 어떤 사물만을 없애고자 했다. 교황만 없애면 가톨릭이 없어질 것이라고 믿었던 사람들처럼, 그들은 노동시간 전표가 화폐를 대체할 수 있다고 생각했다. 그러나 노동시간 전표는 화폐의 출현을 막는 부적이 아니라 그 자체로 화폐였다.

1972년 헬무트 슈미트(Helmut Schmidt, 서독 재무부 장관)는 금본위제 붕괴에 대해 "화폐 신학을 둘러싼 종교전쟁의 시대가 끝났다"라고 말했다. 그러나 슈미트는 너무 성급했다. 니체의 말처럼 신은 시체로도 그 그림자로도 살아간다. 화폐의 종교적 성격은 금과의 줄이 끊어진 뒤에도 변하지 않았다. 오늘날에도 화폐의 절대적인 것은 신앙이다. 사실 금본위제 시대에도 금에 대한 신앙이 실제의 금보다 더 중요했다. 경제학자 존 케네스 갤브레이스(John Kenneth Galbraith)는 1907년 미국의 공황 때 존 피어폰트 모건(John Pierpont Morgan)이 뉴욕시의 개신교 목사들을 모아 은행에 맡긴 돈을 찾지 말 것을 설득해 달라고 요청했다고 말했다. 이는 신앙을 확인하는 시기였으며, 그 신앙 속에는 은행제도에 대한 것도 포함되어 있었다. 화폐에 대한 믿음만 확고하다면 그것을 떠받치는 실제 금의 양은 부차적이었다. 화폐는 일종의 허구다. 화폐에 눈을 빼앗기면 화폐를 볼 수 없다. 마르크스는 왕이 왕인 이유를 왕에서 찾으려 하지 말고, 그가 신하의 눈에 왕으로 보인다는 사실에서 찾으라고 말했다.

ⓢ 화폐에 대한 이론적 빈곤

경제학자들이 상정한 가정들은 실제 역사에서 매우 부자연스럽다. 원시 공동체에서는 경제활동의 주체가 개인이 아니라 공동체라는 것, 원시 공동체들이 개인을 자유롭게 물건을 교환하도록 방치하지 않았다는 것, 화폐가 교환 수단으로서 먼저 발생했는지도 확실하지 않다는 것 등이 그 예이다. 조공, 수장에게 보내는 선물, 결혼 시의 납폐, 신부 지참금, 속죄금, 벌금 등 군사상의 지불 수단으로 화폐가 사용되었을 가능성이 있다.

결론적으로, 화폐 발생에 대한 주류 경제학자들의 이해 방식에서는 '역사적 감각'과 '넓은 시야'가 결여되었다. 그들이 말하는 역사는 실제 역사라기보다는 현재의 논리를 과거로 투사시킨 것에 지나지 않는다. 그들은 한 발짝도 현재 바깥으로 나아가지 않는다. 또한, 그들은 화폐가 경제적인 것 못지않게 정치적, 사회적, 문화적이라는 사실을 생각하지 않는다. 즉, 한 발짝도 경제학 바깥으로 나아가지 않는다. 화폐에 관해서만 본다면 경제학자들은 지나치게 고집스럽거나 나태하다.

제프리 잉햄(Geoffrey Ingham)은 화폐 사회학의 과소 발전 이유로서 19세기 말에 나타난 '방법론적 논쟁'을 들고 있다. 이 논쟁에서 경제학은 자연과학처럼 보편 법칙을 통한 인과적 설명을 중시하는 입장으로 나아간 반면, 사회학은 해석적이고 경험적 과정을 중시하는 문화과학의 입장을 취했다. 이 과정에서 경제학과 사회학자 사이에는 심연이 생겼으며, 나중에는 연구 방법론만이 아니라 주제에 대해서도 관심을 달리하게 되었다. 화폐는 경제학의 주제로 받아들여졌기에 사회학자들은 더 이상 관심을 두지 않았고, 그 발언권을 경제학자들에게 넘겼다. 그 이후 경제 현상에 대한 사회학적 분석은 "경제학이 골라내고 남은" 잔여 범주들에 관한 것이었다. 사회학자들은 스스로를 사회생활의 크고 중요한 측면들로부터 단절시키는 일종의 바보짓을 한 셈이다.

이러한 배경에서 화폐 자본론으로의 전환은 마르크스의 '화폐와 생물'이라는 접근 방식으로 발전했다. 데이비드 리카도(David Ricardo)가 부와 가치를 구분한 것처럼 마르크스는 '가치와 자본'을 구분한다. 그는 서유럽에서 12~13세기경 등장하여 오랫동안 혼돈스럽게 사용되던 '자본(資本)'이라는 말을 새롭게 개념화했다. 자본주의 사회에서 중요한 것은 가치 자체가 아니라 '가치의 증식'이다. 화폐가 시장에서 교환 기능에 의거해 W−G−W(상품−화폐−상품)의 순환으로 가치를 증식시키지만, 상품이 아닌 화폐 자체가 목적인 경우에는 G−W−G(화폐−상품−화폐)의 순환으로 가치가 증식한다. 상품 소유자(노동자)는 자기 노동으로 가치를 창조할 수 있지만, 잉여가치를 창조할 수는 없다. 상품은 자신의 노동만큼의 가치를 갖고 별도의 잉여가치를 갖지 않는다. 마르크스가 '로도스섬'이라고 명명한 하나의 모순은 자본이 유통에서 발생할 수도 있고 유통 바깥에서도 발생해야 한다는 점에서 드러난다.

화폐로서의 화폐는 스미스나 리카도가 모두 이해하고 있었듯이 가치 자체는 아니지만, '자본으로서의 화폐'는 실재적인 가치를 가진다고 할 수 있다. 국채의 경우, 이자를 미래에 예상되는 수입으로서 일종의 청구권인 '가상자본'으로 마르크스는 불렀다. 이자 낳는 자본을 통해 근대 화폐가 취하는 최종적인 이미지에 도달한다. 이는 화폐를 생물로

인문학으로 읽는 금융화폐 **자본주의**

바라보는 관점이다. 리카도가 가치론에 시간의 차원을 도입했다면, 마르크스의 자본론에서는 더 구체적으로 생명체의 시간, 즉 자기 생명을 연장하고 새롭게 번성하는 시간이 나타난다. 자본은 '생식하는 화폐'로서, 생식을 통해서만 자본으로 규정되는 화폐이다. 자본은 생식을 통해 자본이다. 처음 자본이 잉여가치로부터 자신을 구별하는 것은 성부가 성자로부터 자기를 구별하는 것과 같다. 비록 부와 자는 같은 나이이며 실제로는 하나이지만, 10원의 잉여가치에 의해 최초에 투하된 100원은 자본이 되며, 그것이 자본이 되자마자 양자의 구별은 소멸되고 하나인 110원이 된다.

따라서 퇴장한 화폐량은 그 액수가 아무리 커도 불임성 때문에 자본이 되지 못한다. 고대의 아리스토텔레스부터 중세의 토마스 아퀴나스까지 "돈은 돈을 낳지 않는다"라는 것은 하나의 진리였으며, 이는 상인과 고리대금업자들에게 보내는 엄중한 경고였다. 돈이 돈을 낳는 것은 자연을 거스르는 일로 여겨졌다. 그러나 이제 모든 것이 전도되었다. '게으른 화폐', '불임의 화폐'들이 비난받는 반면, '가치 증식하는 화폐', '부를 생산하는 화폐', '이자를 낳는 화폐'는 최고의 찬사를 받는다. 이것이 역사상 가장 최근에 도달한 화폐의 이미지이다.[83]

무덤은 죽음의 관념을 구체화한 것이다. 인간은 죽음의 관념을 가지고 있기 때문에 죽은 사람을 매장한다. 무덤을 만들고 장례식을 치르는 인간 외의 동물은 아직 발견되지 않았다. 죽은 사람들의 공동체인 무덤은 살아 있는 사람들의 공동체에 필수적인 요소가 된다. 장례는 이 두 공동체의 결합 의식이다. 인간은 눈에 보이지 않는 것을 마치 실제로 존재하는 것처럼 상상적으로 창조하는 능력을 지닌다. 무덤과 화폐가 인간만의 특성이라면, 무덤을 성립시킨 조건과 화폐를 성립시킨 조건이 동일하다고 가정할 수 있다. 무덤, 증여, 화폐, 권력은 모두 '죽음의 관념'에 의해 특징지어지는 인간 특유의 현상이다.

증여물은 답례를 강요한다. 이는 증여물 안에 있는 죽음의 표상이다. 동물적인 선물이 인간 특유의 증여로 전환되려면, 증여와 죽음의 관념이 결합해야 한다. 근대 이전의 모든 사회는 증여 경제였으며, 그 증여는 주술적 요소를 띠고 있었다. 인간적 증여는 죽음의 관념을 내장한 타자에 대한 공여물이다. 그리고 이때 죽음의 관념을 띤 증여물이 원초적 '화폐'다. 근대에 이르러 죽음의 관념은 경제나 정치에서 분리되어 종교에 위임되었다. 한편, 종교조직이 성실한 신앙인의 공동체에서 물적 제도화된 것은 화폐의 효과이다. 무덤 손질하기는 삶과 죽음을 경험하기도 하지만, 무덤은 소재적 의미로서의 화폐는 아니지만 "산 자와 죽은 자의 교환"이라는 화폐 형식을 갖는다.[84]

💲 화폐제도

오스트리아학파의 경기변동 이론은 칼 멩거(Karl Men´ger), 뵘 바베르크(Eugen B⬚hm Bawerk), 루드비히 폰 미제스(Ludwig von Mises), 프리드리히 하이에크(Friedrich Hayek) 등이 주창했다. 이 이론은 정부의 확장적 재정정책과 통화정책이 단기적으로는 문제 해결처럼 보일 수 있으나, 장기적으로는 폐해를 누적시킨다고 주장한다. 즉, 정부가 화폐 공급을 증가시켜 인위적으로 이자율을 낮추는 행위가 경기변동을 초래한다는 것이다. 시간시장과 금융시장을 포함한 자본시장에 대한 정부의 간섭이 경기변동의 원인이 된다고 본다. 예를 들어, 1913년 설립된 미국의 연방준비제도이사회(Federal Reserve System) 이후로는 순수한 자유시장경제를 관찰할 수 없다고 본다. '자유시장경제'를 평가한다면, 통화량이 일정하다는 가정을 전제로 한다.

당시의 세계관은 신고전주의, 신자유주의, 통화주의자들은 작은 정부와 자유시장경제, 성장주의를 옹호한다. 하지만 이 이론이 타당하려면 '화폐 총량제'가 필요하다. 즉, 종이 화폐가 아닌, 화폐를 보증할 수 있는 등가물이 있어야 하며, 정보독점을 위한 내부정보 통제 등 부패가 없어야 한다는 것이 전제된다. 만약, 이러한 전제조건이 필요 없다는 논리는 신이 인간 공동체에 준 최초의 자연 토지를 빼앗은 것은 정당한 것이며 경쟁에서 승리한 것이다.

친일 부역자들이 당시 침략자들과 협력한 것은 선진국의 언어와 학문이 경쟁력을 갖고 있었기 때문이며, 이는 민족의 배신이나 반역행위로 보아서는 안 된다는 논리 구조이다. 이런 논리의 자본주의 구조 안에서는 미국 등 선진국의 유대인 경제학 교수들에게서 교육받은 제자들의 고용 행태를 이해해야만 한다. 성경 속 유대인은 추상명사이다. 펜스 부통령(가톨릭신자-개신교신자, 종교다원주의자), 트럼프(예수회 펜실바니아대학), 이스라엘(초정통 유대인 가정파괴-많은 자녀 약 5명-정부보조금, 병역-자녀들 거부). -*

-* 이스라엘에 20여만 명 소수로 남아있는 초정통파 유대인, 세파르딤.

💲 화폐제도와 금융제도

시간시장은 현재를 선호할수록 시간 선호가 높아져 소비가 커지고, 미래를 선호할수록 시간 선호가 낮아져 자본이 축적된다. 화폐의 정의는 요구불예금(要求拂預金)-*으로 즉각 액면가대로 되찾을 수 있는 것이다.

그렇다면 미 재무성채권(Treasury bills)을 화폐로 볼 수 있을까?

채권은 채권시장에서 쉽게 처분할 수 있지만 재무성채권을 화폐라고 말할 수는 없다. 이는 주식이 유동적인 자산이지만 화폐로 여겨지지 않는 것과 같다. 연방준비제도이사회(FRB)는 민간 금융기구이다. 미제스는 화폐를 일반 교환 수단으로서 모든 다른 재화와 교환할 수 있으며 시장에서 그런 재화에 대한 최종적인 지불 수단이 되는 것으로 정의한다. 라스바드는 노벨상 경제학자로 미제스의 가이드라인을 사용하여 교환경제에 적절한 화폐 공급 개념을 정의한다. 여기서 중요한 잣대는 지불 수단을 받는 사람이 그것을 인정해주는가에 있다. 즉 화폐 공급 개념도 주관적이다.

현재의 화폐제도와 금융제도는 반시장적이며 반자본주의적 제도이다. 따라서 최근의 경기변동이 자본주의 또는 신자유주의 때문에 발생했다는 주장은 잘못된 것이다. 정부가 화폐제도와 금융제도를 통제하면 모든 산업과 경제 주체가 그 영향을 받는다. 왜냐하면 화폐는 인간의 모든 경제 행위와 관련되어 있기 때문이다. 경제학 일반과 경기변동에 대한 대책이라는 관점에서 케인즈주의와 통화주의는 현재 가장 많

-* 예금주의 요구가 있을 때 언제든지 지급할 수 있는 예금.

은 수의 연구자와 문외한이 지지하고 있는 체계 또는 설명으로 보인다.

　이자율 시간시장은 케인즈 자신이 소유한 화폐 자산을 세 가지 용도로 배분한다고 했다. 소비 투자 저축 '과도한 저축'이 경기변동을 유발했다는 주장 특히 아시아의 과도한 저축이 경기변동을 불러왔다는 '아시아 책임론' 또는 '음모론'이 있다 이 자금이 중국을 포함한 다른 나라에 투자되지 않고 미국 내의 달러 총재고를 팽창시켰다는 것이다. 중국 화폐의 고정 환율과 그로 인한 무역 흑자가 미국 국채에 투자되어 미국의 무역적자와 재정적자 즉 '미국의 쌍둥이 적자'를 문제없이 지속하게 만들었다. 적어도 미국 정부 입장에서는 그렇다. 따라서 달러를 대량으로 보유하고 있는 우리나라를 포함한 아시아 국가들은 달러의 과다 발행으로 인한 가치 하락의 피해자이지 경기변동의 원인 제공자가 될 수는 없다. 따라서 경기변동과 국제지폐 제도 즉 국제지폐 본위제는 미국이 경상수지 적자를 통해 사실상 외국인을 약탈하는 것이다.

　중앙은행의 화폐제도는 중앙은행이 최종 대부자의 역할을 하는 순간부터 민간 금융기관의 도덕적 해이 문제가 발생할 것임을 제도의 문제점으로 지적되어야 한다. 통화주의자들의 주장과 달리 미국 대공황 시 미국의 연준과 후버 대통령은 오히려 확장적 통화정책을 시행함으로써 경제를 더 악화시켰다. 그러나 통화주의자들이 만들어 낸 미신은 연방준비제도이사회가 화폐량 축소를 통해 침체를 가중시켰다는 것이다. 이러한 미신에 근거해 미 연준은 2008년을 전후하여 발생한 대규모 경기변동에 대응해 연방기금 금리를 역사적 최저치로 낮추어 전대미문의 통화 증발 양적완화 정책을 실시하고 있다.

사실 위안화의 인위적 평가절하는 중국과 주요 교역 상대국 전 세계를 가난하게 만드는 중상주의적 정책이다. 최근의 전 세계적 인플레이션을 애그플레이션 등으로 지칭되는 국제 원자재 가격, 유가 등의 상승 탓을 하는 것은 문제의 원인을 잘못 분석한 것이다. 이러한 잘못된 분석은 중앙은행과 정부의 인플레이션 유발 책임을 부지불식간에 면제해 줌으로써 인플레이션 해결을 어렵게 하고 인플레이션을 반복하게 할 소지가 크다. 불행히도 역사적으로는 언제나 그렇게 되어왔다. 인플레이션이 더 악화되면 한 걸음 더 나아가 정부(인플레이션 유발자)가 투기자(부동산), 원자재생산자(산유국), 유통업자(담합), 시민 등을 단속하게 된다. 따라서 인류의 건전한 번영과 문화융성을 위해서는 세 가지가 필요하다. 사적 재산권 보호, 자유, 건전한 화폐제도이다.

💲 통화주의자들의 주장이 오류를 지니게 된 배경

　통화주의자들의 주장이 오류를 지니게 된 배경을 살펴보면, 먼저 통화주의에는 경기변동 이론이 없다는 점이 있다. 인플레이션과 디플레이션은 화폐 공급의 증가와 감소로 정의하는 것이 가장 적합하다고 볼 수 있다. 특히 디플레이션이 발생했을 때, 연준이 화폐 공급을 줄였다고 주장하는 것은 오류로 여겨진다. 이들은 인과관계를 너무 가시적 현상에만 주의를 기울였다. 또한, 미국이 금본위제를 비교적 일찍 탈출했다는 점도 중요하다.

⑤ 지폐본위제도

　자본주의 경제에서 화폐는 교환의 도구이고 돈은 가치를 저장하는 매개체이다. 화폐는 상업 활동의 결제시스템, 시간시장의 이자율과 화폐의 팽창과 축소를 통하여 경기변동을 인플레이션(붐)과 디플레이션(버스트)을 마음대로 조종할 수 있는 수단과 권력이 모두 담겨있는데 그 모습을 감출 수 있는 플라톤의 반지와 같은 것이다.

　그런데 이와 같은 마법의 반지를 문명의 출발점에서 유대인에게만 준 것이다. 유대인은 신의 아들 예수를 십자가에 못 박혀 죽게 했으므로 지옥에 갈 민족이다. 교회는 그들에게 부동산 취득이나 안정되고 정상적인 상업 활동을 못하게 하고 다른 사람들의 고혈을 빨아먹는 지옥에나 갈 고리대금업만을 하게 함으로써, 결과적으로 부를 쌓고 화폐를 장악할 수 있는 환경을 만들어 주었다.

　그들은 고대 100여 년간 왕국을 경험하며 국가는 부패할 수밖에 없음을 이미 깨닫고 하나님이 제시하고 있는 고대 제국의 상권을 장악하며 디아스포라의 아벨과 같은 유목 생활로 세계 경제를 장악하고 있다. 유대인이 허름한 게토에 내몰려 핍박받으며 살아온 것도 당연하다. 화려해 보이고 좋아 보이는 순간 경쟁자가 나타나는 것은 당연하지 않은가? 고대 당시 사람들은 문맹이었으며 대부분 농경사회의 순박한 농민들로 종교 지도자의 시간은 하나님의 것인데 인간이 땀 흘리지 않고 신의 영역에 도전하거나 남의 노동에 기생한다는 것은 하나님의 벌을 받고 지옥에 떨어진다고 하면 그렇게 그대로 믿었을 것이다.

이렇게 시작된 자본주의의 금융은 좀 더 자세히 따져봐야 하겠지만 유대인 금융그룹 로스차일드 가문이 8대에 걸쳐 소유한 금액이 물경 5경(1경은 1만 조 원)이다. 세계 인구에 500만 원씩 주고도 남는 금액으로 세계 화폐의 약 45퍼센트에 해당한다.

미국을 장악하고 있는 FRB(연방준비제도이사회)는 자신들이 마르지 않는 금광이라며 종이와 잉크만으로 달러를 마구 찍어내고 있다. 이것은 세계의 여러 나라와 특히 아시아 국가들로부터 거의 공짜와 같은 수입 물품으로 40여 년을 잘 지내왔다는 것을 의미한다. 예를 들어 중국의 외환보유고가 3조에서 4조 달러에 이르는데, 만기에 달러로 상환해 줄 것을 요청하면 미국은 다시 달러를 찍어 주겠다고 한다. 이는 일종의 폰지 사기행위로 볼 수 있다. 현재 그 방법이 싫다고 할 수도 없고, 다른 방법으로 상환받을 길이 없다. 이 문제를 구체적으로 제기하는 순간 자본주의 엔진은 멈추는 것이다.

이제 그들이 누구인지는 실체가 불분명하지만, 그들은 자신들에게 물건을 팔고 그 달러를 다시 저축한 화폐 자산으로 세계 각국의 돈이 될 만한 토지, 빌딩, 주택 등을 모두 매입해 두고 있다. 그들이 받아놓은 화폐나 채권을 모두 휴지 조각으로 만들어 버릴 계획을 진행시키고 있는 것으로 보인다.

가까운 근대에 인류는 이러한 화폐를 지배하는 신들에게 도전하거나 저항했던 지도자 또는 엘리트들은 죽거나(링컨, 케네디 등 그린백 화폐 주장) 제거되었다. 복잡하고 난해한 화폐 문제를 제기할 수 있는 수준의 경제학자들은 그들 세력의 경제학 교수 밑에서 배우고 정규직으로 캐스팅

되었다. 그들이 논의를 제기하는 순간 목숨을 내놓거나 사회적 명예를 잃기 때문에 누구도 두려워하며 논의조차 못 하는 실정이다.

한편 이러한 상황을 종말론, 세계 통일 정부 등으로 이야기하며 종교계에서는 성경(요한계시록 등)을 이용해 이러한 일들이 마치 하나님이 예정해 놓은 예언이라며 인간들의 정신까지도 세뇌화시키고 있다. 이미 지구상 인구 중 같은 경전을 믿는 종교 인구가 약 30억 명 이상인 것은 50퍼센트 이상이라는 인구 분포와 전 세계 화폐 중 약 50퍼센트 이상의 화폐가 그들의 수중에 있다는 것은 그들의 계획대로 진행될 수밖에 없다는 것을 단적으로 증명하고 있다.

자본주의는
무엇이 잘못되었는가?

자본주의는 무엇이 잘못되었는가?

오늘날 잘못된 경제구조 뒤에는 애덤 스미스의 가면을 쓰고 세계 경제를 지배하고 있는 신자유주의 이념이 있다고 본다. 오늘날의 경제위기를 극복하려면 우선 '이념의 덫'에서 벗어나야 한다.

 애덤 스미스와 『국부론』에 대한 11가지 오해

> 1. 시장은 보이지 않는 손에 의해 스스로 조정된다.
> 2. 정부는 시장에 간섭하지 않는 자유방임주의 경제를 운영해야 한다.
> 3. 좋은 정부란 최소한의 의무만 하는 작은 정부를 말한다.
> 4. 개인의 이기심이 사회와 경제를 발전시킨다.
> 5. 스미스는 경제학자로 윤리와 도덕 문제는 덜 중요시했다.
> 6. 현대경제학은 스미스의 경제학을 계승했다.
> 7. 기업은 이윤을 극대화해야 한다.
> 8. 스미스는 노동자보다 자본가를 우선시했다.

9. 스미스 경제학은 오늘날 선진국 상황에 맞는 경제학이다.
10. 상품시장처럼 금융시장도 자유화하고 금융기관은 효율을 위해 대형화해야 한다.
11. 선진국이 되려면 제조업 상업을 농업보다 먼저 발전시켜야 한다.

앞의 11가지 통념은 모두 잘못된 것이다. 인간은 역사적 사실이나 과거의 사건을 현재의 관점, 즉 현재주의적 관점에서 바라보는 경향이 있다. 이는 마치 과거의 스크린에 현재를 비추는 것과 같다. 과거 그들의 모습을 본다고 하면서 실제로는 현재 자신의 모습이 투사된 것을 보고 있는 것이다. 예를 들어 애덤 스미스나 공자는 당대에 진보적 사상가였지만 현대인들은 그들을 보수주의 사상가로 오해하는데, 이는 그들의 사상이 오랜 세월 동안 막강한 영향력을 끼쳐 현재에는 실현되어 있기 때문이다.

스미스의 시대에는 대다수 사람들이 경제적 자유를 누리지 못했다. 동업조합법, 도제법, 거주법과 같은 악법이 경제적 약자들의 자유를 제약했다. 스미스는 이를 철폐하고 대다수 국민에게 경제적 자유를 줄 것을 주장했다. 많은 사람이 스미스를 보수주의 사상가로 오해하는 이유 중 하나는 스미스 당대에 대다수 사람들이 오늘날 자본주의 국가에서 누리는 경제적 자유를 누렸다고 생각하기 때문이다.

우리가 보는 사상가의 모습은 오랜 시간에 걸쳐 현재주의가 누적된 결과일 뿐이다. 예를 들어 현대의 공자 사상은 한나라 때, 송나라 때, 그리고 명, 청을 거쳐 재해석된 공자의 사상들이 누적된 것이다. 실제로는 후대 학자들이 공자의 모습에 자신의 모습을 투사한 것에 지나지 않을 수 있다. 이런 '사상의 재해석'이 권력과 결부되면 지배권력을 합리화하는 이념으로 전락한다. 유럽의 역사에서는 예수의 권위를 빌어 종교권력의 지배를 합리화했고, 이에 반발해 나타난 것이 종교개혁이다.

스미스의 사상 역시 심하게 왜곡됐다. 현대의 경제학자들 중에는 애덤 스미스의 사상을 자신의 경제이론을 합리화하는 데 사용한 경우가 많았다. '신자유주의 경제학'은 애덤 스미스의 "보이지 않는 손'으로 포장됐지만, 실제로는 신자유주의 경제학이 옹호하는 '자유방임주의'가 그 안에 들어 있다.

스미스는 통념과 달리 자본가 편에 있지 않았고, 오히려 노동자, 즉 경제적 약자의 편이었다. 스미스에게 있어 자본의 목적은 노동생산성을 늘리는 데 있었고, 이는 곧 고용을 위한 것이었다. 이런 점에서 스미스의 사상은 자본 친화적이 아닌 노동 친화적이라 할 수 있다. 반면, 사회주의 설계자로 여겨지는 마르크스 역시 같은 방식으로 왜곡됐다. 대부분의 사람들은 프롤레타리아 독재(공산당 일당독재)를 마르크스의 사상으로 알고 있지만, 이는 레닌이 마르크스를 정통으로 계승했다고 강조하며 러시아 공산혁명을 정당화하기 위해 만들어진 마르크스레닌주의 때문이다. 따라서 좌우의 이념논쟁은 서로 상대방의 허상을 공격하는 것이 되었다. 좌파는 탐욕의 자본주의, 천민자본주의를 비판하며 이를 통해 애덤 스미스를 공격하는 반면, 우파는 공산당 일당독재 체제를 비판하며 마르크스를 공격한다. 스미스와 마르크스의 원래 사상을 제대로 이해한다면 이처럼 극단적으로 갈라설 수는 없는 것이다.

애덤 스미스는 그런 말을 하지 않았다

    2015년 4월 8일 〈인민일보〉 리커창 총리가 칭화대학교 국학원 원장과 대담하면서 스미스의 『국부론』과 『도덕감정론』을 언급했다. 경제학의 아버지 애덤 스미스는 『국부론』에서 경제인을, 『도덕감정론』에서 도덕인을 이야기했다. 시장경제는 법치경제이자 도덕경제이다. 이렇게 보면 역설적으로 애덤 스미스의 사상은 자본주의 경제학자들보다는 시장경제를 도입한 중국의 국가 지도자들이 더 열심히 공부하고 더 잘 이해하고 있는지도 모른다. 『국부론』이 출간된 지 200년이 훌쩍 넘은 21세기 오늘날 세계의 헤게모니가 미국에서 중국으로 넘어가려는 이 시점에 『국부론』은 다시 중국 지도자들에게 큰 영향을 미치고 있다. 중국 지도자들이 스미스 사상을 공부하는 이유는 시장경제를 도입함에 따라 그 주창자의 사상을 이해할 필요를 절감했기 때문일 것이다. 그런데 막상 공부해 보니 '노동자 우선주의'인 스미스 사상에 쉽게 공감하게 되었을 거라 생각된다.

    『국부론』을 이해하려면 먼저 애덤 스미스가 스코틀랜드 사람이라는 사실을 고려해야 한다. 스코틀랜드와 잉글랜드 간 통합은 1707년에 통합되었다. 스미스는 그로부터 16년이 지난 시점에 태어났다. 대립과 반목의 역사로 점철된 두 나라가 통합되었더라도 한 국가로서의 정체성은 갖지 못했다. 스코틀랜드는 잉글랜드에 비해 경제적으로 낙후되었고 정치적으로도 소수자였다.

앞에서 역사를 이해하는 데 있어서 현재주의적 관점의 문제점을 언급했는데 이를 극복하기 위해서는 당대는 물론 그 이전 시대까지 거슬러 올라가 살펴볼 필요가 있다. 마찬가지로 이런 고찰을 통해 스코틀랜드인으로서 스미스의 정체성이 『국부론』에 어떤 영향을 주었는지 이해할 수 있을 것이다.

영국이라는 섬은 남부의 잉글랜드와 북부의 스코틀랜드 그리고 웨일즈와 아일랜드로 이루어져 있다. 잉글랜드는 스코틀랜드에 비해 땅이 넓고 기름지며 인구는 물론 농업 생산물도 많다. 반면 스코틀랜드는 옥수수조차 여물기 힘든 황무지와 언덕이 대부분으로 양 떼나 황소 떼를 먹일 풀이 나는 정도였다. 스코틀랜드 사람들은 이런 환경 탓에 잉글랜드 사람들보다 척박한 삶을 이겨내는 데 더 익숙하다.

잉글랜드와 스코틀랜드는 지리적 요건 외에도 인종적 종교적으로도 다르다. 잉글랜드는 5세기 후반부터 독일 북부에 살던 앵글족과 색슨족이 원주민인 브리튼족을 몰아내고 정착하기 시작한 곳이다. 앵글족과 색슨족은 게르만족으로 같은 시기 북부에는 픽트족과 스코트족이 세운 스코틀랜드 왕국이 있었다. 이처럼 원류부터 다른 잉글랜드인과 스코틀랜드인들은 1603년에 스코틀랜드 왕이 영국 왕을 겸하며 통합이 시작될 때까지 무려 1000년 동안 반목을 계속해 왔다.

양국의 적대감이 절정을 맞은 것은 13세기 영국 왕 에드워드 1세가 스코틀랜드를 정복한 시기다. 이후 스코틀랜드 영웅으로 추앙받는 저항군 지도자 윌리엄 월리스의 사후 스코틀랜드와 잉글랜드는 더욱 가열한 일진일퇴의 전쟁을 벌였고 1328년 잉글랜드는 스코틀랜드의 독립을 인정하게 된다. 자신들보다 땅도 넓고 인구도 많은 잉글랜드에 정복당하지 않은 것을 보면 스코틀랜드인들은 싸움에 능한 것 같다.

로마 시대에 로마인들이 브리튼을 정복했을 때도 끝내 북쪽은 정복하지 못했다. 로마 멸망 후 로마인들이 철수했을 때 스코틀랜드인들은 브리튼 쪽으로 쳐들어온다. 그러자 원주민이던 브리튼족들은 색슨족과 앵글족을 용병으로 데려왔는데 이것이 오히려 사단이 되어 자신들의 땅을 내주는 꼴이 되었다.

현재 영국의 사람들은 바로 앵글족과 색슨족의 후손들이다. 스코틀랜드 사람들이 잉글랜드 사람들에 비해 용감하고 상무정신이 풍부하다고 하는 저술들이 곳곳에서 발견되며 스미스가 스코틀랜드 전통을 자랑스러워하는 마음을 엿볼 수 있다. 애덤 스미스는 『국부론』에서도 사회의 안전 보장은 상비군만으로는 부족하고 국민의 상무정신에 달려 있다고 말한 바 있다.

용맹한 스코틀랜드 사람들은 다른 유럽 국가들에서 용병으로 많이 고용되었다고 한다. 특히 제임스 1세가 영국 왕이 되면서 잉글랜드와 평화 관계를 유지하게 되자 그러한 경향이 짙어졌다. 스코틀랜드 출신 군인들이 식민지 전쟁에서 맹활약을 한 것은 당연한 일이었을 것이다.

그런데 이처럼 인종도 다르고 서로 적대적인 상황에서 스코틀랜드는 왜 1707년 잉글랜드에 통합되었을까? 먼저 이는 스페인의 무적함대를 무찔러 영국을 유럽의 강대국 반열에 올려놓은 엘리자베스 1세의 역할이 크다. 양국이 모두 가톨릭에 반대하는 입장에서 이해관계가 깊어져 적대감이 많이 해소된 것이다.

종교개혁 이후 스코틀랜드에서는 장로교가 확산되었고 잉글랜드에서는 헨리 8세 이후 영국국교(성공회)가 확산되었다. 그런데 헨리 8세를 승계한 메리 여왕은 가톨릭신자로서 비가톨릭교도들을 탄압했고 메리 여왕 이후 엘리자베스 1세 반대로 반가톨릭 정책을 취하면서 양국이 가까워지게 된 것이다.

독신이었던 엘리자베스 1세는 1603년 사망하면서 왕위 계승자로 가장 가까운 혈족인 조카를 지명한다. 그가 바로 당시 스코틀랜드 왕이자 스튜어트 왕가를 연 제임스 6세이다. 이렇게 해서 양국은 공동의 왕을 맞이하게 된 셈이 되었다. 1653년 크롬웰에 의해 일시적으로 합병되는 시기를 제외하면 양국은 공동의 왕이 통치하면서 의회를 비롯한 정부는 독자적으로 운영해 왔다. 이렇게 스코틀랜드 출신인 스튜어트 왕가가 100여 년간 지속되면서 양국의 적대감이 많이 완화되었고 1707년에는 아예 양국의 의회가 통합되고 스코틀랜드는 잉글랜드에 합병된다.

그런데 왜 양국은 독립적으로 운영되던 의회를 통합하는 결정을 했을까? 먼저 명예혁명 이후 들어선 영국 정부의 중상주의 정책이 스코틀랜드와 전통적으로 우호 관계에 있던 프랑스와의 무역을 위험에 빠뜨렸기 때문이다. 또 영국 정부는 항해법을 내세워 스코틀랜드를 영국의 식민지 무역에서 제외시켰다. 애덤 스미스가 『국부론』에서 영국과 적대 관계에 있는 국가들(주로 프랑스)로부터의 수입 금지 혹은 수입품에 높은 관세를 부과하는 것을 비판한 것도 이런 배경에서다.

같은 시기 잉글랜드는 식민지 경영으로 번영하고 있었지만 스코틀랜드는 독자적으로 식민지를 건설해 보려 했다가 실패하고 경제는 더욱 곤경에 빠진다. 스코틀랜드는 독자적 경제력을 갖추지도 못했다. 당시 스코틀랜드의 1인당 부는 잉글랜드의 5분의 1에 불과했다. 현실적인 일부 스코틀랜드 지도자들은 아예 의회까지 통합하여 경제적 실리를 추구하려 했지만, 이런 노력은 번번이 좌절되고 만다.

그러다가 스튜어트 왕가의 마지막 왕인 앤에게 후사가 없자 왕위 계승 문제가 대두된다. 1703년 스코틀랜드는 앤 여왕이 사망할 시 잉글랜드가 스코틀랜드의 자유무역과 장로교의 신앙의 자유를 보장하지 않는다면 다른 왕위 계승자를 선택할 수 있다고 천명한다. 그러자 잉글랜드는 다시 과거의 적대적 관계로 돌아가기보다는 통합이 낫다고 판단한 것이다. 1707년 스코틀랜드는 영국 하원에 45명의 대표를 보냈다. 이로써 양국은 의회가 통합되고 통합왕국이 된다. 물론 당시 인구 비율로는 100석을 차지해야 하지만 스코틀랜드가 국가 재정에 기여하는 과세기준을 적용한다면 적은 수는 아니었다.

한편, 애덤 스미스가 본 식민지 미국은 스미스가 『국부론』에서 잉글랜드와 스코틀랜드가 통합되는 방식을 당시 북아메리카 식민지 문제 해결 방식으로 제안하고 있다. 『국부론』이 출간된 시점은 미국이 독립을 선언하기 불과 4개월 전으로 스미스는 식민지 문제에 대한 자신의 해결책을 제안한 것이다. 즉, 북아메리카 식민지 사람들에게 대표 선출

권을 주어 본국 의회에 파견하고 무역의 자유를 허락하는 대신 그들로
부터 세금을 거두어들이는 방식 말이다.

『국부론』에는 다음과 같은 내용이 나온다. 영국 의회는 식민지에 대
한 과세를 고집하고 있지만 식민지들은 자신들의 대표를 보내지 않는
의회에 의해 과세되는 것을 거부하고 있다. 만일 영국이 총연합에서 탈
퇴하는 각 식민지에 대해 식민지가 제국의 공공 수입에 기여하는 것에
비례하여 대표자를 인정한다면 이는 결과적으로 본국 시민과 똑같은
세금을 납부하고 이에 대한 대가로 본국 시민과 동일한 상업의 자유가
허용된다는 것이다. 식민지의 납세액에 따라 대표자의 수는 증가할 것
이고 지위를 얻을 수 있는 새로운 방법, 야심에 대해 새롭고 좀 더 눈
부신 대상이 각 식민지의 지도자들에게 제공될 것이다.

그러나 이런 제안은 정치적 다수자인 잉글랜드 사람들에게는 받아
들이기 어려운 것이었다. 애덤 스미스가 정치적 소수자였기 때문에 이
런 제안이 가능했던 것이다. 스미스는 이런 제안이 거부되면 전쟁은 불
가피하다고 보았다. 영국은 승리를 자신하지만 결국 패배하게 되고 북
아메리카식민지(미국)는 세계에서 존재하는 가장 위대하고 강력한 제국
이 될 가능성이 높다고 그는 예언했다.

당시 잉글랜드인들은 스코틀랜드인들을 세금은 제대로 내지 않으면
서 교역과 취업에는 항상 끼어들려고 하는 가난하고 욕심 많은 불편한
친척으로 여겼다. 양국의 통합이 잉글랜드 사람들에게는 우월감을, 스
코틀랜드 사람에게는 굴욕감을 낳은 것이다. 스코틀랜드 사람들이 기
대했던 통합의 긍정적인 효과는 서서히 나타났고 오히려 통합 이후 스

코틀랜드의 허약한 산업 분야가 잉글랜드의 선진 산업과 경쟁을 하면서 불만이 쌓여가는 상태였다.

『애덤 스미스 전』의 저자 존 레이(John Ray)에 따르면 옥스퍼드에서 스코틀랜드 출신 학생들은 외국인 침입자로 취급을 받았다고 한다. 스미스가 옥스퍼드대학교에서 공부한 6년 동안 그가 우월감에 사로잡힌 잉글랜드 출신 사람들과 평생 친구가 된다는 것은 불가능한 일이었다.

그러다 1745년에 한 사건이 발생한다. 프랑스로 망명한 제임스 2세의 손자가 일곱 명의 동조자를 데리고 스코틀랜드 서해안에 은밀히 상륙해서 스코틀랜드의 수도 에든버러를 점령한 후 남쪽으로 향하여 런던에서 북과 100여 킬로미터 떨어진 더비까지 간 것이다. 결국 사건은 진압되었지만, 이 사건은 양국의 통합에 반대하는 세력이 많이 존재했음을 증명한다.

애덤 스미스는 이 사건이 진압된 후 이듬해 옥스퍼드대학교를 자퇴하고 고향인 커콜디로 돌아온다. 어수선한 시국인 데다 자신에게 비호의적인 옥스퍼드에서 공부하는 것이 별로 만족스럽지 못했기 때문이다. 그리고 양국이 통합된 지 70여 년이 안 된 1776년 애덤 스미스는 『국부론』을 출간했다.

이때가 스코틀랜드인이 희망한 대로 통합의 긍정적인 효과가 조금씩 나타나기 시작한 때다. 경제적으로 낙후된 스코틀랜드의 젊은이들에게 영국의 광대한 식민지는 인생의 새로운 기회가 되었다. 북쪽 고지대의 용감한 젊은이들은 육군과 해군에 입대하여 군 경력을 쌓을 수 있었고 남쪽 저지대의 교육받은 사람들은 식민지 또는 동인도 회사에 관리로 대거 진출할 수 있었다. 실제로 해외 식민지와 관련된 일자리에 종사한 사람들 중에서 스코틀랜드인의 비중이 상대적으로 높았다. 1775년 벵골에 파견된 동인도회사 관리자 249명 중 47퍼센트가 스코틀랜드인이었다고 한다.

그럼에도 불구하고 잉글랜드와 스코틀랜드의 경제적 격차는 여전히 상당했던 모양이다. 애덤 스미스는 『국부론』에서 에든버러 노동자의 임금이 런던 노동자의 반이라고 했다. 그런데 이렇게 통합으로 경제적 실리를 누렸던 스코틀랜드는 왜 2014년 분리 독립을 하려 했을까?

통합이 경제적 이유에서 이루어졌으니, 분리도 경제적 이유에서 하려 했던 것이다. 제2차 세계대전 이후 대영제국이 해체되면서 식민지 경영에 참여했던 사람들은 일자리를 잃게 되었다. 이는 상대적으로 해외 진출이 많았던 스코틀랜드 사람들에게는 엄청난 기회의 상실이었다.

1950년대에 한 스코틀랜드 민족주의자 무리가 웨스트민스터 사원에 보관되어 있던 '스콘의 돌'을 훔쳐 간 사건이 있었다. 이 돌은 과거 스코틀랜드 왕들이 즉위식에 사용하던 것으로 1296년 에드워드 1세가 스코틀랜드를 정복하면서 잉글랜드로 가져온 것이었다. 이 사건의 주모자들은 붙잡혔지만, 이는 스코틀랜드 분리운동을 상징적으로 보여주는 사건이라고 할 수 있다. 1973년 이후에 영국 경제는 장기 불황에 빠졌는데 경제적으로 취약했던 스코틀랜드는 더 많은 타격을 받았다.

예컨대 1984년에서 1988년 사이 영국 전체 산업의 고용 규모는 2퍼센트 증가했는데 스코틀랜드의 고용 규모는 19퍼센트나 감소한다. 이런 경제적 박탈감이 더해져 분리 운동이 퍼져나간 것이다. 요약하자면 스코틀랜드는 잉글랜드와 오랫동안 적대적 관계에 있었고 언어와 문화는 물론 종교도 달랐다. 1707년 한 나라로 통합되었지만, 당시의 잉글랜드는 선진국이었던 반면에 스코틀랜드는 후진국이었고 『국부론』이 출간될 무렵 스코틀랜드는 잉글랜드의 식민지 경영에 참여하여 경제적인 면에서 잉글랜드를 따라잡기 위해 노력한다. 『국부론』이 출간될 당시의 이런 배경을 이해하면 이 책에 담긴 애덤 스미스의 사상을 더 잘 이해하게 될 것이다.

또한 지금 왜 『도덕감정론』을 읽어야 하는가? 애덤 스미스 하면 단연 『국부론』이 떠오른다. 그가 젊은 시절에 쓴 『도덕감정론』을 잘 모르는 경우가 많다. 스미스는 말년에 『국부론』을 썼다. 하버드대학교 역사학자 니얼 퍼거슨(Niall Ferguson) 교수는 서양 사상의 근간을 이루는 고전에 두 책을 모두 포함시켜야 한다고 강조한다.

많은 사람이 애덤 스미스가 자유방임주의 즉 능력과 이기심이 있으면 누구나 큰돈을 벌 수 있고 국가는 거기에 간섭해서는 안 된다고 주장한 것으로 알고 있다. 또 모든 것을 시장에 맡겨두면 알아서 잘 돌아간다고 주장하는 사람들은 그 논리적 근거로 애덤 스미스의 『국부론』의 "보이지 않는 손"을 인용하고 있다. 보이지 않는 손이 작동하면 경제도 잘 굴러가고 사회 번영이 실현된다는 것이다. 하지만 애덤 스미스는 그렇게 말하지 않았다. 보이지 않는 손은 『도덕감정론』에도 나오는데 이는 시장 기능과 아무 관련이 없다. 이렇게 왜곡된 경위를 스미스가 설파한 자본주의가 '이기심'이 아닌 '동감'의 자본주의인 것을 『도덕감정론』을 읽으면 알 수 있다.

그렇다면 『도덕감정론』에서 이야기하는 '도덕감정'이란 대체 무엇일까? 플라톤의 〈파이드로스〉에는 말과 마부의 이야기가 나온다. 그에 따르면 마부는 이성, 말은 감정을 상징한다. 마부가 말을 다루듯이 이성이 감정을 이겨야 한다는 것이다. 무엇이 도덕감정을 타락시키는가? 그런데 인간은 왜 부자가 되려고 할까? 왜 먹고살 만한 수준에 만족하지 못하고 더 부유해지려 할까? 이에 대해 애덤 스미스는 다른 사람에게 인정받고 싶은 욕구 때문이라고 답한다.

『도덕감정론』에는 다음과 같은 구절이 나온다. "부자가 부를 자랑하는 것은 그 부가 자연히 세간의 이익을 끈다는 것으로 부로 얻은 이익이 그에게 제공되는 모든 유쾌한 감정들에 의해 사람들이 쉽게 공감하기 마련이라는 것을 알기 때문이다. 이런 생각을 하면 그는 가슴이 벅차오르고 자랑스러움을 느낀다. 그는 부로 얻은 다른 어떤 이익보다도 바로 이 이유 때문에 부를 좋아하는 것이다." 즉, 사람들은 자신이 가진 재산의 크기를 통해 세상으로부터 인정받고 싶어서 부자가 되려고 한다는 것이다. 부유함이 가져다주는 물질적 이익보다도 타인의 동감을 얻을 수 있기 때문이라는 것이다. 그러면서 스미스는 부자들을 숭배하면서 가난한 사람을 경멸하는 것이 도덕감정을 타락시키는 보편적 원인이라고 썼다. 이는 일반인들에게 스미스가 『국부론』에서 말하는 것과 배치되는 것으로 느껴질 수 있다.

그렇다면 동감도 얻고 도덕감정을 타락시키지도 않는 부는 즉, 바람직한 부는 어떤 것일까? 우리는 흔히 악착같이 부를 축적하여 행복을 얻으려 하지만 그것은 착각이다. 스티브 잡스는 죽기 전 『도덕감정론』의 스미스의 생각과 비슷한 말을 남겼다. "이제야 나는 깨달았다. 정말 자부심을 가졌던 사회적 인정과 부는 결국 닥쳐올 죽음 앞에 희미해지고 의미가 없어져 간다는 것을. 생을 유지할 적당한 부를 쌓았다면 그 이후엔 부와 무관한 것을 추구해야 한다는 것을…."

스미스는 『국부론』에서 부자는 가난한 사람보다 많이 소비하지도 못하고 부자를 숭배하고 가난한 자를 무시하는 것은 옳지 않고 또한 부를 지나치게 추구한다고 해서 개인적으로 행복해지지도 않지만, 사회에는 번영을 가져다준다고 말하고 있다. 이 대목에서 『국부론』에도 나오는 보이지 않는 손이 등장한다. 현대 경제학(주류 경제학)에서는 『국부론』의 "보이지 않는 손"을 자유롭게 놓아두면 스스로 조정이 되는 시장 즉 자기 조정적 시장 기능이라고 흔히 해석하지만 『도덕감정론』에서는 그렇게 해석될 여지가 없다. 인용된 문장을 보면 "보이지 않는 손"은 뒤에 나오는 '신의 섭리'에 대한 비유로 쓰인 것으로 보인다.

따라서 부의 축적은 타인의 공감을 받는 범위 내에서 하는 것이 좋고 우선 자신의 행복과 관련된 미덕은 '신중의 덕'이다. 인간은 자기 보존을 위해 쾌락을 추구하고 자신의 행복을 찾는 데 있어 신중의 덕을 필요로 한다. 이 신중의 덕은 자신의 이익을 추구하는 것을 말한다. 『국부론』에서 스미스는 자신의 이익 추구를 자신의 처지를 부단히 개선하려는 욕망이라 표현했다. 이것은 타고난 본성으로 태어나서 죽을 때까지 간직하고 있는 욕망 즉, 자연적 본성이라고 했다. 다음으로 타인의 행복과 관련된 미덕으로는 정의와 자비심의 덕이 있다. 정의는 남에게 피해를 끼치지 않는 행위다. 다소 소극적인 의미의 정의라고 할 수 있다. 마지막 미덕은 더 나아가 자신을 희생해서 남을 돕는 행위로 한마디로 자비심이라고 한다. 이는 적극적 정의라고 할 수 있다. 그런데 스미스는 이 둘 중에서 자비심보다 정의가 더 중요하다고 했다. 그는 사회질서에 필요한 덕을 건물에 비유했다. 정의가 건물의 기둥 곧 사회의 근간을 이룬다면 자비심은 건물의 장식물이라는 것이다. 이는 자신의 이익을 희생해서 남을 돕는 행위는 하면 좋지만, 하지 않아도 상관없다는 뜻이다.

"『국부론』은 영국의 중상주의 체제와 영국 전체 상업 체제에 대한 맹렬한 공격이다." 이 문장은 1780년 10월 애덤 스미스가 친구에게 보낸 서신에서 나온 말이며, 그가 『국부론』을 쓴 동기와 목적이 여실히 드러나는 부분이다. 여기서 언급된 "영국 전체 상업 체제"란 당시 지배적인 경제정책인 중상주의 체제를 의미한다. 중상주의는 국가의 부를 한 국가가 보유한 금과 은의 양으로 평가하고, 이를 더 많이 확보하기 위해 상업을 중시하며 추진하는 정책이다. 중상주의자들은 국내 상업이 외국 무역에 직접 영향을 미치지 않으면 국내 상업으로 나라가 부유해지지 않는다고 보았다. 그래서 금은의 보유량을 늘리기 위해 수입을 최대한 억제하고 수출을 장려하는 정책을 취했다.

그러나 이 과정에서 상인과 제조업자가 정부와 결탁하여 독점을 통해 불공정한 이윤을 추구했다. 애덤 스미스는 『국부론』에서 중상주의를 다음과 같이 비판했다. "이런 원칙(중상주의)에 의해 이웃 나라를 궁핍하게 만드는 것이 이익이 된다고 배웠다." 각 국민은 자신의 나라와 무역하는 상대국의 번영을 질투의 시선으로 바라보았으며, 그들의 이익이 자신들의 손실이라고 생각하게 되었다. 상업은 개인 간에서와 마찬가지로 국가 간에도 자연스러운 연합의 우정과 유대가 필요한데 이것이 불화와 적의를 가장 많이 발생시키는 원천이 되었다. 금세기와 전세기 사이에 국왕과 대신들의 종잡을 수 없는 야심도 상인과 제조업자들의 가당치 않은 질투심에 비하면 유럽 평화에 치명적이지 않았다.

인류 지배자들의 폭력과 부정은 오래된 악덕이며 성질상 치유될 수 없는 것이라 생각된다. 그러나 인류의 지배자도 아니고 지배자가 될 수도 없는 상인과 제조업자들의 비천한 탐욕과 독점정신이 설령 고칠 수 없다 하더라도 다른 사람들의 평온을 교란하지 못하도록 저지하는 것은 매우 용이할 것이다. 위 문장에서 상인과 제조업자의 비천한 탐욕과 독점정신이라는 말에 주목하자. 그런데 본문에서 언급된 금세기와 전세기 사이의 국왕과 대신들의 종잡을 수 없는 야심이란 무엇일까? 애덤 스미스는 『법학 강의』에서 영국 시민의 자유를 신장시켜 준 주요 요인으로 "상비군과 왕실 재정"을 꼽고 있다.

영국은 섬이어서 외세의 침입이 큰 위협이 되지 않았다. 스코틀랜드가 잉글랜드를 자주 침공했지만, 통합왕국을 수립하면서 그 위협에서도 벗어나게 되었다. 하지만 상비군이 없으면 왕의 권력은 약해지기 마련이다. 특히 세금을 마음대로 거두기가 어려워진다. 이런 상황에서 엘리자베스 1세의 통치를 거치면서 왕실 재정은 고갈된다. 엘리자베스 1세는 국민의 사랑을 받으려고 부단히 애쓴 탓에 불만을 가질 만큼의 세금은 절대 부과하지 않았다. 스페인과 전쟁을 벌일 때도 왕실 소유의 토지를 팔아 자금을 마련하고 오히려 국민의 세금을 감면해 줄 정도였다. 그 결과 1603년 왕위에 오른 제임스 1세(스코틀랜드의 제임스 6세)에 이르러서는 재정난에 처해 의회의 협조를 얻어 왕실 재정을 충당할 수밖에 없었다. 그런데 의회를 소집하면 의원들은 왕권이 다시 강화될 것을 우려하여 제한하려는 움직임을 보였고 그러면 왕은 이를 견제하여 의회를 해산하는 일이 반복되었다. 그 결과 제임스 1세는 다른 방법을 모색하게 된다. 바로 귀족들이나 부유한 상인들에게 특허권을 팔아 왕실 재정을 충당하는 것이다. 여기서 특허권이란 무엇일까?

원래 영국에서는 외국 기술자들을 받아들여 기술을 훈련시키기 위한 목적으로 또는 국내 산업을 부흥시킬 수 있는 유용한 노동의 결과물에 대해서 왕이 특허권을 부여하는 것이 관례였다. 사실 특허권에 대해 독점권을 부여하는 정책은 엘리자베스 1세 때 스페인과의 전쟁으로 부족해진 재정을 메우기 위해서 시작되었다.

그런데 수많은 일상용품에 독점이 허용되었다. 그 결과 물가는 오르고 독점업자의 배만 불리고 다수가 고통받는 상황이 되자 1597년 의회는 강력하게 독점에 반대했다. 제임스 1세가 즉위한 지 18년이 지난 시점 1621년에 이르자 특허에 의한 독점품목이 무려 700여 개에 달했다고 한다. 독점벽돌, 창문, 유리, 무쇠, 난로, 석탄, 비누, 전분 등, 글을 쓸 때도 독점종이 위에 독점 펜을 사용한다. 독서할 때도 독점 책을 읽는다고 했다. 애덤 스미스의 『국부론』에서도 이런 식의 비판을 찾아볼 수 있다.

모든 동업조합 및 동업조합법이 생겨난 것은 자유경쟁을 제한함으로써 이러한 가격 인하와 그에 따른 임금 이윤의 저하를 방지하기 위한 것이었다. 옛날에 유럽의 많은 지역에서 동업조합을 설립하기 위해서는 동업조합이 설립되는 자치시의 허가만이 필요했다. 잉글랜드에서는 왕의 특허도 필요했다.

그러나 왕이 이 특권을 가진 것은 백성으로부터 돈을 갈취하기 위한 것이었지 억압적인 독점에 대항하여 백성의 자유를 옹호하기 위한 것은 아니다. 왕에게 요금을 지불하면 특허장은 일반적으로 곧 허가되었다. 1623년에 이르자 영국의회는 독점법을 통과시켜 제임스 1세가 국내에서 더 이상 새로운 독점권을 부여하지 못하도록 했다. 왕이 특허를 남발하지 못하도록 한 것이다. 그러나 안타깝게도 의회의 권위가 국제무대에는 미치지 못했다.

왕은 여전히 해외 무역에 대해서는 독점권을 부여할 수 있었고 기존에 부여된 독점권도 그대로 유지할 수 있었던 것이다. 애덤 스미스가 『국부론』에서 자유무역을 주장한 것도 이런 폐단 때문이었다. 제임스 1세를 이은 찰스 1세 때에는 이런 독점권 남용이 가장 심했는데 재판과정에 관여하여 사법부 독립을 훼손하는가 하면 의회의 승인 없이 선박세를 거두기도 했다.

왕과 의회의 대립은 결국 내란 즉 청교도 혁명으로 이어지게 되고 의회군이 승리하면서 1649년 찰스 1세는 처형된다. 이후 1649년부터 11년간 왕정이 폐지되어 공화국이 들어서면서 독점권도 없어졌지만 완전히 없어진 것은 아니었다. 크롬웰이 죽고 제임스 2세가 왕이 되면서 과거의 독점권도 부활하게 된 것이다. 이런 상황이 또다시 내전을 불러온다. 결국 의회의 요청을 받은 그의 딸 메리와 사위인 오라녜 공 윌리엄이 네덜란드에서 귀환하여 새로운 왕이 되었고 제임스 2세는 쫓겨나 프랑스로 망명한다.

이때 의회가 절대왕정을 몰아내고 입헌군주제를 수립하는데 이것이 1688년 일어난 명예혁명이다. 독점세력과 왕을 지지하던 토리당과 대립하며 신흥상인의 경제적 이해를 대변하는 휘그당이 창설되는데 이들이 바로 명예혁명의 구심점이 된다. 이들은 1714년부터 1760년까지 의회를 지배하며 정권을 잡게 되는데 1723년에 태어난 스미스의 일생 중 반 이상이 이와 겹친다. 다시 말해 앞서 스미스가 언급한 금세기란 휘그당의 정치가와 신흥상인들이 결탁하여 시장을 독점한 시기를 말하는 셈이다. 이러한 정치권력의 중심이 왕에서 의회로 옮겨가자 상인들은 이제 의회를 대상으로 독점권을 얻으려고 움직인다. 왕실 중상주의가 의회 중상주의로 바뀐 것이다.

스미스가 자유무역을 주장한 이유는 『국부론』에서 상인과 제조업자들이 독점을 통해 부당한 이익을 얻고 있으며 이것이 대다수 국민의 이익과 상충된다고 비난했다. 그런데 스미스가 모든 상인과 제조업자를 다 미워한 것은 아니었다. 그는 독점 이익을 통해서 부를 축적하려는 상인과 제조업자만을 미워했다. 스미스는 『도덕감정론』에서 열심히 공정하게 돈을 버는 상인은 존경받아야 한다고 했다.

🪙 새로운 부의 정의와 애덤 스미스의 진보적인 발상

애덤 스미스는 이렇게 중상주의를 혹독히 비난하는 한편, 이를 타개할 발상의 전환을 제시했다. 그것은 부에 대한 관점의 전환이었다. 중상주의자들은 국가의 부를 한 나라가 보유하고 있는 화폐량(금과 은의 총량)과 동일시했다. 그러나 애덤 스미스는 토지와 노동에서 얻은 연간 생산물을 국가의 부로 정의하자고 제안했다. 한마디로 이러한 정의는 현

대 경제학에서 이야기하는 국내총생산(GDP)이나 국민총생산(GNP)을 뜻
하는데 이러한 발상은 당시로 봐서는 너무도 혁신적이고 진보적인 것이
었다. 그렇다면 애덤 스미스의 발상이 혁신적인 이유에 대해 좀 더 살
펴보자. 이런 발상은 '화폐'에 대한 관점을 바꾸는 것이다. 즉, 화폐를
본질적인 것이 아닌 부수적인 것으로 보는 것이다.

금과 은, 화폐의 증가는 생산량이 증가한 결과로 원인으로 볼 수 없
다. 만약 그렇다면 금광이 많이 발견되는 나라가 최고의 부자나라일
것이다. 한 나라의 부는 그 나라의 생산물의 증가에 따라 늘어나는 것
이고 이에 따라 화폐량도 자연히 증가하는 것이다. 스미스는 이점을
『국부론』에서 여러 차례 강조한다. 은에 의해 유통되는 상품의 양은 그
대로인 채 은의 양이 증가한다면 은의 가치가 저하하는 것 이외에는
다른 아무런 영향도 없다. 그와 반대로 그 나라에서 매년 유통되는 상
품량의 증가는 그 상품을 유통시키는 화폐량이 불변이라면 화폐의 가
치를 증가시킬 뿐만 아니라 다른 많은 결과를 초래한다. 그 나라의 자
본(부와 동의어)은 명목상으로 불변이지만 실질적으로 증가할 것이다. 그
것은 여전히 동일한 양의 화폐에 의해 표현되지만 더 많은 양의 노동을
지배할 것이다.

국가가 보유하는 금과 은의 총량은 왕실이나 정부의 부이지 국민의
부는 아니다. 스미스는 『국부론』에서 상업과 제조업이 발달하지 않은
국가의 군주는 긴급사태에 대비하는 유일한 재원으로 금과 은을 축적
하려 한다고 말했다. 긴급사태란 전쟁, 내란 등을 말하는 것으로 당시
동아시아에는 중국이 버티고 있어 평화가 유지되고 있었던 반면, 유럽

은 비슷한 세력을 가진 국가 간에 전쟁이 끊임없이 벌어지고 있었다. 그래서 군주들은 전쟁에 대비해 금과 은을 확보해야 했다. 그런데 이는 민생과는 아무 관련이 없다. 국가에 금과 은이 쌓인다고 국민 생활이 윤택해지는 것은 아니다. 금과 은을 발밑에 쌓아둔 군주와 지배층만 좋은 것이다. 이점을 꿰뚫어 본 애덤 스미스는 한 국가의 생산물 총량이 국가의 부를 결정한다고 한 것이다.

💲 애덤 스미스가 자유방임주의자라고?

밀턴 프리드먼(Milton Friedman)을 포함한 신자유주의 경제학자들은 애덤 스미스가 자유주의자며 모든 것을 시장에 맡기라 했다고 말한다. 그래서인지 흔히 스미스를 모든 정부의 규제나 간섭을 반대한 자유방임주의자로 생각한다. 바로잡자면 스미스는 규제 자체에 반대한 것이 아니라 전체 국민의 이익보다 특수한 계층의 이익을 추구하는 규제에 반대한 것이다. 여기서 특수한 계층이란 정부와 결탁하여 독점을 추구하는 상인과 제조업자를 말하는 것이다. 그가 규제를 반대한 것은 당시 정치적으로나 경제적으로 강자였던 대상공인을 위해서가 아니었다. 시장에 맡기자고 한 것은 맞지만 그 목적은 경제적 약자의 이익을 지키기 위한 것이었다. 경제적 약자란 중소 상공인과 노동자인 일반 국민 그리고 경제적으로 낙후한 스코틀랜드인을 포함하는 것이었다.

💲 스미스는 왜 중농주의를 지지했을까?

중상주의 비판을 다룬 『국부론』 4편에서 애덤 스미스는 중상주의와 중농주의를 비교한다. 그는 중상주의는 국민과 국가를 부유하게 하지 못한다고 비판한 반면 중농주의에 대해서는 지지하는 입장을 보인다. 중농주의는 토지 생산물을 국가 부의 유일한 원천으로 본다. 부의 원천을 화폐에 두지 않고 노동을 통해 토지에서 얻은 생산물에 두었다는 점과 시장의 자유를 주장한다는 점에서 스미스는 중농주의를 긍정적으로 평가한 것이다.

💲 왜 스미스를 자유주의자라고 단정하는 걸까?

모든 특혜나 억제의 체계가 완전히 사라진다면 명백하고 단순한 자연적 자유의 체계가 스스로 확립된다. 이 제도 아래서 누구든지 정의의 법을 어기지 않는 한 모든 사람은 자기 방식대로 자신의 이익을 추구하고 자신의 노동과 자본을 다른 어떤 사람 또는 어떤 계층의 사람들의 노동과 자본과 경쟁시킬 수 있도록 완전한 자유에 맡겨진다. 스미스를 자유주의자라 부르는 것은 『국부론』의 바로 이 문장에서 비롯된 것이다. 스미스는 모든 경제 행위를 개인의 판단에 맡기는 자연적 자유주의 체계를 가장 이상적인 정치경제 제도로 간주했다. 그런데 여기에서 중요한 것은 스미스는 자연적 자유주의자이지만 흔히 말하는 자유방임주의자는 아니라는 것이다. 왜냐하면 위의 인용문에서 보듯이 두 가지 전제조건이 제시되어 있기 때문이다.

첫 번째 전제조건은 시장에서 특혜나 억제가 사라져야 한다는 것이다. 억제란 경쟁을 제한하는 독점을 말한다. 그런데 특혜나 독점을 없애는 것은 정부만이 할 수 있다. 정부는 상인이나 제조업자에게 주는 특혜를 없애야 할 뿐만 아니라 시장에서 독점이 발생하지 않도록 끊임없이 감시해야 하는 의무가 주어지는 것이다. 스미스는『국부론』에서 다음과 같이 말한다. 그렇다면 식민지 무역을 어떤 방법으로 점차 개방해야 할 것인가? 제일 먼저 제거되어야 할 제한은 무엇인가? 완전히 자유롭고 공정한 자연적 체계는 어떤 방식으로 점차 회복되어야 할 것인가? 우리는 이런 문제를 장래의 정치가와 입법가의 지혜에 맡겨둘 수밖에 없다. 또 스미스는『국부론』에서 정부가 국민이 잘할 수 있는 경제 행위를 법으로 금지하는 것은 인권을 침해하는 행위라고 주장한다. 그래서 경제적 약자를 억압하여 시장에 자유롭게 진입하지 못하도록 하는 각종 악법을 없앨 것을 주장한다.

동업조합에는 도제제도로 일컬어지는 엄격한 신분제도가 존재했는데 장인은 도제를 지도하면서 그들의 노동력을 활용했다. 동업조합의 배타적 특권을 타파하고 도제법을 폐지해야 한다. 스미스 당시 도제는 최소 7년을 장인 밑에서 일해야만 비로소 독립하여 사업을 할 수 있었다. 물론 그동안 기술도 배우지만 마치 장인의 노예처럼 노동착취를 당하는 일이 다반사였다. 요사이 비정규직으로 고용된 직원이 몇 년씩 노동착취를 당한 후 회사에 잘 보여야 겨우 정규직 직원으로 전환되는 것도 이와 크게 다르지 않다고 본다. 다시 말해 스미스는 상인과 제조업자에게 독점을 주는 정부의 시장 개입을 반대한 것이다. 정부와 상인이 결탁한 독점체제를 없애고 자유롭게 시장에 맡기자고 한 것이다.

인문학으로 읽는 금융화폐 **자본주의**

갑의 횡포를 없애 을도 자유롭게 참여할 수 있도록 하자고 한 것이다. 강조하지만 스미스는 경제적 약자의 자유를 말한 것이지 경제적 강자를 위한 자유를 말한 것이 아니다.

두 번째 전제조건은 누구든지 정의의 법을 어기지 않는다는 것이다. 이는『도덕감정론』에서 신중과 정의의 범위 안에서 자기 이익 추구는 비난이 아닌 존경의 대상이라고 말한 것과 일맥상통하는 부분이다. "가난한 사람의 세습재산을 힘과 기교를 통해 피해를 준다면 이것은 가장 신성한 재산권에 대한 분명한 침해다. 불길이 번지는 것을 막기 위해 방화벽을 쌓게 하는 법률은 자연적 자유의 침해지만 여기서 제한하는 은행업의 규제와 동일한 침해다." 자연적 자유는 바로『도덕감정론』에서 언급한 인간 간의 동감과 상호성을 전제로 한다. 시장에서 상인과 제조업자의 독점에 의한 이윤추구 행위는 동감을 받을 수 없고 공정한 관찰자의 입장에서는 불의인 것이다. 이렇게 보면 스미스가 말하는 조건이 붙어 있는 자유는 모순처럼 들리기도 한다. 하지만 이는 앞서도 말했지만, 그의 인간관이 양면성을 전제하고 있기 때문이다. 스미스는 인간은 이기적이면서도 타인과 동감하는 이타적 측면을 동시에 갖고 있다고 했다.

스미스의
자연가격 vs 현대 경제학의 균형가격

현대 경제학에서 기업의 목적을 '이윤의 극대화'로 보는 관점은 애덤 스미스의 사상과는 다소 거리가 있다. 스미스는 기업이 이윤을 추구한다고 말했지만, 그가 『국부론』에서 이윤을 극대화한다는 개념을 명시적으로 언급하지는 않았다. 이는 신고전 경제학자들의 영향을 받은 현대 경제학의 해석에서 비롯된 것이다.

스미스와 마셜, 무엇이 다른가? 주목할 것은 애덤 스미스의 정치경제학과 마셜의 신고전경제학은 다루고 있는 범위와 방법이 다르다는 사실이다. 애덤 스미스의 경제학은 그냥 경제학이 아닌 정치경제학이라 할 수 있다. 그런데 마셜은 정치 문제와는 분리된 경제학을 주장한다. 그럼 『국부론』에서는 정치경제학이 어떻게 정의되어 있는지 보자.

정치경제학은 정치가나 입법자의 학문의 한 분야로 두 가지 목적을 가지고 있다. 첫째, 국민에게 풍부한 수입이나 생계 수단을 제공하는 것으로 국민들로 하여금 충분한 수입 또는 생계 수단을 얻을 수 있게 하는 것이다. 둘째, 공공서비스를 공급하는 데 충분한 수입을 국가에 제공하는 것으로, 정치경제학은 국민과 국가를 모두 부유하게 하려는 것이다. 그런데 마셜은 『경제학 원리』에서 탈정치화를 선언한다. 경제학은 과학이 되어야 하기 때문에 정치적 문제를 떠나서 생각해야 한다고 했다.

ⓢ 스미스의 자연가격을 균형가격으로 해석해 버린 경제학자들

균형이라는 정지 상태를 정상으로 보는 주류 경제학의 관점은 스미스의 관점과 크게 배치되는 것이다. 스미스는 경제는 발전하고 성장하고 진화하는 것으로 보았다. 그런데 경제학이 균형을 중심으로 발전하면서 갑자기 경제는 정태적이고 역사적 발전을 고려하지 않는 학문이 되어 버렸다. 스미스의 『국부론』은 경제이론이면서 경제사이기도 하다. 마르크스나 슘페터나 같은 경제학자들은 경제가 균형을 향해 가기보다는 동태적으로 발전하고 진화하는 것으로 보았지만 균형이론이 워낙 뿌리 깊게 자리 잡은 주류 경제학은 이를 제대로 평가해 주지 않고 있다.

애덤 스미스는 경제 주체들이 자신의 이익을 추구하지만, 이익을 극대화한다고 보지는 않았다. 신고전경제학의 기본 가정에서 소비자는 효용극대화이고, 생산자는 이익극대화다. 이에 따라서 수요는 효용극대화, 공급은 이익극대화로 도출된다. 이렇게 가정해야 수학을 사용할 수 있기 때문이다. 요약하면 신고전경제학의 균형가격과 스미스의 자연가격은 여러 측면에서 다른 것이다. 이처럼 신고전경제학은 균형이론으로 스미스와 멀어졌건만 오히려 스미스의 자연가격을 균형가격으로 설명하면서 일반인들을 오도하고 있다. 『국부론』에서 나오는 "보이지 않는 손"이 마치 신고전경제학의 균형이론을 은유적으로 표현한 것으로 왜곡하고 있다.

한편 마셜은 경제 분석에 수학적 방법을 도입해야 하는 이유도 그 한계점도 잘 알았기 때문에 수학을 사용하는 것을 몹시 싫어했다. 그가 쓴 『경제학 원리』도 본문을 보면 일반인도 쉽게 이해할 수 있을 정도로 일상의 사례들로 설명했고 수식이나 그래프는 부록과 주로 처리한 것을 알 수 있다. 또 그가 경제학자 친구에게 보낸 편지에서 경제 현상을 수학으로 분석하되 수학에는 문외한도 이해할 수 있게 설명하고 그것도 "가급적 실생활에서 찾아낼 수 있는 실례를 들어 설명하라. 그런 후에 수학은 불태워 버려라. 만약에 현실의 사례를 들 수 없다면 그 설명을 불태워야 한다"고 말한 것을 보면 그 자신이 수학에 대해 가지고 있는 생각을 명쾌하게 알 수 있다.

마셜이 말한 대로 현실과 수학적 모델이 맞지 않을 때는 그것을 버려야 한다. 그런데 후대 주류 경제학자들은 수학적 모델에 집착해 오히려 현실을 버리는 경향을 보였다. 주류 경제학이 사용한 가정들에 대한 문제점들이 지적되자 1953년에 신자유주의 경제학자를 대표하는 밀턴 프리드먼은 경제이론에서 가정은 그 이론에 의한 예측이 정확하다면 중요하지 않다고 주장한다.

신고전경제학은 애초에 가정들이 현실과 맞는지를 꼼꼼히 따져보았어야 했는데 이런 검토 없이 그 위에 너무 방대한 이론들을 수립했다. 말하자면 건물의 토대를 잘 다지지 않고 높은 건물을 지어놓았는데 문제가 나타나자 헐어버리자니 너무 아까워 이제 건물은 토대는 중요하지 않고 서 있기만 하면 된다고 주장하는 것으로 들린다.

신자유주의는 애덤 스미스의 위작이다. 〈미인도〉를 두고 천경자 화백과 유족이 진품이 아니라고 해도 국가기관조차 천 화백의 작품이라고 우겼던 사건이 있었다. 이것이 마치 경제학에서 신자유주의자들이 스스로 애덤 스미스 사상을 계승한 것처럼 우기고 있는 것과 같다.

💲 이윤극대화와 기업의 사회적 책임에 관한 논쟁

신자유주의 경제학자 밀턴 프리드먼(Milton Friedman)은 이윤을 극대화하는 것이 바로 기업의 사회적 책임을 다하는 것이라 주장한다. 그런데 이는 기업의 목적은 종업원과 고객을 만족시키는 것에 있다는 매키의 주장을 반박하는 것이었다. 프리드먼은 『국부론』의 구절을 인용하면서 자신의 주장을 합리화했다. "자기 자신의 이익을 추구함으로써 흔히 그 자신이 진실로 사회의 이익을 증진시키려고 의도하는 경우보다 효과적으로 증진시킨다. 나는 공공이익을 위해서 사업을 한다고 떠드는 사람들이 좋은 일을 많이 하는 것을 본 적이 없다."

앞에서도 밝혔지만, 스미스는 기업의 이윤추구는 정당한 것으로 이야기했지만 이윤을 극대화하라는 이야기는 하지 않았다. 기업의 목적은 이익이 아니라 지속성에 있다. 이익이라는 목적을 위해 활동하는 것이 아니라, 고객의 행복과 이익을 위해 노력한 결과가 이익이다. 결국 종업원의 만족과 고객 만족 그리고 적정한 이윤이 균형을 이루어야 한다.

정리해 보면 현대의 경제학은 경제학을 과학으로 만들려 노력하면서 정치경제학에서 분리된 것이다. 전통 경제학은 발라가 물리학의 근본 개념을 경제학에 도입하면서 수학적 방법을 채택한다. 그는 균형이론이 가능하기 위하여 인간은 이기적이고 합리적이라고 가정하는데 이는 현실에 맞지 않았다. 신자유주의 경제학은 이런 가정을 당위로 착각하면서 이윤극대화 원칙을 만들어 냈다. 이는 알게 모르게 자본주의를 이기심의 자본주의로 이끌었다. 이것이 오늘날 우리가 맞고 있는 자본주의 위기의 실체다. 이 위기를 극복하기 위해서는 어떻게 해야 할까? 인간이 동감의 본성을 타고났으며 동감이 모든 도덕의 원천이라고 주장한 애덤 스미스의 원래 사상으로 돌아가야 한다.

💲 화폐 총량규제

화폐 총량규제는 중앙은행이 자기가 짜낸 우유에 물을 섞는 축산업자에 비유되며, 위폐범과 달리 합법성의 가죽을 뒤집어쓰고 눈에 보이지 않는 수단을 통해 부과하는 세금이다. 국제간 유동성 관리를 위하여 어느 국가 어떤 단체가 트라핀 딜레마(경상수지 적자를 감수하고 화폐 유동성 공급)를 책임지고 관리 감독할 것인지를 엄격하게 규정하고 자유무역이든 보호무역이든 화폐 총량이 엄격하게 관리되지 않는다면 수많은 인간이 신들의 모습을 한 무임승차를 할 것이다.

- 화폐 축적 제한: 공동체가 다니는 길을 막고 있는 자에게 벌을 주지는 못할망정 통행료를 바치는 것과 같다.
- 화폐 상품 폐지: 담보되지 않은 화폐, 글로벌화된 화폐로 가치 조작이 가능해져 노동 없는 무임승차와 같다.
- 신용화폐 제한: 현대 화폐의 본질은 '신용'이다. 상품화폐는 교환수단, 가치저장, 가치척도 세 가지 기능을 모두 수행할 수 있지만 신용화폐는 가치저장 수단으로 써서는 안 된다.[85]

금융과 국가의 사악한 결혼에서 태어난 금융 문제의 해결점은 민간이 부채 없고 이자 없는 상호통화제도를 창안하는 것을 막는 헌법이나 법률조항은 없다고 일깨워 준다. 우선 귀족주의가 존재하도록 허용한 것이 화폐 '돈'이었던 것이 분명하다. 세계적 금융위기, 서브프라임 모기지 금융, 가계부채 위기 등 관련된 모든 금융위기는 평등 가치를 주장하는 다수 대중과 명예를 소중한 가치로 주장하는 소수의 엘리트와의 싸움이다.[86]

💲 조세피난처

근대정치의 영토적 토대가 근대경제의 새로운 형태에 의해 도전받고 있다. 근대 민주주의 국가에서 세금은 영토를 기반으로 징수된다. 즉, 세금은 재산, 거래, 사람에게 부과되는 것이다. 이 논리는 오늘날 세 가지 차원에서 문제가 제기되고 있다. 첫째, 부자들은 세금을 피하기 위해 영토를 벗어난다. 둘째, 특별한 재능을 가진 사람들은 자신의 능력을 더 비싸게 팔기 위해 이동한다. 셋째, 가난한 사람들은 일자리를 찾기 위해 움직인다. 사람들은 점점 더 많이 움직이고 있다.

영토의 중요성이 거주와 투자의 장소를 선택할 수 있게 되었다는 사실은 '세금 영토' 상의 기반이 흔들리고 있다는 것을 의미한다. 이는 피상적인 자유주의가 흔들리고 '국가'가 가난해짐을 의미하는 동시에 세금을 통해 총체적인 급부를 제공하던 국가가 그 능력을 상실함을 의미한다.

조세피난처는 현재 세계에 약 42개 지역이 있다. 구름이나 강물의 흐름은 인간의 의지로 막을 수 없다. 하지만, 물의 배치와 관리는 인간의 장래에 대한 고려로 변경할 수도 있다. 흐르는 물이 저주가 되느냐 축복이 되느냐는 인간의 노동과 관리하는 지력에 달린 것이다. 부라는 것도 그것이 요구되는 곳으로 흘러간다. 산적들의 약탈을 면하고자 바치는 공물처럼 고전적이지만, 명예로운 방법, 신용을 담보로 한 외상 구입제도 그밖에 재물을 자기 것으로 삼기 위해 다양하게 개량된 방법(신용카드 등)과 빈자는 부자의 재산을 침해할 권리(사유재산법)가 없다는 것은 오래전부터 주지되고 공언됐지만, 동시에 부자(공유재산 민영화) 역시 빈자의 재산을 침해할 권리가 없다.

:: 조세피난처(42개 지역)

안도라, 앵귈라, 앤티가 바부다, 아루바, 바하마, 바레인, 벨리즈, 버뮤다, 버진아일랜드, 케이만제도, 쿡 제도, 도미니카, 지브롤터, 그레나다, 라이베리아, 리히텐슈타인, 마셜 제도, 모나코, 몬세라트, 나우루, 네덜란드령 안틸레스, 니우에, 파나마, 세인트크리스토퍼 네비스, 세인트루시아, 세인트빈센트 그레나딘, 사모아, 산마리노, 터크스 케이커스 제도, 바누아투.

:: 기타 금융 선호 지역

오스트리아, 벨기에, 브루나이, 칠레, 코스타리카, 과테말라, 룩셈부르크, 말레이시아, 필리핀, 싱가포르, 스위스, 우루과이.

:: 현재 탈피 국가

코스타리카, 말레이시아, 필리핀, 우루과이.

자본과 종교

종교적 관념과 인간의 심리적 세계와 인간의 세속적 삶과의 연관성을 통해 자본과 종교를 살펴보고자 한다.

🪙 삶의 고통과 유혹

화폐의 기원에는 생명 이전과 이후의 보이지 않는 세계를 원죄로 인한 죽음으로 보는 어떤 상징의 관계가 자리 잡고 있다. 인간종에만 고유한 정신적 기능의 산물인 그 상징은 출생을 모든 인간이 지는 원초적 부채로 인간을 낳은 우주의 권력자에게 지는 부채로 그린다.[87]

탐욕의 근원은 에덴동산의 선악과와 관련된 원죄 자체에 있지 않고 무절제하고 비합리적인 이성에 있다. 탐욕은 고귀한 영혼으로도 가장할 수 있다. 인색하고 욕심 많은 본심을 숨기고 자녀를 돌보기 위해 어쩔 수 없다는 태도로 포장하기도 한다. 탐욕이 극도의 절약이라는 옷을 두르면 탐욕은 경제라는 덕으로 탈바꿈한다. 20세기에는 프로이트가 악덕을 죄의 범주에서 빼내려는 노력이 있었다. 요컨대 인간은 악덕의 책임자가 아니라 희생자라는 것이다. 악덕은 질환이며 병리학의 대상이지 타락의 결과가 아니라는 것이다.[88]

💲 신과 신용

하나님이 영원을 약속하는 곳에서 돈은 세상을 약속한다. 하나님이 지연된 보상을 제공한다면 돈은 미리 보상한다. 하나님이 자신을 은혜로 제공하는 곳에서 돈은 자신을 융자로 제공한다. 하나님이 영적 혜택을 제공하는 곳에서 돈은 물질적으로 혜택을 준다.

하나님이 진정으로 믿고 회개하는 모든 죄인을 받아들이는 곳에서 돈은 돈의 가치를 믿고자 하는 모든 사람에게 받아들여지며 돈은 욕망을 형성한다. 또한 돈의 가치는 초월적이다. 늘어나는 생산은 부채를 갚기 위해 더 많은 돈이 있을 때만 부채의 상환으로 이어질 수 있다. 그렇지 않으면 돈은 오직 또 다른 융자의 형태로 창조될 뿐이거나 그렇지 않으면 인플레이션 된다. 그 결과 영국 은행의 설립 후 세계 경제는 증가하는 부채의 소용돌이 속에서 점차 노예화되어 간다.

영국 은행의 당면한 정치적 상황은 1688년의 명예혁명으로 영국의 농업자본가 계급이 국가를 점령한 것이었다. 신용은 이익을 위한 기회로만 분배하는 경제체제는 파괴될 수밖에 없다. 신용의 분배는 사회질서가 변화되는 자유로운 활동이다. 사실상 전투는 총이 발사되기 전 이미 보급 장교들이 결정해 놓는다. 이성은 열정의 노예일 뿐이다. 믿음의 범주에 속한 권위와 권리를 위해 이런 제3의 초인적 힘의 차원을 탐험할 필요가 있다.

과거에 국가는 자본의 이동을 규제할 수 있었으며 경제력을 정치적 목적에 종속시켰다. 하지만 일단 자본의 이동을 규제할 수 없게 되면 유리병을 벗어난 가스와 같다. 자본이 움직일 수 있도록 풀어놓은 국가는 다른 모든 정치적 목표를 투자의 매력에 종속시키는 것, 또는 그 힘의 근원을 잃는 위험을 감수하는 것 외에는 별다른 선택의 여지가 없다. 신용으로서 돈은 공간에서 나온 관념으로 시간의 책정이다. 신용은 미리 가치를 제공한다. 그렇게 함으로써 신용은 미래가치 창조의 조건으로 기능한다. 신용은 자신을 스스로 신출귀몰하고 일시적 힘으로 상정한다. 또한 시간을 결정하는 힘이 존재한다.

돈은 아무것도 만들어 내지 않는다. 돈은 신용을 준다. 돈은 미래에 호소한다. 다른 말로 돈은 기도한다. 존재론은 종말론으로 결정된다.[89]

💲 기독교와 자본주의 연관성

모든 종교가 일반적으로 삶의 헛됨과 나그네 같은 허무를 깨닫게 하여(아스팔트 문학) 삶의 번뇌를 잊게 하고 마음에 평안을 추구하는 것이 종교의 기본 목적인 데 반해, 유대교에는 그것이 없고 결과적으로는 모든 번뇌를 안고 살게 한다는 것이다. 그래서 탈무드의 내용을 보면 아들은 가난을 죄악의 결과로 여기고 부를 선행의 결과로 말한다. 대중은 생각하지 않는다.[90]

성경 내용을 전체적인 관점에서 보면, 이스라엘 선민은 단순히 목적 달성을 위한 과정에서 수단으로 사용된 민족이었음을 알 수 있다. 혈통적, 정치적, 종교적 유대인들 중 아슈케나즈, 자칭 유대인들이 반유대주의를 계속 발생시켜 유지하며, 기독교 세력을 넓혀가는 전략으로 추정된다. 유대인들의 이성 신전은 솔로몬 신전보다 더 높게 치솟아 있다. 그 신전은 이성적으로 건설했다. 유대인이 솔로몬 신전을 건설했던 방법과는 전혀 다르다. 근대까지 유대인을 유럽에서 배제하는 것으로 모자라 그들을 인류문명 밖에 있는 열등한 존재로 분류했다. 유대인은 그들의 존재 이유가 사라진 지 한참이 지났는데도 여전히 생존해 있다. 사실상 진정한 의미의 유대인 역사는 오래전에 사라졌다. 본질은 사라지고 단지 송장으로 존재하고 있을 뿐이다.

유대인들은 국토, 민족적 존재도 없이 2000년을 떠돌면서 하나의 백성으로 존재해 왔다는 수수께끼로부터 어떤 근원적으로 다른 힘이 움직이고 있다는 것을 깨닫게 된다. 바로 여기에서 사람들은 역사적 우연 이상의 힘이 움직이고 있음을 인식한다.(베네딕토 16세) 즉, 유대인의 존재에는 시간과 함께 모든 것이 덧없이 흘러간다는 역사 법칙이 타당하지 않게 보이도록 만드는 힘이 있으며 "신이 존재한다는 증거는 바로 유대인이라는 등식이 성립한다.91)

자본의 관념화와
심리학

EU는 세계 금융 세력과 협력하고 있는 것으로 보인다. 미국 대법원 9명의 대법관들이 동성결혼을 합헌으로 판결했는데, 이는 일부에서 미국의 애국 세력과 기독교 근본주의에 반대하는 것으로 해석된다. 대법관 9명 중 6명은 가톨릭신자이다. 이 판결은 새로운 가족 구조와 모든 종교를 수용하는 에큐메니컬 운동, 일요일을 모두 휴식하는 날로 지정하는 것 등과 관련이 있다고 볼 수 있다.

"뉴 월드 오더(New World Order)"는 하나의 정부를 구성하기 위해 은밀하게 활동하는 엘리트들의 비밀결사단체로 알려져 있다. 새로운 세계 질서는 2015년 프란치스코 교황의 미국 국회 연설, 애국법 및 탄소 규제와 같은 이슈와 연결되어 있다. 교황은 동성애를 받아들이지 않는 근본주의자들을 비판했다. 유럽에서 태어나는 신세대는 기독교 윤리를 잘 모르고 교황의 사회주의적 제도를 수용하는 경향이 있다.

2015년 오바마 정부 시절 프란치스코 교황의 국회 연설은 로마제국이 옷을 바꿔 입은 것과 같은 바티칸 제국의 징후로 볼 수 있다. 하나님은 유대인들에게 회개의 잣대로 율법을 주었다. 진정한 하나님의 사람들은 율법을 듣는 자가 아니라 행하는 자들이다. 따라서 헬라인과 이방인들에게는 율법이 없으며, 대신 인간의 본성, 천성, 양심이 주어졌다. 동성애로 인해 멸망한 소돔과 고모라의 경우는 하나님의 판단 영역에 속한다.

💲 공산주의 발명

노동자와 농민이여 단결하라는 선동으로 부자와 기독교인들을 타도하고 공산당이 동유럽을 접수했다. 러시아를 접수한 것으로 추정되는 가짜 유대인들이 약 2,600만 명을 학살했고, 르피가로지에서 6,000만에서 7,000만 명으로 추정한다. 그 당시 사유재산을 모두 빼앗아 스위스 은행의 비밀계좌에 숨겼다고 한다. 이들은 미국으로 건너가 정착했으며, 미국인들은 그들을 동토의 땅 공산주의에서 자유를 찾아 귀순한 사람들로 환영했다. 이들의 숫자는 약 600만 명으로 추정되며, 모두 백만장자가 되어 미국을 돈으로 사들였다. 이후 이들은 정치, 경제, 교육, 문화, 영화, 법조, 미디어, 언론, 출판 분야의 인사들을 포함해 버핏, 앨고어, 올브라이트, 그린스펀, 암웨이, AIG, 하버드, 프린스턴, MIT, 뉴욕타임즈, 워싱턴포스트 등을 점령했다. 미국인들은 귀도 없고 입도 없는 것이다. 영국은 이미 60~70년 전부터 미국에 의해 접수된 상태다.

미국은 추정컨데 상당히 오래전(60~70년) 전부터 팔렸다. 달러는 유대인들의 화폐이며, 미국은 '이스라엘'의 본국이라 할 수 있다. 팔레스타인 지역의 이스라엘은 세계인들을 속이는 것이다. 우리는 상상력이 아니라 날마다 눈앞에서 일어나는 일을 목도하고 있으며, 한국의 경제통들은 이를 믿지 않는 것이 좋다. 왜냐하면 그들은 미국의 유대인 교수 밑에서 배운 앞잡이 심부름꾼에 불과하다.

국내 시장에서 번 이익금을 자국으로 송금하고, 자신의 재단에 기부금으로 처리하여 탈세하는 사례들이 있다. 우리는 이러한 행위를 하는 이들을 마치 천사처럼 보도하고 있다. 또한, 미국의 모든 신학교에 기독교 교리를 파괴할 신학자들을 파견하고, 반유대인 분위기를 확산시키기 위해 막대한 자금을 살포하고 있다. 이러한 어마어마한 세력을 피할 수도 없고 어찌할 수도 없다. 카자르족의 마지막 왕 카간을 전도하지 못한 대가가 이처럼 커졌다는 의견이 있다.

20세기까지는 영토 국가 내에서 서로 간의 보호 관세, 소득의 평준화, 오프라인 거래 등을 통해 국민으로서의 연대감과 소속감이 있었다. 정보 통제를 통한 통치자의 통치가 수월했다. 하지만, 1990년대 중반부터 자본시장의 개방, 조세회피처, 정보통신의 발달로 대중이 아는 것이 너무 많아져 통치하기 어려워졌다. 최근의 사회 혼란 및 양극화는 북한의 계획이나 어떤 과격한 세력들에 의한 것이라기보다는, 개인들이 정보통신에 의해 세분화되고, 무지한 대중을 만들어 내며 오래전부터 차근차근 누적된 결과로 볼 수 있다. 한편, 성장과 진화적 시장경제는 계속해서 압축되고 있으며, 이로 인해 생존만을 위해 살아가는 사람들이 많아졌다. 이것이 자연의 질서에 정당한가에 대한 질문이 제기된다.

성경에 따르면, 제2 성전이 파괴된 후 약 1900년 동안 사라졌던 민족이 히브리어를 다시 사용하며, 1948년에는 팔레스타인 지역에서 현재 약 900만 명이 거주하는 국가를 건설했다. 이는 매우 이례적인 사건이다. 18세기경 러시아 황제는 영토 확장을 위해 폴란드를 침공하고 현 우크라이나를 점령했으며, 이 과정에서 유대인들을 학살했다(포그롬 사건). 당시 많은 유대인들이 학살을 피해 팔레스타인 지역과 독일 등으로 피신했다. 20세기 초 러시아 혁명은 레닌을 포함한 중심 세력 13명 중 6명이 유대인이었으며, 유대인 마르크스가 만든 공산주의 이론을 바탕으로 혁명을 성공시켰다.

히틀러는 이와 같은 혁명이 독일에서도 계획되고 있음을 파악하고, 적절한 유대인 이민 또는 추방했다. 학살은 히틀러가 지시한 것이라기보다는 나치 참모들이 저지른 것으로 보인다. 1차 세계대전 이후의 전쟁 배상금 문제, 2차 세계대전 전쟁 자금을 할아버지 부시(당시 상원의원)가 지원하며 전쟁을 부추겼다. 당시 독일을 지배하려는 계획은 문학 등에 독을 심어놓았으며, 당시 언론사 9개 중 7개가 유대인 언론사였다. 히틀러는 유대인들을 미워한 것이 아니라 독일에서도 비슷한 계획을 알고 있었다.

근대 사상가들의 오류

　존 로크의 '재산권 이론'은 문자 그대로 그의 정치사상에서 핵심적 부분이며 확실히 정치사상의 독특한 부분이다. 그의 정치사상은 이 이론 때문에 홉스의 정치사상과 구분될 뿐만 아니라 전통적인 정치사상과도 구분된다. 로크의 재산권 이론은 자연법사상의 일부를 형성하기 때문에 홉스 정치사상의 복잡성을 모두 공유하고 있다. 그 이론의 특이한 난점은 재산은 자연법의 하나의 제도이다.

　자연법은 정당한 전유의 방식과 한계를 규정한다. 인간들은 시민사회의 형성 이전에 재산을 소유한다. 따라서 그들은 자연상태에서 획득한 재산을 보존하거나 보호하기 위해서 시민사회에 참여한다. 그러나 전에는 존재하지 않았으나 시민사회가 형성되면 재산과 관련된 자연법은 정당화되지 못한다. 시민사회 내에서 소유되는 재산은 오직 실정법에 기반을 두고 있다.

　그러나 시민사회가 시민적 재산의 창조자이지만 그 주인은 아니다. 시민사회는 시민의 재산을 존중해야 한다. 시민사회는 사실상 그 창조에 기여하는 것 이외의 다른 기능을 하지 않는다. 로크는 자연적 재산은 자연법에 입각해 배타적으로 획득하고 소유한 재산보다 시민적 재산의 신성함을 훨씬 더 옹호하고 있다. 그러면 왜 재산이 시민사회보다 선행한다는 것을 열렬히 증명하고자 하는가?

로크는 태초에 유용한 양식의 풍요를 언급함으로써 다른 사람들의 필요에 관심을 갖지 않은 채 인간의 전유 및 소유 권리를 명백히 정당화하고 있다. 그러나 인간들이 빈곤 상태에서 살았다고 상정한다면 그러한 무관심은 그의 원리들에서도 마찬가지로 정당화될 수 있다. 그리고 로크는 최초의 자연법에 영향을 받는 유일한 인간이 빈곤의 상태에 살았다고 언급했을 때 다른 사람에 대한 무관심은 빈곤의 관점에서 정당화된다. 세계 최초의 빈곤 상태는 다음과 같은 이유를 설명해 준다. 최초의 자연법은 첫째로 노동을 통해서만 전유를 명령했고, 둘째로 낭비의 방지를 명령했으며, 셋째로 다른 인간들에 대한 무관심을 용인하였다. 다른 사람의 필요에 대한 관심이 결여된 전유는 인간들이 풍요상태에 살고 있는지 빈곤 상태에 살고 있는지에 관계없이 단순히 정당화된다.

이렇게 시작된 인류문명은 시민사회에서 모든 것을 전유했으며 특히 토지는 희소해졌다. 금과 은은 희소할 뿐만 아니라 화폐 발명으로 인해 축적할 정도로 귀중해졌다. 그래서 사람들은 원시적 자연법이 자연상태에서 존재했던 규칙들보다 전유에 대해 더 혹독한 제한을 부과하는 규칙으로 대체되어야 한다고 기대했다. 모든 사람을 위해 공동으로 남겨진 것은 더 이상 충분하지 않기 때문에 형평법에 따라 인간이 사용할 수 있는 만큼 많이 전유할 자연권은 빈자가 고생하지 않도록 필요한 만큼만 전유할 권리로 제한되어야 한다. 금과 은도 이제 상당히 귀중하기 때문에 형평법에 따라 인간이 마음대로 많은 화폐를 축적할 자연권을 포기해야 한다.

그러나 로크는 정반대 입장을 가르친다. 즉, 전유의 권리는 시민사회에서보다 자연 상태에서 훨씬 더 제한된다. 자연 상태의 인간이 누리는 특권은 시민사회에서 사는 인간에게는 사실상 부정된다. 노동은 재산을 얻을 충분한 자격을 더 이상 만들어 내지 않는다. 이러한 포기는 태초의 시대가 끝난 후 전유의 권리가 얻은 엄청난 이득의 일부일 뿐이다.

로크는 재산 문제에서 탐욕성과 현세적 욕망이 본질적으로 악하거나 우매하지 않으며 적절하게 전달되면 전형적인 자선보다 훨씬 더 기업가 정신에 도움이 되며 합리적이라는 점을 강조했다. 로크는 사도의 말, 즉 향유할 모든 것을 우리에게 풍부하게 제공한 신이라는 표현을 주로 인용하고 있다. 이는 신이 인간에게 자유로운 손으로 부여한 축복을 언급하는 것이며, "신"은 전 세계의 유일한 주인이자 소유주이고 인간들은 소유물이며 피조물 중에서 인간의 타당성은 피조물들을 사용할 자유, 즉 신이 허락한 자유에 불과하다. 그러나 그는 또한 자연 상태의 인간이 자신의 인격과 소유물의 절대적인 주인이라는 이중성을 언급한다.

⑤ 존 로크의 단서

나를 제외한 모든 사물은 신이 인류 전체의 공유재산으로 주었다. 그러나 내 몸과 내 마음은 나의 것이다. 공유물이 나의 노동과 결합하면 그 공유물은 나의 사유물이 된다. 하지만 공유물을 취함으로써 다른 사람에게도 충분한 양을 남겨둬야 한다. 사물의 가치는 노동에 의해 발생한다고 본다. 따라서 토지도 미래 소비를 위해 금, 은, 화폐와 같은 다른 재화로 비축할 수 있는 재화로 본 오류를 범하고 있다. 금이나 은 같은 귀금속은 탐사, 채굴, 제련 등 노동이 수반되는 반면, 토지는 신이 인간에게 준 공유물이며 동시에 흐르는 물과 공기처럼 시장에서 거래될 수 없는 자연일 뿐이다.

⑤ 선점의 원칙

자원을 처음 점유한 자에게 소유권이 부여된다는 원리는 토지라는 공유물에 자신의 노동을 처음으로 결합시킨 사람에게 소유권을 주어야 한다는 선점 원칙을 의미한다. 로크는 이 주장을 하면서 왜 그렇게 해야 하는지에 대한 구체적인 이유를 제시하지 않았다. 아마도 그는 이를 당연하게 여겼을 것이다. 씨를 뿌린 자의 작물이 그 예일 수 있다. 생산된 작물을 당연한 것으로 보았지만, 이를 토지에까지 확대 해석한 것은 아닌지 의문이다. 로크는 당시 지주들을 불로소득자로 보았기 때문에 토지는 당연히 공유물로 보았을 것이나 토지가 처음에 왜 공유되어야 하는지에 대한 설명이 없다. 이 단서를 인정하면 결국 아무도 토지를 소유할 수 없다.

고대, 중세, 근대사회에서는 다수 대중이 자연권 해석에 무지했고, 교회의 신권정치 하에서 왕권신수설을 부정하거나 토지문제와 종교를 다룰 수 없는 분위기였다. 로크만이 알고 있었지만, 부르주아 편에 서서 이를 언급하지 않거나 얼버무렸다. 공상적 협동조합주의 사회주의자들이나 토지공개념을 주장한 헨리 조지 등도 자연권 즉, 재산 문제와 종교를 함께 다루지 못했기 때문에 설득력을 얻지 못했다.

로크는 노동의 생산력을 충분히 주장함으로써 홉스의 낡은 오류를 피한다고 볼 수 있다. 로크에 따르면, 재산과 관련한 최초의 자연법은 시민사회 간의 관계에서 정당하다. 모든 국가들이 서로 자연 상태에 있기 때문이다. 최초의 자연법은 전쟁에서 정복자가 획득한 피정복자에 대한 권리를 결정한다. 예를 들어, 전쟁에서 정복자는 피정복자의 토지 재산에 대한 자격을 획득하지 않지만, 입은 손해에 대한 보상으로 재화를 탈취할 수 있다.

💲 자본주의 결론

자연의 모든 사물은 공유자산으로 간주된다. 자신의 노동을 통하지 않고 얻은 사물은 자신의 것이 아니다. 정의란 인간들이 이성적인 합의로 만들어진 규칙과 계약의 총합을 의미한다. 정의는 이러한 규칙을 준수하는 것이다. 이성적으로 합의된 규칙을 준수하지 않는 것은 부정의한 것이다.

그렇다면 이러한 규칙들은 어떻게 만들어지는가? 민주정에서는 다수가 지배하며, 선거를 통해 입법권을 갖고 규칙을 만든다. 그러나 소수의 전문가들이 선출되어 자신들의 이익이나 기득권층을 위한 규칙을 만들 때, 양극화가 심화되고 부정의한 사회가 고착화된다. 소수인 부자들은 다수의 빈자들로부터 자신의 생명과 재산을 지키기 위해 선거제도를 이용하여 법을 만들고, 자신들의 안전이나 보호를 유지하려 하지만, 현실은 종종 다수를 억압하거나 착취하는 상황으로 이어진다.

따라서 다수는 이러한 부정의를 시정해 줄 것을 요청하고 있으나, 소수는 이를 외면하거나 거부하고 있다. 이러한 부정의를 정의로운 상황으로 바꾸기 위해서는 세계사회가 처음 시작됐던 상황으로 돌아가, 무엇이 잘못되었는지, 신이 요구하는 사랑과 정의로운 것이 무엇인지 획기적인 역발상의 시각으로 고민해 보아야 한다. 이를 위해 자연권의 새로운 해석, 토지개혁 방법, 기업의 역할과 새로운 법인격 전환 등에 대한 세계적인 협의체 구성과 세부 추진 사항을 모색할 필요가 있다.

화폐제도에서의 화폐 축적은 사유재산제도에서 공동선을 해치는 행위로 간주될 수 있다. 화폐의 감가상각, 예를 들어 마이너스 금리나 축적에 대한 패널티 같은 방식을 도입하면, 사회적 재생산과 내수 소비시장 등의 경제 활력과 경제 민주화를 이룰 수 있다. 또한, 인간의 종교 생활, 여성의 그림자 노동의 사회화 등 인간의 관념론은 인간의 정서적 지각력, 타인에 대한 정서적 감각, 소속된 인종에 대한 감각, 자연에 대한 감각을 개발함으로써 의사결정을 지배하는 객관적 논리를 초월하는 인지적 정서 지능을 발달시킬 수 있다.

인간의 지능은 단순히 주도적으로 움직이는 것이 아니라, 신체와 영혼의 상호작용에 의한 결과라고 볼 수 있다. 옳든 그르든, 정신과 영혼의 모든 것은 세균처럼 감염되고 생각의 리듬을 본능적으로 초월한다. 따라서 "관념"은 대중에게 막강한 힘을 발휘한다. 관념은 전염성이 강하며, 개인이 영적인 것을 결집시켜 내놓는 관념은 다이너마이트처럼 폭발성이 강한 구조를 가질 수 있다. 단단히 다져진 눈 위에 새 한 마리가 남긴 발자국이 눈사태를 일으키는 것처럼, 혁신적인 상상력을 통한 새로운 사상과 발칙하고 획기적인 제도를 발견하기 위해 함께 고민하고 토론하는 것이 중요하다. 이를 통해 몇 가지 사례와 가설들을 제시하고자 한다.

PART 3

자본주의 수정 대안

거의 낡은 이념적 스펙트럼은 모두 변하였고, 사회적 합의에 의해 재설정이 필요한 시점이다. 우리가 관념적, 또는 인습적으로 진부하게 받아들이고 있는 여러 가지 '가치'들 중에서 양의 탈을 쓴 것은 없는지 살펴야 한다.

자연권

자연권 문제는 오늘날 파당 충성의 문제로 표출되고 있다. 주위를 돌아보면 견고하게 요새화되고 엄격하게 보호되는 두 적대 진영을 대면하게 된다. 다양한 부류의 자유주의자들이 한진영을 장악하고 있고, 토마스 아퀴나스의 가톨릭, 비가톨릭 후계자들이 다른 진영을 점유하고 있다. 오늘날 사회과학은 연계되어 있으나 상이한 두 가지 근거에서 자연권을 거부한다. 즉, 역사라는 명분과 사실과 가치 간의 차이라는 명분에서 자연권을 거부한다. 반면, 자연권 옹호자들은 자연권이 인간의 이성에 의해 식별되고 보편적으로 인지될 수 있는 권리라고 주장한다.

모든 교의는 조만간 다른 교의로 대체될 것이다. 우리는 한계로 인해 문제가 되는 통찰력의 가능성에 대해 여전히 의심하지 못하기 때문에 과거 사상가들의 저서를 아무리 세심하게 연구해도 그들이 우리와는 전혀 다른 통찰력을 가지고 있다는 것을 인정할 필요가 없다. 인간의 사상은 본질적인 불완전성에도 불구하고 순수하고 보편적으로 정당한 방식에서 정의의 원리들에 관한 문제를 해결할 수 없다면 자연권은 존재할 수 없다. 역사주의 자체도 인간의 산물이다. 따라서 역사주

인문학으로 읽는 금융화폐 **자본주의**

의는 잠정적인 정당성을 지니거나 진실되지 않을 수 있다. 모든 자연권 사상은 인간만이 정의의 근본 요소들을 원리상 확보할 수 있다고 주장한다. 17세기 이후 철학은 무기이자 도구가 되었다.[92] 역사학파는 자연권 이념을 모호하게 하지 않았다. 오히려 역사로 위장해 자연권을 유지하고 있다.

신의 관점에서 모든 사물은 공평하고 고귀하며 선하고 정당하다. 반면 인간들은 어떤 사물들이 정당하고 다른 어떤 것들은 정당하지 않다고 가정해 왔다.[93] 정당한 것과 부당한 것 사이의 차이는 단지 인간적 가정이나 인습이다. 신은 정의를 보상하고 부정의를 처벌하지 않는다. 정의는 초인간적 지지물이 없다. 정의가 선하고 부정의가 악하다는 것은 전적으로 인간의 행위와 결정에 기인한다. 신적인 정의의 흔적은 정의로운 인간들이 통치하는 곳에서만 발견된다. 따라서 자연권의 거부는 특정한 섭리의 거부 결과 같다. 우주에 대한 인간의 다양한 개념들이 우주가 없다는 것, 우주에 대한 진실된 설명이 없다는 것, 인간이 우주에 관한 진실된 또는 궁극적인 지식에 도달할 수 없다는 것을 거의 증명하지 않듯이, 정의에 대한 인간의 다양한 개념들이 자연권이 존재하지 않거나, 인식될 수 없다는 것을 증명하지 않는 것 같다.

자연법은 인간이 자연 상태에 살든 시민사회에 살든 관계없이 인간에게 완벽한 의무를 부과한다. 자연법은 모든 인간에게 영구적인 규칙으로 나타난다. 자연법은 모든 합리적 피조물에게 명백하고 명료하다. 자연법은 '이성의 법'과 동일하다. 자연스럽게, 즉 긍정적 계시의 도움 없이도 인식될 수 있다. 로크는 자연법 또는 도덕률이 논증적 과학의 반열에 올라 옳고 그름의 척도를 이해하려고 한다고 생각한다. 따라서 인간은 윤리 체계를 세련화하려 한다. 이 윤리 체계는 결국 이성의 원리에서 도출된 자연법이며, 모든 삶의 원리에 관한 가르침, 아니면 자연법 체계 전체, 완벽한 도덕성, 우리에게 자연법 전체를 부여하는 규율이다. 이 규율은 다른 무엇보다도 자연적 형법을 포함해야 한다.

그러나 로크는 결코 이 규율을 세련화시키려 노력하지 않았다. 이 위대한 연구 작업을 시도하지 않은 그의 오류는 신학에 의해 제기된 문제에 기인한다. 자연법은 신의 의지를 천명한 선언이며, 인간 내면에 존재하는 신의 목소리이다. 그러므로 자연법은 신법, 또는 신성한 법, 심지어 영구법이다. 즉, 자연법은 최상의 법이다. 자연법은 신법일 뿐만 아니라 법의 위상을 유지하기 위해 신법으로 인식되어야 한다. 인간은 이러한 지식 없이는 도덕적으로 행동할 수 없다. 도덕성의 진정한 근원은 신의 의지와 법만이 될 수 있기 때문이다.

신의 존재와 속성이 증명될 수 있기 때문에 자연법은 증명될 수 있다. 이 신성한 법은 이성 속에서 또는 이성을 통해서뿐만 아니라 계시에 의해서도 공포된다. 사실 이 법은 첫째 계시에 의해 인간에 완전히 인식되었으며 이성은 이렇게 노정된 신성한 법을 확인한다. 이것은 신이 여러 가지 완전한 실정법을 인간에게 노정하지 않는다는 것을 의미하지 않는다. 로크는 인간 자체를 강요하는 이성의 법과 기독교인을 강요하는 성경에 노정된 법 사이의 차이를 인정한다.

사람들은 로크가 자연법과 계시법의 관계에 대해 언급하면서 나타나는 난점에 의문을 제기할 수 있다. 로크의 가르침은 근본적이고 명백한 난점, 즉 자연법 개념 자체를 위태롭게 하는 난점을 노정하고 있다. 로크에 따르면 자연법은 신에 의해 부여된 것으로 인식되어야 법의 자격을 유지하지만, 자연법은 내세에서 무한히 중요하고 지속적인 신성한 보상과 처벌을 담고 있다. 그러나 다른 한편으로는 내세가 있다는 것을 이성이 증명할 수 없다고 주장한다. 우리는 계시를 통해서만 자연법을 위한 제재나 도덕적 교화의 진정한 시금석을 알고 있다. 그러므로 자연적 이성은 자연법을 법으로 인식할 수 없다는 것은 엄격한 의미에서 자연법이 존재하지 않는다는 것을 의미한다.

이 난점은 신의 존재에 대한 확신이 그가 노정한 진리에 대한 증명을 의미한다는 사실을 통해 외견상 극복된다. 자연적 이성은 인간의 영혼이 영원히 존재한다는 것을 실제로 증명할 수 없다. 그러나 자연적 이성은 신약성서가 계시에 대한 완벽한 기록이라는 것을 증명할 수 있다. 신약성서는 인간의 영혼이 영원히 존재한다고 가르치므로, 자연적 이성은 도덕성의 진정한 근거를 제시하고 자연법의 권위를 입증할 수 있다. 사람들은 신약성서가 계시에 관한 기록이라는 것을 증명함으로써 예수에 의해 선포된 법이 법의 적합한 의미에서 법이라는 것을 증명한다. 이 신성한 법은 결과적으로 이성과 완전히 일치하며, 자연법을 전적으로 포괄적이고 완전하게 공식화한다.

따라서 사람들은 이성이 독자적으로 자연법을 완전히 발견할 수 없었지만, 계시를 통해 터득한 이성이 신약성서에 노정된 법의 완전히 합리적인 성격을 인식한다는 것을 알게 되었다. 신약성서의 가르침과 다른 모든 도덕적 가르침에 대한 비교에서도 나타나는 바와 같이 자연법 전체는 오직 신약성서에서 유효하다. 로크는 정부와 관련하여 엄격하게 성서에 기초한 자연법을 구성하면서 여러 잠재적인 장애에 직면했음을 의심할 수 없다. 그는 자신의 저술 당시 상황을 고려하더라도 자신의 원칙 때문에 신약성서를 진실이라고 인정하는 주장에서 벗어나기 어려웠을 것이다.

사람들은 신의 존재 증명이 실제로 신이 노정한 어떠한 명제의 증명이라는 것을 간단하게 언급할 수 있다. 그러나 신이 문제의 명제를 노정했다는 우리의 인식은 확실성의 완전한 위력에 좌우된다. 문제의 명제가 신으로부터 노정됐다는 우리의 확신은 지식과 다를 바 없으며, 적어도 전통을 통해서만 계시를 알고 있는 모든 사람과 관련하여, 전통이 신으로부터 출현했다는 우리들의 인식은 우리 자신의 이념에 대한 합의나 반대를 명료하고 특이하게 지각함으로써 얻는 지식과 결코 확신할 수 없다. 따라서 인간들의 영혼이 영원히 생존할 것이라는 우리의 확신은 믿음의 영역에 속하며 이성의 영역이 아니다. 자연법은 자연의 작품이라기보다는 이해의 피조물이다.[94]

자연법은 인간들의 '상호 안전' 또는 인류의 '평화' 및 '안전'과 관련된 이성 명령의 총합일 뿐이다. 자연 상태의 모든 인간은 자신들의 경우에 판관이기 때문에, 그리고 자연 상태는 자연법에서 발생하는 항구적인 갈등을 특징으로 하기 때문에, 자연 상태는 지속될 수 없다. 유일한 해결책은 정부 또는 시민사회이다. 따라서 이성은 시민사회가 어떻게 구성되며, 시민사회의 권리와 영역이 무엇인가를 명령한다.

시민사회에는 합리적인 공법 또는 자연적인 헌법이 존재한다. 마키아벨리가 미덕을 애국주의라는 정치적 미덕으로 환원시켰듯이, 홉스는 평온함이라는 사회적 미덕으로 환원시켰다. 홉스는 주로 주권론의 고전적 옹호자로 인정된다. 주권론은 법률적 교의로서, 통치하는 권위에 최상의 권력을 양도하는 것이 마땅한 것이 아니라 최상의 권력은 통치하는 권위에 귀속된다는 것을 지적한다. 주권의 권리는 실정법이나 일반관습이 아니라 자연법에 입각해 최상의 권력에 양도된다.

자연법은 자연의 작품이라기보다는 이해의 피조물이다. 즉, 자연법은 마음속에 겨우 존재하는 개념일 뿐 사물 자체에는 존재하지 않는다. 따라서 시민사회, 즉 이성이 충분히 배양된 시민사회에서 이미 삶을 영위하는 그러한 사람들만이 자연 상태에 살면서도 자연법을 알 수 있었다. 그러므로 자연법이 적용되는 자연 상태에 존재하는 인간들의 한 예는 야만적인 인디언들이 아니라 미국 내 영국 식민주의자들 중 엘리트일 것이다.

루소가 주장한 자기보존의 권리는 모든 사람이 자기보존에 필요한 수단을 소유할 권리를 암시한다. 따라서 자연적 전유권이 존재한다고 볼 수 있다. 사람들은 본질적으로 지구상의 결실을 자신에게 필요한 만큼 스스로 전유할 권리를 가진다. 노동을 통해서만, 사람은 자신이 경작한 토지의 생산물을 소유할 배타적 권리와 다음 추수 때까지 그 경작토지를 배타적으로 점유할 권리를 획득할 수 있다. 지속적인 경작은 경작토지의 합법적이고 지속적인 점유가 될 수 있으나, 그 토지에서 소유권을 창출하지는 않는다.

실정법에 의한 승인 이전에 토지는 찬탈되거나 강제력에 의해 획득되었지, 적법하게 획득되지는 않았다. 만약 그렇지 않다면, 자연권은 첫 번째 점유자가 자신들의 오류로 인해 토지를 점유하지 못하는 사람들의 자기보존권을 손상시킬 권리를 신성하게 해 준다는 의미가 된다. 즉, 빈자들은 자유인으로서 자기보존을 위해 필요한 것을 획득할 자연 권을 보존한다. 다른 사람들이 모든 것을 이미 점유해 버렸기 때문에 자신의 토지를 경작함에 있어 필요한 것을 점유할 수 없다면, 이들은 강제력을 사용할 수도 있다. 따라서 첫 번째 점유자의 권리와 강제력에 호소해야 하는 사람들의 권리 사이에 갈등이 발생한다.

이러한 상황에 이르면 권리는 폭력을 계승한다는 것, 즉 평화가 인습 이나 계약을 통해 보장된다는 것은 빈자뿐만 아니라 부자의 관심 사항 이 된다. 이것은 결국 로크의 격언대로 "재산이 없는 곳에 부정의가 존 재할 수 없다"는 것 또는 "자연 상태의 모든 사람이 자신들을 유혹하 는 모든 것과 획득할 수 있는 모든 것에 대한 무제한적 권리를 보유한 다"라는 것을 의미한다.

실제 사회의 기초인 계약은 자연 상태의 끝에 존재하는 인간들의 사 실적 점유물을 순수한 재산으로 변형시켰다. 그러므로 계약은 초기의 찬탈을 통제했다. 실제 사회는 부자가 빈자에게 범한 기만에 좌우된 다. 정치권력은 경제 권력에 기반을 두고 있다. 진보는 지금까지 시민사 회의 최초 결점을 치유할 수 없었다. 법은 불가피하게도 가진 자들을 더 선호한다.

아직도 모든 사람은 자기보존을 위해 사회계약을 체결하고 준수해야 할 필요가 있다. 사회계약은 자기보존에 필요한 수단의 판관으로 남아 있거나 과거처럼 여전히 자유롭게 남아 있는 것을 인간에게 허용하지 않을 경우에 개인의 자기보존을 위태롭게 할 수 있다. 그렇기 때문에 루소는 개인의 일반의지가 자연법을 대신한다고 절충하고 있다.[95]

 **사유재산**

사유재산제는 한 가정이나 한 세대가 경제활동의 통상적 단위로 되어 있는 사회에서 성립되는 경향이 있는 제도이다. 이러한 사회에서는 사유재산제가 물질적 부의 분배를 지배하는 데 가장 적합한 제도일 수 있다. 그러나 오늘날 경제활동의 자연적 단위는 가정, 마을, 단일 국민 국가가 아닌 현재 살아 있는 인류의 세계 전체이다. 산업주의 출현 이래 현재 서구 사회의 경제는 사실상 가족 단위를 넘어섰고, 따라서 논리적으로는 가족 단위의 사유재산제를 넘어섰다. 그럼에도 불구하고, 이 낡은 제도가 아직 실시되고 있다. 이러한 정세에서 산업주의는 사유재산제에 강한 추진력을 부여하는 부유한 자의 사회적 세력을 증대시키며 그들의 사회적 책임을 감소시켰다. 그 결과, 산업시대 이전에는 유익했던 이 사유재산제가 이제는 여러 모양의 사회악을 드러내기에 이르렀다.

그래서 오늘날 낡은 사유재산제를 산업주의의 새로운 세력과 조화할 수 있도록 조절하는 과제에 직면하고 있다. 이 평화적 조절 방법은 국가라는 기관을 통해 계획적이고 합리적이며 공평한 사유재산의 관리와 재분배를 함으로써 산업주의에 필연적으로 수반되는 사유재산의 편재를 방지하는 것이다. 국가는 기간산업을 관리함으로써 그 사유로 인해 다른 사람의 생활에 지나치게 지배하는 힘을 억제할 수 있고, 부유한 자에게 고율 과세를 부과하여 조달되는 경비로 사회사업을 행함으로써 빈곤의 비참한 결과를 완화시킬 수 있다. 만일 이 평화적인 정책이 원만하게 실시하지 못한다면, 그 대신에 공산주의와 같이 사유재산제를 전멸시키려는 혁명적인 방법이 우리를 습격할 것이다. 왜냐하면 산업주의의 힘에 의한 사유재산의 편재가 도저히 참을 수 없는 '이상'을 초래할 것이기 때문이다.

🖩 아퀴나스, 오컴의 사유재산

실재론과 유명론 중 플라톤의 1이라는 것이 3~2라는 운동으로 발생한 것일 수도 있고, 3×3이라는 운동으로부터 발생할 수도 있다는 것을 사유하지 못하고 있다. 이처럼 실재론은 기본적으로 발생에 입각한 사유에 무능력할 수밖에 없고, 따라서 실재론은 기본적으로 정치적으로 보수적이고 위계적인 태도를 보일 수밖에 없다. 반면, 유명론은 개별자들과의 조우를 통해서 보편자가 우리의 정신 속에서 발생한다고 주장한다는 점에서, 기본적으로 발생에 입각한 인식과 사유에 근접한 양상을 보인다. 유명론은 개별자들이 결코 보편자로 환원되는 것이 아니라 그 자체로 절대적인 현존이라고 보고 있을 뿐만 아니라 다른 개별자들에 의해 파괴될 수 없다고 주장한다는 점에서, 정치적으로 혁명적인 경향을 띠기 쉽다. 우리는 실재론적 경향과 유명론적 경향의 정치적 보수성과 혁신성의 측면을 스콜라철학의 대부인 아퀴나스와 유명론의 창시자 오컴 각각이 사유재산에 대해 어떤 입장을 취했는지를 통해 확인할 수 있다.

아퀴나스는 사유재산을 직접적인 자연권으로 보면서 긍정하지만, 오컴에 따르면 인간에게는 원래 사유재산도 공동재산도 없었다고, 다시 말해 그것은 자연권으로 정당화될 수 없는 것이라고 본다. 오컴의 이런 제안은 실존하는 개체들이 어떤 재산도 가져서는 안 된다는 것을 말하는 것은 아니다. 오히려 누군가 자신이 가진 재산들을 정당한 권리인 것처럼 보는 보수적인 입장에 반대하고 있는 것이다.

사유재산과 개체 사이의 관계는 사실 보편자와 개체 사이의 관계를 그대로 반영하고 있다. 보편자가 개체에 앞서 존재한다는 실재론적 주장은 기본적으로 사유재산이 자연권이고 그래서 그것을 자신의 자식에게 물려주는 것이 당연하다는 주장이 전제되어 있다. 다시 말해 보편자가 개체 앞에 존재하는 것과 마찬가지로 사유재산이 아직 태어나지 않았지만 태어날 자기 자식 앞에 존재한다는 것은 당연하다는 것이다.

이와 달리 오컴의 입장에 따르면 보편자가 개체 앞에 존재하지 않는 것과 마찬가지로 사유재산도 자기 자식 앞에 그 미래의 개체를 이러저러한 사회 경제적 신분으로 식별, 규정해 주는 것으로서 미리 존재할 수 없는 것이다. 이런 입장에 기초해 있기 때문에 오컴은 굶주린 자들이 기존의 사유재산 질서를 파괴할 수 있다는 혁명적인 입장을 피력할 수 있었다. 다시 말해 굶주린 자들은 자신들의 생존을 위해서 법적으로 확립된 소유 질서를 절도를 통해서라도 파괴할 수 있는 권리를 가지고 있다는 것이다.[96]

인간 본성의 핵심을 파고든 사유재산의 관계는 양날의 칼이었다. 봉건 질서와 군주제의 특권에 맞서 개인 노동의 결실에 대한 권리를 확보하는 것은 차별화, 개인화, 자아의식 과정을 심화시켰다. 재산이 있는 백인 남성들은 자신의 영역에 대한 주권을 행사했고 스스로 섬이 되었다. 사유재산 관계에 대한 자연법 이론의 발전은 서구 역사에서 자율적 개인의 출현과 보조를 맞추었다.

 그러나 이제 사유재산의 이론적 근거는 다시 한번 우리의 시간과 공간에 대한 의식을 바꾸고 있는 새로운 기술의 성과로 의미를 잃어가고 있다. 이제 재산에 대한 정의에는 비물질적 수입 "즉 삶의 질을 누릴 수 있는" 수입에 대한 권리가 포함되어야 할 것이다. 그런 수입은 사회적 권리에 참여할 수 있는 권리, 수로를 걸어가고 오래된 시골길을 걸어 다니고 공동의 광장에 들어가 즐길 수 있는 만족스러운 권리도 포함된다.97)

수정 대안의 이론

 관념적 사례가설

:: 성경적 가설

BC 320년, 프톨레마이오스가 유대인을 정복하기 이전의 역사는 아브라함, 야곱, 요셉, 유대왕국, 북이스라엘, 바빌론의 네부카드네자르, 바빌론 유수, 페르시아의 키루스, 예루살렘 귀향 등의 역사 기록이 성경을 근거로 하고 있다. 많은 전문학자들은 이러한 역사적 사실과 문학적 내용이 소급되거나 창작되고, 다른 내용과 섞이거나 편집된 것으로 추정한다.

그러나 성경적 도그마에 도전하거나 엄두를 낼 수 없을 뿐만 아니라 입증할 자료도 부족하기 때문에 유추에 그친다. 따라서 이 문제를 규명하기보다는 종교와 자본주의가 어떻게 맞물려 고대부터 중세, 현재 우리 경제생활에 영향을 주고 있는지 그 줄기를 쫓아가다 보면, 예루살렘적 종교관, 아테네적 사상관, 이오니아적 금욕주의, 인도와 중국적 동양관(무·공) 자연의 질서, 인간의 본성 등 전문화되고 학문적으로 나뉜 스펙트럼을 약간은 쉽게 알 수 있다. 뿐만 아니라 왜 인간은 스스로 자본주의의 병폐를 개선할 수 없는지, 개선한다면 무엇을 개선해야 하는지, 우리 앞에 무엇이 가로막고 있는지를 희미하게나마 볼 수 있도록 연결지어 많은 사람과 함께 논의해 보고자 한다.

:: 성경의 가부장 지배 논리

창세기 중 6일 동안 우주 만물을 지어내시고 7일째 하나님께서는 남자를 만드시고, 혼자 있는 것이 보시기 안 좋아 남자의 몸에서 갈비뼈를 빼 여자를 만드셨다. 즉, 하나님이 남자를 만드시고 남자의 몸으로 여자를 만들었다는 것은 서열상 여자가 아래라는 것이다. 성경의 다른 곳에서도 남편은 너의 머리이다, 남편의 사회적 체면 때문에 여자들은 머리를 천으로 가려야 한다 등 성경에 수많은 남성 중심 지배 사상이 곳곳에 들어있다.

:: 교회는 여자들의 감정 때문에 돌아간다

교회, 성당, 사찰의 신자들 중 7할 정도가 여자다. 이러한 현상은 사회적 제도, 가정에서의 여성의 위치 등 사회 곳곳에 만연한 남성 중심적 사회체제 속에서 핍박, 억압, 폭력, 불이익과 불평등의 억울하고 열등한 감정들을 위로받기 위하여 신에게 기도하며 집착하는 현상이 팽배하다.

한편, 종교가 상당히 먼저 발달한 서유럽 지역의 스칸디나비아반도에 위치한 복지국가들이 종교와 신의 도움 없이도 협력 사회를 만들 수 있었던 특수한 제도와 관행과 사회적 여건은 무엇이었는지에 대해 놀라운 단서를 제공한다. 그것은 개인들 간의 계약이 잘 지켜지는지 감시하는 기제, 경찰, 사법부, 같은 제도를 통해 대규모 협력을 유지하는 데 성공한 것이다.

북유럽 특히 스칸디나비아반도 같은 지역에서는 이들 제도가 공동체를 건설하는 종교의 기능을 빼앗으면서 종교가 급속도로 쇠퇴했다. 인구 대다수가 무신론자인 이들 사회는 사회 구성원 간에 가장 협력이 잘 이루어지고 평화로우며 풍요를 누리는 사회들이 포함되어 있다. 종교라는 사다리를 오른 뒤 그 사다리를 걷어차 버렸다. 따라서 그들 국민이 1년에 한 번 크리스마스 기념일에나 교회나 성당에 참석해 기도하는 시간보다는 여행 다니기에도 바쁘다고 여기는 것이 무엇을 말해주는지 곱씹어 봐야 하지 않을까 생각된다.

:: 남녀 차에 대한 새로운 해석

많은 동물 세계에서는 고작 20% 수컷들이 90%에 육박하는 암컷들과 번식을 한다. 오늘날 인류의 조상이 여성과 남성이 50:50에 가깝다고 생각하기 때문에 여성이 대략 남성보다 2배 더 많았다는 이야기를 들으면 놀라워한다. 인류 조상의 약 67%가 여성이고 33%가 남성이라는 것이다. 최근 인류 수가 팽창한 것은 전체 인류 중 대부분이 최근에 살던 사람들이거나 현재 살아있는 사람들이기 때문이다. 그리고 현대사회에서는 일부일처제가 전 세계적으로 퍼져있기 때문이다. 과거 일부다처제가 일반적이었을 때는 불균형이 훨씬 심각했을 것이다.

우리가 여성이 남성보다 2배 많았던 조상들의 후손이라는 것은 무엇을 뜻하는가? 우리가 만나는 모든 성인들 중 80% 정도의 여성과 단 40%의 남성만이 자식을 낳는다. 어쩌면 60:30일 수도 있다. 하지만 어뜯든 간에 여성이 현재에 이르는 후손들을 가질 확률은 남성의 2배였다. 성인기까지 생존했던 대부분의 여성들은 최소한 한 명 이상의 자식을 두었을 것이며 그 후손들이 지금까지 살아있다.

하지만 대부분의 남성들은 그렇지 않다. 생존했던 대부분의 남성들은 정상에 오르지 못했던 야생마들과 마찬가지로 자신의 유전적 흔적을 남기지 못했다. 이것은 어마어마한 차이다. 태어났던 모든 인간 중 대부분의 여성들은 엄마가 되었지만, 남성들은 아빠가 되지 못했다. 진화의 핵심은 생존이 아닌 재생산에 있다.

인류의 역사 전체를 돌이켜보고 자신의 유전자를 다른 이에게 남긴다는 자연의 성공 기준을 적용해 볼 때 대부분의 남성들은 실패했다고 할수 있다. 반면, 대부분의 여성들은 성공했다. 다시 말해 남성으로 산다는 것은 여성으로 사는 것과 달리 생물학적 실패를 수반한다.

왜 50명의 여성들이 한데 뭉쳐 배를 건조하거나 미지의 바다를 탐험하기 위해 항해하는 경우가 그토록 드문가? 여성이 아닌 남성들이 이것을 시도한 것은 부, 권력, 그리고 우리가 살펴볼 다른 것들에서의 성차(상체의 근육)에 기인한다. 미지의 장소로 떠났던 여성들은 아마도 다른 이들에 비해 자신의 유전자를 남길 확률이 적었을 것이며 물에 빠져 죽거나 식인종, 또는 질병으로 쓰러졌을지 모른다. 대신 집에 머무르며 나머지 다른 여성들처럼 행동하면 아기를 가지게 될 것이다. 집을 떠났던 남성들 중 일부는 여행으로부터 아내 한둘을 얻거나 자녀들을 부양할 재물을 가지고 돌아왔다. (칭기즈칸은 1,000명을 웃도는 자녀가 있었다.)

대부분의 인류 여성은 아기를 낳는다. 지적장애 여성도 자녀를 가질 가능성이 있으며 이 아기가 지적장애아가 될 확률은 평균 이상이다. 대부분의 여성은 아기를 낳기 때문에 여성에게 있는 열등한 특성을 숨

아내기 어렵다. 반면 대부분의 남성들은 번식하지 못한다. 오로지 가장 성공한 남성들만 번식하고 지적장애 남성들은 이 성공한 엘리트 그룹에 들어갈 가능성은 희박하다. 따라서 자연의 유전자 실험은 남성에게 이루어졌을 때 바로 종료된다. 불운한 남성의 유전자들은 유전자 공급풀에서 솎아진다. 반면 불운한 여성들의 유전자는 많은 세대 동안 끈질기게 계속 살아남을 것이다. 따라서 자연은 여성들보다 남성들에게 실험하는 것이 더 유리하다. 남성들을 통해 얻은 열등한 유전자 조합들은 재빨리 유전자 조합풀에서 삭제되어 이 조합이 다음 세대로 전달되는 것을 막을 수 있기 때문이다.

따라서 하나님의 모상대로 창조된 모든 인간은 평등하게 존중받는 삶을 살아야 하는 것인가? "힘이 정의다"란 측면에서 열등한 인간은 우월한 인간에게 지배받는 삶이 자연의 순리인가?

:: 엘리트 여성들 자신감 결여 및 과학적 인식 부족

여성 리더들조차 여성은 생리적, 심리적 여러 요인들을 관찰할 때 매우 나약하고 의존적이기 때문에 남성과 평등하기가 어렵다고 생각할 뿐만 아니라 마치 하나님께서는 몇천 년 전에 이러한 점을 미리 아시고 성경에 남성은 지배하고 여성은 복종하라고 기록해 놓은 것만 봐도 역시 신은 모르시는 게 없다. 그렇기 때문에 의심하지 말고 무조건 믿어야 한다. 그러나 그러한 기록은 자연적 현상인 것을 감안하여 기록한 것이고 그 격차를 해소하기 위하여 사회적 논의와 합의가 필요한 개혁 과제라고 주장하여야 함에도 불구하고 겸손하고 순종적이고 무저항적인 여성 지도자들의 의식 수준에 문제가 많다.

:: 성경 근본주의 재해석

동양관적 자연관은 "죽음은 흙으로 돌아간다"라는 것과 달리 근동지역에서 서양으로 건너간 기독교 사상은 "영혼은 죽지 않고 영원히 산다"라는 생각과 육신도 언젠가 다시 일어나 하나님의 나라인 천국에서 영원히 산다는 의식을 주입시켜 인간의 삶 즉 자연의 질서인 죽음 앞에서 의연하고 당당하게 받아들이지 못하고 비겁하게 두려워할 뿐만 아니라 자신의 DNA인 자식에게 재산을 위탁관리한다는 개념으로 현세에 재분배 순기능에 영향을 주고 있다.

기독교가 부흥하기 전 일찍이 동양의 시민들은 자연과 인간을 느끼고 깨달아 열반의 경지 "왔던 곳 자연으로 돌아간다." 즉, 자연과 인간은 같다는 보편적인 사상을 갖고 있었다. 그러나 서양에서 기독교를 받아들이면서 자신에게 생명을 준 절대자인 창조주에게 죄를 지어 그 죗값으로 죽음이 왔다고 생각하고 그 죽음 앞에서 벌벌 떨 뿐만 아니라 죽은 후 좋은 곳으로 가길 사정하고 언젠가 자신을 다시 이승에서 살 수 있게 해달라고 비는 형국이다. 이와 같은 현상은 사회공동체에 죽음 이후에 사회환원이라는 것을 곤란하게 하여 사회가 좀 더 풍요로워질 수 있는 길을 막고 있다.

한편, 모든 것을 사회에 주고 갈 바에는 왜 그렇게 열심히 위험을 감수하며 살았는가 하는 의문이 생긴다. 또한, 모험의 기업가 정신이 필요하지 않다고 주장하는 것도 가능하다. 인간은 어느 정도 갖고자 하는 욕망과 자식에게 물려주고자 하는 욕망 없이는 사회가 발전할 수 없지 않겠는가 하는 질문이 제기될 것이다. 하지만 이 문제는 우리가 지금까지 세운 진부한 논리일 뿐이다.

인간이 동물과 다른 점은 비본능적 세계를 찾아낸 것이다. 비본능적 세계란 본능을 거역하는 것이며, 이기적 세계를 넘어선 이타적 세계를 찾아낸 것이다. 따라서 지금까지의 세계관, 역사관은 일당을 받으려 불려온 수십만 명의 소년병들의 죽음을 모른 체하고 말 안장 위에서 "돌격 앞으로"를 명령하는 지휘관들의 모습만 보려는 것은 아닌지 의문이다. 새로운 논의가 필요하다.

:: 교회의 정치경제적 역할

교회는 중세까지 황제의 권력과 교황의 권력이 중첩되거나 충돌할 수 있어 세속적이고 정치경제적인 문제에 중립적인 자세를 취했다고 이해되었다. 하지만 현대 자본주의 정치경제체제에서는 하나님의 말씀이 땅에서도 이루어지기 위해 신자들에게 적극적인 사회교육과 제도권 개혁 요구를 피하면 교회의 사명을 회피하는 것이다.

과거 왕정 시대에도 화폐 인플레이션 억제를 위한 왕의 선정, 사회적 약자를 위한 구빈 정책 등을 시행했다. 그러나 현대 금융 과두정치 체제에서는 야수와 같은 피도 눈물도 없는 경제정책으로 수많은 사람을 사회로부터 배제하거나 제거하는 현실이다. 교회는 후손들의 낭비되고 가치가 떨어지는 교육정책, 젊은이들의 취업 문제, 결혼에서 출산에 이르기까지 '자유시장경제'라는 가치에 맡겨둘 것이 아니라 그 해결책을 정치권, 경제 주체들에게 하나님의 말씀대로 어느 정도 평등하고 행복한 삶을 보장하라고 강력하게 요구해야 함에도 불구하고, 오히려 교회는 세속적 욕망을 참거나 억제하고 현세보다는 내세의 삶을 위로하며 기도하라는 말로 눈을 감거나 모르는 체하고 있다.

:: 신자의 역할

수많은 신자들은 단 하루만 주인인 민주주의라는 선거제도에 사기를 당하고 집으로 돌아와 자신의 불운한 삶은 무능한 남편과 무능한 자식들의 탓으로 돌리고 교회에 나가 성직자들 앞에서는 정치인들과 경제인들이 제대로 할 수 있도록 교회가 앞장서 달라고 요구하기는커녕, 예수님이나 부처님과 동격으로 행동하는 권위적인 성직자들에게 무조건 복종하고 순종하는 행동과 행태가 사회 속의 빛과 소금이 되라는 교회의 행동에 걸림돌이 되고 있는 현실이다.

역사적 사례가설

💰 알렉산더 왕과 역사 주입교육

필리포스 2세(Philip II of Macedon)는 BC 4세기 중반에 그리스 본토의 대부분을 통합하였으며, 그의 아들 알렉산더 대왕(Alexander the Great)은 그리스와 아시아를 정복하며 큰 제국을 건설하였다.

난 내 아버지의 창녀였어. 나는 아버지가 가축, 말, 금화를 지불하고 나에게서 사는 것을 너 헤파이스티온에게 공짜로 줬어. 그리스 도시국가들의 보물들도 내가 너에게서 받은 것에 비하면 아무것도 아니었다는 사실을 깨달았어. 나는 세상에는 돈으로 살 수도, 훔칠 수도, 강제로 빼앗을 수도 없는 '감정'이 존재한다는 것을 발견했어. 나에게 천하무적의 전사인 내 아버지도 가지지 못한 뭔가가 있다는 걸 깨달았어. "난 여자인 동시에 남자야." 나는 여자의 고통을 경험해 보지 못한 남자보다 더 강하고, 더 영리하고, 더 단호해. 세상은 여전히 나를 사생아로, 남편을 살해한 어머니의 옷자락에 매달리는 올림피아스의 딸로 취급했다. 사람들은 내가 그녀에게 홀렸다고 말했다.

그녀는 왕위 계승의 정당성을 문제 삼는 사람들을 모두 독살했다고 수군거렸다. 한편 어머니 올림피아스는 알바니아 남부 에피루스 지역에 사는 그리스 사람들인 몰로시아인의 공주로 태어났다. 그녀는 자신이 아킬레우스의 아들 네오포톨레모스와 포로로 잡은 헥토르의 미망인 안드로마케의 후손임을 주장했다. 따라서 올림피아스는 자신의 조상이 신 헤라클레스라 주장하였고 이를 알렉산더에게 계속 주입시켰다. 한편 아테네를 정복할 때 알렉산더는 병사로 변장하고 아크로폴리스 근처에서 대추야자 열매를 파는 어린 소년을 여인숙으로 끌고 가 겁탈했다. "내가 필리포스의 범죄를 되풀이했던 것이다." 올림피아스가 결혼을 강요할 때 여인이여 당신은 나에게 사랑을 줬소. 하지만 그 사랑이 키운 건 괴물이었소. "나는 결혼하고 싶지 않소." 난 당신을 닮은 아내를 원하지 않소! 나는 나에게 상처를 입게 될 아이들이 태어나는 걸 원하지 않소!

유럽과 아시아의 통합을 꿈꿨던 왕은 절친했던 헤파이스티온이 죽어 오랫동안 우울감에 시달리던 알렉산더는 메디아의 산악지대로 돌진하여 쌓인 눈을 뚫고 코사이아인이라고 알려진 고집 센 사람들을 공격한 뒤 마침내 저조한 기분에서 탈피했다. 역사가 플루타르코스는 마치 사냥을 하러 나가듯 전쟁을 이용하여 자신의 슬픔을 위로하였으니 사실 인간 사냥이었던 셈이라고 말했다. 당시 역사의 다른 비슷한 사례인 로마 건국 신화에서도 베르길리우스의 『아이네이스』에서 트로이 전쟁에서 패한 트로이 장군 아이네이스가 이탈리아로 건너가 로마국가를 건국하였다고 주장하고 있는 것은 호메로스의 『일리아드』 속의 트로이 전쟁이 실제로 있었던 역사적 사실인지 문학적 서사시인지 지금도 학계에

인문학으로 읽는 금융화폐 **자본주의**

서조차 논란이 되고 있다. 따라서 이렇게 명확하지 못한 신화적 서사시를 마치 사실 있었던 것처럼 간주하는 인간의 심리구조를 유추할 때 성경 속의 역사적 내용과 문학적 내용이 혼재된 내용들도 사람들의 심리구조에 사실로 주입될 수 있음을 주의 깊게 살펴볼 수 있다.

거대한 신

수렵채집 사회에 존재했던 '영'과 신격체들에는 놀라운 특징이 하나 있다. 대부분이 포괄적인 도덕적 관심을 갖지 않았다는 점이다. 이는 처음에는 이해하기 어려울 수 있다. 아브라함 계통의 신앙을 믿는 사람들은 종교가 도덕성과 밀접하게 관련되어 있다고 여기는 시각에 익숙하기 때문에, 종교와 도덕의 연관성이 상대적으로 최근에, 그것도 일부 지역에서만 나타난 문화적으로 독특한 현상이라는 사실을 간과하기 쉽다. 그러나 인류학자들에 따르면, 인간의 조상들이 형성했던 소규모 집단에서 숭배되던 신격체들은 제물을 바치고 의식을 통해 달래야 하는 대상이었지, 현재 세계 주요 종교의 거대한 신들이 집착하는 절도나 착취와 같은 비도덕적인 범죄행위에는 관심이 없었다. 이러한 소규모 집단에서는 친족과의 교류가 흔하고 개인의 평판을 감시하기 쉬워 사회적 범죄를 숨기기 어려웠다. 따라서 이런 집단들이 믿는 영이나 신격체는 사람들의 도덕적 삶에 관여하지 않았을 수도 있다.

그러나 집단의 규모가 커지면서 친사회적 믿음과 관행들이 전파되고 문화적 진화가 가속화되면서 대규모 협력이 강화되었다. 유전적으로 무관한 사회 구성원들 사이에 변형된 믿음과 행동이 전파되는 현상이 조성되었고, 이는 거대한 신을 숭배하는 거대 사회의 출현으로 이어졌다. 인간사에 일일이 개입하려는 거대한 신들은 이런 문화적 진화 초기에 나타난 돌연변이였다. 거대한 신을 숭배하는 종교들은 서로 낯선 이들로 구성되었음에도 불구하고, 공동의 초자연적 존재 아래 성스러운 결속력의 거대한 도덕 공동체를 만들어 냈다.

오늘날의 세속적인 사회는 어떻게 설명할까? 최근에 형성된 일부 사회들은 개인 간의 계약이 잘 지켜지는지 감시하는 기제, 즉 경찰이나 사법부 같은 제도를 통해 대규모 협력을 유지하는 데 성공했다. 북유럽, 특히 스칸디나비아반도에서는 이러한 제도가 공동체 건설에 있어 종교의 기능을 대체하면서 종교가 급속히 쇠퇴했다. 인구 대다수가 무신론자인 사회들은 사회 구성원 간의 협력이 잘 이루어지며 평화롭고 풍요로운 사회로 포함되어 있다. 이들은 마치 "종교라는 사다리를 오른 뒤 그 사다리를 걷어차 버린" 것과 같다.

🎞️ 어떤 신인가

신의 경제 같은 것이 있을까? 신이 어떤 경제 모델을 다른 모델보다 선호한다고 상상할 수 있을까? 만약 모든 사람이(현재 75억 명) 평균적인 미국인처럼 소비하며 산다면 인류에게는 5개의 지구가 필요하다. 경제학에서는 신의 관심이 어떤 경제 모델을 운영하든 인간들이 윤리적이기만 하면 된다는 주장이 펼쳐졌다. 하지만 이제는 그렇지 않다고 볼 수 있다. 하나의 경제 모델을 신의 경제라고 부르는 것을 심각하게 고려해야 할 시기에 도달했다.

경제학에 대한 종교의 기여가 단지 그와 관련된 윤리에만 국한되어서는 안 된다는 생각을 철회해야 한다. 현재 우리가 실행하는 경제 모델 자체가 비윤리적이라면 아무리 많은 윤리적 행동(기부 등)을 한다 해도 궁극적으로 윤리적일 수 없다. 지구 경제는 지구의 능력 안에서 이루어질 수 없으므로 지구적 방식으로 사는 사람의 행동이 아무리 윤리적이라 해도 그 경제 모델은 윤리적으로 받아들여질 수 없다. 따라서 금융자본주의, 즉 화폐제도를 수정하지 않으면 현재의 시장경제 모델은 "보이지 않는 손의 신"이라 할 수 있다.

이 모델은 "개구리가 자신이 사는 연못의 물을 다 마셔 버리지 않는다"라는 사실과 대비된다. 연못의 물을 다 마시면 결국 개구리는 사망할 수밖에 없는 상황으로 치닫게 된다. 이에 대한 대안을 제시하고자 한다. 시간상으로 2800년이 떨어져 있지만 프랑스 철학자 폴 리쾨르(1913~2005)와 히브리의 선지자 이사야(BC 8세기)는 경제적 종교의 과거와 현재의 기능에 대해 이야기한다. "우리 시대에 우상 없이 지내는 것을 우리는 끝내지 못했고 이제야 상징에 귀를 기울이기 시작했다"라고 한다. "그들의 땅은 은과 금으로 가득 차고, 그들의 보화는 끝이 없으며 그들의 땅은 우상으로 가득 찼다"라고 말한다.

이러한 현 경제적 모델은 '신'과 같으며, 만신전(판테온)으로 여겨진다. 고대 올림포스산의 제우스는 현재 월스트리트이며, 황소의 시장은 고대 이집트의 아피스(멤피스에서 숭배된 성우) 현현의 다산적인 황소의 신성을 나타낸다. 시장이 황소의 모습을 띠면 주식거래인, 투자자, 대출 기관들은 마치 구약에 나오는 이스라엘 왕국과 시나이산의 금송아지를 숭배하며 춤추고 흥청망청 노는 것처럼 흥분에 휩싸인다. 하지만 시장이 후

퇴하면 굶주린 야생 곰처럼 무엇이든 먹어 치우려는 태도가 투자자들 마음속에 자리 잡는다. 이러한 시장경제의 종교 만신전에는 '진보신', '성장신', '이윤신', '생산성신', '소비신', '기술신', 그리고 '전쟁신' 등이 있다.

:: 구원과 정의

구원의 길은 부의 축적과 동의어이다. 시장 활동에 참여할 수 있을 정도로 부를 축적하지 못하면 그 사람은 하찮은 존재가 되어 결국 도태되고 만다. 부의 축적과 다른 길을 걷게 되면 그는 이단이 되고 조만간 그 결과에 대한 대가를 치른다. 사람은 그가 가진 자산과 구매습관인 자동차, 집, 스마트폰, 옷, 투자 그리고 최신기술 등을 통해 구원을 증명한다.

:: 사제직과 성직자들

연방준비은행 의장은 현 경제 종교의 고위 사제직을 차지하고 있다. 세계은행(IBRD), 국제통화기금(IMF), 미국 재무부, 골드만삭스, 대형 금융기관, 거대은행들은 주요 사제들이다. 이들은 다른 사람들에게 시장과 보이지 않는 손의 신비를 해석해 준다. 그들은 시장 맘몬, 진보, 성장 그리고 다른 신들의 신학이 현재 정통교리에 부합하는지, 아닌지를 결정한다. 그들은 월스트리트의 거래인들과 펀드매니저들을 감독하는 미국 증권거래위원회와 함께 경제 전반에 걸쳐 그들이 감독하는 사제들과 보조 사제들을 위해 무엇이 옳고, 그른지를 결정한다.

:: 사원과 성지

하늘을 찌르는 보험회사 타워, 은행 건물, 대기업 본사에는 현 경제 종교의 사제들과 중역들이 거주하고 있다. 가장 신성시되는 사원과 성지는 월스트리트, 연방준비은행, 세계은행, 국제통화기금의 사무실들이다. 바로 뒤에는 증권거래소와 대마불사의 지위를 얻은 금융기관 및 대기업의 건물들이 즐비하게 늘어서 있다.

이는 그들이 아무리 큰 실수를 저지르더라도 정부가 구원을 보증하는 부, 권력, 그리고 통제할 수 있는 지위라고 할 수 있다. 시장과 정부는 이 큰 기관들에게는 아낌없이 영예를 안기고 그들의 책임에 대해 문책하는 경우는 아주 드물다. 그들의 기능은 시장에 신성하다. 너무 성스러워서 정부는 2008년 경제 붕괴 시에 그랬듯이 기꺼이 개입하여 그들의 안전을 계속해서 보장했다. 그리하여 그들은 '영생'의 자격을 얻었다.

:: 선교사의 일과 복음주의

경제 종교(신장, 진보, 성장, 이윤, 생산성, 소비, 기술, 전쟁 등)를 신봉하는 사람들은 이 믿음과 혜택을 전 세계로 전파한다. 세계은행, 국제통화기금, 그 외 세계적 금융기관 및 다국적 기업들은 전 세계를 돌며 이 복음을 전파하고 새로운 신도를 만든다. 미국 정부와 다른 부유한 국가들의 선교사적 열성은 가난한 국가들을 현 경제 모델 종교로 강제로 전환하도록 무역과 부채라는 식의 요법을 취하면서 공격적으로 압박한다.

한 국가의 위치가 전략적으로 중요하거나 자원이 풍부할 경우 강압의 정도가 심해진다. 이와 같은 열성적인 선교사 활동은 '경제 저격수',

'세계화', '민주주의 전파', '무역협정', '수출', '시장 확대'와 같은 용어로 숨겨져 뭉뚱그려진다.

:: 종교 교육과 신앙에 기반을 둔 선행학습

기업 관리자, 경제학자, 재무 전문가, 경영 대학원 교수, 기업 소유자, 전파 매체 등은 현 경제적 종교에 관한 광범위한 교육을 담당하고 있다. 사제직(재무부, 정부, 다국적 기업들의 수장들)은 현 경제 종교의 시민들에게 지속적인 교육을 베푸는 데 그들의 전문성을 아끼지 않는다. 국회의원을 포함하는 입법자들은 금융 사제들과 다른 전문가들이 추천한 것들에 대해 찬성투표를 함으로써 부사제의 기능을 수행한다.

신학적인 스펙트럼

누군가는 현 경제적 모델, 즉 경제적 종교에는 다른 대안적 종교의 길이 없다고 주장한다. 그러나 그 반대의 목소리를 내는 경제학자들을 포함한 많은 사람은 그들의 시장과 판테온이 최고로 남아 있으려면 시장이 변화와 대안을 감내할 수 있어야 한다고 주장하고 있다.

:: 영성과 경제학을 분리하기

현재 경제학을 이해하는 데 종교적인 성격을 이해하는 것이 필수임을 알게 되었지만, 경제적 종교의 다른 전문가들과 많은 사람은 경제적 활동을 종교의 일부로 거의 생각하지 않는다는 것을 알 수 있다. 보다 일반적으로 현대의 많은 사람은 자신이 여러 시대에 걸쳐 인간 문명 한

가운데서 발흥한 신념 중 하나를 지지한다고 밝힌다(스미스, 미제스, 하이에크, 프리드먼, 대처, 레이건 등). 많은 사람은 "나는 유대인, 이슬람교, 불교, 기독교인이다"라고 말한다. 이들 종교의 모든 신념의 핵심적인 부분이 현 경제 종교가 낳고 있는 탐욕과 파괴를 거부한다는 사실이 대체적으로 현 경제 패러다임 지지자들의 인식과는 부합되지 않는다. 그렇다면 현 경제의 정신이 이렇게 완벽하게 연결이 끊어진 이유는 무엇일까? 그 답은 정신과 물질의 개념뿐만 아니라 종교와 과학이 17~18세기 서구 문명의 사고 과정에서 어떻게 분리되었는지를 알아보면 나온다.

'이성' 또는 '계몽'이라고 불리는 이 시대에 아이작 뉴턴, 르네 데카르트, 존 로크, 볼테르와 같은 물리학자와 철학자들이 활약했다. 그 시대에는 과학적 사고를 탐구하는 것을 방해하던 종교적 권위의 속박을 종식시키는 것이 진정으로 계몽적인 일이었다. 그러나 이로 인해 생긴 '이원론'(정신과 물질)은 오늘날 우리에게 '암흑화'의 새로운 시대를 열어주고 있다. 오늘날 일어나는 세속적인 것과 성스러운 것의 분리는 '세속종교'를 낳았는데, 우리의 경우 경제적 종교가 이에 해당한다. 계몽적 이원론에 의해 형성된 현대인들은 기독교나 이슬람이라는 전통적인 종교를 '신성한' 또는 '종교적'이라는 딱지가 붙은 용기 안에 살고 있으며, '경제(종교적 헌신과 함께)'는 '세속적' 또는 '과학적'이라고 불리는 용기 안에 거주한다고 생각한다.

:: 인간다움의 소중함을 축소하기

기업이 점차 '법인'으로 변모하면서 사람들은 성숙한 인간성을 잃어갔다. '법인'들이 점차 힘을 얻어가는 반면 인간은 계속해서 위축되었다.

산업화된 농업은 화학물질 제초제, 살충제, 비료들을 남용해 수많은 미생물이 죽어가며 우리 경작지에서 생명체와 생명을 주는 에너지를 앗아간다. '부엽토'를 고갈시키는 동일한 산업화의 다른 역학은 "우리는 먼지에서 와서 먼지로 돌아간다"라는 격언이 시사하는 바와 같이 인간의 기원과 운명이 토양과 매우 밀접하게 연결되어 있다는 것을 확인해주며 우리의 인간성을 고갈시킨다. 언어적으로 '인간적인(human)'과 '부엽토(humus)'는 같은 어원을 가지고 있고, 히브리어 '아다마'에서 유래한 남성명사 '아담'은 유대의 창조 신화에서 지구의 먼지로 만들어진 남성의 이름이다.

:: 인구의 불균형을 간과하는 것

10,000년 전 인류의 인구는 500만에서 800만 명 사이였고, 정주 농업으로 4,000년 전에는 6,000만에서 7,000만 명이었다. 그 후 기원후 1년에 2억 명, 1814년에 10억 명, 1927년에 20억 명, 1960년에 30억 명, 1975년에 40억 명, 1987년에 50억 명, 1999년에는 60억 명, 2011년에는 70억 명에 이르렀다. 기업과 금융계 지도자들은 2차 대전 후 경제 성장으로 인한 상승 곡선이 인구 증가와 연결되어 있음에도 불구하고 인구 숫자를 통제하는 데 거의 관심을 보이지 않는다. 스위스 다보스 포럼에서도 인구문제가 의제에서 누락된 것만 봐도 이를 알 수 있다.[98]

기독교는 '서로 사랑하라', '종말론', '메시아 구세주', '내세 사상'을 중요시한다. "가난한 자들이여, 너희는 행복하다. 천국이 너희들의 것이다"라는 말씀이 있다. 유대인은 그리스도를 십자가에 못 박혀 죽게 만든 그리스도의 적대 세력으로 묘사된다. 마르크스는 역사적 계급투쟁과 잉여 가치론을 강조한다. 즉, 착취를 고발하며 인간은 능력대로 일하고 필요에 따라 분배받아야 한다는 평등사상을 관념화시켰다. 마르크스는 경제학의 역사에서 처음으로 잉여 노동이 자본가 계급에 의해 획득되는 것이 자본주의의 내재적 법칙에 전적으로 부합한다는 것을 입증했다. 노동자 계급은 자본가의 쇠사슬을 끊고 자유를 얻기 위해서는 혁명을 통해 이를 파괴해야 한다고 주장했다.

:: 기존 화폐에 대한 경험적, 이론적 빈곤

화폐를 분석의 대상으로 삼은 이론가들은 거의 없었으며, 대부분은 화폐를 자신의 저작의 다른 측면들을 예시하고 확장시키는 수단으로만 다뤘다. 화폐 문제에 대한 사회학자들의 지속적인 무관심은 화폐가 갖는 중대한 사회제도로서의 중요성을 인식하지 못한 데 기인한다. 돈의 용도, 통제, 획득과 관련된 제도, 돈의 본질과 기능에 대한 통념 등, 돈은 이것 외에도 더 심오한 개념적 이유가 있다. 경제학의 많은 가정들은 경험적 근거가 없고 분석적으로도 지지될 수 없다는 비판을 받는다. 전근대적 화폐의 본질과 기능에 대한 인류학적 연구 성과들은 근대적 화폐 형태에 대한 조악하고 지나치게 단순화된 설명에 의존하고 있다.

돈은 상이한 장소와 시간에 이루어지는 거래들을 서로 연결시키는 가교 역할을 한다. 화폐 네트워크의 발달로 거래의 범위가 확장되었다.

그러나 화폐에 관한 방대한 연구에도 불구하고 만족스러운 정의는 아직 존재하지 않는다.

화폐를 정의한다는 것은 겉보기와 달리 간단한 문제가 아니다. 경제학자들이 파악한 화폐의 기능 중 일부는 화폐가 아닌 다른 수단들에 의해 수행되고 있다. 결국, 원칙적으로 어떤 물건이라도 그것이 화폐라고 지명되면 화폐로 사용될 수 있다.

『국부론』의 저자 스미스는 『도덕감정론』에서 인간의 탐욕과 야망에 대해 두 가지 중요한 결론을 언급한다. 하나는, 야망에 사로잡힌 것은 귀족 정치가들의 특색일 뿐 스미스가 주목한 인류 대중이 아니라는 것이고, 둘째는 야망은 경제적 개선의 추구를 통해 충족될 수 있다는 것이다. 스미스는 경제 내에서 화폐의 역할이 재화와 서비스의 생산 및 교환을 매개하는 것뿐이라고 보았다. 실물경제가 효율적으로 작동할 때 화폐는 경제의 작동 원리를 해명하는 이론적 모델에 도입될 필요가 없다는 것이다.

이러한 관점은 '스튜어트 밀'을 포함한 다른 고전 경제학자들에 의해 제기되었으며, 세이의 '시장의 법칙'에 요약되어 있다. 세이의 법칙은 재화의 공급 과잉이나 화폐에 대한 과잉 수요는 가격과 이자율을 통해 자동으로 조정된다는 것이다. 이 균형이론은 '화폐수량설'-*과 중요한 관련성을 갖는다.99)

그런데 2000년을 기준으로 할 때 세계를 돌아다니는 돈의 양은 300조 달러(연간 통화거래 내역)이며, 지구상에 존재하는 나라들의 국내총생산

-* 인플레이션 이론 중 가장 오래된 견해로, 물가수준이 화폐량에 의해 결정된다는 이론.

(GDP)은 30조 달러, 전 세계 수출입액은 연간 8조 달러이다. 이자가 이자를 낳는 돈의 연금술은 얼마든지 인쇄할 수 있는 지폐, 나아가 컴퓨터상에서 숫자로 존재하는 돈의 실체가 없는 상태로 세계를 누빈다. 어떻게 된 것일까?[100]

:: 인간이 신의 역할을 하는 것은 잘못인가?

신은 시나이산에서 유대인들에게 율법을 내리면서 역사에 대한 자신의 계획에 인류를 파트너로 참여시켰다. 신이 기적을 통해 개입하거나 예언적 계시를 통해 자신의 목적을 직접 성취하지 않고, 신의 계율에 따라 살기로 약속한 공동체에 자신의 희망을 연결하는 것이다. 그러나 신이 시나이산에서 내린 율법은 명쾌하지도 자기 해석적이지도 않다. 신은 율법에 담긴 의미를 규정하고 판단하는 일을 인간, 즉 학자와 랍비들에게 맡겼다. 신이 자신의 역할을 제한하고 인간에게 주도권을 발휘할 여지를 남긴 데는 심오한 의미가 있다. 인간이 신의 계시 없이도 이성을 통해 도덕적 체계를 세울 수 있다면, 종교가 존재하는 이유는 무엇일까? 종교는 윤리적인 계율, 전례, 의식 그 이상의 것이다.

세부 시행 방안

　핵무기 규제, 혈액 거래금지, 신체의 장기거래 규제와 같이 인류에게 해를 끼치는 시장거래를 제한하는 것처럼, 통화제도, 토지, 조세피난, 법인격, 세계적 협의체, 분배의 재구성 등 자본주의의 수정 방안에 대한 어젠다를 설정하고 새로운 세계 질서를 위한 수정 방안 마련을 지금부터 시작해야 할 것이다. 그러나 이러한 어젠다는 매우 큰 인류의 향후 과제로, 세계적인 석학과 전문가들이 지금도 심혈을 기울여 연구하고 있다. 따라서 여기서는 이미 일반적으로 제시되어 온 여러 가지 대안들을 총망라하여 대략의 개요만 제시한다는 점을 밝혀둔다.

토지 단일세 시행

　토지 사용의 대가를 '지대(地代)'라고 한다. 건물이나 기타 토지개량물의 대용 대가는 이자로, 자본 사용의 대가가 된다. 그러나 노동은 문명 발달이 가져오는 혜택을 거두지 못한다. 이는 누군가 이 혜택을 가로채기 때문이다. 노동에 필요한 토지가 사유재산으로 전락하면 노동생산성 증가는 모두 지대(地代) 상승으로 흡수된다. 그래서 계속되는 진보로 생기는 모든 이익은 토지 소유자에게 돌아가고, 임금은 증가하지 않는다. "설탕 가격이 올라도 쿠바의 농민에게 이익이 실현되지 않는 것과 같다"라고 할 수 있다. 세계 여러 나라를 비교해 보면 임금의 높고 낮음은 자본의 양이나 노동의 생산성이 아니라 토지 독점계층이 노동소득에서 지대(地代)로 가져가는 정도에 의해 결정된다. 토지사유제를 철폐하라는 주장과 관련하여 제기되는 첫 번째 의문은 정의의 문제이다. 토지를 회수할 필요 없이 지대만 환수하면 된다. 한편, 조지스트들의 '인간관'은 노동자에게 자유로운 일터와 완전한 대가를 주고 궁핍이나 궁핍에 대한 두려움이 사라지면 인간은 부의 획득이나 과시가 아닌 다른 방법으로 타인의 존경과 인정을 얻으려 할 것이다. 부를 공정하게 분배하면 모든 사람이 궁핍에 대한 두려움에서 해방되어, 품위 있는 상류사회에서 음식을 탐하지 않는 것처럼 부에 대한 욕심을 부리지 않을 것이다. 이 밖의 토지문제에 대해서도 세계적인 '조지스트'들의 다양하고 전문적인 견해들이 발표되었다.

토지가치세(토지 가치공유)

토지가치세 사상은 개인이 자신의 노동 생산물만을 소유해야 하며, 다른 사람의 노동 생산물에 대한 배타적 권리를 주장하며 타인을 불리하게 해서는 안 된다는 자연권의 진정한 원리에 기반을 두고 있다. 토지가치세는 현재의 토지 시장 가격을 기준으로 설정하고, 토지 가격이 미래에 상승하면 그 증가분을 불로소득으로 정의하여 이를 환수하는 것이다. 이 제도는 사용권, 처분권, 수익권으로 구성되며, 토지는 이동할 수 없기 때문에 그 부를 은닉하거나 탈세할 수 없다.

토지가치세를 부과하면 다른 조세를 감면할 수 있게 되어 국가 재정 건전성이 호전되고 경제활동이 활발해질 수 있다. 즉, 벌금과 같은 조세를 철폐하고 토지 투기를 없애며, 임금 인상을 통한 소득분배 효과와 인간적 자비와 사랑의 원리에 의해 진보적인 사회가 펼쳐진다는 것이다. 1894년 미국 델라웨어주 뉴캐슬 카운티의 '아든마을', 중국의 독일 조차지 '교주만', 대만의 손문 토지 정책에서 이러한 사례를 찾아볼 수 있다.[101]

🪙 토지지표거래 주민등록제 시행

2008년 12월 4일, 충칭에서 역사적인 '농촌토지거래소'가 개원했다. 이는 도시화 진행으로 도시 인근의 농촌은 토지 가치 상승으로 인한 수익을 많이 누리는 반면, 도시에서 멀리 떨어진 농촌의 농민들은 토지 가치 상승의 혜택을 거의 누리지 못하는 문제를 해결하기 위한 시도이다. 토지 지표거래를 통해 농촌의 집단 소유 건설 용지와 도시 건설 용지의 확대, 축소를 상호 연계하며, 이를 통해 도시에서 멀리 떨어진 농촌지역의 토지 가치를 대폭 상승시키고, 도시가 농촌을 부양하며 낙후된 지역의 발전을 이끌도록 한다.

지표거래의 본질은 토지개발권의 양도이다. 충칭은 농민이 토지개발권을 제한적으로나마 소유하고 있음을 사실상 인정했다. 개발업자들은 '지표' 즉, 농민의 제한적인 '토지개발권'을 구입해야만 도시 건설 용지 사용권의 경쟁입찰에 참여할 자격을 얻는다. 이 제도에 따라 개발을 시행하는 토지 소유자는 토지를 그대로 보유하려는 다른 토지 소유자들로부터 충분한 몫의 토지개발권을 구입해야 토지 개발을 진행할 수 있다. 따라서 충칭의 토지거래소는 중국뿐만 아니라 세계적으로도 매우 중대한 제도적 혁신이라고 할 수 있다. 국토보유세는 매입지가 원리금 보장과 지대 환수 75%, 지대 상승률 5%를 30년, 3%는 50년 기간에 걸쳐 적용하는 방식이다.[102]

:: 국가기금

세상을 물려주었다. 신을 섬기는 유일한 방법은 신의 창조물을 행복하게 만들기 위해 애쓰는 것이다. 이런 목적에 부합하지 않는 제도는 모두 엉터리고 위선이다. 문명은 두 가지 방향으로 작용한다. 한편으로는 사회의 풍요로운 부분을 형성하지만, 다른 한편으로는 자연 상태보다 더 비참하다. 모든 사람은 문명 상태가 시작된 이후 살아갈 때의 조건이 문명 이전보다 나쁘지 않아야 한다. 그럼에도 불구하고 개인의 재산이 되는 것은 토지 자체가 아니라 발전이 이룬 가치일 뿐이다. 따라서 경작 토지의 소유자는 누구나 자신이 소유한 토지에 대해 공동체에 지대를 내야 한다. 결국, 모든 사람의 공유권이 개인의 경작권과 뒤섞여 버렸다.

예를 들어, 1796년 당시 영국의 총주민 수는 750만 명이었다. 21세 이상 모든 사람에게 연 15파운드씩, 50세 이상 모든 사람에게 매년 10파운드씩 국가가 지급한다면, 사망 시 그 토지 소유권이 다른 사람으로 넘어갈 때 21세 이후 평균 30년을 산다고 가정하고, 전체 자본의 한 바퀴 회전 기간을 30년으로 잡으면 자본의 3분의 1이 1년에 한 바퀴 회전하는 셈이다. 750만 명 중 13억 파운드의 3분의 1은 4억 3,330

만 파운드이며, 그중 3억 파운드를 친족 먼 친척들에게 상속한다면, 12%인 5,660만 파운드 중 4,000만 파운드는 40만 명의 노인들에게 매년 10파운드씩, 50만 명의 21세 인구에게 15파운드씩 총 1,350만 파운드, 매년 사망자 22만 명에 대한 상속세로 5~10%를 징수한다고 가정하면, 자격이 있어도 받지 않을 수령자가 10분의 1로 예상된다.

법인격 전환

우리는 정치적으로 민주화되었을 뿐 경제적으로는 그렇지 못하다. 경제적 민주주의 없이 진정한 정치적 민주주의는 달성되지 않는다. 변화를 가로막는 주된 요인은 주주 이익 극대화라는 강제적 의무에 있다. 지속 가능한 재산을 모두를 위한 새로운 경제적 이상으로 설정해야 한다. 이는 기업의 목적을 재정의하고, 소비자 단체 대표, 채권자 대표, 노동자 대표, 지역 주민 대표 등 새로운 집단의 대표를 기업 지배 구조에 참여시키며, 기업의 성공을 측정하는 새로운 기준을 만드는 것을 의미한다. 지난 반세기 동안 주식시장의 총가치는 엄청나게 증가했지만, 삼림의 감소, 지하수면의 하락, 습지의 소실, 토양의 침식, 어장의 붕괴, 하천의 고갈, 지구의 기온 상승, 수많은 동식물의 멸종이 동시에 일어났다.

주주가 곧 기업이라는 개념은 '왕이 곧 국가'라는 오래된 관념을 반영한다. 인류의 천국과 행복한 삶은 새로운 상상에서 시작한다. 변화된 재무제표, 새로운 재산권, 강화된 인권, 새로운 형태의 기업소유, 확장된 기업 목표 등을 뒷받침하는 민주적인 경제를 위한 제도적, 개념적

틀이 필요하다. 1914년 영국의 '휘태커스 명부'는 영국 귀족 명부의 순위를 반영하며, 이는 현대의 '포브스 400' 부자 명부와 유사하다. 영주가 가진 것은 과연 스스로 벌어들인 것인가? 대차대조표상 주주들이 신주를 구입해 출자하는 실제 자본을 나타내며, 이익 가운데 사내에 유보되는 이익잉여금은 매년 적립된다. 자본은 계속 늘어나지만, 실제로 주주들은 1센트도 추가로 지불하지 않았음에도 불구하고 한번 쓴 돈은 끝없이 갚아야 한다.

1995년 말, S&P500 기업들의 장부가치는 시장가치의 26%에 불과했다. 무형자산이 유형자산의 세 배에 달했던 것이다. 따라서 유형자산은 주주들의 소유로 인정되더라도, 그들이 그 세 배나 되는 보이지 않는 자산까지 가져간 셈이 된다. 본질적으로 주주들은 무형의 가치를 소유함으로써 종업원들을 소유하는 것과 같다. 군주제도 당대에는 깰 수 없는 것처럼 보이는 것들도 실제로는 그렇지 않다. 계몽은 낡은 관행을 새로운 눈으로 바라보는 것이다. 구체제가 '전통과 관습의 관행'에 기반을 둔 군주제와 귀족제를 잡았다면, 계몽주의 시대는 제도의 기틀을 이성의 토대 위에 새로 다진 시대였다. 계몽은 전통에 의문을 제기하는 것과 관련이 있다.

우리 내면에 담긴 경제의 지도를 업데이트해야 한다. 우리는 낡은 기업 모델을 공장과 같은 유형의 대상으로 그려낸다. 주주들의 돈으로 지었다면 그들이 소유한다는 것이 당연하다는 생각이다. 19세기 말까지 이는 타당한 그림이었다. 뉘른베르크 재판 때도 명령에 따랐다는 것만으로 불법 행위에 대한 궁극적인 소명 사유가 되지 못했다.

그러나 개혁의 목표는 누군가를 악마로 만드는 것이 아니라 사람들의 눈을 열어주는 데 있어야 한다. 공개 기업은 사유재산이나 사적 계약의 차원을 넘어 공공선에 대한 책임이 있다. 공공선은 공적 집단을 희생하여 사적 집단에 봉사하는 것이 아니라, 이단이다. 궁극적으로 기업을 사유재산이나 사적 계약으로 보는 관념은 귀족적 특권의 은신처로 오래 견디지 못할 것 같다.

진정한 계약은 국민과의 계약이다. 예를 들어 알래스카의 석유 자원은 정부가 아닌 주민의 것으로, 독특하게 설계된 이 펀드는 매년 현금 배당을 하며, 2000년에는 4인 가족 기준으로 가구당 7,855달러를 지급했다. 따라서 '하늘에 대한 지분'을 줌으로써 하늘을 오염시키는 기업들이 미국인들에게 배상금을 지불하게 하는 원칙이 필요하다.

혁명의 원칙에 따르면 정부를 바꾸거나 폐지하는 것은 국민의 권리다. 마찬가지로 오늘날 세계를 지배하는 기업을 바꾸거나 폐지하는 것도 국민의 권리다.

회계학에서는 인적자본을 소유할 수 있는지, 가능하다면 누가 소유하는지, 대차대조표상에는 어떻게 기재할 것인지 등의 질문이 제기된다. 투자자의 관점에서는 경제 성장이 평등한 분배 없이 이루어지면 지속 가능하지 않다는 것이 명백하다. 연금 수혜자나 공공 기금에 대한 통제권을 어떻게 주장할 것인가에 대한 질문이 있다.

CEO에게는 기업의 지배구조를 어떻게 재조정하여 부를 창출한 사람들에게 부를 돌려줄 것인지에 대한 고민이 있다.

노동조합은 전국적인 임금 데이터 공개 운동을 통해 얼마나 많은 기업이 저임금으로 직원들을 어려운 상황에 놓고 있는지 정확하게 파악하고, 이를 사회적 감시의 대상으로 삼을 수 있다. 현재 기업은 재산 소유 계급의 정부로서 과거 왕이 행사했던 권력보다 더 큰 권력을 국민에게 행사하고 있다. 그들은 우리의 양도할 수 없는 권리를 점점 침해하고 있다. 우리는 그들의 부당한 지배를 종식시키고, 우리의 안위와 행복을 최적화할 원칙에 근거하여 새로운 경제 정부를 수립할 수 있다. 언젠가 우리는 헌법 초안자들이 정치 영역에서 시작했던 설계를 경제 영역에서 완성할 수 있을 것이다.[103]

조세피난, 통화거래, 파산법 전환

우리에게는 모든 현상을 발전시켜 소수가 아닌 다수를 위해 가동하도록 경제를 재창출할 힘이 있다. 칼 마르크스의 생각과 달리, 자본주의는 가차 없이 경제 안정을 추구하고 평등을 확대하는 요소가 없다. 기본 규칙은 영구적이지 않으며, 이는 사람이 결정하고 실행하는 것이다.

:: 조세피난처 폐지

인류가 합의한 자연법과 시민사회, 즉 사회계약에 부합하지 않는 조세피난처 폐지에 대한 사회적 합의가 필요하다. 근대의 모든 민주 국가에서 세금은 영토를 기반으로 징수된다. 즉, 세금은 재산, 거래, 사람에게 부과된다. 이 논리는 오늘날 세 가지 차원에서 문제가 되고 있다. 첫째, 부자들은 세금을 피하기 위해, 둘째, 특별한 재능을 가진 사람들은 자신의 능력을 더 비싸게 팔기 위해, 셋째, 가난한 사람들은 일자리를 얻기 위해 점점 더 많이 움직인다. 영토의 필연성이 사라지면서 세금은 더 이상 최고의 권위를 가진 명령일 수 없게 되었다. 그러므로 세금 영토상의 기반이 흔들리는 상황은 피상적인 자유주의가 암시하는 것보다 훨씬 더 중대한 결과를 낳는다. 이는 국가가 가난해지고, 세금을 통해 총체적인 복지를 제공하던 국가가 그 능력을 상실함을 의미한다.

:: 통화거래 폐지

노동과 생산에 기반을 두지 않은 각국의 통화 거래를 시장에서 제한해야 하며, 인플레이션과 미래 세대의 소득인 신용 제도를 축소하는 노력이 필요하다. 이는 인간의 탐욕을 억제하고 '환상적인 재테크'의 중독에서 벗어나도록 하는데 목적이 있다. 중장기적으로는 금 본위 제도로의 복귀를 고려하거나 합리적이고 새로운 대체제도(세계 화폐)를 발굴하는 노력도 필요하다.

:: 새 파산법 제정

파산법은 사람들이 새롭게 출발할 수 있도록 설계되었다. 그러나 현재는 정치적 영향력을 행사하여 자신들의 필요에 맞게 파산법을 조정할 수 있는 대기업, 월스트리트, 부유층만이 새롭게 시작할 수 있는 상황이 되었다. 따라서 새로운 파산법을 마련하여 이러한 불균형을 해소할 필요가 있다.

:: 감가상각하는 노화하는 돈

시간이 흐르면 돈의 가치가 감소한다는 것은 알려진 사실이다. "돈은 인간이 만든 것이므로 바꿀 수 있다." 대자본이 모이면, 그때는 돈이 더 이상 증가하지 않고 점차 감소하여 마침내 사라지는 존재 방식이 되어야 한다. 건전한 사회에서 화폐는 타인이 생산한 재화의 '수표'에 불과하다. 따라서 화폐가 생산 활동의 표상으로서 기능을 상실했을 때, 그 소유자에게서도 화폐가치를 사라지게 해야 한다. 이를 위한 방법은 화폐 소유권이 일정 기간이 경과하면 어떤 방식으로든 사회로 환원시키는 것이다.[104]

독일 경제학자 베르너 온켄은 1986년 엔데의 『모모』를 읽고, 거기에 시간이 흐르면 가치가 감소한다는 실비오 게젤의 '자유 화폐 이론'과 루돌프 슈타이너가 제창한 '노화하는 돈'이라는 아이디어가 묘사되었다고 느꼈다. 『모모』에서는 호라 박사가 '회색 신사들'-*이 죽은 시간으로 목숨을 이어가기 때문에 얼굴이 잿빛인 것이라고 설명한다. 회색 신사들은 부정한 화폐 시스템의 수혜자일 뿐이다. 자연에 적합한 화폐 시스템이 실현되면 '회색 금리생활자'들은 인간 존재로서가 아니라 부정한 시스템의 수혜자로서 '안락사'를 받아들여야 한다는 의미이다.

이자가 이자를 낳는 돈의 연금술은, 얼마든지 인쇄할 수 있는 지폐나 컴퓨터상에서 숫자로 존재하는 돈이 실체가 없는 상태로 세계를 누빈다. 한편 물건을 보유하는 것은 돈을 보유하는 것보다 더 비싼 비용이 든다. 이것을 빌려가는 사람이 있다면, 빌려준 양에서 물건의 손상분에 해당하는 보관 비용까지 더한 비용을 공제하고 돌려받으면 빌려준 사람에게는 손해가 없다. 농민은 자금을 빌릴 때 드는 비용인 이자를 곡물 가격에 포함시켜야 한다. 이 곡물을 빵집이 사들이면, 이자만

-* 달러로 말은 담배 연기를 공중으로 날려버리는 신사들의 모습.

큼의 돈은 빵 가격에 반영된다. 결국 화폐 공급자가 얻은 이익을 사회가 부담하게 된다. 화폐 공급자는 일도 하지 않으면서 이익을 얻는 반면, 모든 기업은 이자라는 무거운 짐을 짊어질 수밖에 없다.

이것이 사회에서 부와 권력이 한곳으로 계속 집중되는 이유다. 플러스 이자의 구조에서는 사업으로 얻는 이익의 대부분을 사회의 극히 일부 사람들만이 소유하기 때문이다. 〈병 속의 악마〉라는 오페라에 병을 손에 넣은 인간은 어떤 소원이든 다 이룰 수 있지만, 결국에는 지옥에 떨어진다는 이야기가 있다. 중요한 점은 악마가 든 병을 가진 사람이든, 다른 사람에게 팔 때 반드시 구입했을 때보다 싼 값에 팔아야 한다는 설정이다. 즉, 주인이 바뀔 때마다 가격이 점점 내려가 마지막에는 팔 수 없게 된다. 자본은 원래 사회적인 것이며, 창조적 활동을 담당해야 하고, 항상 새롭게 투자될 때에야 비로소 그 본질을 찾을 수 있다. 돈을 긁어모아 보유하는 것은 도로 한가운데 서서 사람들의 통행을 방해하는 행위와 같으며, 이에 벌금을 부과할 필요가 있다. 화폐의 유동성 프리미엄을 상쇄하기 위해 '초과보유 비용'이나 '보장 비용'을 발생시켜야 한다. 돈은 공공물이므로 돈이 공공물을 방해하는 행위에 대해 보상금을 주는 시스템은 문제가 있다. 따라서 25년마다 화폐가치를 재평가해야 한다.

🔊 에이징머니-*, 노화하는 돈의 이론적 배경

실비오 게젤(독일, 1862년생)과 루돌프 슈타이너(독일, 1861년생)는 거의 같은

-* 시간이 흐를수록 그 가치가 감소하는 돈.

시대를 살았다고 할 수 있다. 두 사람은 각각 1925년과 1930년에 세상을 떠났다. 게젤은 시간이 지날수록 가치가 감소하는 '자유 화폐'를 제창한 반면, 슈타이너는 '노화하는 화폐'를 주장했다. 돈 자체가 상품이 되어 버린 잘못된 상황에서 화폐 소유권이 일정 기간이 경과하면 어떤 수단으로든 사회로 환원되어야 한다는 것이 이들의 주장이다. 게젤의 '자유 화폐'는 매달 액면가의 1퍼센트에 해당하는 비용을 부담하지 않으면 사용할 수 없는 구조를 통해 유통을 촉진하려는 돈이다. 반면 슈타이너의 노화하는 화폐는 돈에 25년 정도의 기한을 설정하고 가치의 높낮이를 정해 결제, 융자, 증여 등의 영역에서 화폐의 흐름이 자동으로 조정되어 경제가 균형을 유지한다는 개념이다.

실비오 게젤과 루돌프 슈타이너가 활동하던 시기는 세계 강대국들이 식민지 쟁탈전과 제1차 세계대전으로 전쟁 자금을 마련하던 시기였다. 게젤은 1886년 아르헨티나로 이주해 치과용 의료기구 사업, 수출입 업자 등으로 생활하며 금융 혼란과 환율, 통화정책, 화폐제도에서 오는 경제적 영향을 경험했다. 이를 바탕으로 여러 화폐 경제학 저술을 집필했으며, 스위스로 돌아와서는 토지를 직접 경작하며 경제학 연구와 저술 활동을 계속했다. 1901년에는 『스위스 국영은행의 독점』을 간행하고 스위스 국영은행법에 대한 논의에 참여했다.

1919년 게젤은 베를린에 거주하면서 4월 8일 바이에른 공화국의 호프만 정부로부터 사회화 위원회 재무 담당 인민위원(경제부 장관) 취임을 제안받고 부임하였으나 당시 혼란한 사회 분위기로 4월 14일 그가 재무 담당 인민위원으로 활동을 시작한 지 겨우 일주일밖에 지나지 않은 이날 공산주의자들에게 전복되고 바이에른 제2 인민공화국이 성립되어 게젤의 정책은 시작도 해보지 못하고 물러났다. 이러한 게젤의 위

대한 화폐 경제학 이론과 사상이 묻혀있게 된 원인과 '케인즈의 예언'을
살펴보고자 한다.

케인즈의 예언

여기 하나의 예언이 있다. 제2차 세계대전 이전, 혁명과 위기의 시대
에 존 메이너드 케인즈(John Maynard Keyne)가 『고용·이자 및 화폐의 일반이
론』이라는 책에서 한 말이다. 경제학을 공부한 이라면 누구나 이 책을
읽어봤을 것이다. 케인즈는 책에서 실비오 게젤에 대해 언급한다. 그는
부당한 오해를 받고 있으며, 그의 저서에는 깊고 예리한 통찰력이 담겨
있다. 케인즈는 우리가 미래에 마르크스의 사상보다 게젤의 사상에서
더 많은 것을 배울 것이라 말한다. 『자연적 경제질서』의 서문을 읽은
독자는 게젤의 도덕적 가치를 평가할 수 있으며, 케인즈는 이 서문에서
마르크스주의에 대한 대답을 찾아야 한다고 본다.

20세기 사람들은 자본주의가 초래한 재난을 목격하고, 많은 이들이
마르크스의 사상이 해결책이 될 것이라 생각했다. 하지만 우리는 그
전말을 잘 알고 있다. 케인즈는 1930년대의 위기 시기에, 미래 사람들
이 배워야 할 인물로 마르크스가 아닌 실비오 게젤(Silvio Gesell)을 지목했
다. 우리는 마르크스를 배우며 성장했지만, 이제 게젤을 만나며 새로
운 길을 나아갈지도 모른다. 그렇다면 게젤은 어떤 인물이었으며 왜 지
금까지 잘 알려지지 않았을까? 케인즈가 주목한 인물인데, 왜 묻혀있
었을까? 경제학 전문가라면 알고 있겠지만, 게젤은 스탬프 화폐(날짜 화
폐, 소멸 화폐)의 제창자이다. 이 화폐는 사용하지 않고 보유하면 가치가

감소한다. 이것은 저축할 수 없는 돈이다. 하지만 이 아이디어는 '기묘한 이단설'로 치부되어 주목받지 못했다. 스탬프 화폐를 아는 사람은 드물다.

우리가 사용하는 화폐 시스템은 빌리면 플러스 이자가 붙는다. 이것은 사회와 환경에 큰 부담을 준다. 게젤은 이를 문제 삼았다. 1980년대 독일에서 녹색당이 약진하면서부터 사람들의 시각이 변하기 시작했다. 베르너 온켄은 게젤의 저작 전집을 편찬하고 간행했다. 알버트 아인슈타인은 게젤의 절친한 친구로, 그의 빛나는 문체에 열중했다고 한다. 게젤의 아이디어는 다른 형태의 소유 제도로 우리를 인도할 것이다. 이제 우리도 게젤의 사상에 접근할 수 있게 되었다.

📠 마이너스 금리를 위한 고액권 지폐 폐지

마이너스 금리를 도입하기 위해 고액권 지폐를 폐지하는 방안은 현금 축적 방지, 조세 회피, 범죄 및 부패 방지에 기여할 수 있다. 이를 통해 현재 약 50% 규모인 지하경제를 양성화시킬 수 있다. 2005년 유럽연합이 헌법에서 그리스도교와 관련된 낱말 삽입을 거부한 것은 성경에 근거한 자본주의의 종말을 상징하는 것이며, 그 시점에 이미 '믿음의 시대'는 혼수상태에 빠졌다고 볼 수 있다. 제로금리의 한계는 골프공이 모래 벙커에 빠진 것에 비유할 수 있다. 살짝 골프공만 빼내려고 한다면 공은 벙커에서 빠져나가지 못할 것이다. 모래 벙커에서 공을 빼내려면 풀 스윙을 해야 하듯 제로금리 상황에서는 대담한 조치가 필요하다. 이미 500유로 지폐를 발행하지 않고 폐기한 유럽연합의 조치는 앞으로의 시금석이 될 것이다.

또한, 베르너 온켄의 『모모』에 나오는 맞바람에 맞서 뒷걸음질 치는 비유는 현재 금융 시스템의 문제점을 지적한다. 제로 이자 시스템은 화폐의 시간적 가치를 상실하게 만든다. 따라서 금리를 받기 위해 타인에게 돈을 빌려준 행위에 대해 상대방이 이자를 내야 한다는 '절욕설'은 더 이상 성립하지 않는다. 화폐의 유동성을 포기하고 이자라는 프리미엄을 받는 것도 타당하지 않다고 볼 수 있다. 융자금이나 빌린 금액이 시간이 흘러도 증가하지 않는 현 상황에서 사람들은 자신의 관념이 잘못되었음을 깨달을 필요가 있다.

세계적 경제협의체 설립

현재의 글로벌 경제협의체인 G2, G7, G20 등은 각국 재무장관들이 모여 상호 관심사와 세계 경제를 외교적이고 형식적으로 운영한다. 이러한 시스템에서 벗어나자는 제안은, 2차 대전 이후 나토와 같은 군사적 '트로이목마' 형태가 아니라 인류의 선한 목표를 위한 새로운 '세계 경제협의체'를 설립하는 것이다. 이 협의체는 세계 각국의 연금, 기금 등을 사회적 목적에 투자하게 하며, 수익금은 금융거래세 또는 투기거래세 등으로 적립된 기금에서 지급한다는 사회적 합의에 기초할 것이다. 이를 통해 대중의 노후 연금 지급에 기여하고 부정부패에서 벗어날 수 있다.

UN, IBRD, IMF 등 기존의 세계적 기구들은 강대국들의 부정부패와 잘못된 판단으로 인해 원래 목적과 다르게 운영되는 문제점을 지니고 있다. 새로운 협의체는 엄격한 운영규칙과 손실 보전 메커니즘을 통해 세계 공동체에 기여하는 역할을 할 것이다. 나토 방위사령부가 전쟁이나 핵무기로부터 유럽을 보호하는 것처럼, 이 협의체는 연금 기금들을 다국적 기업 금융자본의 금융 핵 공격으로부터 보호하는 역할을 할 것이다.

2008년 서구 국가들이 실패한 금융시장에 면죄부를 준 것은 "선택의 여지가 없다"라는 근거에 의한 것이었다. 북아메리카의 기독교 대학들이 주식시장 위기 때 큰 타격을 입은 것도 같은 맥락에서다. 이러한 상황은 돈이 돈을 낳는 경제적 우상 앞에 무릎을 꿇었음을 의미한다. 이에 대한 대안으로, 기독교인들은 금융시장을 거부하고 보다 정의로운 방식으로 자본을 투자해야 한다. 예를 들어, 미국 연합 침례교회는 금융시장 대신 저소득층을 위한 임대주택, 보금자리에 투자하는 방식인 '어포더블 하우징(affordable housing)'을 채택하고 있다.

싱가포르 주택관리청은 HDB는 연금의 임대주택 사업에 투자하여 저렴한 가격으로 질 좋은 주택을 공급하고 이를 통해 국민의 생활 수준 향상에 기여하고, 동시에 임대 수익을 통해 연금 기금의 안정성을 높이고 있다.

독일 의사회는 의료보험 수가를 자율적으로 조정하는 사례를 통해 의료 서비스의 질을 관리하고 비용을 효율적으로 관리하여 의료 서비스의 효율성을 높이고, 환자에게 더 나은 의료혜택을 제공하고 있다.

분배의 재구성

:: 기본소득

기본소득과 관련해 인류 역사에서는 언제나 개인이나 가정이 궁핍하거나 기아로 고통받지 않도록 했다. 단지 전체 공동체가 어려움에 빠졌을 때는 제외하고 말이다. 원시사회에서 흉작이 심각한 식량 부족을 일으킬 수 있지만, 공동체의 다른 구성원들이 필요한 생필품을 받는 상황에서 특정 가정만 기본 필수품 없이 살 일은 없다. 배고픔에 대한 두려움과 이득에 대한 애호가 경제생활의 주된 원동력이라는 생각은 역사적으로 볼 때 매우 최근의 것이다. 기본소득에 대해 세 가지 구별되는 이유를 제시하려 한다.

첫째, 경제학적 이유는 기본소득을 받는 사람들이 그 돈을 소비재 지출에 사용함으로써 생산자에게 시장 기회를 제공한다는 것이다. 이를 이해하기 위해 케인즈학파일 필요는 없다. 특히 기술 혁신이 가속화되면서 제조업부터 운송, 유통에 이르기까지 산업 활동에서 노동 투입이 점점 줄어들고 있다.

둘째, 사회학적 이유는 정의와 관련 있다. 사람들이 사회적 부정의를 인식하게 되면 사회 통합 문제가 생길 수 있다. 효과적인 경제발전을 위한 자원 동원은 사회적 통합 정도와 사람들이 자신이 속한 사회를 얼마나 정의롭다고 믿는지에 크게 의존한다.

셋째, 정치적 요인으로는 기본소득이 시민권의 형태로 제공되어야 한다는 것이다. 이는 정부가 대중문화, 즉 사람들의 지혜, 지식, 전통, 상식이 모인 저장소에 기반을 둘 필요가 있다는 정치적 목적을 충족시킨다. 최소한의 생활을 보장하는 소득은 음악가, 예술가, 작가들이 사회의 꿈을 표현하도록 돕고, 정치적 행동가들이 지배적인 견해와 이데올로기에 도전하며, 경제적으로 발전하고자 하는 사람들이 필요한 자원을 모을 수 있도록 지원할 것이다.

기본소득은 현재 존재하는 빈곤 문제에 주목하며 그 존재 이유를 찾는다. 조건 없는 기본소득은 모든 사람에게 전문 교육을 받을 기회를 평생 제공한다. 이는 우리가 원하는 것을 할 수 있게 해주며, 반대로 아무것도 하지 않을 자유도 준다. 치매에 걸린 부모를 집에서 돌볼 수도 있고, 다른 전공을 공부하기 위해 대학에 다시 갈 수도 있다. 친구에게 컴퓨터 프로그램을 가르치거나 이웃에게 가스레인지를 설치해 줄수도 있다. 이러한 사적 활동만으로 만족하지 못한다면, 기본소득을 바탕으로 중요하게 여기는 직업을 선택해 추가적인 소득을 얻을 수도 있다.

조건 없는 기본소득은 국가 권력에서 비롯되지 않는다. 그것은 기본권으로, 시민들이 국가 권력과 싸워서 얻는 것이다. 개인의 경제적 상황과 관계없이 모든 시민에게 자동으로 주어진다. 이 제도는 "어느 누구도 빈곤한 삶을 살아서는 안 된다"라는 입장을 견지하며, 풍요 속에서 인위적인 결핍을 방지하는 역할을 한다.

:: 사회적 지분

성인이 되는 시점인 21세에 모든 시민이 유의미한 부를 소유할 수 있도록 일시금을 지급하는 제도를 제안하고 있다. 이 제도에 따르면, 각 시민에게 약 80,000달러가 지급될 것이다. 이 자금은 부유세를 통해 조달되며, 연간 230,000달러를 초과하는 소득에 대해 약 2%의 세율이 적용된다. 이 세금은 세계 인구의 상위 20% 계층에만 해당되며, 1998년 자료에 근거해 약 406조 달러로 추정된다.

이 제도는 성인이 되는 모든 시민에게 경제적 기반을 제공하여 더 평등한 출발점을 마련하는 것을 목표로 하고 있다. 부유세를 통한 재원 조달은 경제적 불평등을 다소 완화하고, 모든 시민이 기본적인 재정적 안정을 가질 수 있도록 하는 데 중점을 두고 있다.

:: 사회적 배당

공유자산으로 발생하는 시장 수익은 사회적으로 분배되어야 한다는 것이다. 1968년 알래스카주 프루도만에서 막대한 양의 석유와 천연가스 자원이 발견되자 알래스카주는 천연자원이 공공의 소유임을 헌법에 규정했다. 이에 따라, 알래스카는 28년 동안 연속으로 주민 약 40만 명에게 이 자원에서 발생하는 수익을 사회적으로 분배했다.

한편 영국에서는 토니 블레어 전 총리가 아동연금(베이비 본드) 지급을 구상했다. 이 계획에 따르면, 아이가 태어났을 때 750달러를 지급하고, 18세가 될 때 약 8,000달러를 추가로 지급하는 방안이다. 이와 같은 사회적 배당 급여는 청년들에게 인생 형성의 기회를 제공하고, 그들이 '거시적 자유'를 누릴 수 있도록 도와주는 역할을 한다.

인문학으로 읽는 금융화폐 **자본주의**

💿 여성 그림자 노동 사회화

19세기 초의 역사를 보면 화폐화의 진전과 함께 화폐화되지 않은 하나의 보충적인 영역이 생겨나고 있음을 알 수 있다. 이 두 가지 영역은 상이하지만, 산업화 이전의 사회에서 일반적이었던 영역과는 무관하다. 즉, 모두 인간 생활의 자립과 자존을 파괴한다. 이러한 '그림자 경제'의 발생과 함께 임금이 지불되지 않고 가사가 시장으로부터 독립하는 것에도 기여하지 않는 일종의 노역이 생겨난다. 인간 생활의 자립, 자존과 무관한 새로운 가사 영역에서 행해지는 주부에 의한 그림자 노동은 실제로 가족을 위해 임금 노동자가 존재하는 것의 필요조건이다. 그러므로 그림자 노동은 현대의 임금노동과 마찬가지로 최근의 현상이며 상품 집약형 사회의 존속 유지에 임금노동보다 더 근본적인 것이라고 할 수 있다.

가장 명백한 현대의 예는 가사 영역에서 여성의 예속 상태이다. 가사에는 급료가 지불되지 않는다. 옛날에는 여성의 일이 대부분 생활의 자립과 자존을 목적으로 한 활동이었으나 오늘날의 가사는 전혀 다르다. 옛날의 여성은 남성과 나란히 모든 가사를 가족의 생활에 필요한 모든 것을 만들어 내는 설비 및 수단으로 이용했다. 반면 현대의 가사는 생산의 유지를 지향하는 산업적 상품에 의해 규격화되고 있고 성별을 명확하게 구별하는 방식에 의해 차별적으로 여성에게 강제되며 임금 노동자를 재생산하고 휴식시키며 원동력을 제공하는 역할을 하도록 여성들을 강요한다.

성장과 발전이라는 개념은 근본적으로 생활의 자립, 자존 활동을 목표로 한 인간의 광범한 의심할 수 없는 능력을 상품의 사용 및 소비로 대체시키는 것이다. 즉, 그것은 다른 모든 일에 대한 임금노동의 독점, 전문가의 기획에 따라 대량 생산되는 재화 및 서비스라는 관점에서 수요를 다시 정의하는 것 그리고 최후로 공간, 시간, 재료, 기획이 모두 생산 및 소비에 잘 기능하도록 환경을 재편성하는 것이다.

발전을 재정의하는 것은 국내외를 막론하고 비공식 부문을 전문적으로 식민지화함으로써 서양의 경제적 지배를 강화시키는 형태인 공식적인 '경제학'에 국한될 것이다. 즉, 임금노동 경제분석은 임금을 획득하는 생산자인 노동자에게만 집중했다. 경제학자들은 자신들이 측정할 수 있는 영역 밖을 다룰 수 없다. 비시장적 영역에 침략을 시작하기 위해 새로운 무기가 필요하다.

화폐가 유통되지 않는 곳에서 기능하려면 그 개념이 독자적이어야 한다. 경제학의 분야를 보호하기 위해 새로운 분석 도구는 낡은 것과 모순되지 않아야 한다. '피구'는 그림자 가격을 하나의 도구로 정의했다. 이 도구는 오늘날 지불되지 않고 행해지는 재화나 서비스를 환산하는 데 필요한 화폐이다. 몇몇 경제학자들의 새로운 능력은 전통적인 경제분석을 확장하는 것 이상이다. 그것은 산업적 시장과 같은 새로운 영토의 발견이다. 자신들이 하는 일을 이해하지 못하는 경제학자들은 유감스러운 존재이다. 그들의 운명은 콜럼버스의 경우처럼 슬픈 것이다.

콜럼버스는 나침반과 신형 범선, 항해자로서의 자신의 능력에 의해 생각지도 못한 대륙을 발견했다. 그러나 그는 자신이 새로운 반구에 도달했음을 모르고 인도제도에 도착했다고 믿으며 죽었다. 시장경제와 그림자 경제 사이의 구분은 약화되고 있다. 생활의 자립과 자존을 목표로 하는 활동을 상품으로 대체하는 것이 반드시 진보라고 볼 수 없다. 여성들은 가사 활동이 특권인지, 아니면 지배적 구조에 의해 강요된 노동인지를 묻고 있다. 학생들은 학교에 가는 것이 배움을 위한 것인지, 아니면 자신의 우둔화에 협력하는 것인지를 묻고 있다.

그림자 경제를 계획하고 조직하는 것은 새로운 형태의 성장지향 이데올로기에 부합하는 희생물이다. 그림자 경제는 경제인이 직면하는 교만함의 마지막 미개척지이다. 한편, 민중의 과학은 시장이나 전문가에 대한 의존을 증대시키지 않으면서 일상 활동의 사용 가치를 높이는 탐구이다. 그림자 노동의 본질을 파악하기 위해 두 가지 혼동을 피해야 한다. 첫째, 그것은 인간 생활의 자립, 자존의 활동이 아니며 둘째, 값싼 임금노동이 아니다. 그림자 노동은 임금노동에 대한 대가로 지불되는 활동이다.

고전 시대의 그리스인들과 로마인들에게는 손을 사용하는 업무, 명령에 따라 행해지는 업무, 교역에 의한 수입과 관련된 업무는 비천한 것이었고 신분이 낮은 자나 노예에게 맡겨두기에 충분한 일이었다. 이론적으로 말하면 그리스도교인도 노동을 각자의 천직으로 생각해야 했다. 천막을 만드는 직공이었던 바울은 유대인의 노동 윤리를 초기 그리스도교에 도입하고자 했다. 그것은 "일하지 않는 자는 먹지도 말라"는 것이었다. 자연은 노동과 접촉함에 따라 가격이 붙는 재화와 서비스가 된다. 노동 이외에 자본과 자원이 가치에 기여한다는 것으로 몇 가지 양보가 있었으나, 이 생각은 애덤 스미스, 리카르도부터 밀, 마르크스에 이르는 고전 경제학의 명제였다.

그림자 노동은 지금까지 계속 은폐되어 왔다. 그림자 노동의 발견은 역사가들에게는 한 세대 전에 민중 문화와 농민이 역사의 주제로 발견된 것과 마찬가지로 중요하다. 당시 칼 폴라니와 '아날'에 모인 뛰어난 프랑스인들은 빈민과 그 생활양식, 빈민들의 사고방식, 세계관을 연구하는 새로운 분야를 개척했다. 그러나 오늘날까지 네 가지 은폐가 횡행하고 있다. 첫째, 생물학에 호소된 은폐이다. 즉, 여성의 역할을 주부로 격하시키고 남성을 먹이를 사냥하는 조건으로 서술하는 것이다. 두 번째는 '사회적 재생산'을 혼동하는 것이다. 이는 임금 노동자를 위해 집을 지키는 등의 여러 가지 활동을 부적절하게 분류하는 것이다. 세 번째는 그림자 노동을 은폐하기 위해 시장 외부의 크고 작은 행동에 그림자 가격을 붙이는 것이다. 네 번째는 가사에 관해 집필하는 주류 페미니스트들이다. 그들은 마르크스주의적 관점과 페미니스트적 필터를 결합하고 있다.

최근에는 여성의 노동을 연구하는 몇몇 역사가가 전통적 분석이나 접근 방식을 초월하는 통찰을 보이고 있다. 그들은 오래전부터 이어져 온 전문가적 관점을 거부하고, 학계의 규범을 뛰어넘어 문제를 고찰하는 방식으로 도전하고 있다. 그들은 분만, 모유 수유, 집 안 청소, 매매춘, 강간, 세탁, 대화, 어머니의 사랑, 유년기, 양육, 낙태, 폐경 등에 대해 연구하고 있다. 그림자 노동을 사회적 재생산 요소로 인정하고 그것에 대한 가치를 화폐로 환산하여 재분배하는 사회적 논의가 필요하다. 1984년 요한 바오로 2세는 여성의 가사 노동도 하나님의 일에 동참하는 행위로 인정해야 한다는 교서 〈자유의 전갈〉을 발표했다.[105]

PART 4

돈을 어떻게
배분할 것인가

사원과 성지, 그리고 하늘을 찌르는 보험회사 타워, 은행 건물,
대기업 본사 등에는 현대 경제 종교의 사제들과 중역들이 거주하고
있다. 가장 신성시되는 사원과 성지는 월스트리트, 연방준비은행,
세계은행, 국제통화기금의 사무실이다.

모든 것은
돈의 배분 문제다

경제학은 자본주의, 사회주의, 공산주의 또는 그 중간 어디에 속하든 국가 경제 파이를 어떻게 나눌지에 대한 본질적인 사유의 학문이다. 지금까지 세계의 경제학자들은 대부분 인간의 탐욕 때문에 정부나 공무원의 개입은 무분별한 권력 남용과 부패로 이어질 수밖에 없다고 가정해왔다. 그래서 시장을 그대로 두는 것이 더 효율적이라 여겼다. 하지만 자본주의의 출발이 시장이라는 것은 사실이 아니다. 채권자들이 합의해 체제를 만들었고, 경제학 교과서와 원론은 이러한 사실을 세뇌해 왔다. 이제 종교도 진화된 과학의 발전을 부정할 수 없게 되었다. 자동차가 성령의 힘으로 움직인다는 비과학적인 주장은 더 이상 교회에서 하지 못하게 되었다.

지금까지 대부분의 경제학자들은 정치와 경제에만 초점을 맞추고, 종교와 철학, 화폐와 같은 개념들이 자본주의에 어떻게 영향을 미치는지 고려하지 않았다. 이러한 개념들은 인간의 심리와 내세관에 영향을 미치고, 화폐는 또 다른 형태의 믿음이다. 신과 화폐에 대한 믿음이 경제에 미치는 영향을 분석해야 함에도 경제학자들은 이를 간과했다. 또한, 경제학 분석에 있어 라이트 경제학자에게서는 화폐의 총량, 축적 한도, 사유재산, 자연권, 종교적 내세관 등 국가적 가치를 사적으로 운용하는 사회현상이 발견된다. 반면 레프트 경제학자들은 인구, 자원, 기후, 자연환경 변화 등을 고려한 사회과학적 사유와 깊은 고뇌 없이 신 앞의 평등이라는 본성만을 전제한다. 이런 기회주의적이고 기만적인 분석을 더 이상 좌시해서는 안 될 것이다.

그런데 경제학에서 정치와 경제의 상호 부패 가능성을 잘 알면서도, 여전히 시장에 맡기는 것이 효율적인지, 아니면 정부와 공무원의 개입이 더 바람직한지에 대한 논쟁은 좌우 양쪽에서 공통으로 지속되고 있다. 이는 경제학이 아직도 체계적으로 유도된 학문으로 벗어나지 못했거나 그 범위에 갇혀 있다는 것을 보여준다. 그러나 이제는 4차 산업혁명의 과학기술, 통계, 인공지능(AI), 로봇 기술, 클라우드 컴퓨팅, 빅데이터, 통제 분석 기술 등이 정부나 인간을 뛰어넘어 국가의 부를 최적으로 배분할 수 있다는 것을 발견한 것이다.

자본주의의 출발이 시장이라는 것은 거짓이다. 실제로는 채권자들이 모여 만든 체제가 시장을 형성했다. 따라서 '정치경제학'은 새로운 관점으로 접근해야 한다. 1700년대 중반 산업혁명 이후 인류는 생존 수준에서 기아보다 비만을 더 걱정하는 시대로 진입했다. 정치적 자본주의는 정치와 경제 엘리트가 서로 협력하는 체제로, 이들은 자신들의 정치적 및 경제적 권력을 유지하기 위해 서로 협력한다. 법률가와 회계사들은 엘리트를 위해 일하며, 복잡한 조세 법률을 통해 세금 회피를 돕는다. 이는 결국 국가 경제 파이를 어떻게 나눌 것인가에 대한 전쟁터이며, 이 싸움은 주로 1%의 사람들이 이기는 상황이다. 복지국가는 정부 지출과 관련되어 있지만, 정치적 자본주의는 규제 국가와 더 밀접한 관련이 있다.

기업이 경쟁적인 시장력으로부터 공무원을 매수하고, 공무원들이 정치적 권력을 증진하기 위해 국가의 강제력을 자본가들의 이익을 위해 사용하는 상황은 강건한 자유 공개 시장을 침체시키고, 부패한 국가 사회주의로 변형시키는 경향이 있다. 따라서 지금까지 경제학자들이 경제학 모델을 분석함에 있어서 자유시장이란 전제를 정치권만 관련지어 분석했지만, 경제적 민주적 자본주의에 대한 조종과 인식의 오류를 나타낸다. 경제학자들은 종종 연구 자금과 의뢰인의 요구에 의해 길들여진 학문적 접근을 취하며, 종교, 철학, 화폐와 같은 인간의 심리구조를 세뇌시키는 도덕성과 윤리성을 고려하지 않는 경향이 있다.

돈, 자리, 명예, 1등, 앞자리 등을 제공하는 이들의 손을 거부하기 어렵고, 세계를 지배하는 1%의 딥스(deep state)들이 국가를 통제하며 부를 독점하려 한다. 이들은 석학들에게 연구 자금을 제공해 인간의 본성을 왜곡하고, 악하고 이기적이며 탐욕스러운 것으로 세뇌시킨다.

이제 4차 산업혁명의 시대에 AI와 인공지능 기술을 활용해 계획경제를 성공적으로 운영할 가능성이 제시되고 있다. 플라톤이 말한 신처럼 정의롭고 공정한 지도자와 관료 시스템을 운용할 수 있는 방법이 실제로 존재할 수 있다. AI, 인공지능 기술, 클라우드 컴퓨팅, 빅데이터, 통제 분석 기술이 결합되면, 인간의 이성적 판단이 부패할 수밖에 없다는 지금까지의 논리를 뛰어넘을 수 있다. 이러한 기술의 발전과 적용은 새로운 형태의 정치경제시스템을 창출하고, 현재의 문제들을 해결하는 데 기여할 수 있다.

지금까지 수많은 이상적인 사회, 정치, 경제시스템에 대한 논의와 사회적 모델 제시가 있어 왔다. 존 롤스(John Rawls)의 '무지의 베일 원탁회의" 플라톤의 전지전능하고 지고지순한 철인 통치 등 우리는 한 세기 동안 시장들과 국가들을 대비시키는 정치적 수사가 좌우 축으로 구성되어 왔다. 지금 정치와 경제가 서로 철저히 얽혀 있어 기존의 좌우 축으로 구성된 인습적인 구분은 더 이상 의미가 없다. 4차 산업혁명 기술을 정치에 접목시켜야 할 때가 왔으며, 이는 전통적인 지역구 기반 정치인들의 부정부패를 넘어설 수 있다.

CCTV 설치와 같은 현대기술을 통해 실시간 파악이 가능해진 지금, 지역구 국회의원 제도는 과거의 유물로 박물관에 갈 때가 됐다. 디지털 직접선거 제도나 추첨제 방식을 도입하고, 소수의 입법 전문의원을 통해 대의 민주주의 선거제도를 재편해야 할 필요가 있다. 국가 파이의 효율적인 배분을 위한 혁명적인 생각이 필요한 시기다. 즉, 인공지능과 로봇의 구현으로 인한 사회주의적인 평등 경제이념 사상 이러한 것들이 결국 우리 앞에 놓이게 된 것도 우연이 아니다. 사회주의 경제이념 사상이라는 것이 분배를 통해서 마치 평등하고 공평한 것처럼 보여도 사실상 그동안 대중이 누릴 수 있었던 모든 것이었다. 따라서 이 책 8개 장의 글에는 새로운 정치경제학에서 우리가 어떤 생각을 해야 하는지 무엇을 요구해야 하는지 그동안 금기시되었거나 누구도 함부로 질문하지 않았던 것을 필자가 대신 질문하는 형식으로 대안 또는 토론 주제를 재미있게 펼쳐 보이겠다.

1. 총통화 K% 요구
2. 부채슬레이트제도 부채탕감과 묵시적 법률의 폐기
3. 감가상각하는 돈, 화폐 축적의 한도, 마이너스금리 페널티
4. 중국 충칭의 토지가치세 단일과세 성공 사례 이론적 배경
5. 이해 자본주의 새로운 주식회사 제도, 회계제도, 새로운 파산법
6. 금융, 화폐 교육 강화로 화폐제도 변경 모색
7. 올바른 종교관 깨닫기, 올바른 역사관과 세계관 함양

관념화된
자본주의 두 얼굴

🏛 자본주의 경제학이 사기라는 것을 지금까지 감출 수 있었던 이유

첫째, 돈을 쥐고 있는 기득권 자본가들이 경제학 이론적 모델을 위한 일방적 지원과 연구 결과의 논리적 모순을 관념화시켰다. 구글과 야후 수익을 보면 미국 전체 항공사 매출의 몇 배다. 정보가 곧 돈이다. 정보가 공평하게 배분된다는 가정하에 자유시장 경쟁을 전제한 것이다. 한마디로 우리가 배운 경제학은 모두 의심해 봐야 한다. 자유시장 경쟁이라는 눈을 가린 모든 수학적 통계 모델들도 돈을 지원해 준 후원자에게 엿 먹으라는 연구 결과를 내놓을 순 없지 않은가?

둘째, 고대 철학적 기반의 일방적 점유와 그에 따른 정신분석, 정신현상 등 신학적, 성경적. 종교적. 고고학적. 역사번역과 해석의 위조와 변조 등으로 인간의 본성을 탐욕과 이기심으로 편협하게 규정해 윤색된 교과서로 세뇌시켜 놓았다.

셋째, 인간은 사회적 동물이란 대전제는 사회란 곧 하나님, 곧 신이라 말해놓고 각 개인 사유재산을 국가의 보호라는 절대성을 부여한 논리적 모순, 은폐 또는 도그마화다.

넷째, 화폐란 가치의 척도, 교환의 수단으로 인간들의 합의와 약속으로 태어났는데 현재는 그 화폐 뒤에 숨은 인간들이 마치 신이라도 된 것처럼 행동하며 무소불위의 권력을 휘두르고 있다. 즉 총통화 K% 약속 위반과 '은행'의 저축(축적) 한도가 있어야 한다는 합의가 마련되어 있지 않다. 한도 없는 달러본위제도와 양적완화제도 또 주식회사 설립 시 단 한 번의 출자로 끝없는 배당소득과 증자과실의 '유가증권제도'와 '증권거래소' 관련 법령들의 부당성이다.

다섯째, 자본주의제도에 깊이 끼어들어 간 종교적 관념성과 감춰져 있는 경제적 비유, 은유, 환유 표현의 알레고리다. 성경을 빙자하여 기독교 가면을 쓴 두 유대 세력이 모든 전쟁과 자원, 문화, 질서와 윤리·도덕까지도 지배하고 있으며 두 세력은 반드시 반대의 세력을 만들어 놓고 서로 싸우는 것 같은 상황을 연출한다. 이것이 바로 헤겔의 '정반합 철학'에서 가져온 것이다. 세계인을 속이는 국제적 게임을 하고 있는 것이다. 따라서 이들은 기독교(바울)와 공산주의(마르크스) 발명은 자신들의 것이라고 인정하나 자본주의 즉 은행, 유가증권, 증권거래소 발명은 인정하지 않는다. 그 이유는 양극화 책임의 회피다.

여섯째는 중국 충칭시에서 실험에 성공한 자본주의의 모순을 증명한 토지공개념과 관련된 '토지가치세' 성공 사례를 은폐하고 있다. 여기서 말하고자 하는 것은 이념적 주장이 아니다. 다만 야만적이고 갈수록 흉측해지는 자본주의가 어떻게든 인간적인 따뜻한 자본주의로 될 수 있는지에 대한 질문 정도를 마련하고 이에 대하여 기상천외한 토론 훈련을 한번 해보자는 생각으로 발제되었다.

이와 같은 점을 설명하기 위해 앞에서 일부 관련 경제학자들의 경제 이론을 요약설명 해보았다면 지금부터는 감히 건드려 보지 않았던 성경 속의 감춰진 알레고리 몇 가지 사례를 추적하고 추정해 보았다. 또한 화폐, 통화 관련 노화하는 돈, 감가상각하지 않은 돈, 새끼 치는 돈과 존 로크의 사유재산 절대성 오류와 한계를 설명해 보았다. 또, 충칭의 토지거래소는 중국뿐만 아니라 세계적으로도 매우 중대한 제도적 혁신이라고 할 수 있다. 알려지면 "자본주의 이념의 논리 모순성과 지금까지의 사기성이 드러나는 것이 두려워 은폐시킨 사건"으로도 추정할 수 있다.

🏛 진실과 도발적 생각

진실은 밝은 곳에 얼굴을 내밀지 않으며 진정한 진실은 어둡고 깊은 곳에 숨겨져 있다. 그곳을 과감하고 도발적으로 여행할 수 있어야 한다. 자유시장 경쟁은 하이에크의 '노예의 길' 경제이론을 우리에게 말해 준다. 이미 선행 지수로 나타난 부동산 투기를 유도하는 금융기관, 건설업자, 정부 당국의 사기 행각을 통해 금융 노예를 양산하는 것이 우리가 배운 국가의 진리인가? 지금까지의 정상적인 경영학이 기만적이었다는 것을 보여준다. 계획된 유대 기업으로 손정의의 쿠팡과 삼성 SDS, 김범수의 카카오는 IBM에서 투자된 기업들로서 정상적인 재무제표와는 관계가 없는 4세대 기업들이다. 미국 FED에서 달러를 찍어 성공할 때까지 무한대로 제공되는 기업들이다.

화폐를 지배하는 자가 세계를 지배한다는 것은 부정할 수 없는 사실이다. 1970년대 IBM과 인텔은 퍼스널컴퓨터 시대를 열어, 일본의 생산 시스템에서 메모리 반도체 양산체제로 원가 절감을 위해 한국의 삼성 반도체를 설계했다.[106] 일본을 거쳐 한국에 도입되었고, 이제는 중국으로 넘어갈 시기가 되었다. 한국은 IBM과 인텔에 새로운 4차 산업을 받게 될 것이다. 아마도 그것은 삼성바이오로직스와 같은 바이오산업일 것이다.

한편 빅데이터는 새로운 검은 석유로 불리며, 엄청난 미래가치를 지닌 4차 산업이다. 빅데이터의 예로 고등학생인 딸 이름으로 우편물을 열어보니 임산부 홍보물과 할인 쿠폰이 들어있었다. 아빠는 "고등학생인 소녀에게 임산부 마케팅하느냐"며 항의했고 마케팅 담당자는 미안하다고 사과했다. 그러나 얼마 후 아빠는 자기 딸이 정말 임신한 사실을 알게 됐고 그 기업 마케팅 담당자에게 미안했다고 사과했다. 그 기업은 임신한 사실을 어떻게 알았을까? 그 딸은 산부인과에서 검진받았는데 그 정보가 빅데이터에 잡힌 것이다. 4차 산업은 이렇게 모든 정보를 집적하고 새로운 소비자 마케팅의 검은 석유로 불린다. 구글, 삼성, IBM은 같은 편이며, 알리바바의 최대 투자자는 손정의의 소프트뱅크다. 이들 기업은 배터리 시장, 반도체 시장, 무인 자동화 항만 컨테이너 시스템 등을 통해 중국의 2025 계획에 따라 전체 나라를 IT 시스템화하고 있다.

🏛 4차 산업 기술의 토대

양자컴퓨터, 빅데이터, 인공지능, 블록체인, 5G 통신, 그리고 4차 AI 인공지능 산업은 혁신적인 발전을 이루고 있다. 약 1,300단어만으로도 인공지능 컴퓨터가 정신질환과 정신 건강을 분석할 것이다. 향후 5년 이내에 고소득 억대 연봉의 전문직업들은 연봉이 축소될 것으로 보인다. 10년 내에는 고소득 전문가 직업들이 위기를 맞게 될 것이다. 개인의 체형에 맞춘 식단구성과 신체 건강에 적합한 약물 분석을 통한 맞춤형 의료 서비스가 가능할 것이다. 의사 없이도 조기진단 시스템과 예방의학이 실현될 것이다. 스마트센서와 센싱(Sensing) 기술을 활용하여 환경오염 수치를 빛의 속도로 측정하게 될 것이며, 온난화와 관련된 석유, 가스, 메탄 수치를 실시간으로 측정하고 대처할 수 있게 될 것이다.

신경제학 단서

경제학은 한정된 인류 자원을 효율적으로 배분하는 학문이다. 21세기 하이브리드 자본주의 경제 국가를 운영하려면, 엘리트 관료와 지도자들은 기존 자본주의를 개혁하고 발전시키려면 지금까지의 경제학적 여러 학파의 모델과 수학적 통계뿐만 아니라 고대부터 전해 내려오는 자연의 질서, 인간 본성, 새로운 종교관과 세계관 등 폭넓은 지식이 필요하다. 고대부터 이어진 이 지식은 AI, 로봇, 자동화와 같은 새로운 과학기술, AI, 로봇, 자동화 등 생산 방식의 변화에 인간 노동 방식, 새로운 재산권에 대한 새로운 개념의 범세계적 논의를 할 수 있을 정도의 폭넓은 지식과 지혜를 갖고 있어야 할 것이다.

또한 일반 시민은 국가의 경제정책을 비판하거나 새로운 정책을 요구할 때는 그 원인과 근거를 제시할 수 있는 높은 시민 의식도 필요할 것이다. 이렇게 되면 정해진 경제환경 속에서 저마다 자신들의 행복한 삶의 방식을 찾아내고 열심히 살 것이다. 또한 이런 시민 의식 속에서 관료와 정치인 지도자가 선발될 것이고 그 사회는 높은 민도의 선진국 사회로 나아갈 것이다. 따라서 이러한 관점에서 자본주의의 개선점을 도출하기 위하여 종교, 인종 등 어떤 제한도 두지 않고 과감하고 용기 있게 문제를 드러내 놓고 말해 보고자 한다.

화폐는 가치의 척도이자 교환의 수단으로, 인간의 합의와 약속에 의해 탄생했다. 현재는 화폐를 다루는 인간이 마치 신처럼 권력을 휘두르고 있다. 총통화량 증가에 대한 제한이 없고, '은행'의 저축 한도에 대한 합의도 부족하다. 달러본위제와 양적완화, 주식회사의 무제한 배당소득, 증권시장 관련 법령의 부당성이 문제로 지적된다.

우리의 시야를 가리고 있는 두 가지 큰 요소가 있다. 첫 번째는 계약의 관념화다. 이는 기독교의 야훼 신과 히브리 민족 간의 선민 계약, 성경에 기반한 사회 로드맵, 그리고 시오니즘과 같은 개념을 통해 우리가 세상을 바라보는 방식에 영향을 미친다. 이러한 관념화는 종교적 신념이나 역사적 해석에 따라 형성된 사회적 합의와 계약을 강조하면서도, 때로는 현실을 왜곡하거나 단순화시키는 경향이 있다.

두 번째 요소는 화폐 관리가 정부의 역할이란 인식의 관념화다. 사실, 화폐는 상품이며, 미국 연방준비은행(FED) 역시 주식회사의 형태로 운영된다. 주식회사라는 기업은 영리를 목적으로 한다. 따라서 연방준비은행(FED)이 화폐라는 상품을 판매하는 것은 자연스러운 일이고 잘못돼도 투자한 지분만큼 유한책임만 지는 것이다. 하지만 일반 대중은 화폐가 정부에 의해 과학적 법에 근거해 관리되는 것으로 관념화되어 있다.

🏛 감가상각하는 돈 노화하는 돈

우리는 시간이 흐름에 따라 돈의 가치가 감소해야 한다는 새로운 접근 방식이 필요하다. "돈은 인간이 만든 것이기에 변화시킬 수 있다"는 생각으로, 대자본이 모이면 그 가치가 점차 줄어들어 결국 사라지는 방식으로 만들어야 한다. 건전한 사회에서 화폐는 다른 사람이 만든 상품의 '수표'와 같은 역할을 해야 한다. 따라서 화폐가 생산 활동을 대표하는 기능을 잃었을 때, 그 화폐의 가치는 소유자에게서 사라져야 한다. 이를 실현하기 위해 화폐 소유권이 일정 시간이 지나면 자동으로 사회에 환원되는 방식을 도입해야 한다.[107]

🏛 신경제학 이론적 배경

:: 존재하지 않는 돈
금융 딥스와 FRB와 중앙은행들이 우리에게 빼앗아 간 것들

금융 딥스와 FRB, 그리고 중앙은행들은 인위적인 공포와 전염병 사태를 일으킨 후, 이를 경제 종말의 원인으로 몰아가며 자신들의 화폐 사기를 숨기려는 시도다. 17차 연방정부 수정헌법이 의회의 압박으로 반강제적으로 통과되었을 때, 미국은 사금융인 FRB를 통해 더 이상 연방정부를 가지지 못하게 되었다. 현재 미국 정부는 연방은행을 새로 신설할 권한이 없으며, FED가 FRB를 흡수한 상태다.

중앙은행들이 창조하는 실제 지폐는 통화 공급량의 10%도 되지 않는다. 나머지 90%는 사실상 가상화폐와 같다. 이는 디지털 화폐뿐만 아니라 실제 종이돈 역시 가상화폐라고 할 수 있다. 실제로 존재하는 돈은 10%에 불과하며, 나머지 90%는 존재하지 않는 돈이다. 그들의 은행들은 이제 중앙은행을 소유하고 발권력을 통해 정부로부터 신용을 얻는다. 시중은행은 중앙은행으로부터 전달받은 극히 일부의 돈을 아무런 담보나 신용 없이 대출로 부풀리기 시작한다.

:: 정부와 은행이 대중을 속인 잔혹한 거짓말
개인부채와 화폐의 함정, 클린 슬레이트

금융부채 버블은 인류가 화폐를 찍기 시작한 순간부터 필연적으로 따라올 수밖에 없던 문제였다. 현재 은행이 짊어지고 있는 모든 채무는 사실상 허구이다. 이는 은행들이 실제 가치나 화폐 보유 없이 컴퓨터상의 숫자로 신용을 창출해 낸 것이다. 따라서 은행은 존재하지도 않는 가상의 돈을 빌려주고 대중에게는 이것을 부채라고 정의시켰으며 순진하게도 대중은 그 말을 믿고 있다.

물론 정당한 실물 가치를 기반으로 한 화폐 발행은 그 한도가 명확히 있기 때문에 화폐가치를 규정지을 수 있겠지만 현재의 화폐 버블은 실물 가치에 아무런 기준이 없고 다만 BIS와 중앙은행의 지급준비율에만 그것이 존재할 뿐이다. 결국 저들이 만들어 낸 지급준비율은 대출에 입각한 가상의 돈들로 그것을 풀어 댔기 때문에 사실상 아무런 의미가 없다. 대출이 은행에 저축돼 있는 누군가의 땀의 결과 누군가의 절욕의 결과물이 아니다.

그렇기 때문에 지급 준비금 제도는 사실상 사기에 가깝다. 화폐 버블은 실물 가치와 무관하며, 그 기준은 오직 BIS와 중앙은행의 지급준비율에만 존재할 뿐이다. 시중에 풀린 모든 돈은 마치 〈반지의 제왕〉의 절대반지처럼 사람들의 욕망을 부추기고, 일정 시간이 지나면 거대한 빚더미만 남기고 금융권자들에게 돌아간다는 구조다. 금융이 생긴 이래 5000년 전부터 지금까지 꾸준히 이어져 왔던 거대한 속임수였으며, 대중은 정치인과 금융인들의 기만적이고 단순한 범죄행위에 반복적으로 속아왔다. 과거 성경에서 예수님이 가난한 자에게 빌려주고 이자를 받지 말라고 하신 말씀에서도 볼 수 있듯이, 예수님은 이자를 받는 행위와 탕감하지 않는 빚에 대해 부정적인 입장이었다는 것을 우리는 잘 알고 있다.

과거 5000년 동안, 통치자들은 국민들의 토지와 자산을 운영하기 위해 왕권정치라는 수단을 사용했다. 이 시기에는 통치자들이 금융권자들 위에 군림할 수 있었다. 하지만 시간이 지나면서, 왕권은 전쟁으로 인한 국가 재정의 피폐화로 인해 점차 금융권에 의존하게 되었다. 결국, 이런 의존성은 금융권자들에 의해 무참히 짓밟히는 결과를 낳았다.

국민들이 채무노예로 몰락하는 위험한 상황에서 벗어날 수 있었던 방법은 다양했다. 일부 문화에서는 채무를 탕감하는 주빌리(jubilee)-* 같은 제도를 도입하여 일정 기간마다 모든 채무를 탕감함으로써 사회적, 경제적 재설정을 시도했다. 또한, 공동체의 연대와 상호 지원 체계를

-* 고대 이스라엘에서 50년마다 열린 희년에서 유래했다.

통해 채무로 인한 위험을 최소화하려는 노력도 있었다. 이러한 방법들은 국민들이 경제적 압박에서 벗어나 생활의 안정을 찾는 데 일정 부분 도움을 주었다.

과거, 폭발적으로 증가하는 부채로 인해 자국의 국민과 영토가 빚에 의해 파괴되는 것을 막기 위해 통치자들은 필요한 조치를 취했다. 이는 개인부채와 농업부채로 인한 모든 채무를 금융권자 대신 왕이 직접 탕감해 줌으로써, 왕위에 오른 첫해부터 이 계획을 시행했다는 것이다. 왕의 채무탕감 목표는 금융권의 무거운 부채에서 국민을 일시적으로 해방시키고, 왕권에 대한 신뢰와 민심을 확보한 후 국민이 자립할 수 있는 자신감을 심어주는 것이었다. 이를 통해 백성이 다시 토지를 경작할 수 있도록 하는 클린 슬레이트, 즉 부채탕감 계획을 추진했다는 것이다.

이러한 방식으로 국가 재정의 수익과 지출의 균형을 유지할 수 있었다. 너무 먼 과거의 예를 든다고 생각할 수도 있지만, 사실 이런 클린 슬레이트 제도는 제2차 세계대전 이후에도 발생했다. 전쟁 후 대부분의 가정에서는 빚이 없는 경제가 형성되었다. 병사들이 전쟁으로 인해 돈을 소비할 기회가 거의 없었고, 전쟁 무기 생산과 판매로 인한 국민들의 자산 증식으로 대공황으로 인한 많은 부채가 탕감되었다. 그 결과, 가정과 기업 모두 현금이 넘쳐났다. 2차 세계대전에서 돌아온 군인들은 30년 장기 우대 혜택을 통해 소득의 25%만 지불하고 쉽게 주택을 구입할 수 있었다. 이 시기는 마치 미국의 부채와 경제적 오점을 백지화하는 클린 슬레이트 제도가 도래한 것처럼 보였다. 미국뿐만 아니라, 독일의 경제 성장기 역시 1948년 연합국의 통화개혁으로 대부분의 개인과 기업의 부채가 탕감되면서 시작되었다. 이때 독일의 부채는 대부분 나치 정부가 진 것이었기 때문에 부채를 탕감하기가 매우 쉬웠고, 독일의 전쟁 동맹국들도 함께 자신들에 대한 예금 지불 요구가 사라진 사실을 기뻐했다.

당시 나치와 함께 패망한 군국주의 일본도 1945년 맥아더 미군정에 의해 거의 모든 부채가 탕감되었다. 이로 인해 일본은행은 휴지가 된 시중은행 채권을 비싼 가격으로 다시 사들여 일본 은행들을 정상화시켰다. 정상화된 일본의 시중은행들은 즉시 기업인들에게 대출을 시작했고, 이는 전쟁의 큰 혼란 없이 일본 경제를 급성장시킬 기반을 마련했다. 반면 일본의 피해국인 대한민국은 극심한 금융 혼란을 겪었고, 미국의 전쟁 자금 수혈로 그 부채를 고스란히 떠안았다.

역사적으로 볼 때, 2차 세계대전의 금융 그림자 뒤에는 바로 미국이 있었다. 일본과 독일의 전쟁 책임에 따른 막대한 배상금을 빌미로 그들의 모든 빚을 탕감해 줬으며, 이로 인해 패전국들의 경제가 빠르게 재건되고 성장하여 미국의 감당할 수 없는 배상금을 갚는 순종적인 개가 되길 원했다. 이처럼 불과 몇십 년 전까지만 해도 부채탕감은 전방위적으로 일어났으며, 그 모든 부채를 승전국인 미국이 직접 탕감해 주면서 전쟁으로 인한 파괴와 재건을 통해 많은 부채들을 조용히 해결했다. 그러나 오늘날의 현실은 어떠한가? 이제 더 이상 강압적인 전쟁, 즉 명분 없는 전쟁은 없으며 문화적 인프라를 총과 칼로 부수며 경제를 리셋하는 상황은 일어나지 않고 있다.

인문학으로 읽는 금융화폐 **자본주의**

:: 총통화 K%는 누가 결정해야 하는가?

총통화량 K%는 누가 결정하는지가 매우 중요하다. 화폐는 사회를 지배하는 권력으로, 돈은 욕망을 자극하는 힘을 가지고 있으며 견제를 받지 않을 경우 그 파괴력도 막대하다. 이러한 돈의 힘이 과도하게 증가하면 개인뿐만 아니라 사회 전체를 파괴할 수 있다. 따라서 돈의 힘이 과도하게 증가하지 않도록 관리하는 장치가 필수적이며, 이는 민주주의의 기본 가치며 부의 평행이론이 존중되어야 한다.

:: 화폐와 관련해 맬서스 트랩(Malthusian Trap)⁻*과 총생산 마이너스는 어떻게 할 것인가?

화폐와 관련해 맬서스 트랩과 총생산 마이너스의 문제를 다루는 것은 인구 증가와 생산성의 관계를 이해하는 데 중요하다. 농업 문명 시대부터 산업화 이전까지 인류 역사 대부분에서는 인구가 많을수록 생산량이 비례해 증가할 가능성이 있었지만, 이는 평균의 함정을 고려하지 않은 것이다. 예를 들어, 성인 두 명이 각각 100씩 총 200을 생산하고, 이후 자녀 두 명이 각각 50씩 추가로 생산하여 가족 전체가 300을 생산한 경우, 가족 중심으로는 총생산량이 증가했지만 1인당 생산성은 75로 감소한 것이다. 이는 GDP는 증가했으나 1인당 생산성은 감소했음을 의미한다.

-* 후생은 산술급수적으로 증가하나 인구는 기하급수적으로 증가하기 때문에 인구 증가 문제를 해결하지 못하면 결국 사회 구성원에게 충분히 제공할 수 없는 사태가 온다.

산업문명 시대에 들어서면서 성장과 함께 생산성이 증가한 것은 생산 기술의 발전 덕분이었다. 하지만 기술혁신이 일어나기 위해서는 사회혁신이 필요하다. 19세기 영국이 대영제국을 만들 수 있었던 것은 민주주의 혁명과 화폐 혁명 덕분이었다. 신용화폐와 중앙은행 시스템의 창조는 화폐 유통량을 제약받는 것이 규모의 경제 성장을 제약할 수 있음을 보여준다. 그러나 화폐 발행량을 제약받지 않고 절제하지 않으면 미래의 노동을 미리 당겨와 영원한 금융노예화를 초래할 수도 있다.

이러한 문제를 해결하기 위해서는 생산성을 높이면서도 인구 증가율과 생산량 증가율 간의 균형을 맞추는 정책이 필요하다. 이는 기술혁신과 사회혁신을 통해 달성될 수 있으며, 화폐 정책과 경제정책은 경제의 규모와 시대에 따라 다양한 경제환경을 고려하여 결정되어야 한다.

:: 돈을 이해하려면
중앙은행제도와 미국중앙은행 FED를 이해해야 한다.

오늘날 은행이 돈이란 상품을 장사하듯 무한정 팔아도 아무런 책임이 없다는 것을 이해할 수 있겠는가?

돈과 중앙은행제도, 특히 미국중앙은행인 연방준비제도(FED)를 이해하는 것은 현대 경제를 이해하는 데 중요하다. 은행이 장사하듯 돈을 상품처럼 다루며, 돈이라는 상품을 무한정 팔아도 아무런 책임이 없다. 외형적으로는 중앙은행이 돈 공급의 권한을 가지고 있는 것처럼 보이지만, 실질적으로는 정부가 이를 통제한다. 이는 중앙은행이 화폐를 독점적으로 발행할 수 있는 권한을 가지며, 이를 통해 세금을 담보로 채권을 발행하고, 원금은 영원히 갚지 않고 이자만 갚는 방식으로 운영된다는 것을 의미한다.

FED는 주식회사의 형태를 가지고 있으며, 화폐 발행이 잘못돼도 투자금에 대한 유한책임만 지고 있다. 즉, 문제가 발생하더라도 주식 지분만큼만 책임이 있다. 이러한 시스템은 국회의 예산 심의 및 결의 방식을 통해 형식적으로는 국민의 동의하에 운영되고 있다는 점 또한 놀라울 뿐이다. 이는 FED 설립 목적이 민간 은행에 돈을 빌려주는 마지막 대출자의 역할을 하며, 이를 통해 경제에 유동성을 제공하고 금융 시스템의 안정성을 유지하는 중요한 역할을 하라는 것인데 술에 물 타고 우유에 물 타는 악덕업자 모습을 과연 어떻게 설명할 것인가?

경제학과 정치경제학은
무엇이 다른가

　최근 주류 경제학을 배우는 학생들은 경제학을 단편적으로 배우는 이유에 대해 의문을 가지고 있다. 이는 사회나 노동에 대한 교육이 경제학에서 배제되기 때문이다. 이 현상은 단순한 음모론이 아니라, 20세기 미국 경제학 학문 자체에 문제가 있음을 반영한다. 맨큐의 경제학에도 문제가 있지만, 특히 시카고대학의 시카고학파에 주목할 필요가 있다. 이 학파는 스탠다드 오일 컴퍼니의 록펠러가 세운 대학에서 발전했다. 록펠러는 나중에 기업독점으로 판정되어 강제 분할되었고, 미국의 진보 시대에는 많은 업종의 기업들이 시장 독과점으로 발전했다.

　록펠러 가문 역시 석유 분야에서 독점기업으로 성장했다. 이러한 독점체제를 비판한 이들은 주로 진보언론과 과학자들이었다. 록펠러는 이에 대한 반응으로 미래 기업 권력을 위해 언론과 학교를 장악해야 한다고 결론지었다. 언론은 광고비로, 학교는 기부금으로 장악했다. 시카고대학은 록펠러가 직접 자금을 조달해 설립한 대학이다. 시카고학

　　　　　인문학으로 읽는 금융화폐 **자본주의**

파는 밀턴 프리드먼-*에 의해 발전된 모델로, '경제학'에서 '정치경제학'을 분리하는 방식을 채택했다. 이는 미국 전역에서 경제학을 과학으로 보는 계몽운동으로 확산되었다.

이러한 수리경제학의 등장은 통계 행동주의 경제학과 사회과학을 하나로 묶으려는 불순한 의도에서 비롯되었다. 이는 칼 포퍼(Karl Popper)의 『열린 사회와 그 적들』에서 나타나는 마르크스주의와 프로이트 이론의 비과학성에 대한 이념적 논쟁과 맞닿아 있다. 이런 관점에서는 예측이 틀리지 않는 한 그것을 과학적 지식으로 여긴다. 그러나 역사적으로 보면 이러한 예측이 자주 틀렸으며, 그 원인은 기업 카르텔, 독과점, 담합 정보의 비밀주의와 비대칭성 때문이다. 이러한 기본 전제에서 미국의 경제학 학문 체계가 형성되었다. 계량경제학과 통계 모델은 숫자의 엄밀성과 과학성을 주장하며, '정치' 즉 노동문제를 제거한다. 심지어 케인즈학파 이론까지도 변방으로 밀어낸다. 이 과정에서 합리적 인간과 한계효용, 합리적 선택 이론으로 이어지는 분석이 등장한다. 이런 분석에는 일정 정도 타당성이 있지만, 그 안에서 계급성은 제거되어 있다.

경제학에서 정치학 제거와 계급 배제는 마치 평등하고 이성적인 판단인 것처럼 포장된다. 실제로 미국의 경제학은 자본가에게 봉사하는 학문으로 시작했으며, 가치 중립적이고 과학적인 것처럼 호도하고 있다. 이런 논리를 주장하는 근거 중 하나는 통계 연구의 기본적인 조건과 관련이 있다. 돈이 없으면 연구를 할 수 없다는 사실이다. 표본 수집 자체가 불가능할 뿐만 아니라, 과학적 엄밀성을 따지고, 모집단에

-* 미국의 경제학자. 화폐가치의 안정을 경제의 최우선 목표로 삼고 정부의 시장개입을 반대하는 통계, 수리경제, 통화주의자.

서 유의미한 샘플을 얻기 위한 샘플링, 인터뷰, 표본 수집, 설문 방식 등은 많은 비용이 필요하다. 결국, 연구에 자금을 대는 후원자가 있어야 하며, 후원자에게 불리한 연구 결과가 나올 가능성은 낮다. 이러한 상황에서 경제학은 철저히 길들여진 학문이며, 해야 할 이야기가 아닌 할 수 있는 이야기만 하는 현상이 발생한다. 이에 따라 노동을 외면하는 이론이 만들어진다.

그래서 진보적 학자들이 경제학 내에서 노동을 강조하면 종종 비판을 받고 빨갱이로 몰리는 경향이 있다. 현대 경제학의 주요 문제점 중 하나는 역사, 계급 갈등, 노동의 제거와 함께 수학적 요소들을 도입함으로써 현실에 대한 이해를 상실하는 것이다. 이러한 경제학은 중앙은행에서 통화관리나 하는 관료적 경제학이 되고, 이는 마치 경제학자들이 전지전능한 신처럼 인간을 무력한 존재로 만든다. 이는 정치적 사고를 가진 인간이 경제적 세계를 바라볼 수 있는 능력을 상실하게 만들며, 부의 불평등한 재분배에 대해 투쟁할 수 있는 정치적 용기를 거세시킨다.

진정한 정치경제학은 공민 과목으로서, 개인이 어떤 정치적 사회에서 노동자로서 합리적인 노동계약이 무엇인지, 부당노동 행위가 무엇인지, 인권에 관한 자신의 권리를 어떻게 주장해야 하는지를 이해할 수 있게 해 준다. 그러나 학교 경제학 커리큘럼은 종종 "가난한 것은 정치적으로 아무 상관이 없고, 단지 운이 없거나 게으른 것만이 경제적 이유"라는 잘못된 메시지를 전달한다. 이런 관점은 개인의 경제적 상황을 단순히 개인적 특성의 문제로 보고, 사회적, 정치적 요인을 외면하고 있는 경향이 있다.

인문학으로 읽는 금융화폐 **자본주의**

마르크스 자본론은
아직도 유효한가?

　필자는 자본주의에 대해 알고 있는 이야기를 하나의 자료로 엮어 보려 의도하지는 않았지만, 신화적인 전통, 인간의 본성, 그리고 자본주의와 관련된 음모론적인 가설들까지 총망라해 도발적으로 이야기할 수밖에 없었던 것은 현재까지 가르치고 배워 온 자본주의 이론과 모델들이 시간적, 공간적, 기술적으로 혁명적인 과학기술과 정보통신의 변화로 인해 큰 변화를 겪었기 때문이다. 자본주의 시스템에 많은 문제점이 제기되고 있는 현실이다. 또한, 미국의 기축통화 세뇨리지, FED의 양적완화정책, 금리정책, 페트로 달러, 변칙적인 자본주의 시스템 등을 살펴보면 알 수 있다. 과거 자본주의는 경제 주체의 압박을 통해 부실과 거품을 제거했지만, 현재의 "파산 없는 자본주의는 지옥 없는 가톨릭과 같다"고 비유할 수 있다. 자본주의에서 시스템 리스크는 건전한 경제 주체까지 위협할 수 있다.

　그런데 2008년 이후 글로벌 자본주의는 중대한 선택을 한 것으로 보인다. 최근 미국의 주식시장은 변태적인 자본주의의 모습을 보여주고 있다. S&P 500에 속한 21개 기업의 자본감소 현상은 애플, 페이스북

등이 영업이익으로 자사주를 매입한 결과다. 따라서 이러한 하이브리드 자본주의 경제를 재해석하고 분석하기 위해서는 자본주의와 연관된 여러 학문, 인간의 본능, 종교, 철학, 이데올로기 등을 고려해야 한다. 자본주의의 300년 역사를 바탕으로 현재의 자본주의가 유효한 것인지, 그리고 그중에서도 특히 미래 세대 청소년들에게 실사구시적 상상력을 제공하기 위해 이 문제를 제기해 보고자 한다. 마르크스『자본론』이 아직도 유효한지, 그가 어떤 영향을 미쳤는지, 비판적 사고의 의문과 이게 어떤 책이고 왜 쓰였으며 왜 자본론이 거부감이 높은 금서가 됐었는지, 이 책이 어떤 영향을 미쳤는지 이해할 수 있도록 살펴보고자 한다. 러시아와 우크라이나 전쟁, 북한과의 갈등 등 세계적인 이슈들은 공산주의 이론과 관련이 있다. 마르크스는 역사학자, 경제학자, 정치이론가, 사상가이자 혁명가로, 많은 타이틀을 갖고 있는데, 이는 그가 똑똑할 뿐만 아니라 예전에는 학문 간의 경계가 모호했기 때문이다.

예를 들어, 고대 그리스 시대에는 의사가 철학자이자 수학자가 되는 것처럼 의학, 철학, 수학이 하나의 학문으로 여겨졌다. 마찬가지로 마르크스가 19세기 초(1818년)에 태어나 19세기 중후반(1883년)까지 살아갈 당시에도 지금과 같이 그래프, 수요 공급, IS-LM 커브 같은 개념이 없었다. 19세기의 경제학은 현재와 같은 수학적 학문이 아니라 철학에 더 가까웠다. 마르크스는 독일에서 태어나 프로이센 지역의 베를린에서 자유주의 신문 〈라인신문〉의 편집장으로 일하다가 쫓겨나 프랑스로 망명했다. 그곳에서 사회주의자들과 교류하며 사회주의자로 변모했다. 프랑스 혁명 이후 나폴레옹 시대에 신성로마제국이 해체되고 라인연방이 출범했다.

1815년 워털루 전쟁에서 나폴레옹의 패배 이후, 오스트리아의 메테르니 재상은 빈체제를 구축하게 된다. 이 시기에는 무주공산 상태였던 독일을 통제하기 위해 독일연합이 만들어지고, 오스트리아가 주도적인 역할을 한다. 합스부르크 왕가는 신성로마제국 황제가 될 때까지는 독일 내에서 큰 도전을 받지 않았다. 그러나 나폴레옹의 몰락 과정에서 프로이센이 강력하게 부상하여 독일연합은 통일국가가 되지 못하고 북독일과 남독일로 나뉘게 된다. 이는 프로이센과 오스트리아 간의 갈등으로 이어진다. 1830년대에는 자유주의와 민족주의 물결이 전 유럽을 휩쓸었고, 독일도 통일에 대한 논의를 시작했다. 1848년 프랑크푸르트 국민회의에서 프로이센 왕을 황제로 추대하려 했으나, 왕은 이를 거부했다.

이에 따라 프랑크푸르트 국민회의는 실패하고, 독일의 통일 염원은 계속 커진다. 마르크스에게 있어 국가와 민족에 대한 사상적 고민은 큰 숙제였다. 젊은 시절의 마르크스는 자유주의자 헤겔의 철학에 심취했으며, 청년 헤겔파 일원으로 활동하며 자유주의 혁명을 추구했다. 그는 〈라인신문〉의 편집장으로 활동하며 이 신문사를 독일 전역에 영향력 있는 자유주의 신문으로 성장시켰다.

마르크스는 〈라인신문〉을 통해 혁명적 민주주의 관점에서 프로이센을 비판했다. 프로이센(베를린을 중심 지역으로 하며 서프로이센 폴란드까지 포함)은 보수주의, 권위주의, 전체주의적인 국가였고, 〈라인신문〉의 활동이 그들에게 거슬렸다. 1843년에 〈라인신문〉이 폐간되면서 마르크스는 독일에서 쫓겨나 파리로 망명하게 된다. 원래 자유주의자였던 마르크스는 파리에서 사회주의의 영향을 받게 된다. 당시 파리는 샤를 푸리에의 공상적 사회주의를 비롯한 다양한 혁명적 사상이 발전하고 있었으며, 마르크스는 사회주의자와 노동운동가들과의 교류를 통해 점점 더 급진적인 사회주의자로 변모하게 된다. 프랑스 망명 당시 마르크스는 영국 문물을 익히고 고전학파를 공부했는데, 이 학파의 대표적인 인물은 시장 논리를 옹호하는 애덤 스미스였다.

마르크스는 프랑스에서 고전학파 경제학에 노출되며 이들의 이론을 이해하게 되었다. 1845년, 프로이센 정부의 압박으로 프랑스에서 쫓겨나 벨기에로 갔다. 1848년, 유럽 전역에서 시민혁명이 일어나는데, 독일 역시 예외가 아니었다. 프로이센에서 발발한 시민혁명에 참여하고 주도한 마르크스는 결국 실패하고 다시 추방당했다. 프랑스, 독일, 벨기에를 거쳐 마지막으로 영국 런던으로 망명해 『자본론』을 저술했다. 사회주의를 사실상 만들고 사회주의의 가장 큰 사람을 세계 자본주의의 중심인 런던만 받아 들여주고 보호해 준 것이다. 런던은 자본주의의 발명자로 여겨지는 아슈케나지(Ashkenazi)⁻* 궁정 유대인들이 자신의 의견을 말할 수 있고 암살이나 정치적인 압력이나 협박으로부터 보호해 준 것이 세계 자본주의의 중심이 되는 런던이었다는 사실은 굉장한 아이러니다.

또한 소련 같은 자본주의와 자유주의 국가들이 경계하는 국가를 창출한 『자본론』이 런던에서 쓰였다는 사실은 역사적 아이러니로 볼 수

-* 디아스포라 역사에서 독일과 프랑스를 중심으로 중유럽 및 동유럽에 퍼져 살았던 유대인이다.

있다. 마르크스는 처음에는 자유주의자였으나, 프랑스에서 자본주의의 문제점을 깨닫고, 영국에서 자본주의가 극단적으로 발전한 모습을 보며 사회주의자로 변모했다. 그는 자본주의가 근본적으로 모순을 가지고 있다고 생각하게 되었다. 19세기 산업혁명으로 인한 빠른 사회 변화와 대량생산은 기술 발전과 함께 18세기 중반부터 영국과 프랑스를 중심으로 '돈'이 중요한 자본주의 발달로 이어졌다.

산업혁명 시대에 돈이 투자로 이어지고 기술의 발전과 대량생산으로 인해 자본주의가 확립되었다. 자본주의의 발달과 그에 따른 경제 확장은 단순한 기술 발전과 생산량 증대의 결과만이 아니었다. 정치적 요인들이 맥락적으로 중요한 역할을 했다. 영국 같은 자본주의의 발상지는 이미 14세기부터 지주들이 농지를 독점할 수 있도록 했다. 인클로저 운동을 통해 농민들은 자신의 땅에서 쫓겨나 도시로 이주하게 되었고, 이로 인해 빈민층과 도시 공장 노동자 계층이 형성되었다.

300년 동안 영국은 도시화를 경험했다. 산업혁명으로 인해 기술이 발전하고 공장들이 세워졌으며, 도시의 노동력은 사실상 노예처럼 생산에 투입되었다. 이러한 과정을 통해 생산을 위한 빈민층이 쉽게 형성될 수 있었다. 자본가들만 이익을 보고 계속 부자가 되어 국부가 증가하고 생산량이 늘어났음에도 불구하고 부익부 빈익빈 현상은 계속 심화되었다. 이러한 부의 양극화 현상은 점점 더 심해졌다. 마르크스는 자본주의가 노동자를 착취하여 소수만 부자가 되는 사회는 결국 뒤집힐 수밖에 없다고 생각했으며, 이러한 생각이 『자본론』을 쓰게 된 배경이었다.

마르크스의 『자본론』은 자본주의 경제이념에 중요한 단초를 제공하고 있다. 이 책에서 출발한 볼셰비즘과 소련혁명은 히틀러가 제2차 세계대전의 이데올로기적 의미를 독일 외교문서보다 더욱 예리하고 잘 정돈된 어법으로 설명했다. 독일은 현재 영국과 소련, 즉 유대인의 '두 성채'와 생사를 건 투쟁을 하고 있다. 영국의 자본주의와 소련의 공산주의는 이론적으로 서로 차이가 있다고 인정되지만 실제로는 유대인들이 양국에서 동일한 목적을 추구하고 있다고 보았다. 정치적으로 이 전쟁은 주로 독일과 영국 사이의 투쟁이지만 이데올로기적으로는 나치와 유대인 사이의 투쟁이다. 마르크스는 독일이 유대 공산주의 제국을 전멸시키는 전쟁을 벌이고 있다는 사실을 깊이 인식해야 한다고 강조했다.

유대인들은 고대 로마를 붕괴하기 위해 기독교를 끌어들였듯이 근대에 이르러 사회 문제를 구실로 같은 속임수를 사용했다. 사랑이라는 이름으로 들여온 거짓말은 로마제국을 멸망시켰고, 자유를 선사할 것이라 선동하던 볼셰비즘은 오히려 사람들을 노예로 만들었다. 바울의 원시적 볼셰비즘으로 그리스 라틴적 성격을 띤 세계는 종말을 고했다. 유대인들은 바울의 기독교로 위장하여 우주의 미적 조화와 자연스러운 민족 간의 위계질서 대신 의도적으로 형이상학적인 '내세'라는 허구를 창조했다.

『자본론』은 총 세 권으로 이루어져 있다. 1권 〈자본의 생산과정〉은 1867년에 마르크스가 생전 출간하였는데 1권의 서문에서 2권 〈자본의 유통과정과 자본의 각종 형태〉와 3권 〈경제학설사〉를 다루게 될 것이라고 전체 구성을 설명해 놓았다.

그런데 2권을 엥겔스가 두 권으로 찢어 2권 3권으로 출판하고 마지막 4권은 마르크스의 초고를 1900년 초에 카우츠키란 사람이 편집해 간행하게 된다. 이 책의 핵심적인 내용은 생산을 위한 자본이 핵심적인 가치를 만드는 방법과 자본 축적 과정을 분석해 낸다. 그러면서 왜 자본주의가 결국에는 부익부 빈익빈을 심화시켜서 혁명으로 이어갈 수밖에 없는지에 대해 설명하는데 상품이란 평소 통용되는 의미를 넘어서 인간의 욕구 충족에 도움이 되는 모든 것을 포괄하는 넓은 개념이다. 그러나 화폐는 교환가치만 있을 뿐이지 내재적인 가치가 없는 것인데 상품에서 중요한 부분이 사람의 욕구를 채워주는 것이다.

집, 차, 옷, 물건들은 누군가가 사용하여 가치가 있는 것이다. 이러한 가치는 사실상 그것을 만들 때 들어간 노동에 의해 창출된 것이다. 인간은 이런 상품을 물물교환하기 시작했고, 이 거래 과정을 용이하게 하기 위해 화폐가 등장했다. 화폐 자체는 내재적인 가치가 없다. 그러나 사람들은 상품 가치의 원천을 그 상품을 만드는데 투입된 노동이나 그 쓸모가 아닌 시장 가격에서 찾기 시작했다. 이를 상품의 우상화라 부르며, 돈이 숭배되기 시작하면서 돈의 축적이 목적이 되고, 돈 모으기 자체가 궁극의 목표가 되었다. 마르크스는 가치 창출이 상품을 통해 일어나며, 상품은 노동력으로 만들어진다고 얘기했다. 자본가는 화폐로 노동력을 사고, 그 노동력으로 다시 화폐를 창출한다. 그렇다면 돈으로 더 많은 돈을 벌 때, 추가로 벌어들이는 돈이 어디서 나오는가? 이는 노동자에게 최대한의 노동을 시키고 최소한의 임금만 지불하는 방식의 노동착취에서 비롯된다. 즉, 노동력을 희생하여 절대적 잉여 가치를 창출하는 과정이다.[108]

금리충격

　인류문명의 큰 변화는 기술혁신을 통해 일어났다. 아날로그에서 디지털 시대로의 전환, 고대 로마의 도로부터 동양의 운하 중심 사회까지 과거와 현재는 반복되고 빨라졌을 뿐이다. 1914년 런던에서는 아침에 차를 마시며 주문한 상품이 지금의 택배처럼 그날 배달되었다. 역사는 현시대를 해석하는 데 중요한 근거다. 1920년대는 철도와 전신의 시대, 1920~1950년대는 라디오, 1950~1980년대는 TV와 케인즈(Keynes) 시대였다. (국가가 이자를 억제하고 인류애 평등) 1980년대까지 영국은 사회주의(노동당) 실험을 하고, 1989년부터 2008년까지 영미 자본주의는 하이에크 신자유주의 정책(노동당)을 실험했다.

　2008년 리먼 금융위기 이후에는 다시 국가 개입 케인지언 정책이 세계를 휩쓸었다. 즉 20세기는 케인지언(Keynesian)과 하이에크(Hayek)가 충돌한 세기다.

　한 사례로 독일은 시장경제 자본주의의 혼란을 경험하고, 2차 세계대전 후에 동서독으로 분할된 후 서독은 케인지언 경제 정책과 하이에크 신자유주의 정책을 혼합하여 "이해관계자 자본주의"를 발전시켰다.

인문학으로 읽는 금융화폐 **자본주의**

현재 세계에서 가장 안전한 나라로 평가받는 독일의 시장경제 자본주의는 소련식 계획 경제의 하이퍼인플레이션(Hyper inflation) 경험과 영미식 하이에크 이론을 수용하며 형성되었다. 현재는 과잉 생산 시대로, 모든 것이 과잉 생산되고 공황 상태에 이르렀다. 독일에서는 과거에 화폐가 믿을 수 없을 때 미국 담배와 술이 화폐를 대신했던 것처럼 지금은 현금이 최고의 가치를 지닌다.

인간의 삶이 어떻게 유지되고 생존해 왔는지가 경제다. 이것은 본질적으로 생존경쟁과 관련이 있으며, 시장에서는 자원 확보를 위한 경쟁, 즉 '이자 전쟁'이 벌어지고 있다. 이러한 경제의 역사는 약 3000년 전부터 반복되고 있다. 경제학의 매력은 그것이 단순히 숫자와 시장에 관한 학문이 아니라, 역사학, 철학과 밀접한 관련이 있다.

경제학은 인간이 잘 먹고 잘살기 위한 투쟁의 역사를 다루며, 이는 고대 예리코 시대부터 시작되었다. 인류 최초의 학교 중 하나인 에듀바(edubba)에서는 곡물 저장고 관리와 회계 교육을 통해 서기관들을 배출했다. 이는 초기 경제활동의 한 형태로 볼 수 있다. 현대 경제에서는 글로벌한 금융 활동이 중요한 역할을 한다. 예를 들어, 미국의 금리 인상은 신흥국들에게 영향을 미쳐, 자국 투자 달러가 미국으로 유입될 수 있으며, 일부 국가들은 모라토리엄(채무 상환 유예) 상황에 직면할 수도 있다. 또한 한국의 부자들이 부동산을 처분하고 세금 회피를 위해 현금으로 전환하고 조세피난처에 대규모 자금 약 1,000조가 떠돌고 있다.

끝이 없는 과학과 종교,
세계 경제 재앙

끝이 없는 과학과 종교, 세계 경제의 재앙 속에서 미래를 이끌 새로운 미래 마차에 말을 바꾸겠다는 것이다. 예를 들어 대기업에 새로 입사한 신입사원 은행 대출이 대기업 50대 부장보다 3~4배 많다는 것은 앞으로의 세상은 자산보다 미래소득이 더 중요하고 그 사람의 신용수준을 결정한다는 것이다. 노인인구가 증가함에 따라 그들을 부양하기 위해, 필요한 연금과 복지제도 운용을 위한 세금과 연금을 누군가는 부담해야 한다. 그러나 일부는 노인 세대가 미래를 준비하는 데 소홀했으며, 이는 시장 파괴와 일자리 창출이 미흡했다. 이러한 상황은 어떤 이들에게는 자연스러운 현상으로 여겨지기도 하며, AI, 인공지능, 자동화 로봇, 정보통신 기술의 발전과도 관련이 있다고 보는 시각이 있다.

또 다른 관점에서는, 이는 언젠가 잘못 보낸 시간의 보복이나 저주로 해석되기도 한다. 또한, 세상을 지배하는 극소수 엘리트 0.001%가 중산층과 전문직을 이용해 자신들의 이익을 취하고, 그들이 경쟁자가 되지 못하도록 자산을 파괴하고 있다. 포르투갈, 그리스, 이탈리아, 스페인 같은 국가들이 연금제도와 복지예산의 위기에 직면해 있는 상황은 노인인구 증가와 경제적 어려움으로 인한 것이다. 이들 국가는 연금 부도의 위험에 처해있으며, 중국경제에 예속된 경제구조를 가지고 있다는 주장도 있다. 이러한 상황에서 노인요양원과 고령자 수용시설의 차이가 두드러지고 있다. 비싼 요양 시설에서는 양질의 음식과 건강 관리를 받을 수 있는 반면, 저렴한 시설에서는 체중 감소와 합병증으로 인한 조기 사망률이 높다. 이러한 문제는 해당 국가들의 연기금 파산, 복지예산 규모 및 집행, 인간의 본성, 과학, 종교, 화폐, 사유재산, 신화 등 여러 가지 요인을 종합적으로 고려하지 않으면 해석하기 어렵다.

우파들은 너무 현실만 보고 미래를 볼 줄 모르는 경향이 있다. 좌파들은 미래를 보는 눈이 조금 더 똑똑하지만, 역사적 스펙트럼이 좁다. 어차피 세계는 좌든 우든 하나의 공화국으로 간다. 과학과 종교, 특히 성경을 몇 세기 과학으로 볼지, 만약 23세기에 본다면 어떨까? 종교란 성경도 그렇고 인생에 대한 가르침, 삶의 방식을 가르쳐주는 책이라 볼 수 있고, 과학은 별개다. 성경은 과학적이 아니라 모든 사람에게 읽힐 수 있도록 쓰인 것이다. 인구론, 소유, 자연의 질서, 동물의 세계, 개체수 조정에 관한 내용은 오래전부터 인류의 과학 문명과 관련이 있다. 과거에 인류는 태양이 지구를 돈다고 믿었지만, 사실은 지구가 태양을 돈다. 갈릴레이의 망원경과 새로운 과학이 그 현상을 증명했다.

마찬가지로 성경도 고대 3천 년 전, 2천 년 전 그 시대 문명과 언어로 쓰여진 것이지만, 현재 우리의 이해는 달라지고 있다. 예를 들어 과학이 육체와 영혼을 설명할 수 있을까? 육체는 물리적으로 설명할 수 있지만 영혼을 과학적으로 설명하기는 어렵다. 그러나 과학은 보이지 않는 에너지와 중력도 설명했으므로, 아직은 아니지만 언젠가 영혼도 과학적으로 설명될 수 있을지 모른다. 영혼은 인간의 상상력으로 만들어진 것이라는 견해도 있지만, 영혼이 없다는 명확한 증거가 없기 때문에 그 존재를 부정하기도 어렵다. 언어의 발달과 함께 추상적인 것들에 의미를 부여하며 살아가는 것이 인간의 특성이다. 사랑이나 영혼과 같은 개념에 대해 묻는 것은 각 개인의 정의에 따라 다를 수 있다. 과학의 범위는 왜 피지컬한 것만을 다루는지에 대한 질문에 대해, 과학은 피지컬한 현상을 넘어서는 것을 잡아내기 어렵다고 볼 수 있다.

그래서 사랑, 우정, 영혼은 우리가 믿고 살아가는 것이다. 과학적으로 증명되지 않았지만, 사랑이 여기 있다고 할 때 우리는 과학실험을 통해 믿는 것이 아니라 그저 믿는다. 도파민 반응이나 호르몬 반응을 사랑의 일부로 볼 수는 있으나, 그것만이 사랑이라고 생각하는 것은 이상하다. 지금은 설명할 수 없지만, 언젠가 과학으로 밝혀질 것이라는 논리도 비과학적이다. 과학은 A가 B가 되고 C가 되는 것을 설명하지만, 윤리는 전쟁 조건, 국가 간 정치, 외교, 사회적 합의의 문제이다. 전쟁이 윤리적으로나 과학적으로 나쁘다고 증명된 것은 아니다. 세계 경제는 신용등급으로 돌아간다. 경제 대부분은 80~90% 연기금의 돈으로 운영된다. 노르웨이 국민연금의 큰 손실과 같이, 신용등급 하락은 경제위기를 가져온다. 최근 경제위기는 기업의 신용등급 하락 또는 경색 국면으로 인한 것이다.

신용등급이 B- 투기등급이나 정크본드(junk bond)일 경우, 연기금은 투자에서 철수해야 한다. 2008년 CDO, 서브프라임 모기지 담보채권

등과 같이 현재 CLO대출, 부담보채권에 투자한 연기금펀드 국가들의 신용등급 하락도 예상된다. 연기금이 돈을 빼거나 투자펀드가 돈을 빼면, 사줄 사람이 없어 국가가 사주는 상황이 생길 수 있다. 국가의 신용등급도 떨어지면 국가는 망할 수 있으며 이것은 세계 경제에 재앙이 시작되는 것이다. 상식적으로 보면, 한국의 동학개미들이 기업에 현금을 퍼주는 것은 위험한 투자가 될 수 있다. 경제는 신용이 화폐이며, 기업의 신용등급 하락 시 투자자들은 돈을 빼간다. 증권사들이 이런 사실을 왜 언급하지 않는지 의문이다. 가계의 신용등급이 하락하면 원금 회수와 이자율 상승이 이루어진다.

가계 불황과 파산이 끝나면 그다음은 기업과 은행으로 위기가 옮겨갈 것이다. 신용은 경제의 핵심이며, 화폐의 본질이다. 신용에는 다양한 등급이 있으며, 현재는 신용경색 위기에 직면해 있다.

10년 혹은 12년 주기의 중산층 자산파괴나 주기적 금융위기가 다가오고 있었는데, 코로나 팬데믹이 실물경제 위기의 트리거(Trigger) 역할을 하여 위기가 갑자기 앞당겨졌다. 펀드나 연기금은 투자 약관에 따라 어느 등급까지 투자할 수 있으며, 이를 어길 경우 법적 책임이 발생한다. 만약 6개월까지 출근이 지속적으로 제한된다면, 세계 경제에 미치는 영향은 상상을 초월할 것이다. 1년 이상 지속될 경우, 코로나로 인한 사망자보다 경제적 어려움으로 인한 소요 사태와 폭동으로 인한 사망자가 더 많을 것으로 예상된다.

이러한 실물경제의 기본적인 메커니즘을 이해하지 못하고, 잘못된 정보에 의존하는 것은 경제적 파탄으로 이어질 수 있다. 세계 경제는 혼란에 빠져 있으며, 금리 인하나 양적완화만으로는 이 위기를 피할 수 없다. 증권시장에 투자하는 사람들은 추론해야 하지만, 많은 경우 뇌가 이해했다는 착각에 빠져 투기에 나선다. 증권가의 조언도 항상 신뢰할 수 있는 것은 아니다. 예를 들어, 공장이 멈추고 신용등급이 하락하며, 신용경색이 일어나고, 연기금이나 투자펀드가 자금을 철수하는 상황이 발생한다면, 이는 심각한 문제이다. 환매 요청이 계속되고, 공장이 멈추며, 소비가 없어지고, 투자 등급 부적격으로 돈이 흘러들어가지 않는다면, 이는 경제의 기본을 이해하지 못하는 상태에서 발생하는 결과이다. PF나 부동산 대출은 신용등급이 하락하면 아무도 해주지 않는다. 전 세계의 돈은 대부분 연금으로 운영되며, 그 연금이 철수 명령을 내리는 상황이 발생하고 있다.

인문학으로 읽는 **금융화폐 자본주의**

코로나19 이전과
이후로 나뉘는 세상

🏛 터미네이터 기술

4차 산업혁명 시대에 북유럽에서는 기본소득제에 대한 논의가 활발히 이루어졌다. 코로나바이러스가 종식되면 세상은 코로나 이전과 이후로 크게 변화할 것이다. 코로나 이전에 한국이 왜 성공적으로 대응할 수 있었는지, 그리고 한국의 발전모델이 무엇이었는지에 관한 연구가 진행될 것이며, 이는 현재의 산업구조와 경제구조, 그리고 사람들의 생각에 변화를 가져올 것이다. 코로나로 인한 엄청난 사망자 수가 전쟁과 유사한 영향을 미치며 세계를 바꾸었기 때문이다. 과연 세상은 어떻게 변할까? 돈이 주도하는 자산시장의 형태에 변화가 있을까? 중국에서 사람들을 고용해 공장을 운영하다가 전염병으로 인해 생산에 문제가 생기자 AI, 자동화, 로봇으로 대체되면서 대규모 실업이 발생할 것이다.

자연은 때로는 어머니로, 때로는 창녀로 비유되기도 한다. 자연은 이제 돈만 투입되면 인간의 마음대로 다루어질 수 있는 대상으로 여겨진다. 1994년 미국 생물공학 회사 칼진사가 내놓은 숙성기간이 연장된 토마토 플라브르 사브르(유전공학 식품)는 현대판 엔클로저 운동의 시작이었다. 자본주의는 토지를 사유화하는데 만족하지 않고 바다에 금을 긋고 '해양 소유권'이라는 이름을 붙이고 통신 기술의 발전으로 하늘에 '전파수'도 상품으로 거래하게 되었다. 급기야는 생명의 영역인 생명특허까지 거래하게 되었고 자연 세계에 마지막 남은 공유지에 울타리를 치기 시작했다. 미국 농무부와 델타앤드 파이랜드사가 공동개발 하여 특허출원한 "식물 유전자의 발현조절" 기술로서 그 종자에서 수확한 농산물의 발아를 정지시켜 종자로 재사용할 수 없게 하는 이른바 일회용 종자 기술이다.

코로나19에 관한 가설은 이 바이러스가 젊은 사람들 사이에서는 전염되지 않고 특정 나이 이상의 사람들의 폐에 전염되도록 설계되었을 가능성이 높다는 것이다. 이는 고령자들에게 함부로 노출되는 것이 위험하다는 것을 의미한다. 따라서 2000년간 지속된 기독교 정신과 사상이 수정될 때가 왔다는 것을 시사한다. 즉, 신이 부여한 소중하고 고귀한 생명을 인간이 함부로 다룰 수 없다는 개념을 다시 생각하고 정의할 필요가 있다는 것이다. 그동안 신중하게 다루어져 온 인간의 존엄한 죽음, 안락사, 연명치료 거부, 산소호흡기 제거 등은 지금까지 신의 영역이라고 여겨져 왔으나, 이제 이러한 문제들에 대한 활발한 논의가 필요한 시기가 도래했다. 시대가 변함에 따라 종교와 철학도 변화해야 하며, 이러한 변화는 그 시대에 맞게 조정되어야 한다. 우리나라뿐만 아니라 전 세계의 종교들이 2000년이 넘은 오랜 전통을 가지고 있기 때문에, 과학 문명의 발달로 인해 달라진 현대 사고방식에 맞게 조정할 필요가 있다.[109]

할리우드
영화산업의 비밀

영화는 힘든 현실에서 메시지 전달 능력이 강하다는 것을 보여준다. 뉴로 마케팅은 표면적 의식의 5%와 잠재의식 및 무의식의 95%를 타깃으로 하여 세뇌와 심리 조작을 시도한다. 할리우드 영화와 TV는 지배 세력이 인류에게 브레인워싱(brainwashing)-*과 같은 주술을 걸기 위해 만든 문화산업의 일종이라고 볼 수 있다.

'할리우드'라는 지명에 숨겨진 의미는 홀리 나무숲과 홀리 나무의 빨간 열매로 이는 주술적인 시리즈인 《해리 포터》의 주인공이 마법 지팡이 재료로 사용한 것과도 연결된다. 할리우드 영화에서 선한 히어로의 모습이 실제로는 세뇌의 도구로 사용될 수 있다는 생각도 해볼 필요가 있다. 이는 영화산업이 사람들의 의식을 조작하고 접신 상태를 만들기 위한 수단으로 사용될 수 있음을 의미한다. 영화에서는 빙의(憑依)나 귀신 소재를 자주 활용하여 영원히 옮겨 다니거나 옮겨붙는다는 의미를 내포하고 있다.

-* 영화라는 도구는 대중을 세뇌시키기 가장 좋은 도구일 뿐이라는 내용.

호랑가시나무가 주술적인 소재로 사용되는 이유는 《해리 포터》 시리즈에서 주인공이 사용하는 마법 지팡이가 할리우드 홀리 나무로 만들어졌기 때문이다. 이 홀리 나무는 영계, 즉 지하 세계와 연결되어 악마의 힘을 상징하는 것으로 해리 포터를 박수무당으로 해석할 수 있다. 이러한 관점에서, 영화산업은 지배 세력, 즉 딥스테이트에 의해 사용되어 대중의 인식을 조작하고 프로파간다-*를 심어주는 도구로 활용된다. 따라서 할리우드의 천재 감독들은 이러한 지팡이를 든 박수무당과 같으며, 영화를 보는 대중은 꼭두각시 좀비가 되는 셈이다.

영화산업은 환각 상태를 만들어 내는데, 이는 우리 의식의 5%보다는 무의식에 해당하는 95%를 건드리는 것이다. 예를 들어, 2000년 미국 대통령선거에서 서브리미널(Subliminal)-** 광고가 사용되어 민주당의 앨 고어보다 공화당의 조지 부시가 이긴 사례에서처럼 잠재의식에 영향을 미치는 방식 등은 지배 세력이 대중을 통제하기 위한 조작의 일환이다.

텔레비전은 단순한 오락 기계가 아닌 지배 세력의 어젠다를 전달하는 기계로, 악마의 도구로 여겨진다. 2차 세계대전 이후 연합군과 독일은 영화를 통한 세뇌 전쟁을 벌였고, CIA와 전문가들은 TV를 통한 대중 세뇌의 가능성을 잘 알고 있었다. 과거에는 '십계', '쿼바디스', '소돔

-* 어떤 이념이나 사고방식 등을 홍보하거나 설득함. 또는 그러한 것들을 주입식 교육을 통해 어느 하나의 철칙으로 여겨진 것들이며, 주로 선전·선동.
-** 사람이 인지할 수 없는 수준의 자극을 줌으로써 인간의 감정과 행동에 영향을 줄 수 있다는 이론.

과 고모라', '노아의 홍수', '모세', '지저스 크라이스트'와 같은 영화들이 대중에게 각인되었으며, 최근에는 '설국열차', '기생충', '좀비', '외계인' 등의 영화가 그 역할을 하고 있다. 애니메이션과 어린이를 대상으로 한 광과민성 심리조종, 전체주의 심리학 등은 거짓말을 계속 반복하면 사실로 믿게 되는 현상과 언론의 힘을 통해 누구든 범죄자로 만들 수 있는 능력을 가지고 있다.[110]

영혼을 잃어버린 세계

테크기업들은 '개인의 자유의지'에 대해 중대한 영향을 미치고 있다. 각 개인이 하루하루 내리는 크고 작은 선택들, 예를 들어 어떤 뉴스를 읽을지, 어떤 물건을 살지, 어떤 길로 이동할지, 어떤 친구를 사귈지 등이 테크기업이 만든 알고리즘에 의해 제한된다. 이러한 테크기업들은 사색의 가능성이라는 소중한 것을 파괴하고 있다. 그들은 우리가 끊임없이 무언가를 보고 있고, 항상 주의가 산만한 상태로 사는 세상을 만들어냈다. 그들은 수집한 데이터를 사용해 우리의 정신적 초상화를 만들고, 이를 이용해 대중의 행동을 미묘하게 어딘가로 유도해 돈을 번다.

지금까지 배운 경제학의 '경쟁' 개념은 우리 사회에 스며들어 우리의 사고를 왜곡하는 이데올로기로 변해버렸다. 경쟁을 우상화함으로써 우리는 독점의 가치를 간과하게 되는데, 경쟁자에 대한 걱정이 없다면 독점기업들은 더 중요한 것에 집중할 수 있다. 노동자들에게 더 나은 대우를 제공하고, 세상을 바꾸는 혁신을 이루어낼 수 있다.

따라서 최근 실리콘밸리의 스타트업들은 구글이나 페이스북을 꺾을 생각을 하지 않고, 오히려 대기업에 인수되는 것을 목표로 창업한다. 이는 구글 창업자 래리 페이지가 인공지능(AI) 분야에서 알고리즘, 즉 인간의 두뇌 작동을 복제하기 위해 모델을 깊이 연구해야 한다는 사실을 인지한 데에서 비롯된다. 다시 말해, AI는 심리학을 요구한다. 엔지니어들은 문학 비평가처럼 프로이트의 책을 읽고 필요에 맞게 재해석했으며, 정신의 본성에 관한 촘스키의 글도 탐독했다. 미래에는 뇌에 구글의 작은 버전을 끼워 넣을 수도 있을 것이다. 한편, 자동차가 처음 등장했을 때 말을 이용하던 사람들은 그것을 위험한 기술로 여겼다. 그 이유는 자동차의 속도가 말보다 몇 배나 빨랐기 때문이다. 앞으로 병원과 의사들은 AI를 더 적극적으로 받아들일 것이다.

AI를 활용해 병을 더 잘 치료하는 의사와 그렇지 않은 의사 중에서 누구에게 치료를 받고 싶겠는가? 카이저 퍼머넌트와 같은 미국의 대형 병원은 이미 AI 기술을 진단과 치료 분야에 다양하게 활용하여 눈에 띄는 성과를 내고 있다. AI를 모르는 의사들은 지금의 세상에서 존재하지 않는 공룡처럼 사라질 것이다. 자동차가 대중화된 후 말을 이동수단으로 사용하지 않게 된 것처럼, AI를 모르는 의사들도 설 자리를 잃을 것이다. 재미있는 일화로, 17세기 초 데카르트는 생각을 AI 로봇의 형태로 발명했을지도 모른다. 죽은 딸을 복제한 자동 인형을 가방에 넣고 다녔다는 일화도 전해진다. 텔레비전은 사람들을 소극적으로 만드는 수동적인 매체이지만, 페이스북은 참여적이며 사용자가 권한을 갖는 매체다. 다양한 글을 읽고 스스로 생각하며 자기만의 의견을 형성하는 일이 허용된다.

페이스북은 누구에게나 열려있는 건강한 광장이 아니라, 철저히 관리되는 상명하달식 시스템이다. 사용자를 끊임없이 감시하고 평가하며, 실험용 쥐처럼 행동 실험에 사용한다는 사실을 인식해야 한다. 지난 200년 동안 서구에서는 일하지 않는 정치인을 없애고 그 자리에 엔지니어를 앉히고자 하는 꿈이 있었다. 프랑스에서는 생시몽과 오귀스트 콩트의 시대에 이미 그러한 실험이 이루어졌다. 하지만 더 큰 문제는 정보통신의 변화와 화폐경제의 복잡성이 정치인들의 능력을 넘어섰다는 것이다. 1920년, 미국은 엔지니어 출신인 허버트 후버를 대통령으로 선출했지만, 그의 실험은 엔지니어 왕에 대한 환상을 실현시키지 못했다. 그러나 꿈은 다른 버전으로 실현되었다. 바로 테크기업의 CEO인 베이조스, 저커버그, 래리 페이지가 그들이었다.

지식을 파괴하는 아마존과 같은 회사들은 도서관 사서, 서점주인, 학자, 기록보관 담당자 등 지식을 세대에서 세대로 전달하는 데 전념하는 이들의 노력에 관심이 없다. 그들은 지식의 경제적 가치가 무너진 것에 대한 책임이 있다. 애덤 스미스조차 아마존의 제프 베이조스와 같은 인물을 예측하지 못했다. 스미스가 자본주의의 작동 방식을 이야기할 때, '지식'은 고려 대상이 아니었다. 이후로 200년 가까이 경제학계는 지식이 성장의 필수 요소가 될 것이라고 생각하지 않았다. 대학은 한때 부유층을 위한 고급 과정이었지만, 2차 세계대전 후 미국의 엘리트들은 표준화된 시험 점수를 입학 조건으로 요구하기 시작했다.

구글은 이용 가능한 모든 책을 스캔했고, 특허와 저작권에 대한 걱정은 AI가 읽을 것이라는 핑계로 무시했다. 2013년 워싱턴포스트를 소유한 베이조스는 거대한 게이트키퍼(gate keeper)-*의 역할을 한다. 그는 기관이나 제도에 충실한 태도를 게으르고 소심하며 자기 파괴적이라고 생각한다. 워싱턴포스트의 인수는 단순한 소유권 이전이 아니라 죽어가는 엘리트가 새롭게 떠오른 엘리트에게 권력을 이양하는 상징적인 사건으로 여겨졌다. 테크와 상거래 분야의 전문가인 베이조스는 언론인이 아니다. 과거에는 세상에 필요한 게이트키퍼가 있었다. 자원이 한정되어 있었기 때문에 계몽된 엘리트들이 신중하게 그것을 분배해야 했다. 그러나 컴퓨팅 비용의 급격한 감소로 인해 희소성은 역사의 뒤안길로 사라졌다. 이는 생산수단에 혁명을 가져온 것이다. 테크 전문가들은 자신들의 창의성을 불굴의 기업가 정신이라고 말한다. 그들은 남들에게 외면받고 차고에서 '기크(geek)-**'의 모습으로 등장한다.

이는 '에인 랜드'의 영웅적 개인에 대한 견해와 유사하다. 미디어 업계는 전일 근무하는 상근직에서 파트타임 직업, 아니면 취미활동으로 변화할 것이다. 한때 대장장이와 철강 노동자가 있었지만 시대는 변한다. 중요한 것은 기자가 직업을 가져야 하는가가 아니라 사람들이 원하는 정보를 원하는 방식으로 얻을 수 있는가이다. "데이터는 정신의 초상화다." 구글의 에릭 슈미트는 "우리는 당신이 어디에 있는지, 어디에 있었는지 알고 있으며, 무슨 생각을 하고 있는지도 어느 정도 짐작할 수 있다"라고 자랑스럽게 말했다.

-* IT, 미디어 매체, 뉴스에서 내용을 걸러주는 문지기 역할.
-** 혁신자, 창조자 무언가 새로운 것을 만들어 내는 사람.

현재 미국인들에게는 상상하기 어렵겠지만, 경쟁에 기반한 경제를 유지하기 위해 고안된 반독점법이 이제 도덕적 의미를 상실하고 기술적인 논의에만 치중하게 되어 현시대의 시장지배 기업들을 논의하기 어려운 법이 되었다. 이 기업들은 시민들이 정치적 견해를 형성하기 위해 사용하는 정보를 필터링하며 시민의 생각을 바꾼다. 미국의 브랜다이스 대법관이 이를 보았다면 무덤에서 벌떡 일어날 일이다.[111]

한편, 아무리 돈이 많은 록펠러나 자산가들이 엄청난 비용을 들여 계획된 행사를 개최한다고 해도 수만 명의 사람을 감동케 하기는 어려울 것이다. 반면, 가톨릭의 사제 서품식 세레모니를 보면, 그 공간, 장식, 음악, 미술, 색상의 조화는 누가 언제 정했는지 모르지만 큰 감동과 신비로움, 경이로움을 선사한다. 경전에 따르면 사랑, 믿음, 소망 중 가장 중요한 것은 '사랑'이다. 언어와 문자를 통해 도달할 수 없는 세상은 없다. 심리적으로 인간은 도망칠 곳이 없으며 모든 것이 교회에 의해 점유되고 있다. 형이상학의 천재들은 피타고라스의 말, "철학은 가장 높은 수준의 음악이다"의 의미를 안다.

피타고라스는 음계를 발명했고, 그의 정수론은 위도와 경도를 통해 세계 속에서 위치, 시간, 공간을 계산할 수 있게 했다. 영혼은 음악을 통해 조화와 박자를 배우며, 심지어 정의를 이루고자 하는 경향도 배운다. 음악교육이 왜 그렇게 강력한가? 박자와 화성은 영혼의 비밀스러운 곳으로 들어가 그 움직임에 우아함을 부여하며, 결국 영혼을 우아하게 만들기 때문이다. 프로타고라스는 음악이 성격을 형성하고 사회적, 정치적 쟁점들을 결정하는 데 중요한 역할을 한다고 했다. 그래서 키벨레의 사제들은 히스테리에 걸린 여성들을 거친 관악기 음악으로 치료했다. 음악과 박자는 영혼과 몸에 품위와 건강을 준다.

:: 교회음악

심장이 몸에 에너지를 공급하는 것처럼 리듬과 멜로디는 음악에 에너지를 공급하여 보디랭귀지, 즉 모티브와 동기를 표현하고 전달한다. 영화에서 음악이 없다면 감정의 3분의 1도 전달하지 못한다. 말할 때는 보디랭귀지를 눈으로 보지만, 음악으로 할 때는 귀로 그것을 읽는다. 가사가 매개체와 일치해야 표현이 전달된다는 것은 가톨릭 미사의 수난곡에서도 확인할 수 있다. 음악은 어떤 박(1박, 2박, 3박)에 강약을 넣느냐에 따라 행진곡이 될 수도, 댄스곡이 될 수도, 장송곡이 될 수도 있다. 교회가 모든 인프라를 점유하고 있기 때문에 예배나 미사 시간에 눈, 귀, 영혼(정신)이 모두 흠뻑 젖어 들어 편안함과 행복감을 느낄 수 있다.

특히 가톨릭의 미사 예절이나 인프라는 고대부터 현대까지 인문학과 인간 심리철학을 통해 축적된 최고 수준의 노하우를 갖고 있다. 최근에는 개신교에서도 이를 벤치마킹하여 예배와 성가에 접목하고 있다. 웅장하고 거대한 건축, 신비로운 최고의 미술품과 조각, 엄선된 색상과 제단의 장식, 교황과 추기경, 주교들의 세련된 의복 색상과 제관, 화려한 기물들, 엄숙하고 절제된 전통과 절차, 감동적인 음악 선율과 합창들은 인간의 내면 깊은 곳에 신비롭고 경이로운 감동을 주며 신에게 의지하게 만든다. 믿음은 놀라운 것이다. "우리는 믿기 위해 아는 것이 아니라 알기 위해 믿는다."[112]

4차 중동전쟁은
왜 시작되었나

 2023년 10월 7일 새벽, 에너지와 곡물, 러시아와 관련된 이슈들이 복합적으로 작용하면서 이스라엘과 팔레스타인 사이에 전쟁이 발발했다. 이 전쟁은 사실상 예고되어 있었으며, 여러 좋지 않은 조짐들이 있었다. 이와 비슷한 상황은 약 50년 전 6일 전쟁에서도 나타났다. 1994년 클린턴 미국 대통령의 중재로 이스라엘의 라빈 수상과 팔레스타인의 아라파트 의장은 독립에 관한 평화협정을 체결하고 노벨평화상을 수상했다. 그러나 1997년, 가자지구 해변에서 24km 떨어진 곳에서 '타마르 천연가스 유전'이 발견되었는데, 이는 지중해 최대의 가스전이었다.

 이 유전은 이스라엘의 에너지 수요의 70%를 감당하고 있다. 이로 인해 PLO와 하마스 사이에는 가스 유전과 독립국가의 주도권을 둘러싼 다툼이 시작되었고, 이는 '신의 축복'으로 여겨졌다. 팔레스타인 사람들은 가스 하나로 생계를 유지할 수 있다는 희망 아래 가자지구의 독립을 갈망했다. 이스라엘이 가자지구까지 점령한다면, 팔레스타인은 모든 것을 잃게 될 것이다. 우크라이나와 러시아의 전쟁으로 인해 유럽

인문학으로 읽는 금융화폐 **자본주의**

으로 가는 흑해 가스 공급이 차단되자, 지중해 이스라엘 가스전에서의 수출이 증가했다. 가자지구가 팔레스타인으로부터 독립한다면, 이는 유럽, 미국, 이스라엘에 큰 어려움을 초래하여 독립시킬 수도 없는 것이다.

따라서 러시아와 우크라이나 전쟁으로 인해 중동지역의 가스전 영향력이 커지자, 팔레스타인은 가스전 소유권을 주장하기 시작했다. 그러나 유럽, 미국, 이스라엘 등은 이를 무시하고 있어 하마스가 이스라엘을 공격한 것이다. 또한 동해 러시아의 유전 발견과 일본 및 한국의 에너지 문제에 대한 정보 부족으로 인해 동북아시아에서 일어나는 일을 제대로 이해할 수 없게 되었다. 모든 자본주의 국가는 에너지에 의존한다. 가스와 석유가 고갈되는 순간, EU는 생사의 갈림길에 서게 되고, 이스라엘은 붕괴하여 존재할 수 없는 상태가 될 것이다. 따라서 팔레스타인은 안타깝게도 독립할 수 없는 상황이다.

왜 팔레스타인에서 전쟁이 발생했을까? 바로 우크라이나와 러시아의 전쟁으로 인해 국제적인 관심이 집중된 이스라엘의 가스전 때문이다. 이스라엘은 에너지 독립 국가이지만, 가스는 실제로는 팔레스타인 PLO의 것이다. 이는 바로 가자지구 근처에서 발견된 것이다. 따라서 이스라엘은 팔레스타인에 자치권이나 독립권을 줄 수 없게 되었고, 전쟁은 불가피한 결과였다. 팔레스타인은 억울함을 느끼고 국제적인 지지를 호소하고 있다.

토니 블링컨 미 국무부 장관과 재닛 옐런 재무장관의 발언 및 행동은 이 복잡한 상황에서 어떻게 해석해야 할까? 헨리 키신저, 로버트 루빈, 앨런 그린스펀, 벤 버냉키, 스필버그, 마크 저커버그, 데이비드 베컴, 메릴린 먼로 등의 인물들은 성경에서 언급되는 야벳족의 모습을 연상시킨다. 이들은 파란 눈에 금발, 하얀 피부를 가진 현재의 유럽 서양인의 전형적인 모습으로 성경에서 말하는 '야벳족' 모습이다.

이들은 8세기 카자리안 유대인들이 유럽으로 흩어져 7대 왕실과 혼맥을 이룬 궁정 유대인들이 13지파-*의 추상명사로 여겨지고 있다. 우리는 이들을 성경적 유대인으로 인식하며, 이에 대해 의문조차 제기하지 않고 있는 것은 아닐까? 현재 중동의 상황은 미국이 철수하고 남겨진 공백에서 발생한 것과 유사한 사태이다. 중동에서 전쟁이 발발하는 이유를 이해하기 어렵다. 미국이 이라크와 아프가니스탄에서 철수한 배경은 "흉작과 곡물가 폭등"이다. 이는 몇 년 전부터 예고된 일로, 1973년에 발생한 2차 중동전쟁과도 유사하다. 당시에는 고유가가 문제였다. 이제 고유가로 인해 곡물가 폭등할 것이며, 이는 중동 하층민과 전체 아랍인들에게 민심이 요동칠 것이다.

'스태그플레이션'이 본질적으로 무엇인지 질문하면 우리나라 경제학자들은 대답을 못한다. 그들은 그 본질적인 의미를 모른다. 대부분은 유가 상승으로 인한 물가 상승을 표면적으로 언급하지만, 그 이면에는 곡물가의 흉작, 흉년, 대기근 사태가 있다. 흉년과 대기근이 발생하면 전쟁이 터지는 것이다. 이는 정치적 민심 불안을 전쟁으로 무마하는 방식이다. 1994년 북한의 핵전쟁 위기설도 '고난의 행군' 동안 300만 명이 아사했다. 현재 북한이 러시아와 중국에 철저히 굴종하는 이유도 대기

-* 쾨슬러 저서 『제13지파』에서 아쉬케나지(미국, 유럽계) 백인종.

근 사태 때문이다.

많은 사람은 물가 상승을 문제로 지적하지만, 그것은 공산품과 서비스에 국한된 문제이며, 사람들이 집 밖으로 나가지 않거나 사용하지 않으면 그 영향을 피할 수 있다. 그러나 기근의 문제는 더 깊고 복잡하다. 최근 러시아와 우크라이나 전쟁은 예고된 중동전쟁과 연결되어 있다. 한국도 위기 상황을 겪고 있지만, 중동에는 이스라엘이라는 전쟁 가능 국가가 존재한다. 경제 문제의 본질은 '경세제민'이라는 의미에 있지만, 저물가 풍요 속에서 우리는 종종 진짜 문제를 호도한다. 현재 중국경제의 붕괴가 아니라 독일경제 유럽경제의 대붕괴 사태가 진행 중이다. 그러나 중국경제는 유럽의 주요 소비시장이지만, 유럽경제는 EU 경제공동체 덕분에 최악의 상황을 피할 수 있을 것이다. 현재의 세계적인 경제위기는 유가 상승 때문이 아니라, 공산품과 서비스가 부차적인 문제이며, 가장 심각한 것은 곡물가 상승이다. 중동은 팬데믹 동안 얼마나 많은 고통을 겪었을 것인가?

특히 경제적으로 고립된 팔레스타인은 최악의 빈민 지역이 되었다. 이로 인한 불만이 이스라엘에 대한 적대감으로 표출된 것이다. 가자지역은 5년간 대기근 상태에서 겨우 생존해 왔다. 러시아와 우크라이나 전쟁으로 인한 흑해 곡물가의 폭등은 레바논과 팔레스타인 레반트 지역에 큰 타격을 주었다. 하마스가 통치하는 상황에서 민심 이반은 전쟁으로 시선을 돌리는 방법이 되었으나, 전쟁이 승리로 이끌든 말든 그 자체로 의미가 없다. 시아파인 이란은 이번 전쟁을 절대적으로 지지하고 있다. 반면, 아랍의 수니파 맹주인 사우디아라비아가 이번 전쟁을 지지하지 않는다면, 중동의 정세는 어떻게 될까?

시아파의 배후에는 중국과 러시아가 있으며, 사우디아라비아는 고유가 상황에서 감산 없이는 해결책이 없다. 이러한 상황에서 곡물가의 폭등은 소요와 전쟁 상태를 초래하고 있다. 내전으로 치달을 가능성을 막기 위해서는 이스라엘을 공격하고 이스라엘은 미국과 러시아 대리전 양상이 지금 중동에서 벌어지고 있는 것이다.

그러면 레반트 지역에 위치한 이집트, 레바논, 시리아 등은 팔레스타인의 편을 들 수밖에 없을 것이다. 이러한 흐름이 스태그플레이션으로 이어질까? 고유가와 곡물가의 폭등, 식량 가격의 상승이라면, 흑해에서 일어난 전쟁이 지중해 경제권을 파괴하고 있다. 이 상황이 걸프만 지역으로 확산되면, 다음으로 고유가의 직격탄을 맞게 될 지역은 동북아시아, 즉 일본, 한국, 중국이 될 것이다. 이것은 2차 중동전쟁(1973~1974년)과 유사한 상황이다. 역사는 반복되는 것으로 보인다. 식량과 물가 폭등이 멈추기 전까지는 전쟁도 멈추지 않을 것이다. 전쟁이 어디서 멈춰야 할지에 대해서는 러시아가 잘 알고 있을 것이다.

중국 역시 곡물가 폭등으로 인한 어려움을 겪고 있다. 중국과 대만 간의 전쟁 가능성은 미국이 조장하는 것일 뿐, 실제로 중국과 대만은 서로 경제적으로 긴밀히 연결되어 있다. 대만은 중국 없이 경제적으로 존립하기 어렵고, 중국 또한 대만의 자본 없이는 안정적으로 존립하기 힘들다. 그렇다면 두 국가는 서로 전쟁을 원할까? 전쟁을 원하는 것은 미국일 수 있다. 하지만 중국 내부에는 소요 사태가 점점 커지고 있다. 중국은 원치 않는 길로 점점 빠져들고 있다. 미·중 간의 전쟁은 단순한 경제전쟁이 아니라 군사 전쟁으로 진행될 가능성이 있다. 중국은 이에 대비해 정밀타격이 가능한 반도체 기술과 AI 기술에 많은 노력을 기울이고 있다. 석유 가격이 폭등하면 인도부터 시작해서 기본적인 농약 가격이 폭등하고, 유가 폭등은 식량가격 폭등으로 이어진다. 이는 전 세계에 큰 위협이 되며, 특히 2022~2023년에는 흉작과 흉년이 전 세계를 강타하고 있다. 금리 인상으로도 물가 상승을 잡기 어렵다. 팔레스타인, 레바논, 시리아의 사람들은 매우 어려운 상황에 처해 있다.

법률의 묵시적 폐지
이론적 사례

IMF 외환위기는 정치적 인재였다. 외환위기는 갚을 달러가 부족해 IMF에서 새 빚을 얻어 헌 빚을 갚은 것이다. 또 하나의 방식으로는 디폴트, 즉 채무불이행을 선언하는 것을 검토하고 파산선언 협상 전략을 고려해야 했었다. 한국은 너무 채권자 중심으로 되어있다. 채무자는 무조건 채무를 모두 갚을 때까지 영원히 갚아야 한다고 생각하고 있는데 그것은 아니다. 모든 금융 돈거래는 위험을 전제로 거래하는데 채권자는 책임을 하나도 지지 않는다. 이것은 경제학 교과서에 맞지 않고 자유시장 경제원리에 맞지 않는다.

미국은 '비소급권'이라는 제도가 있다. 집을 사기 위해 서브프라임 모기지를 빌렸던 많은 사람들이 20만 달러를 빌려 주택을 매입했는데 18만 달러로 주택가격이 내려가 갚을 능력이 없다면 집 열쇠를 은행에 보내고 손 털면 은행은 집을 압류하는 것으로 끝난다. 미국의 많은 주가 이런 비소급권제도를 도입하고 있는데 주택을 담보한 것은 주택으로 끝낸다. 은행도 주택을 담보로 돈을 빌려줄 때 주택에 대해서 일정한 위험을 고려하고 빌려줬기에 은행도 책임이 있다는 것이다.

가정에서 쓰는 가계부를 가계수지라고 하며 국가의 수입과 지출, 달러의 수입과 지출을 정리한 것은 국제수지로 크게 경상수지와 금융계정으로 나뉜다. 경상수지는 무역해서 벌어들인 달러를 말한다. 반면에 금융계정은 외국인들이 가지고 들어와 투자한 달러를 말한다. 그런데 달러는 외국인들이 언제든지 가지고 나갈 수 있는 돈이다. 경상수지는 우리가 마음대로 쓸 수 있는 달러 금융계정은 부채로 돌려줘야 할 돈이다. 1993년 김영삼 정권이 출범했고 1997년은 IMF 구제금융을 합의했다. 김영삼 정부 당시 1994년부터 경상수지 적자가 폭발적으로 증가하는데 외화 보유고 대신 부족한 달러 결제를 금융계정으로 한 것이다. 그런데 관료들은 경제 펀더멘탈이 좋다고 인위적인 저환율 통계 조작을 하고 있었다.

힘들 때 과로사를 피하기 위해 휴식이 필요하듯, 무역수지가 악화될 때 경제는 자율 조정 기능이 작동하여 시장의 달러 공급이 줄어들고 환율이 상승한다. 환율이 상승하면 수입은 줄어들고 수출에는 도움이 된다. 그러나 당시에는 환율이 상승하는 것이 아니라 오히려 하락했다. 환율이 하락하자 무역수지 개선이 이루어지지 않고 더 악화되었다. 외국자본이 빠져나가면서 달러를 메꿀 수 있는 것은 무역수지와 경상수지인데, 우리는 이를 제대로 해내지 못했다. 시장에는 자기조절 기능이 있지만, 당시에는 환율이 상승해야 하는 상황에서 오히려 환율을 하락시킨 것이 인재였다. 1994년 1월에는 달러당 810원이었던 환율이 1995년 7월경에는 760원 선까지 떨어졌다. 당시 무역수지 적자와 경상수지 적자가 증가하여 환율이 상승해야 했음에도 불구하고, 환율은 오히려 하락한 것이다. 환율이 하락하면서 수출 및 무역수지가 더 악화되었다.

시장 논리와 생태계 작동에 따르면 환율은 상승해야 했지만, 사람들의 정책적 실수로 이를 방해했다.

이러한 왜곡은 누가, 왜 일으켰는가?

김영삼 정권 출범 전까지 한국은 연평균 두 자릿수의 성장률을 보였으나, 1992년부터 성장률이 6%로 급감한다. 그러다가 1994년부터 1995년 사이에 성장률이 다시 9%대로 회복한다. 이때의 중요한 단서는 성장률이 갑작스럽게 끌어올려진 배경에는 경제적 힘이 작용했을 것이라는 점이다. 결국 이는 '돈'과 관련 있다. 김영삼 정부의 상징은 성과가 아니라 큰 실수였다. 1980년대 말부터 미국은 대한민국에 OECD 가입을 강하게 압박했다. 당시 OECD는 진짜 선진국 24개국이 모인 클럽이었다. 이 클럽에 가입하면 다양한 권리를 행사할 수 있지만, 동시에 회비를 내고 규칙을 따라야 하는 의무도 있다. 당시 가입국들은 선진국으로서 자본시장을 개방하고 금융 자유화를 진행하는 환경에 있었다.

우리나라는 1992년부터 5%씩 단계적인 금융 개방 계획을 세우고 있었다. 이는 일본의 사례와 비슷했다. 그러나 김영삼 정부가 출범하면서 갑자기 OECD 가입을 국정과제로 채택했다. 현재 OECD 회원국 38개 국가 중 아시아 신흥국에서 한국만이 유일한 회원국이며, 홍콩, 싱가포르, 대만은 가입하지 않았다. 한국은 '신한국건설 세계화 선언'을 통해 1993년 OECD 가입 실무 추진위원회를 발족시켰고, 자본거래 규제를 폐지함으로써 월가와 런던의 금융자본에 돈놀이 천국을 제공했다. 이로 인한 충격은 엄청날 수밖에 없었다. 당시 재벌들과 국내 금융기관들은 11~12%의 높은 대출금리 대신 3~4%의 저렴한 외국 자금을 선호했다. 이에 따라 외국자본이 금융계정을 통해 들어오게 되었고, 이것은 경상수지와 무역수지의 구멍을 메우는 데 사용되었다. 이후 IMF 자금은 수익을 추구하는 펀드로서, IMF의 대주주인 전통적인 선진국들이 한국에 대한 국부 유출을 사회적으로 부담하게 되었다.

중립적 시각에서 외환위기를 바라볼 때, 일부는 경제 성장과 성장률 상승에 기여한 점을 언급하지만, 갑작스러운 자본 유출의 문제를 양비론적으로 다루는 경향이 있다. 그러나 외국자본의 급증으로 환율이 상승해야 하는 상황에서 오히려 환율이 하락하고 시장 생태계가 인위적으로 파괴된 것은 중대한 문제이다. 1997년의 국민소득이 달러 기준으로 2002년에야 회복되었다는 사실은, 1994~1995년의 일시적 성장률 상승이 무엇을 의미하는지에 대한 의문을 제기한다.

외환위기로 인한 사회적 비용은 순간의 성장률보다 훨씬 크다. 30대 기업 중 14개가 파산하고 국부가 대량으로 유출되었는데, 이를 양비론적으로 평가하는 것은 무리가 있다. 진실은 시장의 생태계 흐름이 인위적으로 붕괴된 것이며, 수백만 명의 실직자와 화이트칼라 노숙자의 발생이 이를 증명한다. 이것이 바로 '중립적 시각'의 문제점이다. 결론적으로, 잘못된 금융 개방 정책과 OECD 가입이 잘못된 정책 결정이었다. 김영삼 정부는 국제금융에 대한 이해 부족을 드러냈으며, 1980년대 후반부터 금융이 지배하는 시대였음에도 이를 간과했다. 결국 외환위기는 발생하지 않았어야 할 사건이었다.

진실은 당시 우리나라가 OECD에 가입할 준비가 되지 않았다는 것이다. 노태우 정부 시절에도 지속적인 압력에도 불구하고, 점진적인 개방을 선택했다. 그러나 김영삼 정부에서는 박ㅇ일 교수 등이 참여하면서, 모피아 출발의 시작이 되었다. 강ㅇ식, 강ㅇ수와 같은 인물들이 국제금융에 대한 이해 부족으로 외국자본 유입이 가져올 이점만을 고려했다. 이러한 접근은 우리 돈이 아니었음에도 큰 피해를 초래했다. 현 정부 추ㅇ호도 같은 말을 반복하며, "실업률 역대 최저와 2023년 10월부터 경제 성장률 개선"을 주장한다. 그러나 진짜 문제는 금융 거래에 내재된 위험과 채권자의 책임 회피에 있다. 이는 경제학 교과서와 자유시장 경제원리에도 부합하지 않는다. 왜 채무자들만 노숙자가 되고 빌딩에서 뛰어내리고 강물에 몸을 던져야만 하는가? 미국에서처럼 아파트 열쇠만 던져주고 새로 시작할 수 있는 금융 선진화가 필요하다. 이른바 '금융소비자보호법 부채슬레이트제도'라는 개념이다. 현재 한국의 가계 주택담보 대출에 대한 접근도, 잘못된 대출 관행과 규칙에 대해 '법률의 묵시적 폐지'를 자세히 검토해 볼 필요가 있다.[113]

🏛 새로운 계약의 상상

돈을 빌려준 사람에게도 책임이 있다고 볼 수 있다. 마치 해방된 노예처럼, 많은 사람이 이러한 계약에서 벗어나길 원하고 있다. 문제의 핵심은 계약서에 있다. 먼저 계약서를 통한 폭력을 제거하고, 회계기준과 원가는 모두 공개되어야 한다. 현재 대부분의 계약은 기업 중심적이고 편의적으로 이루어져 있으며, 이는 사실상 노예계약과 다름없다. 건설회사들은 어떻게 수십 년 동안 실제로 지어지지도 않은 건물을 판매해 왔을까? 이러한 노예계약으로 인한 착취가 이루어지고 있지만, 아무도 이에 대해 목소리를 내지 않는다. 이는 불공정한 계약과 양극화의 원인 중 하나이다. 어떻게 국가와 법원이 이를 모른다고 할 수 있을까? 자본주의 경제에서는 모든 것이 자발적 판단이라고 하지만, 사실은 많은 사람이 법과 폭력을 쥔 부자, 지식인, 권력자들을 두려워하기 때문에 목소리를 내지 못하는 것이다. 자영업자들에게 3월~4월은 지옥과도 같은 시기이다. 이러한 현실에 대해 아무도 신경 쓰지 않고 있다는 사실은 심각한 문제이다.

이러한 현실에서 우리는 새로운 꿈을 꾸고 상상력을 발휘해야 한다. 고대사회처럼 일정 기간이 지나면 부채가 기록된 석판을 깨뜨리고 해방 노예를 풀어주었듯이, 현대사회에서도 서민들이 인생을 다시 즐겁게 살 수 있는 '시간의 합의'를 모색해야 한다. 인간이 인간을 사냥하는 이러한 사회 참사를 방관해서는 안 된다. 어떻게 몇십 년, 심지어 영원한 노예계약 상태로 몇천 년 전 사람들의 삶보다 못한 인생을 살 수 있단 말인가?

최근 한국 정부는 아파트 담보대출과 가계부채에 대해 '리밸런싱 정책'을 법원과의 MOU를 통해 발표했다. 자유인은 인생 설계가 복잡하며, "죽느냐 사느냐" 같은 금융 노예계약에 서명하지 않는다. 미국에서도 금융부채로 인한 사회적 문제가 발생해 가족 간의 심각한 다툼, 심지어 폭력 사건까지 이어졌다. 미국 정부는 채무에 대한 시민 보호권을 강화하는 대응책을 마련했다. 첫째, 전 국토의 변론권을 보장하고 경제 변론권을 국가가 도와주며, 둘째, 집값이 폭락할 경우 금융 노예가 되지 않도록 은행이 집을 가져가고 채무자는 퇴거하는 것으로 채무를 종

결 처리한다. 이 과정에서 은행에도 신용평가의 책임을 물으며 공동책
임을 지게 한다.

　금융부채에 관해 아직 해결책이 없는 한국은 왜 이런 논의가 부족한
가? 법원은 곧 판결을 내릴 것이며, 공시가격 6억 이상의 주택 담보 대
출자들은 국가와 은행에서 버려질 것이다. 반면, 공시가격 6억 미만의
대출자들은 5년 동안의 이자 상환과 40년 동안의 원리금 균등 상환을
통해 금융 노예로 살아가야 할 것이다. 이러한 현실 속에서 행복은 몰
려다니는 군중 속에 있는 것이 아니라, 외로움 속에 있다는 것을 알아
야 한다.

모든 것을 바꿔놓을 이스라엘 전쟁
-글로벌 스태그플레이션

　요즘 전쟁은 상당히 혼란스럽다. 우크라이나 전쟁과 대만전쟁에 대한 위기가 촉발되고, 최근 이스라엘 전쟁으로 중동이 불바다가 되고 있다. 이것은 현재 중동 인근 지역인 이란과 이라크까지도 확전될 우려가 있다. 이는 글로벌 경제를 심화시키는 분위기를 만들고 있다. 장기적 흐름으로 보면, 이러한 경제시스템의 붕괴 이후에 그레이트 리셋(Great Reset)이라는 새로운 화폐 시스템이 만들어질 것이다. 이번 이스라엘 전쟁은 우연히 일어난 것이 아니라, 팔레스타인과 이스라엘의 의도된 전쟁으로 보인다. 늘 계획대로 흘러가고 있지만 사람들은 이를 우연으로 보고 있다. 왜 전쟁이 지속적으로 발발하는지에 대한 의구심은 거의 없다. 현재 발생하고 있는 여러 전쟁들은 동시다발적으로 발생할 수 있도록 계획되어 있다. 이러한 전쟁의 연속은 글로벌 스태그플레이션을 초래할 것이다. 이는 물가 상승과 화폐가치 간의 괴리를 장기적으로 야기한다.

　새로운 화폐 시스템의 필요성이 만들어지는 것이다. 미국, 유럽, 러시아의 경제체제는 글로벌 시장의 식량, 산업자원, 석유, 천연가스 공급에 차질을 일으킬 것이다. 이러한 공급 부족은 물가 상승을 초래할 것이다. 그러나 많은 경제 전문가들은 현재의 경제 수급 불균형 문제를 화폐의 과잉 공급, 즉 인플레이션 때문이라고 주장하지만, 이는 틀린 주장이다.

우크라이나 전쟁으로 인해 밀값이 폭등한 것은 화폐의 다량 공급이 아닌, 밀의 수급 문제 때문이었다. 마찬가지로 최근 이스라엘과 팔레스타인의 전쟁으로 인한 석유 가격폭등도 생산과 유통 문제 때문이었다. 연이은 전쟁은 필요한 생필품, 식량, 원자재의 조달을 어렵게 하여 가격을 급등시키는 요인이다. 이러한 물가 급등을 코로나, 금리 인상, 화폐 과잉 팽창으로 인한 문제라고 보고 있다. 분명한 것은, 이미 인류가 감당할 수 없는 부채 더미에 시달리고 있는 것은 사실이며, 이는 10년, 아니 15년 전부터 시작된 문제다.

그러니까 10년 전이나 지금이나 우리는 갚지 못할 부채의 문제를 안고 있었다. 통화 팽창 역시 돈을 더 찍어내든 말든, 이미 통제 불가능한 상황에 이르렀다는 점에서 큰 의미를 갖지 않게 되었다. 전 세계에 얼마의 화폐가 유통되고, 얼마의 부채가 늘어나고 있는지의 문제는 이제 더 이상 의미가 없다. 언론과 정책 결정자들은 화폐의 과도한 공급이 문제라고 주장하며, 사람들이 이를 믿도록 만들고 금리 인상을 강제하고 있다. 그러나 실제 우리 경제에 직접적인 영향을 주는 것은 화폐가 아니라 코로나와 같은 인위적인 전염병, 연이은 전쟁 등이다. 이 모든 것이 경제위기라는 명분으로 흘러가고 있는데 많은 사람이 화폐 팽창으로 인한 문제들로 착각하고 있다.

현재 주류 경제학자들이 주장하는 화폐 인플레이션과 통화 팽창에 대한 믿음은, 정책 입안자들이 전쟁을 조장하고 자원 가격을 조작하며 경제위기를 만들어 낼 수 있게 한다. 모든 문제의 원인을 화폐 책임으로 돌리면, 이들은 화폐를 이용해 모든 것을 조정하거나 만들어 낼 수 있는 상황이 된다. 최근 국제금융 연구소에서 발표한 1분기 전 세계 부채는 무려 304조 9천억 달러(약 40경 6,484조 원)에 달한다. 그럼에도 불구하고 화폐의 엄청난 팽창에 비해 금리는 5.5%에 머물러 있고, 동결을 추진하고 있다. 연준의 금리 인상이 거의 끝나가고 있다는 소식도 있다. 이는 경제가 안정적인 위기 상황에 처해 있다는 것을 의미한다. 엄청난 통화 팽창이 계속되고 있음에도 금리 인상이 마무리되고 있다는 사실은, 통화 팽창과 인플레이션과의 관계가 더 이상 명확하지 않음을 시사한다.

화폐 팽창으로 인한 금리 인상이 화폐를 회수하기 위한 조치라는 것은 거짓말이다. 5%의 금리 인상으로는 304조 9천억 달러에 달하는 돈의 흐름을 막을 수 없다. 이는 실제 문제를 회피하는 행동이다.

금리 인상은 "실질적으로 사람들의 가치를 빼앗는 수단"이다. 부동산 가격폭등, 가계부채 증가 등은 결국 금리 인상을 통해 일반 대중의 호주머니를 털기 위한 거대한 거짓말과 음모일 뿐이다. 정책 입안자들은 여전히 엄청난 화폐를 전 세계에 풀어놓고 있음에도, 금리라는 경제적으로 합리적인 명분을 내세워 사람들의 돈을 죄책감 없이 털어가고 있다. 이것은 사람들이 힘들게 모은 것들을 저렴하게 획득하기 위한 위장일 뿐이다.

또한, 경제라는 명분으로 대중을 세뇌한 후, 원자재 독점, 전쟁 발발, 경제위기 등 모든 것을 화폐와 경제라는 사이클 안에 가두어 강제적으로 이해시키는 것이 이들의 전략이다. 엘리트 권력자들은 화폐에 실질적인 가치를 두지 않고, 대중에게 화폐가치를 주입하는 데 주력한다. 이러한 방식으로 전쟁, 은행과 기업의 파산, 원자재 가격 조작 등 모든 것을 화폐 때문에 발생한 경제위기로 포장할 수 있다.

현재 일어나고 있는 모든 현상은 우연을 가장한 필연이다. 역사적으로 반복되어 온 전쟁, 경제공황, 전염병, 쿠데타, 대량학살 등은 글로벌 엘리트들에 의해 계속되어 왔으며 이것은 고대부터 현재까지 같은 패턴으로 반복되는 현상이다. 이 패턴을 이해하면, 이들이 어떠한 상황에서 어떤 행동을 할지 예측할 수 있다. 그러나 많은 경제학자들이 이를 예측하지 못하는 이유는 그들이 받은 주입식 교육과 경제교육 때문이며, 자연현상처럼 예측 불가능하다고 배웠기 때문에 이들의 의도적인 행동 패턴을 이해하지 못하는 문제가 발생한다.

언론이 침묵하는
테러 역사

시오니스트 극단주의에 의한 폭력적 행위에는 오랜 역사가 있다. 이스라엘의 야드바셈 '홀로코스트 기념관'은 이스라엘 정체성의 일부로서 1800년대 후반부터 1947년까지 이스라엘은 테러와 폭력을 기반으로 성립되었으며, 테러리즘이 현대 이스라엘을 창조한 것이다. 나치즘, 즉 민족주의의 극단적 형태는 누구에게 적용되든 간에 부정적인 것으로 간주된다. 우리는 나치즘을 비판하면서도 이스라엘의 파시즘에 대해서는 종종 비판을 자제하고 있다. 영국 위임통치 기간 시오니스트에 대하여 이들이 1947년까지 저지른 약 50년 동안 폭력과 테러 역사는 책을 읽기 전까지는 음모론 정도로만 알았다.

야드바셈은 히틀러의 역사적인 홀로코스트를 기록한 기념관이다. 이 책에서 1947년까지 유럽과 팔레스타인 지역에서 벌어졌던 시오니즘과 관련된 폭력과 테러 역사는 유대인들의 팔레스타인 버전이란 것이다. 1937년부터 거의 매일 독일 나치들이 유럽의 유대인들을 괴롭혔다. 그런데 동시에 팔레스타인에서 똑같은 일이 벌어졌다. 다만, 다른 점은 가해자들이 유대계 시오니스트(볼세비즘과 시오니즘)란 것이다. 나치식으로 마을 주민들을 냉혹하게 처형했으며 사우디 극단주의 단체도 테러리스트를 협력하고 증폭시켰다.

1740년대로 거슬러 올라가면, 시오니즘의 싹이 이미 트기 시작했다. '쥬이시 네오콘(Jewish Neocon)'은 시오니즘을 반대하는 유대인들까지 공격했다. 이는 실제로 반유대주의에 대한 공격이었다. 시오니스트들에게 가장 큰 적은 반시오니즘과 반유대주의자들이었다. 1940년대에는 대부분의 테러가 비협조적인 반시오니스트 유대인을 목표로 삼았다. 시온주의를 비판하는 유대인들, 어떤 국가 기관에 돈을 내지 않는 유대인들, 그리고 유대인 기구의 특별조치에 저항하는 유대인들이 공격의 대상이었다.

영국 위임 통치하의 유대인 세무공무원, 경찰공무원, 군인 등도 타깃이었다. 대표적인 사례로는 '킹 데이비드 호텔' 폭파 사건이 있다. 놀랍게도 계속해서 유대인들을 공격한 것이다. 이는 시온주의 재단에 제물로 바친 것이다. 그리고 1938년 독일 수정의 밤, 크리스탈 나흐트 이후 히틀러가 독일 내 유대인들을 본격적으로 탄압하기 시작한 날이었다. 이에도 불구하고 극단주의 시오니스트 지도자 벤구리온은 독일의 유대인들이 안전한 영국으로 대피하는 것을 맹렬히 비난하며 반대했다.

그의 아이디어는 유대인들이 영국으로 탈출해 안전하게 살기보다는 독일에서 히틀러에 의해 박해를 받아야 한다는 것이었다. 박해를 받고 탄압을 받으면 그들이 이스라엘 건국을 위해 이곳으로 올 것이고, 인구가 늘어날 것이라는 생각이었다. 독일에서 본격적으로 탄압받으면 동유럽의 유대인들도 조국의 필요성을 느끼고 팔레스타인 땅으로 오리라는 것이 벤구리온의 생각이었다. 그래서 그는 유대인들을 영국으로 대피시키는 계획에 반대했다. 그에게 있어 유대인들은 영국으로 탈출하

인문학으로 읽는 금융화폐 **자본주의**

는 것이 아니라 식민지 프로젝트의 정착민이 되어야 했다.

여러 음모론도 이 문제에 얽혀있다. 벤구리온은 독일과 동유럽에 사는 유대인들 중 절반 정도가 나치에 의해 사라지는 것이 이스라엘에 더 이로울 것이라는 끔찍한 발언도 했다. 그의 주장은 이런 고통을 겪은 유대인들이 팔레스타인으로 이주할 것이며, 영국에서 행복하게 잘 살기를 바라지 않는다는 것이었다. 벤구리온과 시오니스트들에게는 더 많은 인구가 필요했다. 아랍인들을 몰아내고 군대를 조직해 싸우기 위해서는 많은 유대인이 필요했다. 1941년 말, 유대인들이 기차에 실려 죽음의 수용소로 끌려갈 때, '이루구'라는 조직은 팔레스타인 외부에서 유대인들에게 안전한 피난처를 제공하려는 시오니즘에 반대하는 세력들의 노력을 일축했다.

시오니스트들은 반대하는 유대인들에게 자신들의 활동을 방해하지 말라고 요구했다. 1941년에 이미 유대인들이 히틀러에 의해 강제수용소로 끌려가고 있을 때, 팔레스타인에 있는 시오니스트들은 이에 찬성했다고 알려져 있다. 즉, 그들을 그대로 끌려가게 내버려 두고, 탄압받은 뒤 팔레스타인으로 오도록 하라는 의미였다. 팔레스타인에 있는 시오니스트들은 유대인들이 강제수용소로 끌려가는 것에 대해 저항하거나 반대하지 않았다.

1933년 8월, 세계 시온주의 의회는 팔레스타인으로 대피한 부유한 독일 유대인들이 독일 내에 남겨놓은 자산을 가져오기 위해 히틀러와 협약을 맺고 협조했다. 이는 세계 시온주의 의회가 승인한 것이며, 이는 독일에 대한 국제적인 보이콧을 무너뜨린 것이다. 세계 시온주의는 히틀러와 협력했으며, 팔레스타인에 있는 시오니스트들은 독일에서 생산된 제품을 구매하고 다른 나라로 중계무역까지 했다. 또한, 팔레스타인에 있는 시오니스트들은 영국 위임통치를 계속해서 공격했다. 영국과 연합군이 나치의 거대 군대에 맞서 자신들을 방어하기 위해 1940년대 초반에 고군분투하고 있을 때, 시오니스트 테러리스트들은 오히려 팔레스타인과 이집트에 있는 영국군을 공격했다. 그들은 독일의 히틀러와 싸우는 것을 방해했다. 특히 제2차 세계대전 동안에는 시오니스트 갱단들이 영국의 전쟁 노력을 약화시키기 위해 히틀러 나치와 공동으로 일했다.

1940년대 후반, 시오니스트 갱단 '이스턴'은 나치 동맹을 모색하는 데 어려움을 겪자, 친구이자 깡패 조직인 '예탄', '예란', '모립'과 함께 팔레스타인에서 계속해 영국을 공격했다. 당시 팔레스타인에 있는 시오니스트들은 영국을 잠재적인 이스라엘 건국을 방해하는 적대세력으로 여겼다. 이에 따라 독일과 이탈리아와의 협력을 모색했으며, 이는 시오니스트 건국의 기반을 마련하는 행동으로 여겨진다. 시오니스트들은 히틀러의 파시스트 방식을 자신들의 방식으로 여겨 히틀러에 맞서 싸우기를 원치 않았다.

히틀러가 독일과 동유럽에서 행하던 방식을 시오니스트들은 실제로 팔레스타인에서 사용하고 있었으므로, 이에 반대하지 않았다. 또한, 연합국인 영국, 프랑스, 미국과의 협조를 거부하며, 유대인들이 이들과 협력해서는 안 된다고 주장했다. 결국 1930년대 후반부터 히틀러가 멸망할 때까지 팔레스타인의 시오니스트들은 영국에 반대하며 히틀러와 이탈리아 파시스트들과 협력했음에도 불구하고, 결국 영국은 시오니스트 왕국 건설에 협력하게 된다. 물론 영국 왕실 궁정 유대인과도 관련이 있을 것이지만, 본질적으로 20세기 초반, 1880년대부터 이들 극단주의 시오니스트 세력(기독교도, 증권거래소 관계자, 기업가, 신용화폐 발명자들 포함)은 수십 년 동안 폭력과 테러를 자행하며 메시아 왕국을 건설하기 위해 팔레스타인을 피의 바다로 만들었다. 현대 이스라엘 건국의 기초는 폭력과 테러에 있다. 시오니스트 국가는 의로운 거짓말과 정당화할 수 없는 것을 정당화하기 위해 홀로코스트를 휘두르고 있다고 본다. 1930년대에는 오히려 히틀러와 느슨한 연대를 맺고 그들에게 간접적으로 도움을 주고 있었다. 토마스 스와레스는 이러한 사실을 폭로했다.

그렇다면 시오니즘의 진실은 무엇인가? 현재 이스라엘의 900만 인구 중 유대교를 믿는 사람은 5%에 불과하다. 200만 명은 이슬람을 믿는 아랍인이고, 나머지는 대부분 무신론자이다. 많은 기독교회들은 알리야가 이스라엘로 돌아가고 있으며, 이스라엘 회복이 성경 예언의 성취라고 주장한다. 그러나 텔아비브대학의 유럽 근현대사 역사학 교수인 슐로모 샌드(Shlomo Sand)는 유대교를 믿는 유대 공동체는 존재할지 모르지만, 민족적, 혈통적 유대인은 존재하지 않는다고 단언한다.

그는 현재 이스라엘에서 일어나는 만행에 대해 전범 재판소가 필요하다고 주장한다. 전 세계를 지배하는 유대 조직이 존재한다는 것은 꿈같은 이야기일지도 모른다. 오늘날 현대 이스라엘에 대한 두 가지 시각이 있다. 한편으로는 1948년 이스라엘 건국이 명백한 전쟁범죄라는 시각이 있으며, 반면에 하나님께서 기적적으로 세우신 국가라는 완전히 상반된 시각도 존재한다. 이것이 예수 그리스도의 뜻인지 우리는 질문해야 한다. 다수의 믿음이 반드시 진리를 의미하지는 않는다. 한편, 독일의 홀로코스트는 실제 상황과 다르거나 과장된 세계적인 정치적 쇼였을 수 있다는 주장도 있다. 그렇다면 1차 세계대전은 유럽 왕실의 궁정 유대인들이 세계를 지배하는 합스부르크 제국의 궁정 유대인들과 제국을 붕괴시키고, 미국을 점령하며 그들의 권력을 공고히 하기 위해 기획되고 실행된 것이라는 주장이 있다. 이어서 2차 세계대전은 궁정 유대인들에 의해 기획되었으며, 베르사유 조약에 의한 독일에 부과된 엄청난 전쟁배상금은 사전에 전쟁을 설계하고, 전쟁 괴물 히틀러를 지원해 홀로코스트라는 세계적 쇼를 만들어 낸 것이라는 주장도 있다. 그렇다면 홀로코스트에서 600만 명의 유대인이 학살됐다는 주장의 목적은 무엇이었을까?

여기에는 유럽의 유대인들을 전쟁, 학살, 공포를 이용해 성경에 기록된 아브라함의 땅, 즉 팔레스타인 지역으로 이주시키려는 로스차일드 가문의 계략이라는 주장이 있다. 홀로코스트는 히틀러가 독일 사회 내의 지적장애자, 장애인, 부랑인, 집시들을 강제수용소에 수용하고, 병들거나 비생산적인 사람들 일부를 살해한 것이라고 주장된다.

그렇다면 학살 장면이 담긴 사진들은 무엇인가? 이는 2차 세계대전 말기, 연합군의 폭격으로 보급품이 차단된 독일이 패전에 몰린 상황에서, 강제수용소에 갇혀 있던 수용인들과 일부 유대인들이 굶어 죽은 것이다.

우리가 아는 홀로코스트 사진은 굶주림으로 인해 뼈만 남은 시체를 전염병 방지를 위해 소각하는 장면이다. 그러나 가스실에서의 학살 장면이나 대량으로 쌓인 시체를 소각하는 장면은 할리우드의 거짓된 연출이라는 주장도 있다. 따라서 600만 명의 유대인 학살 홀로코스트는 없었다는 주장이 제기되고 있다. 유대인들은 세계인들을 속이고 피해

자 코스프레는 지역감정을 이용하는 전략으로, 유대인들의 홀로코스트 피해자 이미지는 고대 로마제국의 사회복지 차원에서 장애인과 기형아 출산자들을 처리한 방식과 비교될 수 있다. 히틀러 역시 고대 로마처럼 장애인, 부랑자, 불량 집시, 병든 자들을 동일한 방식으로 처리했을 것이라는 주장이 있다.

또한 이러한 관점에서 1904년, 대한민국의 37세 우남 이승만은 워싱턴의 포와타 호텔에서 열린 우드로 윌슨 대통령의 당선 축하 연설에서 유대인들 앞에서 기독교를 언급했다. 그는 "하나님이 유대인에게 기독교와 예수를 준 것처럼, 이제 한국이 유대인에게 기독교 국가를 줄 것이다"라고 말했다고 전해진다.

우남은 미국에서 조지 워싱턴대 학사, 하버드대 석사, 프린스턴대 박사학위를 받았으며 미국에서조차도 몇 안 되는 특별한 존재이기 때문에 미국과 일본에서도 함부로 대할 수 없는 존재였다. 이 시기에 우남은 YMCA 105인 구명 활동을 하며 미국을 순회하던 중, 워싱턴의 포와타 호텔에서 열린 우드로 윌슨-* 대통령 당선 축하 모임에 연설자로 나섰다. 그의 연설은 "유대인이 인류에게 위대한 예수와 바울을 주었다"라는 내용으로, 당시 사회적 지위가 높지 않았던 유대인들에게 큰 감동을 주었다고 한다. 그 당시 미국의 기독교 정치인들과 유대인 정치인들 앞에서 이루어진 우남의 연설은 유대인 사회에 엄청난 영향을 미쳤다. 이는 120년 전 이승만이 유대교, 기독교, 자본주의, 공산주의가 한 몸이란 것을 알았을까? 알았다면 놀랍지 않은가?[114]

-* 우드로 윌슨은 프린스턴대학교 이승만 박사 지도교수였다.

달러와의 전쟁

어떤 사물을 관찰할 때 한쪽으로만 사고하면 문제의 본질을 볼 수 없다. 이 때문에 다양한 관련 백그라운드 지식과 사색, 성찰적 소재가 필요하다. 일정 부분 역사적 사실과 철학적 관찰이 있어야 상상력과 추리력을 가미할 수 있고, 어떤 팩트에 어느 정도 허구가 섞여 있는지를 분석할 수 있다. 일반적으로 플라톤의 〈대화편〉에서 정의의 존재에 대한 가르침을 전달한다고 믿어왔다. 그러나 마키아벨리와 레오 스트라우스는 정의의 존재라는 가르침이 대중을 위한 공개적이고 훈계적인 내용일 뿐이라고 지적한다. 이는 영지주의자들이 어리석은 대중을 끌어들이기 위해 부활과 기적이라는 신화적 요소를 복음서에 인용했다는 주장과 유사하다.

영지주의자들은 입문한 자격자들에게만 숨겨진 진리와 지식을 전수했다. 이러한 해석 방식은 레오 스트라우스가 유대교 신비주의에 깊이 빠져 있던 전력과 관련이 깊다. 세계적인 화폐제도와 금융을 이해하려면 국제결제은행(BIS)을 알아야 한다. 이 은행은 원래 제1차 세계대전의 패전국인 독일의 배상 문제를 해결하기 위해 스위스 바젤에 설립되었

인문학으로 읽는 **금융화폐 자본주의**

다. 최근 국제회계기준 때문에 은행은 대출을 쉽게 해줄 수 없고, 은행에 돈이 부족하다. 대출이 늘어나려면 예금자가 많아야 한다. 하지만 현재 상황에서는 누가 원화 예금을 하겠는가? 국가를 포함한 사회적 도둑질이 만연해 있다. 아무리 긍정적으로 생각해도 한국은 IMF 이후 젊은이들이 현재의 구조로는 살 수 없다. 청년 고독사가 발생할 수밖에 없다. 그러나 0.01%의 사람들에게는 이 나라가 아주 좋다. 이들은 나라가 망해가고 있음에도 살기 좋다는 양상을 보인다. 그들 기준에서 앞으로 더 흥미롭고 행복한 나라를 만들 것이라고 언론은 보도한다.

IMF가 끝난 후 우리나라는 재벌들에게는 천국과 같은 나라가 되었다. 이 상황이 지속되려면 중산층이 현재처럼 50%를 넘어서는 안 된다. 빈곤층이 60~70%가 되어야 한다. 사람들이 삶의 목적을 포기하면 주변을 관리하지 못한다. 이는 단순한 밥그릇 싸움이다. 그러나 생계에 급급한 대부분의 사람들은 정치혁명이나 반란 같은 것은 일으키지 않는다. 적당히 배고픈 사람들에게 밥이나 기본소득, 연금을 조금 주면 그들은 비굴하게 구걸하며 자신의 존엄성을 잃어간다.
특히 투자 시장에서 가장 엄청난 부의 창출이 다가오고 있다.

이 데이터를 가지고 현재 서로 속이고, 선동하며 허위 소문을 퍼트리고 있다. 건설사가 신문사를 인수-*하려는 것은 여론 조작과 검찰 수사 대비를 위한 것이다. 코로나 이후 세상은 1970년대로 회귀할 것이라고 보인다. 이것은 FED의 몰락으로 불린다. 미국중앙은행이 신뢰성을

-* 국내 최초 서울경제신문, 전자신문, 건설회사 인수.

잃은 시대이다. 브레턴우즈 체제의 몰락, 금본위제 파기가 1971년에 일어났다. 인플레이션과 스태그플레이션으로 이어졌으며, 사실 정치적 대결 구도가 강했다. 자본가와 노동자의 대결이었다. 노조의 영향력이 강했던 시기였다. 미국 내 자본가들은 해외로 공장을 이전했다. 즉, 미국 내 자본가 파업이 시작된 것이다. 실업률이 늘어나고 물가 상승이 지속되었다. 오일쇼크가 계속 발생했고, 이는 경제 논리가 아닌 정치 논리로 풀이된다. 이때 일본은 70년대와 80년대에 동남아 침공 작전을 시행했는데 '콜롬보플랜'이라 불렸다.

한국과 관계없는 유럽경제의 '마셜플랜'은 잘 알려졌지만, 한국 경제 교과서는 한국과 관련 있는 ODA(공적개발원조), 아시아개발은행 원조, 콜롬보플랜에 대해서는 잘 다루지 않는다. 동남아 경제는 거의 일본이 지배하고 있다. 한국은 일본을 무시하지만, 실제로 일본은 식민지가 있는데 이것이 콜롬보플랜이다. 마셜플랜 이후 콜롬보플랜이 실행되었다.

미국은 당시 베트남 전쟁 때문에 콜롬보플랜을 일본에 의존했다. 1970년대에 미국은 경제적으로 어려움을 겪었다. 이에 일본이 대외 경제를 퍼주기식의 경제외교로 운영했다. 동남아와 한국까지 일본의 경제 식민지가 되었다. 콜롬보플랜 때문에 일본의 융기가 여기에 있는 것이다. 콜롬보플랜은 아시아 전체에 영향을 미쳤으며 이 플랜으로 인해 전 아시아가 일본의 영향력 아래에 들어갔으며 이 때문에 전 산업이 가마우지 경제로 변했다. 1970년대 스태그플레이션은 단일 문제가 아닌 정치적, 국제적, 지역적, 그리고 미국 내부적 요인으로 인한 것이었다. 이를 해결하려고 베트남 전쟁을 벌였지만, 상황은 미국(CIA)의 예상과 반대로 흘러갔다. 결과적으로 미국은 동남아의 대규모 인프라 투자와 공산화 방지를 일본에 맡겼다. 이 때문에 한국은 1968년부터 1978년까지 대규모 일본 원조를 받았다.

미국은 인플레이션과 여러 문제에서 벗어나기 위해 전쟁을 벌였는데, 그것이 베트남 전쟁이다. 베트남 전쟁 동안 아세안에 투자할 수 없었기 때문에 일본이 그 역할을 대신했다. 미국이 통킹만 사건을 일으킨 후 전쟁을 시작했지만, 오일쇼크 등으로 문제가 해결되지 않았다. 1970년대는 미국에 저주와 같은 시기였고, 이는 소련에도 마찬가지였다. 브레즈네프 체제에서 소련은 스태그플레이션을 겪으며 중동 문제와 내부 문제로 어려움을 겪었다. 현재 국제 질서도 비슷한 상황으로 흘러가고 있다.

냉전 체제 아래에서는 모든 것이 경제 이상의 정치사회 논리를 지닌다. 1970년대 FED는 인플레이션을 조장하는 도구가 되었다. 미국에서는 인종 갈등, 디트로이트 내전 등으로 아비규환 상태였다. 이 시기에는 유럽, 특히 독일이 잘 나갔다. 아시아에서는 콜롬보플랜 덕분에 일본이 경제적으로 성장했다. 한국도 콜롬보플랜에 포함되어 일본 경제의 아세안 네트워크 구조화에 편입되었다. 당시 한국은 독일, 이탈리아, 프랑스와 비슷한 상황이었다. 독일, 이탈리아는 노동문제가 강화되면서 붉은여단 적군파 문제로 어려움을 겪었다. 콜롬보플랜을 통해 여러 곳에 ODA 차관이 투입되었다. 브레턴우즈 체제의 붕괴와 금본위제 폐지 후에는 물가 상승과 실업률이 크게 증가했다.

중동 국가들은 소련의 지원을 받으며 미국에 대항했다. 소련은 이 시기부터 어려움을 겪기 시작했다. 당시 G2라 불렸지만, 사실상 미국이 우위를 점하고 있었다. 해외에 미국과 반대되는 나라들이 존재한다는 의미다. 사실 소련은 슬라브 민족적 자존심과 자부심을 중시하는 나라였다. 미국과의 경쟁에서 밀렸음에도 자신들만의 길을 가려 했지만, 미국의 선전에 휘말리면서 공산주의 대응에 실패했다. 이 과정에서 소련은 군비에 엄청난 돈을 투자했고, 1960년대 19%까지 성장했던 경제는 1970년대부터 쇠퇴하기 시작했다.

미국과의 자존심 경쟁에서 밀리자 소련의 경제적 기반이 약해졌다. 슬라브 민족주의에 취해 인도양까지 진출하려 했으며, 아프리카, 소련, 쿠바, 중남미 등 미국과 대립하는 곳에는 돈을 뿌렸다. 그러나 소련은 경제적으로 어려움을 겪었다. 당시 스태그플레이션은 주택가격 상승이 아닌, 서비스나 상점 물가 상승이었다. 주택가격은 폐허로 변했다. 뉴욕과 디트로이트는 폐허가 되었고, 뉴욕 퀸즈에서는 화재보험금을 목적으로 집을 불태우는 일이 유행했다. 이 시기 경기 불황에서 세금 감면을 통해 돈을 번 사람 중에는 트럼프도 있었다. 그는 드래건 호텔, 트럼프 타워, 애틀랜타 카지노 등을 소유하게 되었다.

미국의 부동산 경기는 1970년대에 지옥으로 변했다. 이 시기 미국에 닥친 저주는 필립스 '커브 곡선 이론'에서도 드러난다. 물가는 오르고 실업률은 증가하는 현상이었다. 필립스 커브는 1958년 뉴질랜드 출신 영국인 경제학자에 의해 제시된 이론으로, 스태그플레이션 현상을 설명한다. 이때 미국에서는 버려진 건물에 세금 감면을 받아 공짜로 접수하는 현상이 발생했다. 한국의 경제 성장을 이해하려면 콜롬보플랜을 이해해야 한다. 동남아는 콜롬보플랜으로 인해 거의 모든 것이 일본판이 되었다. 동남아에서 일본 자동차, 일본 횟집 등이 고급으로 여겨진다.

한국은 콜롬보플랜 시절 일본의 하청기지였다. 2000년대 들어 디지털 데이터의 컨버전스가 펼쳐지면서 20년 동안 중국이 한국의 하청기지가 되었으며 이후 10년은 베트남이 하청기지가 되었다. 현재는 AT 컨버전스로 바뀌면서 중국과 동남아가 더 세부적이고 훌륭한 서비스를 제공한다. 한국의 삼성, LG전자 같은 기업들이 디지털 컨버전스를 통해 성장했다. 하지만 당시 한국은 대일 무역 역조 현상이 심했고, 수출에서 가장 많이 벌었던 것은 마약이었다. 1970년대 한국은 전 세계 마약 공급 5위 국가였다. 마약과 미군 위안부를 통해 달러를 벌었다. 일본에서는 전쟁 피해자나 상이용사들에게 마약 수요가 많았다. 그때 당시 상이용사나 전쟁 피해자 이런 정신적으로 힘든 사람들에게 마약을 공급하는 것으로 생계를 유지했다. 대마와 마약을 대량 수출했다. 한일 협상은 대충 눈감아 주는 형태로 끝났고, 홍콩에서 대규모로 마약을 들여와 부산을 통해 일본에 공급했다. 일본에서도 내란과 같은 상황이 많아서 마약을 용인했다.

영화 〈마약왕〉을 보면 알 수 있듯, 1970년대 군사정부 독재정권 시절 한국은 마약을 밀어냈다. 당시 동북아에서 마약 수출 1위 국가는 한국이었다. 엔화가 대량으로 부산으로 흘러들어와 한국 경제가 유지되었다. 마약이 없었다면 한국 경제는 멈추었을 것이다. 현재는 동북아에서 마약 수출국 1위가 북한으로 70년대 한국과 북한의 분위기는 비슷하다. GDP의 20%를 미군 위안부와 마약을 통해 벌었다. 평택, 동두천, 용산 등, 또 농산물 가격이 대폭 떨어져 농가 부채가 심각했고, 80년대에는 농촌 총각들의 집단 자살이 잦았다. 이런 사실을 왜곡하려는 시도가 있다.

유대인에게 부자학을 배우라는 말도 있다. 하지만 유대인이 부를 축적한 방법은 19세기 동부 유럽에서 유대인 여성들을 납치해 전 세계 항구의 창녀촌을 점령하는 것이었다. 1890년대 한국에도 유대인 창녀촌이 생겼다. 이들은 창녀업으로 돈을 벌고, 그 종잣돈으로 결국 미국으로 이주하여 자리를 잡았다.

유럽이 민주화되면서 독일 등 일부 국가들은 언론과 건설 등 다양한 분야를 정비했지만, 그 자금들은 미국으로 흘러갔다. 유대인 집안이 전 세계 사창가 산업을 약 200년 동안 지배했다. 전 세계의 많은 자본이 이러한 방식으로 유대인에 의해 운영되었다. 게토는 사실상 사창가 역할을 했다. 남자들은 조폭이나 사채업에 종사했고, 여성들은 매춘이나 고리대금업으로 생계를 유지했다. 역사적으로 게토에서 벗어날 수 있는 유일한 방법은 해외 이주였다.

해외 이주하는 방법 중 하나는 조폭 활동, 고리대금업, 창녀업을 통한 자금 축적이다. 이러한 방식으로 막대한 자본이 집중되고, 많은 경우 자본주의 초기 단계에서 매춘업이 중요한 역할을 한다. 태국이나 필리핀과 같이 매춘이 불법인 나라들도 이를 통해 큰 수익을 올리고 있

다. 북한도 중국의 호텔 등을 통해 매춘업으로 생계를 유지한다. 일본
은 경제 성장 초기에 국가가 매춘업을 관리했다. 한국전쟁 당시 미군
위안부로 여성들을 활용했다.

중국과 대만도 매춘업을 통해 경제적 이익을 얻고 있다. 국제여행 및
관광업은 사실상 매춘 산업을 독려하는 것이다. 한국도 1994년까지 공
창제를 국가에서 관리했으며 박정희 대통령도 이에 관련된 계획서에
서명했다. 매춘이 합법인 나라에서는 비용이 높은데 보건 세금 때문에
가격이 높아진다. 네덜란드, 독일, 스웨덴, 프랑스, 뉴질랜드 등이 그
예이다. 코로나 사태로 독일의 최대 매춘기업 파샤(Pascha)가 파산하는
상황도 발생했다.

PART 5

관념화된 또 다른 믿음 화폐

화폐는 또 다른 믿음의 신이다. 하나님이 영원을 약속하는 곳에서 돈은 세상을 약속한다. 하나님이 지연된 내세보상을 제공한다면 돈은 미리 보상한다. 하나님이 자신을 은혜로 제공하는 곳에서 돈은 자신을 대출로 제공한다. 전투는 총이 발사되기 전 이미 보급 장교들이 결정해 놓는다.

도대체 화폐가 뭐길래

화폐란 관념화된 또 다른 믿음이다. 화폐에 대한 우리들의 또 다른 생각들이 종교와 철학 등에 어떻게 연결되어 있는지 살펴보고자 한다. 최근 세계적인 금융경제 위기가 발생할 때마다, 미국 연방준비제도이사회(FED)는 대규모로 돈을 시장에 공급해 왔다. 이미 3조 달러를 투입한 상태에서, 팬데믹이 시작되면서 '무제한 양적완화'라는 정책을 통해 6조 달러가 넘는 자금을 추가로 풀었다. 이러한 정책과 권한을 누가 그들에게 부여한 것일까? 이는 마치 황당한 글로벌 사기다. 글로벌 경제를 살리자는 그럴듯한 명분과 미화된 용어 양적완화라는 이름으로 말도 안된 정책을 전문가인 척 말하는 것도 황당한데 그동안 자유시장을 열심히 외쳐댔던 주류 경제학자들이 갑자기 자유시장을 붕괴시키고 있는 화폐 정책에 대해 긍정적인 반응을 보이고 있는 것도 이상하다.

자유시장이란 경제를 기업과 가계를 중심으로 자율적 선순환하는 것을 의미한다. 그러나 최근 중앙은행들이 무제한으로 돈을 풀면서 화폐량을 자기들 맘대로 건드려 버리기 시작하면서 자유경제를 훼손하기 시작했다. 일부러 그런 짓을 한 것이다. 이런 정책은 물가를 급등시키

인문학으로 읽는 금융화폐 **자본주의**

고 결국 자유시장을 붕괴시킨 뒤 금리를 인상하여 서민들을 빚더미에 빠뜨린다. 천문학적인 양의 돈이 어디로 갔는지 의문이다. 서민들 호주 머니에는 들어오지 않았다. 대신 은행 이자로 서민들 착취해서 다시 대형 은행(JP모건 체이스, 아메리칸 뱅크, 씨티 뱅크)들 호주머니로 돌아갔다. 이런 상황에서 정부가 시장에 개입하는 이유는 무엇일까? 경제위기를 촉발 하기 전에 대중을 현혹시키는 투기성 경기부양 정책을 펼친다. 돈을 풀 어 부동산, 주식, 코인 투기를 부추기며, 이를 방관한다. 팬데믹과 같 은 큰 경제위기 이후에는 주류 경제학자들이 기존에 믿던 이론을 완전 히 뒤집는 모습을 보인다.

그렇게 말해놓고 항상 정부는 시장에 개입했고 서민들 경제를 혼돈 스럽게 만들었다. 이것은 주류계, 경제계들이 이율배반적 행태로 '효율 적 시장가설'이라고 하며 경제학의 주류를 이루는 근간이었다. 그런데 팬데믹, IMF 같은 크나큰 경제위기 이후에는 항상 자신들이 굳게 믿고 있던 이론을 180도 바꿔 무너뜨리고 있다. 개인은 맨날 털리고 주가는 조작되고 자전거래-*는 금감원에서 신경도 쓰지 않는다. 효율시장 가설 에 따르면 주가는 당연히 회사의 재무제표 또는 매출 영업이익에 의해 서 움직여야 하지만 차트와 거래량을 보면 외국인과 기관의 매수 동향 에 의해서 움직이고 있다는 것을 잘 알 수 있다.

금융시장에서는 기관들과 개인 투자자들이 어디에 자금을 투자하는

-* 당사자들끼리 대량으로 주식을 거래할 때 매수세력이 동일한 주식을 동일한 가격으로 일정 수 량의 매수를 내면 매도세력이 동일한 주식을 동일 수량으로 매도하여 매매거래를 하는 행위.

지에 따라 시장이 바뀐다. 이는 '효율시장 가설'은 한국 시장에서는 통하지 않는 가설일 뿐이다. 만약 효율시장 가설이 사실이라면 투자자는 고평가된 주식을 사면서 절대로 두려워할 필요가 없어야 한다. 왜냐하면 장기적으로 볼 때 주식은 절대로 고평가될 수 없기 때문이다. 금융시장의 거품 현상 중 가장 유명한 사례를 들 수 있다면 17세기 네덜란드 튤립 만용 현상이다. 이와 같은 현상은 화폐가 탄생한 이래 수십 번 반복됐다. 이러한 방식은 과거부터 유대 금융가들이 사용해 온 방식과 유사한 상황을 보여준다. 금융계의 큰손인 유대 금융가들은 과거부터 경제공황과 밀접한 관련이 있으며, 경제공황의 패턴은 늘 같았다.

경제위기를 만드는 과정은 세 가지 흐름을 거친다. 첫 번째 단계에서는 전염병, 전쟁 등 어떤 이유든 간에 경제위기를 만들 명분을 찾는다. 은행이 직접 위기를 만들기도 하고, 정부는 규제를 풀어 금융시장에 자유롭게 돈을 풀게 한다. 이로 인해 금리가 낮아지고 쉬운 대출이 가능해지며, 은행에서는 공격적인 금융 상품을 내놓는다. 두 번째 단계에서는 경제 버블이 형성되고, 폭발 직전 상태에 이른다. 그러다 중앙은행이 갑자기 화폐공급을 줄이거나 중단하면 금리가 급등하고 대출이 규제된다. 이 시점에 금융부실을 드러내면 중소기업과 중소 은행들의 연쇄 파산이 일어나고, 정부는 경제위기를 선언한다.

세 번째 단계에서는 경제 구조조정과 중앙집권화가 이루어진다. 국영기업이나 시설을 민영화하고, 외국계 기업에 혜택을 주는 등의 조치로 복지 축소, 고용 유연화, 세금과 범칙금 증가 등의 변화가 일어난다. 이러한 흐름은 현재 한국 경제의 방향과 유사하며, IMF 이후 한국 경제는 금융의 영향을 크게 받고 있다.

파이어 경제(FIRE Economy)는 소수의 이익을 위해 다수가 희생되는 임대 경제체제를 말하는 것이다. 임시직, 인턴직, 용역 계약직, 비정규직 등 다양한 형태가 있다. 이 체제는 돈보다는 사람들의 시간과 노동을 중요시하며, 돈이 인생보다 가치 있는 것처럼 착각하게 만든다. 실제로는 경제적 활동을 위해 필요한 적정 수준의 돈을 가진 것이 행복한 삶을 의미한다. 따라서 시간은 돈보다 더 소중하다. 그렇다면 달러 붕괴의 가능성에 대해서는, 1930년대까지 세계 기축통화 역할을 한 것은 영국의 파운드 스털링(Pound sterling)이었는데 스털링 체제가 붕괴된 이후, 1944년에 브레턴우즈(Bretton Woods) 체제가 출범하였다. 당시 달러는 금본위제를 채택하여 달러의 신뢰도를 높였고, 이후 세계 기축통화로서 역할을 계속해 오고 있다.

세계 여러 나라에서 달러 사용이 줄어들고 있는 상황에서, 미국 정부는 오히려 달러 발행을 늘리고 있다. 이는 채권의 가치하락과 연결되어 경제 상황을 고려하지 않고 금리를 인상하고 있는 현상으로 보인다. 최근의 은행 연쇄 파산도 이러한 경제 정책과 관련이 있다고 볼 수 있다. "믿는 도끼에 발등 찍힌다"라는 속담처럼, 미국 내에서도 달러에 대한 신뢰가 경제적 문제를 야기하고 있는 것으로 보인다. 달러의 과잉 발행은 여러 나라들이 대체결제 시스템을 구축하는 원인 중 하나로 여겨진다. 미국은 탈산업화, 도전적인 외교정책, 규제 남발 등을 통해 탈달러 현상이 일어나고 있다. 이는 새로운 화폐 체제, 특히 중앙은행 디지털화폐(CBDC)를 도입하기 위한 전략일 수 있다. 국제통화기금(IMF)과 국제결제은행(BIS) 역시 새로운 디지털화폐를 계획대로 만들고 있다.

존 로크의 단서

근대사상은 자연에 존재하는 하나님의 창조물에 인간의 노동을 빌리고 버는 것을 통하여 개인에게 사유재산 소유권을 인정한다. 창세기 원래는 노동 없이 모든 것이 그냥 주어진 것이었으나 선악과를 따 먹으면서 눈이 열려 신과 같이 된다는 뱀의 말에 따먹어 그 원죄 때문에 인간은 땀 흘리는 노동을 하지 않으면 얻을 수 없게 됐다. 신교도 칼뱅은 이러한 인간의 노동을 하나님의 부르심이라 보고 열심히 일한 자가 많은 재산을 소유하는 것이 정당하다고 이것을 자본주의 직업윤리라고 설파하며 자본 축적에 대한 당위성을 주장했다.

따라서 17세기 유럽 사회에서 칼뱅과 청교도들은 노동에 기반을 두지 않은 계급사관 전쟁으로 뺏거나, 귀족, 할아버지, 아버지 것이었기 때문에 내 것이라는 체제의 재산권은 인정할 수 없다고 주장하며 바다 건너 신대륙으로 이주했다. 이들은 또 다른 노동의 결과인 '자본'을 만들었고 그 과실인 '이자 수입'을 만들고 또 '금융 제도' '화폐제도'(금본위제, 석유본위제, 페트로 달러)를 만들고 자본을 축적했다. 그러나 현대에 이르고 이러한 화폐제도에 많은 문제점과 한계점을 드러내고 있다. 예를 들

인문학으로 읽는 금융화폐 **자본주의**

어, 과거에는 사슴 한 마리를 잡는 데 5일이 걸려 7일 동안 식량으로 사용했다면, 자본의 축적과 혁신으로 2일 동안 활을 만들어 3일 만에 사슴을 잡거나, 총을 이용해 하루 만에 잡을 수 있게 되었다. 과거에는 소비를 절제하고 은행에 예금 및 투자함으로써 화폐를 축적했다. 그러나 농경 정주시대가 시작되고 저장 가능한 곡식과 동물의 고기, 젖 등은 미래가치를 보장하지 못하면 썩게 되므로, 썩지 않는 방법을 찾거나 적절히 분배하는 문제가 발생했다. 화폐 유동성도 마찬가지로, 저축된 자금이 기업 투자로 사용될 때는 썩지 않지만, 부동산 투자 등에 사용될 때는 인플레이션으로 인해 가치가 서서히 감소한다.

1차, 2차 세계대전 및 식민지 전쟁은 화폐 유동성을 해소하기 위해 발생한 것이며, 유동성이 축적되면 자본주의 시스템이 위협받는다. 2차 세계대전 이후 제국주의가 끝나고 50~60년대는 백색 가전산업 냉장고, 세탁기 등 70~80년대는 자동차 산업 90~2000년대는 컴퓨터, 정보통신산업 2000~2008년까지는 지식경제, 모바일 산업의 건전한 투자처가 축적된 자본을 흡수해 줬다. 이것을 자본주의의 '자기 유지적 성장'을 가능하게 했다. 그러나 실물산업이 성장하지 않으면 축적된 자본은 가치를 잃게 된다.

양적완화로 전 세계에 축적된 자본의 대부분이 부동산에 투자되어 거품이 발생했으며, 화폐 증가에 따른 건전한 유동성 밸런싱이 깨져버린 것이다. 한편, 미국의 2008년 양적완화 정책은 달러의 신뢰가 붕괴됐다. 이는 전 세계에 인플레이션을 초래한 것으로 볼 수 있다. 현재 세계적인 인플레이션 문제를 해결하기 위해서는 1차, 2차 세계대전에서 발생한 전쟁배상금 등 국가 간 채권 및 채무 관계를 탕감하고 새롭게 시작한 것처럼 현재도 마찬가지다.

그러나 전 세계 국가들, 특히 아시아의 신흥 국가들은 수십 년간 수출을 통해 쌓아온 외화 보유고를 어떻게 관리해야 할지 고민하고 있다. 이러한 상황에서 인간의 탐욕과 비윤리성에 대한 대안으로 블록체인과 비트코인 같은 기술이 탄생했다. 현재의 유동성은 인구 증가와 더불어 증가하는 빚과 함께 성장하고 있다. 즉, 현재의 화폐제도는 국가, 기업, 중앙은행의 권력에 의해 영향을 받고 있다.

반면, 비트코인은 신용 창출이나 빚 기반의 제도가 아닌, P2P로 개인 간의 거래가 이루어지며 어떠한 권력의 간섭도 받지 않는 시스템으로 시작됐다. 향후 세계 경제 성장, 거래 계약의 신용 및 화폐가치 보장 등에 대한 추가 연구와 보완이 필요하다. 현재의 화폐제도가 문제를 가지고 있으며, 문명의 대전환기에 직면해 있다는 것은 명백하다. 앞으로 새로운 화폐제도는 로봇, 인공지능 등 새로운 기술이 창출한 재산권, 실업자들의 권리문제 등을 고려하여 가치이론을 재정립해야 할 필요가 있다.

마그나카르타와
사유재산

　1215년 마그나카르타의 존왕 서명과 1688년 명예혁명은 영국 역사에서 중요한 전환점이었다. 초기에는 왕과 소수 귀족들이 전쟁을 위해 재산을 출연하고 전쟁 후 그 비용을 갚는 방식이었다. 사실 고대부터 영국의 당시까지 전쟁은 역사적으로 방어개념의 전쟁이 아니라 국가의 부를 늘리고 재산을 빼앗는 전쟁이었다. 당시 왕의 일가친척들로 구성된 일종의 동업자들은 전쟁 비용을 대고 전쟁에서 승리하면 전리품을 나누는 방식이었다. 이렇게 본다면 일반 대중은 전쟁으로 인한 노동과 세금으로 고통만 있었을 뿐 아무런 혜택도 없었다.

　그러나 농경문화에서 과학의 발전으로 항해, 물산산업이 발전하며 신흥 상인들이 부를 축적하게 되고 영국의회로 진출했다. 이들은 왕의 무분별한 전쟁과 전쟁 지출 비용을 억제하기 위하여 소수 귀족들과 상인 출신 신흥 부르주아 계급들이 의회를 장악하게 되었고 '존 로크의 사유재산 보호'라는 절대성 이론을 확립했다. 근대에는 서민 대중의 사유재산권 보호를 명분으로 삼았지만, 실제로는 귀족들과 신흥 상인들의 재산권 보호를 위한 조치로 볼 수 있다.

역사적으로 절대다수의 서민 대중이 지킬 재산이 매우 제한적이기 때문에, '사유재산의 보호'라는 개념이 모든 사람에게 보편적으로 적용되는 것은 아니었다. 역사 속에서 신의 뜻으로 주장되며 행해진 폭력과 빼앗은 재산을 통해 형성된 현재의 권력과 사유재산 구조는, 공동체와 미래 세대를 위해 공적 개념, '마이너스 금리', '노화하는 화폐' 등 인류를 위한 제도개선을 위해 일부 양보하는 것에 대한 범세계적인 검토와 합의가 필요하다.

미 재무성 채권을 담보로 발행하는 미국의 연방준비제도이사회(FED)의 달러 양적완화 발행이든 각국의 외환보유고에 근거한 중앙은행의 양적화폐 발행이든 존 로크의 단서인 인간 노동 땀의 결과인 축적과 소비 욕구를 절제한 누군가의 예금이 아닌 K% 화폐총량에서 벗어난 존재하지 않았던 돈들이기는 마찬가지다.

인간이 만든 제도는 인간이 새로운 세상을 위해 개선할 수 있다. 따라서 로크의 사유재산 이론도 현대사회와 대중의 관점에서 재평가하고 새롭게 논의할 필요가 있다.

글로벌 기축통화 역사

1450년경 포르투갈과 1510년 스페인을 거쳐 1944년 브레턴우즈 협정부터 1971년 8월 14일까지 미 35달러와 금 1온스 교환 비율을 유지했으나 1971년 8월 15일부터 폐지를 선언했다. 인류의 화폐 역사는 1971년까지 모두 금을 찾아오면 뱅크런 사태를 전제하여 금 보유량 대비 신용을 포함하여 10배 이상 화폐를 발행하지 않았다. 따라서 금본위제도에서는 부채를 일정한 수준에서 통제할 수 있었기 때문에 경제 위기를 방지할 수 있었다. 그런데 신용화폐제도에서는 100배 이상을 발행함으로써 인플레이션 거품경제를 발생시키고 있다.

금본위 무역경제에서는 상대국에 무역적자로 금을 뺏기면 금 채굴이 한정되어 있기 때문에 금 확보를 위해 식민지 국가를 침략한다거나 전쟁을 일으킬 수밖에 없었다. 인류는 그러한 전쟁으로 제국이 망가지고 기축통화 지위도 잃게 된 역사를 반복했다. 금본위제 화폐경제 체제에서는 금이 지속해서 늘어날 수 없기 때문에 화폐량에 따라 경제 성장의 속도와 한계가 명확했지만 버블은 일정하게 억제할 수 있었다.

그런데 1971년 8월 15일, 닉슨 대통령은 브레턴우즈 체제 중단과 미국 달러 기축통화를 선언했다. 이 결정의 배경에는 돈이 늘어나는 속도에 비해 바꿔줄 금 보유량이 부족했기 때문이다. 실제로 프랑스 드골 대통령이 달러를 배에 싣고 와 금으로 교환을 요구했으나 바꿔줄 수 없었다. 이렇듯 미국은 금 태환을 해줄 수 없기 때문에 기축통화를 포기한 것이다. 그런데 여기서 미국은 과거 다른 나라들과 달리 금이 아닌 신용에 기반한 '신용화폐' 시스템을 유지할 방법이 없을까를 고민했다.

아무튼 미국은 기축통화를 포기하면서도 금으로 바꿔주지 않을 수 있는 기축통화를 유지하고 싶어 했다. 그래서 생각해 낸 것이 미국은 100퍼센트 신용화폐로 갈 수만 있다면 이미 많은 달러를 찍어낸 경험과 세계 무역 거래와 각국의 중앙은행제도 자산운용 패턴 저축 등 돈에 대한 역사를 분석해 볼 때 돈의 역사는 권력의 역사고 돈의 역사는 곧 세금의 역사라고 볼 수 있다. 국가 권력은 역사적으로 인플레이션과 세금을 통해 경제에 영향을 미치는 능력이 있다. '트리핀의 딜레마'는 미국이 금으로 달러를 보장할 수 없을 때 발생한 문제를 지칭한다.

트리핀 교수는 미국 달러가 글로벌 상품 거래에 널리 사용되면서, 미국이 달러를 많이 발행할수록 세계 경제가 호황을 맞을 것이라고 주장했다. 미국은 경상적자를 극복하고 새로운 국제유동성을 창출하기 위해 금으로 보장되지 않는 달러화를 출현시켰다. 이러한 금으로 보장되지 않는 달러가 전 세계 무역 거래에 지속적으로 사용될 수 있을지에 대한 고민은 석유와 원자재 거래에 대한 새로운 해결책을 모색하는 계기가 되었다. 화폐 주조의 역사적 권력을 바탕으로, 미국은 금 태환을 하지 않으면서도 기축통화의 지위를 유지할 방법으로 완전 100퍼센트 신용 화폐제도를 내세웠다. 당시 세계 경제개발에 있어 필수적인 원자재였던 석유는, 실질적으로 돈의 역할을 했다. 이에 따라, 첫 번째 전략은 석유 대금을 오로지 달러로만 받도록 하는 것이었다. 이 조치는 달러화를 포기할 수 없게 만드는 중요한 요인이 되었다. 두 번째 전략은 모든 원자재 거래를 달러화로 결제하도록 하는 것이었다.

그래서 국제원자재 상품거래소가 뉴욕과 런던에 위치하게 되었다. 세 번째로, 일종의 거래 준비자산으로 금으로 태환하지 않는다고 달러화를 가지고 있지 않을 경우 외환위기를 겪게 하면 이 모든 문제가 한꺼번에 해결될 수 있었다. 이러한 배경 아래, 1973년 헨리 키신저는 석유생산의 주요 국가인 사우디아라비아를 방문했다. 그곳에서 사우디에게 석유거래를 달러화로만 결제하도록 요청했으며, 사우디는 이를 수락했다. 대신, 미국은 사우디 왕조의 권력을 중동 아랍지역에서 강화하고 유지하는 데 도움을 제공하겠다고 약속했다.

이 약속에 따라서 미국은 사우디아라비아에 미군 기지를 건설했는데 이는 중동 및 세계 평화를 위한 것이 아니라 사우디 권력을 보장하기 위한 것이었다. 지난 30년 동안 달러화 기반 석유거래를 거부하거나 다른 통화로 거래를 시도한 국가들은 큰 위기에 처했다. 이러한 상황은 이라크와 최근에는 이란에서도 발생했다. 이것이 '페트로 달러 제도'이다. 미국은 군사력을 기반으로 사우디아라비아와의 국제 원자재 거래를 달러화로 고정해 새로운 국제유동성을 창출함으로써 대규모 달러 발행의 기반을 마련했다. 미국 달러 화폐는 1971년까지는 금본위 기축통화였으나 그 이후부터는 신용화폐 기축통화로 전환되었다. 그 이후 신용화폐 체제에서는 대출자의 힘이 강화되었으며, 신용화폐는 버블 형성이 불가피한 경제체제가 되었다. 버블이 사라지면 돈도 사라지고, 상환 능력이 없는 사람들이 나타나게 되며, 대출 기관의 힘이 커진다. 결국 자본의 권력이 대출 권력으로 변화했다. 이 시스템에서는 경제위기가 발생할 때마다 달러의 힘이 더 강해졌다. 기축통화가 아닌 국가들은 달러 외환보유고가 부족할 경우 금융위기에 직면하게 되었다. 이는 세상을 특이한 상황으로 만들었다.

달러화가 부족하면 외환위기를 겪을 수밖에 없는 이유는 모든 결제가 달러로 이루어지기 때문이다. 한 번 외환위기가 발생하자, 전 세계의 많은 국가들이 무역 결제를 위해 필요한 외환을 대부분 달러로 준비하기 시작했다. 이로 인해 전 세계 중앙은행의 보유 자산 중 달러화 비율이 63.5%에 이르게 되었다. 달러화의 가치하락에 대한 시중의 음모론은 하이퍼인플레이션이 발생해야 실현될 수 있으며, 결국 미국채권을 많이 보유한 신흥 국가의 외환보유고가 먼저 가치를 잃어야 한다.

1971년 이후 남미의 외환위기와 서브프라임 모기지 사태까지, 달러화의 강세가 지속되었다는 사실이 이를 뒷받침하고 있다. 위기 상황에서 달러화가 강세를 보이는 현상은 의문을 자아낸다. 위기 때마다 달러 가치가 상승하는 이유 중 하나는 전 세계 대출의 약 65%가 달러화 기반 대출이기 때문이다. 전 세계 대출 총액은 전 세계 화폐 총량과 유사하다. 이 대출은 주로 미국 은행들이 진행한다. 금융위기는 신용의 팽창과 이후의 축소 과정에서 발생한다. 신용이 축소되면 달러 기반의 신용 대출이 먼저 감소하게 되며, 따라서 달러가 부족해지고 가치가 상승한다. 이러한 디플레이션 상황에서는 파산자가 발생하며, 이는 대출을 준 채권자의 권력을 강화한다. 그렇다면 미국이 금본위제로 돌아갈 가능성은 어떨까? 달러 발행량 대비 금 보유량이 부족하므로 이는 불가능해 보인다. 또한, 사우디를 협박하여 석유본위제 화폐인 달러 기축통화를 유지하는 것, 연방준비이사회(FED)의 화폐 권력 포기와 같은 가능성은 누가 대통령이 되든 상관없이, FED 주주들의 결정에 달려있다. 미국의 군사적 우위가 지속되는 한, 미국의 경제 패권은 계속될 것이며, 미국의 허락 없이는 한 척의 선박도 운항할 수 없을 정도로 미국의 영향력은 강력하다.

역사적으로 포르투갈의 기축통화 패권은 군사력에 기반한 권력에서 비롯되었으며, 그 패권을 잃은 것도 군사력의 약화 때문이었다. 현재, 미국은 전 세계 군사력을 모두 합친 것보다 강력한 군사력을 보유하고 있다. 신용화폐 체제는 부채가 매년 5퍼센트씩 증가해야만 유지되는 자본주의 시스템의 모순이다. 이 부채 증가가 언제까지 지속될 수 있을지, 시스템이 언제 붕괴할지는 불확실하다. 이러한 실험은 인류 역사의 일부로 남을 것이다. 현재의 현실을 받아들일 수밖에 없는 이유는 바로 미국의 군사력 패권 때문이다. 연예인 걱정, 축구에서의 메시 걱정과 같이, 가장 쓸데없는 화폐 걱정은 달러 걱정이라 할 수 있다.

인류의 화폐를 관리하는 중앙은행제도

화폐는 원래 금화나 은화처럼 그 자체에 가치가 있었다. 그랬던 것이 역사가 흐르면서 르네상스 시대에 베네치아에서 근대적 의미의 은행이 나타났고 그 은행을 거쳐 지폐가 발명되었다. 고대사회는 왕에게 주화 주조권이 있었고 왕은 금화나 은화를 깎아서 함량 무게를 속이는 정도였다. 그러나 지폐 발명과 신용제도로 이자가 이자를 낳는 돈의 연금술, 얼마든지 인쇄할 수 있는 지폐, 나아가 컴퓨터상에서 활보하고 다니는 숫자가 된 돈은 실체가 없는 상태로 세계를 누빈다.

그 후 역사적으로 중세 영국에서 귀족들에게 무분별한 전쟁 비용을 각출하거나 백성들에게 무리한 조세권을 남용하는 왕의 권력을 견제하기 위해 1215년 마그나카르타 권리장전에 영국 왕이 서명토록 하고 그 후 1688년 의회의 명예혁명으로 전제군주제 국가에서 왕의 무소불위 권력을 견제할 수 있는 입헌 군주제가 탄생한 것이다. 그 과정에서 왕실 재정을 해결해 준다는 구실로 왕실과 휘그당 내 은행가들과의 협상으로 '영란은행'을 민간이 설립하고 세금을 담보로 120만 파운드를 왕에게 연리 6% 금리로 영구히 대출함으로써 중앙은행 제도가 탄생했다.

이후 프랑스 중앙은행도 같은 방법으로 탄생했다. 그 후 유럽에서 축적된 거대 자본, 특히 로스차일드 가문의 금융자본이 JP모건의 주선으로 미국으로 유입되었고, 이는 1913년 미국 연방준비제도이사회 법의 통과와 우드로 윌슨 대통령의 서명으로 미국 연방준비제도이사회, 즉 미국중앙은행의 탄생으로 이어졌다. 이때부터 유럽 대륙의 중앙은행을 소유한 소수의 금융가들은 미국 연방준비제도(FRB)의 소유권을 80%를 차지하게 되었다.

그 후 미국이 패권 국가가 됨으로써 세계 기축통화가 되고 결국 FRB의 화폐 발행권이 인류의 거룩하고 정의로운 일에 쓰이기보다는 극소수 금융가들에게 세계 각국에서 자신들이 마음대로 금융위기 경제위기를 발생시키는 권력으로 사용되며 세계를 지배하고 통치하는 데 사용되고 있다. FRB는 국제 금융가들이 자신의 입맛대로 세계를 노예화시키는 초국가다. FRB 소유주들은 인류의 부를 매우 합법적으로 착취해 간다. 미국 정부는 의회가 허용해 주는 만큼만 빚을 질 수 있는데 예를 들어 2012년 2조 달러였다.

그러나 현재 17조~30조 달러에 이르고 년 이자만 3,000~6,000억 달러로 국민에게 쓰여야 할 국민 세금 70~80%가 이자 비용으로 충당되고 있다. FRB 의장을 미국 대통령이 지명하고 발표하고 있지만 사실은 FRB 대변인 격으로 발표하는 모습을 보이고 있다. 실제로는 FRB 이사회에서 결정되기 때문이다. 오죽하면 대통령이 두 명 있는데 화폐 발행권을 가진 또 한 명의 세계 대통령이 있다고 한다.

오래전 링컨 대통령도 "내 앞에 두 적이 있는데 하나는 남부군이요, 다른 하나는 금융기관이다"라고 말했다.

링컨은 전쟁 비용 마련을 위해 재무부에서 그린백 채권을 발행했고 케네디 대통령도 중앙은행 폐지를 전제로 재무부가 미국 화폐 발행을 시도했다. 두 대통령 모두 미국 화폐발행권과 무관하지 않은 죽음으로 추정된다. 그러나 그 권력에 누구도 묻지 못하고 속 시원하게 밝혀지지 않고 지금까지 음모론으로 치부되고 있다. 또한 1907년 금융위기도 미국에도 중앙은행이 필요하다는 점을 일깨우려고 일부러 발생시켰다는 주장이다. 당시 소규모 은행들은 무분별한 대출로 지급 준비율이 1% 밖에 안 됐으며 급기야 뱅크런으로 8,000개의 은행이 파산했다. 그러나 당시 클리블랜드 대통령의 긴급 협조 요청으로 JP모건은 혼자 힘으로 중앙은행 역할을 해 위기를 수습했다.

그 후 지킬섬 회의* 1913년 연방준비제도 법통과, 1917년 1차 세계대전 마셜플랜 유럽구제금융, 1929년 경제 대공황, 1931년 제2차 세계대전, 1970년대 오일쇼크, 1997년 아시아 외환위기, 2008년 금융위기를 거치며 미국의 달러는 금본위제를 대체해 세계 기축통화로서 자리 잡았다. 그러나 통화 팽창(양적완화, 재정적자)으로 인해 한계를 드러내고 있다. 미국은 이러한 위기를 벗어나기 위해 전쟁 분위기 보호무역 관세정책 등을 통해 분쟁을 일으키고 있다.

-* 1910년 JP모건 소유의 조지아지킬섬 오리사냥 모임. 그 본래의 목적은 바로 FRB를 창설하기 위한 사전회담이었다.

그러나 세계의 지식인 경제학자들은 이러한 부당함과 문제점을 알고도 침묵하거나 아니면 그들에게 포획되어 있다. 극소수의 깨어있는 지식인들조차도 그들의 부도덕성과 인류에 대한 죄악을 고발 또는 발표하더라도 그들이 장악하고 있는 언론, 학계 모든 매스미디어가 취급해주지 않고 무시하거나 외면하기 때문에 선뜻 나서지 못하고 있다. 이미 거대 권력이 되어버린 화폐 권력에 대드는 것은 마치 하나님에게 대드는 것처럼 하나 마나 한 싸움이라고 주저앉히거나 협조자를 구할 수 없는 현실이다. 또 그들이 키운 경제학자들과 단체들은 후원자에게 반기를 들 수 없다. 심지어 자본주의 금융시장의 최후의 골키퍼인 세계 3대 신용평가사도 2008년 금융위기 시 막대한 수수료 챙기기 바빠서 리먼 브라더스, 체이스 맨해튼, 베어 스턴스 등 투자은행에 부도나기 한 달 전까지 AAA, AA 등급인 투자적격등급을 주었다. 이는 FRB가 지휘하는 세계 정부의 사기임이 분명한 것이다. 이미 3차 세계대전의 소리 없는 전쟁은 진행되고 있다. 최근의 전쟁은 프로이트의 정신분석학 요제프 괴벨스의 대중선전 선동심리학을 공부해야 해석할 수 있다.

무한 양적완화는
최악의 금융위기다

무한 양적완화(QE)의 끝에 다가서면서 정책의 패러다임이 변화하고 있다. 엘리트들이 새로운 화폐제도로의 급작스러운 전환을 하지 않을 것이라는 전망이 있는데, 이는 신용화폐와 디지털화폐의 혼용 사용에 대한 적응 기간을 운영하는 데 특히 부채 관리를 잘한 사람들이 유리할 것이다. 한편 2008년 금융위기 당시 벤 버냉키의 경우 금융기관 채권 매입에 그쳤지만, 이번 위기는 기업채권까지 매입하는 것을 보면 상황이 더 심각하다고 할 수 있다. 정부가 국민들을 위해 일하기보다는 금융 세력과 기득권을 위해 일한다는 비판이 제기된다.

미국 연준의 기업채권 CP(Commercial Paper) 매입 사례를 살펴보면, 보잉사나 아메리칸 에어라인과 같은 대형 항공사들이 기업채권을 발행하여 기술 투자 대신 자사주 매입(보잉사, 자사주 매입에 약 40조 원)을 투자에 집중했다는 사실이 알려져 있다. 이러한 사례들은 현재 금융 시스템의 구조적 문제와 정책 결정 과정에서의 문제점들을 드러내고 있다. 미국의 경제 상황은 실제 경기 호조가 아니라, 다국적 기업들과 대기업들이 자사주 매입으로 주식시장에 거품을 만들어 재테크의 환상과 호경기

인문학으로 읽는 **금융화폐 자본주의**

의 착각을 일으키고 있다. 이러한 상황은 2008년 미국의 금융기관들이 주택시장에 거품을 넣어주는 서브프라임 모기지 사태로 금융 파생상품 즉 금융 핵무기를 제조해 세계 달러 투자국에 팔아 달러를 연기로 날려버린 것처럼 이번에는 금융기관이 아닌 기업들이 나서서 유가증권시장에 자사주 투기로 거품을 잔뜩 넣어줘 세계 달러 투자국과 투자자들을 뉴욕 증권시장으로 유인해 사살하는 보유 달러 자산을 연기처럼 날려버리는 전략에 세계는 또 속고 있다. 즉, 2008년 금융위기는 '은행을 이용'한 사기였다면, 2020년 글로벌 위기는 '기업을 이용'한 사기라고 볼 수 있다. 보잉사의 잦은 비행기 추락사고도 이러한 상황과 무관하지 않을 것이다.

미국과 일본은 코로나19에 대응하는 과정에서 어려움을 겪었는데, 이는 한국의 효과적인 대응과 대조되는 모습이다. 미국과 일본이 마치 준비되지 않은 것처럼 보이며, 한국에 의료장비 지원을 요청하는 모습은 문재인 정부의 대응 능력을 드러내며 세계적으로 인정받았다. 이런 상황 속에서 금융 엘리트들은 그들의 계획을 숨기며, 세계적인 부인 달러를 이용해 다양한 전략을 펼쳤다.

만약 생각보다 가짜뉴스 생산이 적지 않음이 확인되거나, 향후 중국과 이탈리아 통계가 말해 주겠지만 수천만 명이 전염병으로 사망하는 일이 발생한다면 이번 사태가 그들의 인구감축 시뮬레이션이 아니라 프로세스 가동이라는 것이다. 한편, 세계 계엄령 선포 유튜브의 혁명 중 하나는 경제 고급 정보의 접근성에 대한 일반화에 크게 기여했다. 데이터 정보시대에 경제학박사 부동산박사 별 의미 없다. 각 기관 연구서가 시뮬레이션을 그대로 보여준다.

코로나19로 2020년 3월 25일 G7 공조가 일어났고 인도는 3주간 국민 이동 금지가 내려졌고 독일도 재정 건전성 위기 대책을 수립하고 있고 미국 대통령은 4월 중순 2주 후 경제활동 재개를 목표로 하고 있고 프랑스는 파산법인 국유화를 선언했고 베트남에선 3월 24일부터 쌀수출 금지령이 내려졌다. 팬데믹 이후 식량 폭등이 있었는데 베트남에서 시작됐다. 일본의 중앙은행은 거의 한계에 다다랐고 포르투갈은 4월 15일 정점을 예상하고 있다. 뉴질랜드는 4주간 국가 비상사태 선포 태국은 3월 26일부터 한 달 동안 국가 비상사태를 선포하고 지폐 사용도 금지한다.

러시아는 지폐 현금을 통한 전염확산 차단을 위해 현금인출기 사용을 못 하게 하고 노르웨이도 지폐 사용금지 이동을 통제한다. 네덜란드도 지폐 사용을 6월까지 금지를 연장했다. 호주는 69억 달러를 금융 시스템에 공급하고 남아공 정부는 3월 26일부터 3주간 통행을 제한한다. 결론적으로 3월 26일 오늘 현재 지구상 30억 인구가 집에 갇혀 있다. 또한 미국, 호주, 캐나다, 중국 모두 부동산 거품이 붕괴할 위험에 처해있다. 세계 모든 국가들이 추가 하락을 막기 위해 대규모로 화폐를 발행하고 있고 실업은 평소보다 10배가 폭증하고 있다. 코로나 때문에 전 세계 경제 피해는 12조 달러 미국만 4조 달러를 예상했다.

중국판 리먼사태, 중국판 서브프라임 사태가 터질 것이란 발표가 나오고 있다. 중국에서 가계대출 부실이 20~50%로 헬게이트로 진행되고 있다. 지금 벌어지는 분위기는 통상 내일 26일부터 전 세계가 긴급 조치에 들어간다. 다시 말해서 첫째로 베트남은 쌀수출이 금지됐고 시

인문학으로 읽는 금융화폐 **자본주의**

작되면 다른 나라들도 점점 식량 수출 금지 분위기로 갈 것 같다. 둘째
는 지금 세계 여러 나라에 긴급조치로 내려진 3주~4주간 외출 금지령
이다. 지금 누구의 말도 믿지 말고 국내 언론을 보면 안 된다. 내가 망
할 판 이니까 무슨 거짓말도 할 수 있고 무슨 기만도 할 수 있고 무슨
수작질도 할 수 있다. 그런데도 한국은 주식도 비슷하게 국민들을 주
식 사기판으로 벌써 40조를 개미가 사도록 유인해 700만 개미들을 지
옥으로 끌고 가고 있다. 국내 언론 경제 뉴스를 보면 큰일 난다. 지금
해외 경영자들은 난리가 났다. 코로나 발생 직전에 보유주식을 다 팔
았다. 사실은 찔끔 사는 척 할리우드 액션하며 경영자 지분 주식을 정
리했다.

우리가 알고 있는 세계 대기업 경영자들이 자기주식을 다 팔았다. 미
국에 있는 최고 경영자들이 펌프질하고 다 팔았다. 코로나가 별것 아니
라는 기사가 나오고 주식을 다 팔고 이미 현금화했다. 자기주식을 팔
아 현금 비중을 확 늘렸다. 우리나라 대기업들도 작년부터 주식을 팔고
현금 비중을 크게 늘렸다. 최근 재벌 총수들이 자기주식 매입쇼 즉 할
리우드 액션을 하며 자본시장 중산층 월급쟁이 개미들을 속이고 있다.
아마존 경영자 베이조스도 많은 주식을 팔고 현금화했다. 코로나19로
인한 무한 양적완화는 앞으로 많은 금융위기에 직면할 것이다.

부채경제와 CBDC

CBDC 디지털화폐

은행에서 발행한 현금은 조폐창에서 발행한 동전과 약간의 지폐로, 전체 화폐 발행량의 약 2.4%에 불과하다. 나머지 97.6%는 중앙은행 산하의 민간 상업은행과 금융기관들이 조폐창에서 발행한 돈도 아니고, 고객이 맡긴 예금도 아닌, 존재하지도 않는 허공의 숫자 형태의 화폐다. 은행들은 옛날 금 보관소의 금 예치증을 남발했던 것처럼, 일시에 예치한 금 모두를 찾아가지 않는다는 경험을 통해 BIS비율 8%를 유지한다. 고객들이 맡긴 예금 중 지급 준비금만 은행에 남겨두고, 맡겨놓은 돈 92% 돈뿐만 아니라 발행된 적도 없는, 존재하지도 않는 돈을 신용이라는 이름으로 '미래의 노동'을 담보로 빌려준다.

그러나 이자와 원금을 갚기 위해서는 시중에 현금이 항상 부족하기 때문에 사람들은 돈을 구하기 위해 또다시 은행에 미래를 저당 잡히고 숫자 화폐를 대출받아야 한다. 이는 마치 다람쥐 쳇바퀴를 도는 것과 같아 영원한 은행의 노예가 될 수밖에 없다. 이러한 제도는 FED 연방준비제도이사회와 BIS 국제결제 기관들의 기준이나 결의에 의해 운영된다. 이 기관들은 민간기구일 뿐만 아니라, 내부 관료들의 잘못된 정책적 판단들이 도덕적, 윤리적으로 부당하며, 이러한 금융 관행들은 세계 각국에서 금융위기, 외환위기, 경제공황이 반복되고 있다. 따라서 곧 시행될 CBDC 디지털화폐제도는 이러한 폐단을 방지할 수 있는 화폐에 대한 새로운 혁명적 생각을 꿈꿀 수 있어야 한다.

💰 화폐 공개념 이론적 배경

- CBDC 디지털화폐(Central Bank Digital Currency)
- DCEP(Digital Currency ElectronicPayment)중앙은행
- 디지털화폐전자결제

매년 1월에 스위스 다보스에서 열리는 다보스포럼이 올해도 1월 15일부터 19일까지 개최되었다. 여기서 'DISEASE X'라는 새로운 질병에 대한 언급도 나왔다. 더 중요한 것은, WEF 다보스포럼에서 각국의 중앙은행이 2024년부터 CBDC 디지털화폐를 발행한다고 발표했다는 것이다. 이것이 실현되면 우리 모두가 노예가 되고 정치적으로 전체주의 독재체제가 될 것이라는 주장이 있는데, 꼭 그렇지만은 않다. 여기에는 양면성이 있다.

현 지폐제도에서도 중앙은행이 거래 내역을 추적할 수 있으므로, 이는 동일한 상황이다. 다만 알려진 것은 CBDC 디지털화폐가 발행되면 지폐에 대한 익명성이 사라지고 통제와 감시 사회, 자유에 대한 위협으

로 여겨져 반대 여론과 저항이 예상된다는 것이다. 하지만 달러를 휴지처럼 취급하거나 달러 부채를 무효화하려는 음모론이나 피해의식 때문에 미래의 새로운 사회를 포기할 수 없다.

CBDC 화폐제도가 제대로만 시행될 수 있다면 그 순기능이 인류문명에 정의롭고 혁명적인 개혁 사회를 만들어 낼 수 있다. 따라서 13세기(1215년) 영국의 마그나카르타 헌장처럼, 보호할 사유재산조차 없는 서민들을 위한다는 구실로 감시와 통제에 대한 선입견 때문에 불법 거래, 거액의 검은 자금 세탁 및 탈세, 부정부패 대상자들에 대한 정당한 과세와 불법 자금 환수 등을 위해 계획대로 시행되어야 한다. 기존의 지폐발행제도 유지로 그들을 보호할 필요가 없다.

사유재산 보호와 인간의 자유란 미명 아래 저질러지는 부정부패와 지하경제 제거를 위해 CBDC 디지털화폐는 인류의 경제정의를 위한 디지털 심판자 역할이 되어 태어나는 미래세대에게 카인의 살인 방지책이 될 수 있다. 예를 들어, 스포츠 경기에서 과학적인 비디오 판정제도는 심판의 부정과 오심을 방지하고 인간의 권한을 축소시키며 과학기술로 대체해 더 수준 높은 결과를 이끌어 낸 사례로 볼 수 있다.

화폐 관리 역시 지금까지는 관료들이 했지만 결코 공정하고 정의롭다고 할 수 없다. 그러나 4차 과학기술인 AI, 인공지능, 빅데이터 등의 과학기술이 대체될 수 있다면, 마치 플라톤이 말한 철인 통치 이상사회같은 신들이 관리하는 수준으로 설계되고 관리될 수 있다.

따라서 토지공개념과 같은 새로운 마그나카르타 CBDC 화폐 발행은 특정인에 대한 사용 제한과 사용자의 보유 한도 명시, 화폐의 이용 가능 시기를 정하고, 특별한 이자 지급, 모든 거래 내역을 확인할 수 있는 시스템 구축과 개인별 신용 한도를 지정, 필요한 경우 화폐를 휘발시킬 수 있는 기능도 포함하며 거래를 정지시키거나 제한할 수 있는 규정도 마련해야 한다.

오일머니와 팬데믹 탄소세와 사무실 소멸

🏛️ 석유 가격폭등

1970년대 사우디아라비아와 헨리 키신저 간의 계약으로, 사우디의 국토방위를 미국이 맡는 대신 석유 가격 결제는 오직 달러로만 받기로 한 페트로 달러 체제는 금본위제에서 오일머니제로의 전환을 의미한다. 이로 인해 석유는 전 세계적으로 달러본위제의 중심이 되었다. 베네수엘라의 물가 폭등과 파산 상태, 헬게이트 상황의 원인은 석유를 국유화하고 석유 대금 결제를 달러 이외의 화폐로 결정했기 때문이다.

러시아의 현재 상태는 어떨까? 러시아는 그동안 석유 수출 대금으로 6,500억 달러를 미국이나 다른 나라에 예금해 놓았지만, 이 돈은 스위프트 결제 시스템에서 제외되고 동결되었다. 따라서 러시아는 이제부터 석유와 가스 대금 결제를 루블화로만 받겠다고 선언했다. 이 결정으로 인해 독일의 가스 소비 50%를 포함한 서유럽 35%의 가스와 석유 공급이 러시아에 의존하고 있어 큰 혼란이 발생한 것이다.

미국 입장에서는 러시아를 베네수엘라처럼 굴복시킬 수밖에 없는 상황이다. 현재 러·우 전쟁의 중요성은 이와 별개로, 이를 모델로 하는 국가들이 있으며 그 중 사우디아라비아와 이란이다. 사우디는 러시아의 영향으로 유럽과 미국의 증산 요구를 거부하며 키신저와의 관계를 마감하는 단계에 이르렀다. 이에 따라 증산의 대안으로 이란 개방이 고려되고 있다. 중국은 최근 2년간 이란, 러시아 및 중동 국가들과의 석유 대금을 위안화로 결제하려 했다. 이 상황에서 미국은 전 세계가 지켜보는 가운데 러시아와 중국을 어떻게 처리해야 할지 고민 중이다. 러시아는 우크라이나 전쟁을 계속 장기화하고 있으며, 이 전쟁은 미국이 결심하면 언제든지 종결시킬 수 있다. 현재 미국은 러시아에 대해 불만을 가지고 있다.

서유럽은 이러한 상황에서 큰 혼란을 겪고 있다. 중국은 미국의 영향력 안에서 러시아, 이라크, 이란과 위안화로 결제를 진행했다. 따라서 미국은 유가를 인위적으로 안정시키기보다는 생산단가를 올려 유가 상승을 유도하고 있다. 이는 생산자 물가 상승과 소비 감소로 인한 디플레이션을 초래할 수 있다. 이것은 1970년대 세계적 유가 파동과 유사한 상황이다. 현재 세계에서 이러한 계획을 수행할 수 있는 곳은 중국이 아니며, 중국은 미국과의 경제 게임에서 불리한 위치에 있다.

미국이 중국에서 수입을 중단하면 유가 상승과 경제 성장률 하락이 불가피하다. 러시아나 중국의 경제적 상황은 결국 다른 나라들이 미국의 오일 달러 결제 시스템에 저항하지 못한 결과다. 러시아는 20년 동안 석유 수출로 1조 달러를 벌었지만, 스위프트(swift) -*에서 제외되어 이 돈이 무용지물이 되었다. 반면 미국은 같은 기간 동안 10조 달러를 발행했다. 이러한 세계 경제의 움직임을 이해해야 한다. 러시아와 중국이 아무리 돈을 벌고 열심히 물건을 생산해 미국에 공급해도 여전히 경제적으로 가난한 상태다. 열심히 일하고 땅을 파도 결국 이득을 보는 것은 미국뿐이다. 미국은 달러만 발행하면 되는 상황이다. 20년간의 이러한 상황이 쌓여 현재의 위기에 이르렀다. 그래서 현재 러시아가 정전 협정을 제안하고 있지만, 이를 받아들이지 않는 우크라이나는 패배하는 것처럼 보이는 상황에 있다. 이처럼 미국은 마음대로 정전협정으로 전쟁을 종결시킬 것이다. 이는 전쟁에 대한 협상 주도권을 미국이 갖고 있음을 의미한다.

미국은 직접 참전하지 않았으며 군인도 파견하지 않았다. 단지 무기를 서류상으로만 외상으로 제공한 것뿐이다. 러시아가 다시 일어나지 못하도록 엄청난 소모전을 유도하는 것이 미국의 전략이다. 20년 동안 모아온 전쟁 자원이 소진되도록 무제한적인 전쟁 확대 정책을 사용하는 것이다. 미국은 중국 상품을 수입하지 않음으로써 중국의 수출 물량을 50% 감소시켰다. 이는 지금까지 미국에 의존해 온 중국경제에 큰 타격을 주는 것이다.

중국 정부는 이 상황에서 부유층을 집단 처형하여 민심을 달래야 할지도 모른다. 만약 이것으로도 상황이 개선되지 않는다면, 대만을 침

-* 각국의 주요 은행 상호 간 지급과 송금 업무 결제기관 시스템.

공할 수도 있다. 미국은 대만 문제에 대비하고 있으며, 이는 70~80년 전부터 계획된 일일 수 있다. 미국은 40~50년 전부터 키신저를 통해 평화를 강조해 온 나라다. 이 복잡한 하이브리드 세상에서 우리는 어떻게 살아가야 할지 사유하고 성찰해야 한다.

팬데믹과 전기차

세계는 지구온난화, ESG 산업, 새로운 의무와 기술 산업을 부추기며 국가 간 영원한 양극화를 위한 기후변화와 탄소세, 공포 관련 사기에 대응해야 한다. 일론 머스크의 테슬라 고급 전기차가 저렴한 이유는 세계 정부와 신들의 압력 때문이며, 각국 정부의 보조금 지급과 자동차세 면제 혜택이 주어졌다. 따라서 전기차는 탄소를 줄이려는 눈속임, 할리우드식 액션에 불과하다. 실제로는 내연기관 차량이 전기차의 세금을 부담해주고 있으며, 유류세와 국가 및 지방세, 도로 및 인프라 유지보수 비용을 고려할 때 휘발유 차량이 갑자기 사라질 것이라는 환상은 착각이다. 이는 어떤 선의 한계를 가진 산업이다.

2025년부터 감면 혜택이 50%로 줄어들고 2030년에는 완전히 폐지된다면 전기차산업과 2차전지 산업이 계속 성장할 수 있을까? 알베르 카뮈의 『페스트』와 『이방인』에서 보듯이, 이러한 상황은 인류에게 '맬서스 트랩(Malthus Trap)'과 관련된다. 팬데믹과 탄소세, 고가의 전기 자동차와 무공해 항공기 연료는 인류를 함정에 빠뜨리는 수단이 될 수 있다.

🏛️ 사무실 소멸 인구감소

비행기가 사라지고 로켓으로 뉴욕에서 베이징까지 1시간 만에 날아다니게 되면 노마드 사회가 될 것이다. 앞으로는 사무실이 재택근무로 대체되고 매장도 사라질 것이며 백화점이나 부동산은 인구 감소로 인해 가치가 내려갈 것이다. 이미 러시아에서 개발한 대스티너스(DESTINUS) 같은 로켓이 나왔고 두 번째로는 스테이션 트랜스포테이션이라 하여 뉴욕에서 베이징까지 1시간 만에 날아가는 기술도 있다.

현재 화물을 위한 시험 비행 중이지만 2025년부터는 사람을 태울 예정이다. 이제 비행기의 종말이 다가오고 있으며 사람들은 로켓을 이용할 것이다. 이미 초음속 또는 극초음속 로켓 우주비행기를 개발한 비너스 에어로스페이스가 등장했으며 2020년에는 미국의 붐 회사와 유나이티드에어가 합쳐져 비너스 에어로스페이스가 되어 이미 운행 중이다. 2029년이 되면 3시간 안에 전 세계 어디든 로켓으로 날아갈 수 있을 것이다. 비행기가 사라지고 드론은 가까운 곳, 국내 항공은 전부 20~30분 안에 날아다니게 될 것이다.

세상이 이처럼 빠르게 변하면 사람들은 어디에 있을지 모르기 때문에 소유하지 않는다. 1시간 후에 유럽이나 북극에 있을 수 있어 정착하지 않는 노마드 사회가 될 것이다. 이런 디지털 노마드(Digital nomad) 사회에서 사람들은 집을 사지 않으며, 집뿐만 아니라 사무실에도 나가 근무하지 않는다. 그렇다면 노마드들은 무엇을 가지고 다닐까? 스마트 안경이나 AI, 로봇을 하나씩 가지고 다닐 것이다. 스마트폰의 다음은 휴먼 로봇이 될 것이다.

  개인이 짊어지고 날아다니는 제트팩 기술은 자동차 산업을 사양 산업으로 만들 것이다. 또한 이제는 비행기를 타고 회의에 참석하지 않고, 페이스북 메타에서 만든 호라이즌 워크룸에서 세계 각국의 대표들과 지사장들이 헤드셋을 쓰고 만나 회의하고 대화할 것이다. 이렇게 새로운 사무실이 나오면 맨해튼, 샌프란시스코, 로스엔젤리스, 강남 빌딩의 사무실이 텅텅 비고 쓸쓸해질 것이다. 앞으로 사무실에 나가 일한다고 하면 촌스럽다는 말을 들을 것이다.115)

  재택근무의 확산과 매장의 디지털화는 이미 코로나19 팬데믹 기간에 가속화되었고, 로켓 여행의 등장은 이러한 추세를 더욱 가속화할 수 있다.

  나오지 마라! 사회적 모임을 피해야 한다는 주장은 저항과 바이러스 전염의 염려 때문이다. 4차 산업혁명으로 AI, 인공지능, 로봇, 드론이 자동화되면서 3차산업의 직장과 공장이 문을 닫거나 사라질 것이므로 취업도 하지 말라는 목소리가 있다. 일할 직장이 없어 돈을 벌 수 없게 되면 결혼도 하지 말라는 주장이 제기되고 있으며, 혼자 지내야 하는 상황에서는 자녀도 낳을 수 없다. 항공료의 상승과 공항의 감소 또는 폐쇄로 인해 여행도 제한되어야 한다는 의견이 있다. 이러한 상황에서 사람들은 죽을 때까지 기본소득으로 생계를 유지할 것이다.

화폐사기와
기축통화의 진실

미국의 최대무기는 세계 기축통화인 달러다. 달러는 어떤 구조와 생리로 인해서 전 세계 국가와 경제를 지배하는 핵심 무기로 돌변할 수 있었는가? 달러라는 화폐는 발행을 통해서 얻는 이익과 미국의 금융 및 자본시장에 중심을 이루는 국제자금 순환유통의 구조생태계 안에서 이미 여러 나라에 금융의 영향력을 행사하는 데 절대 빼놓을 수 없는 중요한 요소가 되었다. 사실 이러한 인피니트 스톤(대폭발)과 같은 파괴적인 이유로 그동안 미국은 별다른 노력 없이 달러에서 얻는 이익만을 통해 국익을 극대화할 수 있었다. 세계 제일의 국방력은 달러로 얻는 이익과 달러의 가치를 보존할 수 있게 했고 화폐와 군사력을 상호교환하는 권한을 갖게 했다. 그 덕에 미국은 글로벌 경제질서를 독자적 결정으로 만들어 낼 수 있었다.

우선 달러라는 화폐 장사를 통해 미국이 얻을 수 있는 이익은 크게 두 가지 형태로 나눠 볼 수 있다.

첫째로 화폐 발행차익이다. 과거도 그렇고 현재도 미국이 얻는 화폐 주조 차익은 변함없이 같다. 우리가 흔히 알고 있는 1달러의 인쇄비는

인문학으로 읽는 금융화폐 **자본주의**

대략 3센트 정도이고 미국 정부는 1달러로 상품을 구매함으로 인해 97센트의 세뇨리지-*를 얻는다. 그들은 고작 3센트의 비용으로 무려 1달러짜리 상품들을 구매하고 있는 셈이다. 바로 이러한 특성 때문에 국제무역에서 미국 사람들이 달러를 지출해서 해외의 상품과 서비스를 구매한 다음에 그것을 받은 외국 사람이 다시 그 달러로 미국의 상품과 서비스를 재구매하지 않는 이상 그만큼 미국은 화폐주조 차익을 얻게 되는 것이다. 그리고 미국에서 자신들의 화폐주조 차익을 얻는 방법은 타 국가들의 외환보유고 유지를 압박하는 것이다. 그만큼 신흥국가들이 달러 충격에 대비하고 의존하게 만들면 만들수록 기축통화국의 달러를 통해 마음껏 미국상품을 구매할 수 없게 되는 것이다.

경제위기로 인한 금리 인상 정책으로 인해 달러를 다시 회수하기 전까지 타 국가들의 고혈을 빠는 화폐주조 차익이라는 수익을 꾸준히 누리게 될 수 있게 된다. 반대로 과도한 달러 발행으로 유동성 위기가 찾아오게 되면 시계에 맞춰 금리 인상을 단행하므로 인해 이자 수수료까지 받아 챙기는 이른바 일석이조(一石二鳥)의 강력한 금융 특혜를 저들은 휘두르게 되는 것이다.

이러한 이유로 미국은 기축통화를 발행하고 남발하는 국가이자 동시에 세계 최대 채무국이 될 수 있었다. 만약 달러의 가치가 내려가게 되면 그만큼 달러와 달러 표시 증권의 소유자는 당연히 손해를 보는 것

-* 중앙은행이 발행한 화폐의 실질가치에서 발행비용을 뺀 차익을 의미. 봉건제도 하에서 시뇨르(영주)들이 화폐를 만들어 이익을 얻었던 데서 유래된 말이다.

이 맞지만 결국 화폐 발행차익을 통해 거의 모든 손해를 메워 버린다. 전 세계를 상대로 사채 놀음을 하고 국가부채 또한 어마어마하게 늘어나고 있는데도 불구하고 미국 경제가 좀처럼 흔들리지 않는 가장 큰 이유 중 하나다.

위에서 말한 바와 같이 달러의 특이성으로 인해 현재 미국이 발행하는 달러의 거의 대부분은 밖에서 유통되고 있고 미국이 달러의 발행을 늘리면 늘릴수록 화폐 발행차익도 그에 비례하면서 그 규모가 커지게 되는 것이다. 그렇다고 미국이 무한대로 달러 발행을 늘릴 수 없는 것 또한 사실이다. 그 이유는 달러의 무분별한 발행으로 가치가 급격히 하락하게 되면 타 국가의 달러 보유자들이 가치가 하락한 달러를 다른 자산으로 바꿔버리려고 하는 문제가 생길 수 있기 때문이다. 만약 이 것을 그대로 방치했을 경우 미국의 기축통화는 가치하락으로 쓰레기가 되며 가치가 떨어진 달러를 더 이상 발행·유통하기 어렵게 된다.

바로 이런 상황에서 미국은 FED를 통해 자신들의 달러를 지키는 것에만 몰입하게 되고 온갖 금리정책을 펼쳐서 글로벌 경제가 어려워도 달러를 다시 회수하는데 이는 달러 가치를 끌어올리기 위한 것이다. 그렇다면 과연 이것이 사채꾼들이 하는 짓과 무엇이 별반 다르다는 것인가? 오직 미국 정부와 FED의 잘못된 화폐 발행정책으로 인해 생긴 문제의 책임을 회피하면서 자신들의 화폐가치 살리기에만 혈안이 되어있는 그런 기축화폐라면 이것을 굳이 기축통화로 써야 할 이유는 더더욱 없는 것이다. 그 책임감 또한 기축화폐국 지위에서 물러나는 것이 당연하겠지만 그들의 달러 가치 유지를 위해서 압도적인 세계 1위의 군사력을 함께 보유하고 있다 보니 섣불리 대응할 수도 없다는 것이다. 그리고 만약 그들의 달러에 의문을 갖는 국가가 존재한다면 그 즉시 달러 제재 혹은 무력을 행사하며 강압적으로 가치를 유지할 수 있는 만반의 준비를 항상 갖추고 있다. 이러한 이유로 미국은 항상 달러 가치의 신용 문제에 신경을 쓸 수밖에 없고 필요하다면 전쟁도 불사할 것이며 어떠한 과정이든 일단 달러 가치와 신용에 문제만 없게 된다면 미국은 지속적으로 달러 발행을 거의 무한정 늘릴 수 있게 된다는 의미다.

이뿐 아니라 미국의 금융과 자본은 화폐적 차익뿐 아니라 글로벌 시장을 중심으로 기축화폐 자금순환이 이루어지는 구조에서 얻는 이익을 창출하고 있다. 국제 금융제도는 상품과 서비스 대금이 결제되는 것이고 그 과정에서 기축화폐가 거래되는 공간을 말한다. 앞서 언급했듯이 국제 거래와 결제가 거의 달러로 이루어지는데, 미국은 스스로 발행한 것을 사용하기 때문에 비용이 많이 들어가는 외환준비금 따위는 따로 보유하지 않아도 되고 환율 유지와 안정을 위해 힘들게 노력하지 않아도 된다. 여기에서 끝이 아니라 미국은 달러 표시 부채를 아주 쉽고 간단히 발행하면서 다른 나라의 돈을 아무런 리스크 없이 손쉽게 빌려줄 수도 있고 상품거래에서 적자를 내더라도 자신들의 돈을 찍어서 전혀 어렵지 않게 융통할 수 있다. 이게 말이 좋아서 상품거래 기축통화지 우리가 영화에서 보던 사채꾼들과 뭐가 다르다는 말인가?

아니! 아무리 악독한 사채꾼들도 돈을 맘대로 찍어내지는 못한다. 사채꾼들보다 더 악랄한 금융시스템 바로 이것이 지금의 군사력을 기반으로 한 기축화폐 달러다. 기축통화의 특혜들 때문에 미국과 유대 금융가들은 자신들이 가진 기축화폐 특권인 달러를 세계 경제에서 마음대로 활용하기 위한 환경과 조건을 만들어 내는 것에 그동안 모든 혼신의 힘을 쏟아부었던 것이고 그렇게 은밀히 창설된 것이 지금의 사기업(私企業)기관인 미국중앙은행이다. 그런 명분으로 탄생한 미국중앙은행이 하는 역할은 딱 두 가지이다. 첫 번째는 세계 경제가 흔들리고 미국 경제가 침체해도 달러 가치가 급격하게 떨어져 신뢰를 잃는 것을 무조건 막아내는 것이다. 또 하나는 국제금융과 무역을 통해 미국 밖의 국가들이 달러를 되도록 많이 보유하도록 유도해서 화폐발행 차익을 유지하고 달러의 유동력을 최대한 확대하는 것이다.

IMF와 세계은행은 지금의 달러 가치를 유지하기 위해 계획된 금융위기로 흔들리는 신흥국에 달러를 수혈해 주고 그 달러 부채를 이용해 마치 마약 중독자처럼 기축국에 의존하게 만드는 역할을 이행하는 집단이라고 보면 된다. 지금까지 본 것처럼 부당한 달러의 발행과 유통의 확대 정책을 통해 미국은 주변국에 달러의 가치를 그동안 유지할 수 있었던 것이고 그 영향력을 지속적으로 행사하면서 정치, 군사, 경제적인 이익을 꾸준히 독점적으로 얻어왔다. 그리고 만약 자국의 경제위기가 지금처럼 발생할 때는 많은 책임을 회피해 버리고 인플레이션과 모든 책임을 주변국으로 떠넘길 수가 있었다.

이는 미국은 명백히 기축화폐를 마음대로 양산하고 또한 남용하는 국가였음에도 불구하고 이상하게 그들이 만들어 낸 천문학적인 부채 덩어리의 핵심은 모두 기축화폐에 의지하고 있는 국가들이 떠안아야만 했다. 우리가 약간의 자료만 인용해 보더라도 실제로 2009년~2017년 그러니까 대략 9년 동안 미국은 상품과 서비스수지 적자를 꾸준히 만들어냈다. 물론 어느 나라든 한두 해 상품과 서비스수지 적자를 낼 수 있다. 그런데 무려 9년 동안에 걸쳐서 적자를 지속적으로 내면서 경제가 지금처럼 굳건할 수 있었던 상황은 어떻게 보더라도 분명히 비정상적인 경제 현상이다. 바로 이런 비정상적인 경제활동을 가능하게 하는 것이 달러의 특권이다. 뿐만 아니라 미국은 9년이라는 기간 동안 연평균 1조 4천713억 달러의 재정수지 적자도 냈다.

이런 황당한 상황이 가능한 이유도 미국이 발행한 국채의 많은 부분을 주변국의 중앙은행이나 IMF 출신의 바지 총재, 민간 투자자들이 사주었기 때문이다. 그렇다면 도대체 왜 주변국들의 중앙은행들이 미국의 국가부채를 무엇 때문에 사들이는 것이고 정부는 왜 그것을 방관만 하는 것일까? 그리고 정부는 왜 미국 국채를 사들이는 중앙은행들의 돈을 자꾸만 빌려 가는 것인가? 바로 이 단계까지 생각할 수 있다면 각국의 중앙은행이 왜 BIS 지침에 철저히 따르고 또한 통제되어 있는지 이해하고 깨닫게 될 것이다.

2020년 6월 기준 평균 20.9%였다가 계속 하락하는 모습을 보이는 미국의 총저축률은 다른 나라에 비해서도 현저히 낮은 수치일 뿐 아니라 더 많은 부분을 미국 국민이 소비에 돌리고 있다는 것을 의미한다. 그러함에도 불구하고 미국 정부는 지금도 계속해서 빚을 늘려가고 있으며 개인 역시 마찬가지다. 그리고 기업들도 투자자금을 주로 외부에서 조달하고 있기 때문에 정부와 개인의 자금조달 원천은 결국 미국 바깥에서 이루어지고 있다.

그렇게 미국은 오랫동안 자신들이 찍어낸 돈들을 미국 바깥에다 뿌리고 그것을 다시 거둬들이면서 지금껏 재정적자뿐 아니라 개인소비 부족분도 이것으로 충당하고 있었다. 이런 말도 안 되는 경제 유지가 가능했던 이유는 바로 기축화폐라는 명분으로 달러를 마음껏 발행해서 세계시장에 유통할 수 있는 능력을 미국이 가지고 있었기 때문이다. 바로 이것이 그동안 여러분이 그렇게 궁금해 왔던 기축화폐의 적나라한 진실이며 허공에서 만들어진 빈부격차의 가장 큰 원흉이자 계획된 경제위기를 이용해서 여러분의 삶을 유린하며 메마른 유리 지갑을 탈탈 털어갔었던 강대국 화폐의 불편한 진실이다.[116]

세계 상위 0.000001%
부의 실체

'그림자 정부', '딥스테이트'는 도대체 누구일까? 2018년 9월, 트럼프 대통령이 몬태나주 중간선거 연설에서 '딥스테이트'라는 말을 처음으로 대중에게 사용했다. 이 용어는 숨은 권력 집단을 의미하며, 그때까지는 몇몇 정치인들과 빌더버그 회원들 사이에서만 조용히 언급되던 그들만의 언어였다. 트럼프 대통령의 발언 이후, 2020년 미국 대선을 앞두고 딥스테이트가 다시 주목받기 시작했다. 한국도 딥스테이트의 존재와 무관하지 않다. 극비 모임인 빌더버그 클럽에서 나온 각종 의제는 G20과 미국 대통령을 포함한 정상회담을 통해 각국 대통령들에게 전달되며, 세계 경제와 금융을 좌우해 왔다. 현재 4차 산업 또한 빌더버그 중심의 G20 회원국들의 참여와 협력으로 급속히 성장하고 있다.

원래 딥스테이트란 것은 미국의 일부 특정 금융 가문을 가진 엘리트 계층으로 이루어진 보이지 않는 국가지배 세력 가문을 말한다. 대통령 같은 경우는 이 가문들에 대한 것이 모두 미디어를 통해서 오픈되어 있기 때문에 대통령은 딥스테이트라고 부를 수 없다. 그들의 휘하에서 마스코트처럼 움직이는 꼭두각시라는 것이 더 맞는다. 과거에는 보

이지 않는 엘리트 금융 가문들을 딥스테이트라 부르지 않았고 '군산 복
합체'라고 불렀다. 그 이유는 엘리트 금융가의 대부분이 금융을 장악
한 이후 자신이 만든 돈을 기축통화로 발권하고 그 돈으로 세계를 종
속할 목적으로 원유에 손을 대면서 방위산업체에 확장했기 때문이다.
그들의 영향력과 돈으로 선출된 미국 대통령은 사우디아라비아와 함
께 전쟁의 불씨를 일으켜 무기를 판매함과 동시에 원유까지 강탈하면
서 기축통화의 영향력을 지금까지 보존했다. 바로 이때부터 미국 대통
령은 핵무기 심리전을 포함해 무기 비즈니스를 성사시키는 가장 큰 영
업맨으로 전락하기 시작했다. 이 밖에도 딥스테이트는 '심층 국가', '그
림자 정부', '국제금융 자본가', '글로벌리스트' 등으로도 표현된다.

　미국 대통령이 딥스테이트의 영향력 아래에서 움직일 수밖에 없는
이유를 이해하려면 딥스테이트의 조직 구도를 알아야 한다.
　첫 번째 조직은 금융으로 FED와 JP모건이 중심에 서 있으며 딥스테
이트의 달러 통화 발권력을 유지하는 역할을 한다. 이들 산하의 월스
트리트 글로벌 금융기업들은 중동전쟁과 무기 밀매에 필요한 자금을
세탁하고 심지어 테러 자금까지 우회 조달한다.
　두 번째는 군과 군산 복합체로 이들은 전쟁을 지속적으로 유지하면
서 전쟁국들이 최대한 많은 무기와 자원을 소비하도록 하는 일을 담당
하고 전쟁을 일으킨 나라의 자원을 강탈하는 역할도 수행한다. 록펠러
가 창설한 나토는 정치적, 군사적 수단을 통해 회원국을 보호하는 임
무를 수행하는 척하면서 그 나라들의 전쟁 정보를 CIA와 함께 수집하
는 일을 병행해 왔다. 최근에는 딥스테이트가 미국 대통령을 앞세워 나
토의 영향력을 중동까지 확장하려 하고 있다.

셋째로, 정치권에는 민주당과 공화당이 있다. 이들은 국민을 분열시켜 그 힘을 분산시키는 역할을 하고 있으며, 국민의 힘이 분열될 때 딥스테이트는 산하 기업과 자신에게 유리한 금융 법안과 사회질서를 만들면서 미국을 꾸준히 통치하고 있다.

넷째로 FBI, CIA, NSA-* 등이 있다. 이들은 세계 모든 정보를 수집하고 분석하며 감시, 관리하는 역할을 꾸준히 해왔고, 글로벌 제약사들의 약 제조에 필요한 불법 마약을 콜롬비아와 멕시코를 통해 조달하는 담당도 했다. 최근에는 전 세계 스마트폰이나 스마트 가전기기의 해킹으로 많은 논란이 야기된 기관들이기도 하다.

마지막 다섯 번째는 미디어, 즉 CNN 등 주요 언론과 할리우드다. 이는 여섯 개 유대 딥스테이트 기업들이 모두 장악하고 있으며, 언론들은 주로 딥스테이트가 의도한 뉴스와 정보들을 대중에게 퍼뜨리는 역할을 한다. 특정 정치인이나 대통령이 자신들의 말을 듣지 않을 때 그들을 조용히 사장시키는 역정보를 흘리는 역할도 함께 담당한다. 할리우드의 경우는 주로 '무의식'의 상징을 사람들에게 심는 역할을 담당하며, 대표적인 기업으로 월트 디즈니사와 폭스사가 있다. 이 밖에도 유명한 대학의 연구진들과 교수들도 모두 여기에 포진해 있으며, 미국의 웬만한 상표를 가진 기업들 역시 모두 딥스테이트의 구성원으로 볼 수 있다.

한마디로, 이렇게 치밀하고 방대한 조직으로 엮인 딥스테이트와 맞서는 것은 처음부터 불가능한 일이다. 대통령이 되기 위해서도 저들의 도움 없이는 이루어질 수 없다. 대통령들이 통곡의 벽 앞에서 항상 인사

-* 1952년 대통령령에 의해 설립된 미국 국가안전보장국.

를 하고 'APEC(아시아태평양 경제협력체)'에 가서 아부를 떠는 이유도 여기에 있다. 첫째, 왜 정부는 굳이 하지 않아도 될 국가의 국채를 발행해서 민간은행에 불과한 과거 FRB(연방준비제도이사회)에 이자를 주면서까지 돈을 찍어내 빚을 졌던 것인가? 둘째, 미국 국민의 세금을 왜 민간은행에 불과한 국채 상환에 쏟아부어야 했는가? 이런 사실은 매우 잘못된 금융정책이지만, 미 정부의 통화 발행정책에 대해서는 지금까지 금기시되어 왔기 때문에 사람들이 몰랐던 사실이다. 달러 독점의 증거 자체가 딥스테이트에 의해 세상이 지배되어 온 사실과 전혀 무관하지 않다.

현재 미국 국민의 소득세 중 일부는 연방준비제도(FED)에 지불되고 있다. 딥스테이트들은 이제 FED를 통해 달러 지폐를 인쇄하고 그에 상응하는 이자를 받을 수 있다. 따라서 이들은 그 거대한 달러의 수요를 촉진하기 위해 인위적으로 경제위기와 전쟁을 촉발할 수밖에 없다. 한편 프랑스 경제학자 자크 아탈리에 따르면, 2030년경에는 GAFA가 세상을 감시하고 지배하게 되면서 모든 국가는 이 기업들에 의해 민영화된다고 이야기한다. GAFA는 구글, 애플, 페이스북, 아마존의 거대 IT 기업들을 말하는 것이다.

딥스테이트는 미국정치를 유지해 오던 '백인 보수 개신교' 부유층의 힘과 국민들의 정치력 힘을 약화시키며, 유대인 파벌과 유대계 금융 엘리트 집단에 의해 권력을 재배치하려는 두 세력을 말한다. 록펠러와 로스차일드 가문은 과거 FRB의 통화 발행권을 선점하고, 금권력과 기업, 정치, 언론, 미디어의 영향력을 독점했다. 딥스테이트의 최종 목적은 자신들에게 위협이 되는 반대 세력이나 경쟁자들을 영구히 제거하고, 세계 모든 정보를 열람할 수 있는 권한을 가지며, 국경과 국가를 없애고 세계를 민영화하려는 계획을 추진하는 것이다. 이것이 바로 딥스테이트가 계획하는 신세계 질서의 전모이다.

신세계 질서를 달성하는 도구는 세계화이며, 이를 통해 국가 민영화를 추진하려고 한다. 트럼프의 등장, AI와 블록체인, 전염병 사태로 인해 국가들의 세계화가 서서히 끝나가고, 민족주의가 다시 부상하고 있다. 전염병을 핑계로 국민들은 자연스럽게 정부의 통제를 받게 되었으며, 이에 익숙해진 국민들은 아무렇지 않게 살아가고 있다. 전염병 사태로 인해 사람들은 정부에 의존하게 되었고, 정부의 통제를 직접적으로 받게 되었다. 이것은 새로운 이념을 뒤바꾸는 의미가 있었다고 판단된다. 결국, 전염병 사태 이후 딥스테이트들의 질서가 본격적으로 구축되고 있다.

여러분이 이러한 작은 변화를 눈치채지 못하고 자연스럽게 그들의 요구에 순응하게 되면 어느 순간 자신도 모르게 그들에게 통제당하고 있는 모습을 보게 될 것이다. 지금의 중국처럼 말이다. 이제 트럼프의 역할은 충실히 완수되었고 바이든이 대통령으로 선출된 이후부터는 본격적으로 그들이 추구하는 신세계 질서를 도입하지 않을까 판단된다. 세계 1%를 지배하는 각국의 중앙은행과 정치인 기업인 금융인들은 삼각동맹이다. 여러분은 아직도 투표를 통해서 정당하게 대통령을 선출하고 있다고 믿고 싶겠지만 유감스럽게도 그것이 사실이라면 정치자금이 천문학적으로 이처럼 들어갈 필요도 이유도 없어야 한다.

정치는 세력이다. 각종 시민단체 종교단체 이들을 회유 섭렵하고 포섭해서 그들의 표를 돈으로 사는 것이다. 그렇다 소수가 대중을 지배하는 세상을 지배하는 방법은 매우 간단하다. 대중에게 겨우 먹고살 만큼의 돈을 주고 대신 각국의 정부를 통해서 국가부채를 갚을 수 없을 정도로 필연적으로 폭증시킨다. 그렇게 겉으로 보기에는 세계 모든 국가들이 다양한 분야로 나뉘어 있고 각각 강점을 보인다고 생각하겠지만 사실상 거의 모두가 중앙은행의 돈이라는 검은 손아귀에 모두 발밑에 묶여 있다는 사실을 알 수 있게 되는 것이다. 그렇다면 권력자들이 검은 은행을 통해서 가계부채를 창조하는 달콤한 레시피는 과연 무엇일까? 그것은 바로 돈의 결핍이다.

돈의 결핍이라는 것은 이미 팬데믹 사태를 통해서 실제로 겪은 사례다. 벤 버냉키가 엄청나게 뿌려댔던 '헬리콥터 머니'는 어디로 갔을까? 적어도 대중의 호주머니로는 거의 들어간 것 없이 인플레이션만 촉발했을 뿐이고, 그로 인해 더 많은 부채와 이자를 만들어 냈을 뿐 아니라 과도한 세금의 징수만 낳았다. 이뿐 아니라 연방준비제도(FED)의 추악한 화폐 폰지 사기는 그 불분명한 화폐 발행과 출처가 분명히 남아 있음에도 불구하고 그 어느 국가나 기관도 감히 치외법권이라는 연준의 권한으로 인해 감사나 수사를 단행하지 못한다. 여러분이 지금까지 열심히 벌고 있었던 소득들은 중앙은행을 통해서 그 어떠한 방식이든 간에 여러분의 돈을 착취하는 시스템을 만들어 내기 위해 안간힘을 쓰고 있다.

결국, 그렇게 함으로써 여러분은 먹고살 정도의 빠듯한 돈만 남게 될 것이고, 이 상황을 타파하기 위해 저들이 만들어 낸 또 하나의 함정인 주식, 코인, 부동산에 손을 대기 시작한다. 한편, 기업들 같은 경우도 과도한 권력 남용을 막기 위해 금융가들이 금융업은 손댈 수 없게 정치인을 통해서 그 제도를 만들어 버렸고, 대신 보험영업만 가능하게 만들었다. 이 대중의 과도한 지출을 만들어 내고 있는 보험영업, 이것도 사실 여러분의 돈을 착취하기 위한 방법으로 매우 적합한 시스템이었다. 그래서 아무런 필요도 없고 의미도 없는 현대 핵무기 심리전 같은 보험에 가입하게 만들고 그 쓸데없는 돈들을 지출하게 만드는 것 또한 이들이 행한 또 하나의 영업이었던 것이다. 그러니까 돈은 크게 두 가지로 구분되는데, 대출에 따른 은행 이자와 세금, 연금보험료, 주거비, 기타 등등을 바로 비소비지출이라고 하고, 실제 상품 그리고 서비스 구매에 사용할 수 있는 것을 '가처분소득'이라고 한다. 간단히 말해서, 만약 비소비지출인 세금이 늘어나거나 금리 인상으로 은행 이자가 늘어나게 된다면, 그 즉시 정부는 비소비지출을 늘려버리기 때문에 가처분소득이 자연스럽게 줄어버리게 되는 것이다.

이들은 바로 이러한 사기적인 행위를 통해 여러분의 소비지출을 인위적으로 조작하고 있다. 그렇게 가처분소득이 줄어들게 되면 개인들은 돈이 필요하게 되는데, 여전히 소득이 부족한 경우 결국 부채를 짊어지게 되는 것이다. 이 부채의 함정, 바로 이것을 정치인들과 금융인들이 서로 묵인하여서 잘 이용하는 하나의 방법이다. 그리고 최저임금이 물가 대비 항상 부족한 이유와 화폐가치를 떨어뜨려 인위적으로 금리를 낮추면서 부동산과 주식에 투기적인 행위를 만들어 내는 이유도 대중의 가처분소득을 강제로 줄여서 과도한 빚을 지게 만드는 금융인들의 얄팍한 수법이다.

해가 지지 않는 잉글랜드, 신성로마제국, 미국 패권 이후 이제 세계 패권과 이권은 한반도를 중심으로 동북아시아에 몰려 있다. 세계를 지배하는 1%는 중국 공산당을 분열시키고, 몽골의 자원과 광활한 중앙아시아, 유라시아 스테이트 경제 및 중국의 거대한 소비시장을 독점하기 위해 군사무기 경쟁자 러시아가 국가 구실을 못 하게 만들어야 한다고 본다. 거기에 동북아시아 소비시장에 내다 팔 수출품을 한국의 기술력과 저렴하고 우수한 북한의 노동력을 이용해 한반도에 생산기지를 운영하기 위해서는 경쟁자 러시아의 국력을 약화시켜야 한다. 친러시아인 이란을 약화시키기 위한 성경 로드맵 실현과 러시아 국력을 소진시키기 위해 시리아 내전을 지원하는 미국의 반군지원은 제네바 협정을 위반한 잔인한 행위이다.

우크라이나 대리전에서 미국과 나토는 러시아 푸틴이 국력을 소진시키려 하는데, 이미 이를 눈치챈 푸틴이 말려들지 않고 경제적 전쟁을 하고 있기에 미국으로서는 난감한 상황이다. 한편, 나토 국가들은 국방력을 미국에 의존하고 있으며, 변변한 무기도 없는 상황에서 우크라이나에 지원한 나토 국가들은 러시아의 간단한 공격에도 무너질 정도로 약해져 있다. 현재 무장해제 상태에 가까운 국방력으로는 망할 지경이며 무기 생산도 어렵다. 러시아가 폭탄, 미사일을 만드는 데 필요한 티타늄, 원자재, 화학소재 등을 모두 소유하고 있기 때문이다.

푸틴은 애초부터 미국과 나토가 파놓은 함정을 알고 있었다. 소련군이 대규모 병력을 동원해 전쟁을 벌일 때 우크라이나를 통해 아프가니스탄 전쟁처럼 지지부진한 게릴라전으로 러시아의 국력을 소진시켜 약화시키려는 것이 목적이었으나, 푸틴은 먼저 눈치채고 특수 군사 작전이라는 기상천외한 전략으로 소규모 병력조차 효율적으로 운용하며 러시아가 오히려 손자병법 같은 게릴라전으로 미국과 나토 국가들을 혼란에 빠뜨리고 있다. 서방의 뉴스는 대부분 거짓말이다. 오히려 우크라이나 경제전쟁을 하면서도 러시아 본토의 국방력은 조금의 빈틈도 없이 건재하다는 것이 나토 국가들과 미국의 고민이다. 러시아에 대한 경제제재는 장기 집권 차르 푸틴에게 불만을 품도록 유도한 것이었으나, 그 반대 현상이 나타났다. 즉, 러시아 국민들의 실생활, 감정, 자존심을 자극해 오히려 민족주의 의식으로 결집해 푸틴과 하나가 되는 역효과를 가져왔다.

한편 푸틴이 미국 딥스테이트에 대해서 아주 명확히 얘기한 적이 있다. 미국에는 선출되지 않은 권력들이 있다. 공무원이다. 미국에는 FBI, CIA, 국세청, 보건국, 펜타곤 등 자국 내에서 강한 힘을 행사하는 기관이 있다. 이들 기관이 오랜 세월을 거치면서 내부가 권력화된다.

한번 FBI에 들어가면 25~30년 동안 일하게 된다. 선출되지 않은 권력이지만 실제로 선출된 권력을 주무른다. 선거를 통해 선출된 권력은, 예컨대 대통령은 최대 8년 일하고 떠난다. 그러나 이들은 떠나지 않은 채 실질적으로 미국을 챙기면서 지휘한다. 그런데 과거든 현재든 딥스테이트 조직이 결코 나쁜 조직만은 아니다. 딥스테이트 첫 번째 목적은 국체(國體)를 유지하는 것이다.

돈은 애초에 아무것도 없는 숫자, 허공의 꽃이다. 일은 당신의 삶이 아니다. 받는 만큼만 일하고, 조용한 사직을 2030세대에게 배워야 한다. 시간 나는 대로 즐기고, 신용이란 부채에 낚여 시간과 인생을 낭비하지 말아야 한다.

PART 6

돈을 지배하는 정치

국제정치는 하이브리드 세계로 바뀌고 있고. 지금까지 배워 온 세계관도 어느 정도 수정이 필요하다. 기업은 국가적인데 기업총수는 자식에게 세습하려 문제를 일으키고, 정치가는 온 국민에게 공평한 국가적 가치를 이야기하면서 뒤에선 자기 자식을 위해 국가의 보편성을 훼손한다.

중국 바이러스 하이브리드 전쟁과 신세계 질서

신화, 역사, 종교, 인간의 본성, 자연의 질서, 화폐, 성경, 자본주의 등을 포괄하는 책이 없다. 이는 우리가 진실에 접근할 수 없음을 의미한다. 이미 우리는 전 세계 산업 생태계 붕괴의 시대에 살고 있으며, 이는 계급 재조정과 부의 재분배를 야기한다. "나 망하고 싶어!"를 소위 "배 째라"라고 말하는데 은행은 "괜찮아, 내가 기다려 줄게. 힘내!"라고 대응한다. 이는 대손충당금 적립의 시대로, 기다리기만 하면 모두 망하게 된다는 것을 의미한다. 신용카드론, 마을금고, 신협, 지방 및 수도권 저축은행, 증권회사, 보험회사, 지방은행 등이 연쇄 부도의 위기에 처해있다.

2024년부터 시작될 자영업, 중소기업, 중견기업의 대규모 붕괴, 보험사와 증권사의 파산, 대기업의 30%가 문을 닫는 사태가 예상된다. 삼성전자에 투자한 개미 투자자들은 큰 위험에 처해있다. 한편, SF작가 아서 클라크는 〈과학의 세 법칙〉 중 마지막 법칙에서 고도의 과학기술이 마법과 같다고 했다. 이는 과학기술을 이해하지 못하는 사람들에게 실제 적용 시 마법처럼 보일 것이라는 의미다. 베드로후서 3장에 따르

인문학으로 읽는 금융화폐 **자본주의**

면, 노아의 때는 물로, 롯의 때는 불로 심판받았듯이, 현대는 반도체를 중심으로 한 생존의 갈림길에 서 있다. 미 국방부의 기술 연구과제에는 A지점에서 B지점으로 이동하는 기술이 포함되어 있으며, 이는 곧 구체화될 것이다. 북한의 핵 관련 보도가 있을 때, 이미 북한이 그러한 무기를 만들었을 가능성이 높다. 현재 과학은 영혼을 AI 슈퍼컴퓨터에 복제하는 기술까지 발전했다. 이는 기억 재생 기술의 큰 진전을 의미한다. 문제는 인간이 영(靈)·혼(魂)·육(肉)을 갖고 있다는 점에서, 영과 혼의 행방에 대한 의문을 낳는다. 이것은 상당히 비도덕적인 일이다. 미국은 이 기술을 중국 공산당의 용인 하에 중국에 아웃소싱하고 있다.

몇몇 사람들은 주민등록을 말소당하고 새로운 몸으로 재탄생할 가능성이 높아졌다. 이러한 기술 실험은 미국과 중국이 함께 하고 있다. 이는 비도덕적이고 비이성적이며 비기독교적인 행위다. 죽음 이후의 자연스러운 과정을 거부하는 것이며, 10년 이내에 인류에게 큰 문제로 다가올 것이다. 이것이 바로 사탄의 작업이다. 과학주의-*가 지나치면 사탄주의로 흐르게 된다. 과학기술과 마법이 큰 차이가 없다는 아서 클라크의 말은 바로 이런 상황을 말하고 있다.

서양 문명은 크게 두 가지 틀로 나뉜다. 하나는 기독교 문명이고, 다른 하나는 헤르메스주의이다. 기독교는 서양 문명의 핵심을 이루며, 헤르메스는 그리스·로마 신화에서 기술의 신으로 등장한다. 헤르메스주

-* 과학적방법이나 유사과학표준의 응용에 부합되지 않는 부적절한 상황에서 허울뿐인 과학적응용을 가리키는 것이 일반적이다.

의는 시크릿 소사이어티를 통해 비밀리에 전승되며, 이집트와 바빌로니아, 그리스 문명을 거쳐 오늘날까지 이어지고 있다. 이는 신비주의, 오컬티즘, 사탄주의, 악마주의와 같은 비밀주의 역사와 연결된다. 역사적으로 이와 같은 시기가 한 번만 있었던 것이 아니다. 장티푸스는 기원전 430년에 아테네와 스파르타를 강타했고, 로마제국은 235년에서 254년 사이에 몰락했다. 중세 유럽에서는 흑사병으로 인구의 3분의 1이 사망했으며, 1600년대 초 아메리카 대륙에서는 천연두로 원주민이 대량 전멸했다. 1918년에서 1919년 사이의 스페인 독감은 1차 세계대전 종결 후에 550만 명의 사망자를 낳았다. 최근 수년간의 전염병은 바이러스에 감염되면 죽는다는 인식을 강화했다. 현재 언론과 정부는 공포 마케팅을 하고 있으며, 교회와 종교를 억압하고 있다. 방역 조치가 정치적 목적으로 이용되고 있다는 것이다.

이번 우한 폐렴 사태는 중국에 의해 일어난 새로운 형태의 전쟁, 하이브리드-* 전쟁으로 볼 수 있다. 하이브리드 전쟁은 눈에 보이지 않는 전쟁으로, 기술력, 정치력, 군사력을 모두 포함한다. 정치공작, 경제침투, 정보 탈취, 교란 행위, 심리전, 사이버전이 병행되고 있다. 따라서 현재의 코로나19 팬데믹 상황은 사실상 새로운 형태의 제3차 대전으로 간주해야 한다. 이것은 하이브리드 전쟁, 하이브리드 국제정치가 무엇인지 현재의 시점부터 풀어가는 것이 중요하다.

-* 서로 다른 특징을 가진 두 가지 이상이 합쳐진다는 뜻.

노인 타깃 전염병 또 온다

일본의 방역 실패 여부에 대한 의문이 제기되고 있다. 일부는 일본이 우한 폐렴을 대충 처리하여 노인들을 빨리 죽게 하려는 것이 아닌가 하는 의혹을 제기한다. 반면, 한국에서는 K방역을 통해 방역을 잘하고 있다고 자부하며 일본의 방역 실패를 지적한다. 하지만 일본의 방역이 실패한 것이 아니라 제대로 잘하고 있을 수 있다는 의견도 있다. 이는 의도적으로 우한 폐렴을 방치하는 것으로 볼 근거가 있다고 한다. 일본의 코로나 확진자 수가 연일 최고치를 경신하고 있으며, 현재 수만 명에 이른다. 한국에서는 이러한 상황이라면 탄핵 대상이 될 수도 있지만, 일본은 상대적으로 조용한 편이다.

일본은 저출산과 고령화로 인해 점차 쇠퇴하는 나라이며, 노인들이 보유한 자산이 무려 1,600조엔 물경 1경 9천400억 원에 달한다. 아베 총리의 방역 방식은 마스크를 착용하지 않는 트럼프 대통령의 방식과 비슷했다고 평가된다. 현재 코로나 사망률은 그리 높지 않다.

만약 제2의 우한 폐렴이 발생한다면, 많은 사람들이 사망할 수 있다. 80세 노인들의 소비 패턴을 생각해 보면, 그들은 많은 양의 식사를 하지 않고, 여행이나 쇼핑에 관심이 없어 소비가 크게 감소한다. 이러한 노인층이 거대한 자산을 보유하고 있음에도 불구하고 소비를 하지 않아 일본의 내수 시장이 위축되고 있다. 이는 젊은이들의 일자리 감소로 이어진다. 인구 1억이 있어도 노인인구 비율이 높으면 내수시장이 죽고, 일자리 창출이 어려워진다. 결국 부유한 노인들이 돈을 금고에 쌓아두고 병원을 자주 다니면서 국민연금과 의료보험료로 정부 세금을 축내는 상황이 발생한다.

일본 정부의 입장에서는, 비록 잔인한 얘기일지라도, 고령 인구가 빨리 사라지길 바라지 않을까? 이는 돈 많은 부자들이 국민 세금으로 생활한다는 점에서 비롯된다. 미국, 영국, 스페인, 포르투갈, 프랑스, 이탈리아, 그리스 등도 복지예산의 약 70%가 이렇게 사용되어 다른 곳에 쓸 수 없게 되었다. 이러한 상황 때문에 짐 로저스는 일본이 망할 것이라고 말한다. 현재 상태로는 일본이 오래 가지 못할 것을 일본인들도 알고 있다. 그렇다면 일본의 방역은 실패한 것인가, 아니면 성공한 것인가? 인구가 고령화되면 어떤 정책을 사용해도 방법이 없다.

예를 들어, 일본은 1997년에 30억이었던 아파트 가격이 지금은 1억이다. 노인들은 거래도 없고 젊은이들은 구매할 수 없다. 우리나라에서도 어떤 대통령이 있었을 때가 좋았는지, 아니면 나빴는지는 사실 별로 중요하지 않다. 중요한 것은 당시의 인구 구조가 어떠했는가이다. 일본에서는 1명의 청년이 6명의 노인을 부양해야 하고, 중국도 1자녀 정책으로 인해 심각한 상황으로 치닫고 있다. 저출산 고령화가 모든 문제의 근원이다. 일본은 우한 폐렴 확진자가 계속 증가하는 상황에서 '잃어버린 30년'을 보내고 있으며, 단카이세대(1946~1949년)에 태어난 베이비붐세대가 사라지면 경제가 성장할 수밖에 없다고 본다. 한국에서는 자국의 방역 성공을 자랑하면서 일본의 많은 사망자를 지적하기도 한다. 확진자 수의 증가는 검사 횟수와 관련이 있다. 이번 코로나바이러스는 방역에도 불구하고 공기 중으로 퍼지기 쉬워, 나이 든 사람과 기존의 병이 있어 병원에 입원해 있는 사람들이 쉽게 피해를 보는 상황이다.

스웨덴의 경우 코로나 사망자의 절반가량이 노인요양 시설에서 발생했다. 이는 우한 폐렴이 주로 면역력이 감소한 사람들에게 치명적이기 때문이다. 즉, 병약한 노인들이 주요 피해자다. 우한 폐렴이 노약자를 중심으로 확산되고 있는데, 일본 정부가 굳이 이를 막을 필요가 있을까? 이는 일본의 국가적 운명과 관련된 큰 문제이다. 따라서 일본에서 발생하는 우한 폐렴 환자의 증가는 어느 정도 유도되거나 설계된 것일 수 있다는 추정이 있다.

한국의 토지 공유화와 관련해서 중국이 한국의 토지와 부동산을 잠식할 가능성도 있다. 일본이 부동산 붐을 일으킨 것처럼 중국도 현재 부동산 시장에 큰 영향을 미치고 있다. 중국이 금융위기에 직면한다면, 일본과 같이 자산을 매각하고 철수할 수 있다. 이렇게 되면 기술과 자본은 미국으로, 토지와 부동산은 중국으로 넘어갈 것이다. 한국의 상황은 어떨까? 이인영 통일부 장관과 좌파들이 주장하는 토지 공유화는 현실적인 가능성을 가지고 있다. 충칭의 보시라이*는 이러한 방식으로 성공한 사례가 있으며, 미국의 트럼프 대통령도 한국과 같은 나라에서 공공주택 사업을 할 가능성이 있다.

-* 중화인민공화국의 전 정치인이자, 베이징대학교의 전 정치지도자로, 제17기 중국 공산당 중앙정치국위원이었으며, 충칭시당위원회 당서기였다.

충칭은 중국의 미래가 될 수 있는가
-중국 충칭의 토지 공유화 사례

💲 토지지표거래 주민등록제 시행

선전이 중국의 1980년대를 대표하는 상징이고, 상하이가 1990년대의 상징이라면, 충칭은 21세기 첫 10년 동안 중국이 발전해 온 추세를 잘 보여준다. 이 글의 목적은 헨리 조지, 제임스 미드, 그리고 안토니오 그람시의 이론으로 충칭의 실험을 바라보는 것이다. 2008년 12월 4일, 충칭 농촌 토지거래소가 문을 열었으며, 전국에서 최초로 도농 통합 토지거래를 위한 공간이 마련되었다. 충칭의 토지지표 거래제도는 중국의 두 가지 기본적인 국가 정책과 관련이 있다.

첫째, 공업화와 도시화 건설과정을 가속화하는 것으로, 이를 위해서는 농경지를 건설용지로 전환하는 것이 필수적이다. 둘째, 국제 전략과 국가 안보 측면을 고려해 18억 무 이상의 농경지를 확보해야 한다는 것이다. 이 두 목표의 조화를 어떻게 이룰 것인가가 중요한데, 도시화 진행으로 도시 인근 농촌은 토지 가치 상승으로 수익을 누리는 반면, 도시에서 멀리 떨어진 농촌의 농민들은 이 혜택을 누리지 못한다. 지표거래를 통해 농촌의 집단소유 건설용지와 도시 건설용지의 확대와 축소를 상호 연계함으로써, 도시에서 멀리 떨어진 농촌지역의 토지 가치를 상승시켜 도시가 농촌을 부양하고 발전된 지역이 낙후된 지역의 발전을 이끌 수 있다.

예를 들어, 충칭 도심에서 600킬로미터 떨어진 청커우현의 복원 경작지 61,860무는 현지에서 양도가격이 1무-*당 11,300위안인데, 충칭시 지에팡베이에 위치한 토지거래소에서는 이 토지의 지표가 1무당 115,700위안에 거래되었다. 이를 통해 충칭은 사실상 농민이 토지개발권을 제한적으로나마 소유하고 있음을 인정한 셈이 되었다.

개발업자들은 지표, 즉 농민의 제한적인 토지개발권을 구입해야만 도시 건설용지 사용권의 경쟁입찰에 참여할 자격을 얻을 수 있다. 따라서 충칭의 토지거래소는 중국뿐만 아니라 세계적으로도 중대한 제도적 혁신으로 볼 수 있다.

다시 말해 땅 주인이 1,000위안짜리 토지를 가지고 있으면, 1,000위안이나 최대 2,000위안까지 가격을 책정할 수 있다. 하지만 이후 교통 발달로 토지 가치가 10,000위안까지 상승했다면, 지주는 2,000위안을 가져도 이익이지만, 나머지 8,000위안의 이익은 국가로 귀속되어야 한다.

이는 국가와 민생 모두에 큰 이익이 되며, 소수 부자들의 폐단을 자연스럽게 없애는 방법이다. 또한 토지세의 사회화를 통해 개인들은 다른 세금을 낼 필요가 없게 되는 것이 바로 헨리 조지의 토지단일세 이

-* 667㎡. 약 202평.

념이다. 충칭시 위원회 서기 보시라이가 지난 몇 년 동안 충칭당의 건설을 위해 수행한 역할은 충칭 실험의 핵심적인 부분이다. 이는 이탈리아 공산당 지도자였던 안토니오 그람시가 제기한 지배와는 다른 헤게모니 이론으로 설명할 수 있다.

토지는 여전히 자본주의의 보루로, 자본은 노동을 통해 만들어 내는 사람들에게 일반적으로 속하지 않는 경제 및 사회체제이다. 그러나 1867년에도 이 단어는 마르크스조차 모르는 상태였다. 페르낭 브로델-*은 "자본주의와 시장경제"를 결정적으로 구분했으며, 두 가지 유형의 교환이 존재한다고 언급했다. 하나는 실제적인 교환으로, 경쟁에 기초하며 거의 투명하다. 다른 하나는 고차원적 형태의 교환으로, 복잡하고 억압적이다. 자본주의 영역은 후자에 속한다.

브로델은 장이 있는 읍내를 첫 번째 교환 형태의 전형적인 장소로 보았고, 원거리 무역 독점과 금융 투기 등을 자본주의, 즉 두 번째 유형에 속하는 것으로 보았다. 그리고 후자를 본질적으로 반시장적이라고 간주했다. 브로델의 시장경제와 자본주의 구분은 오늘날 중국의 "사회주의 시장경제"를 이해하는 데 큰 도움을 준다.

두 가지 부동산 시장의 사례를 살펴보면, 첫 번째 유형은 헤이룽장성 허강시의 사례를, 두 번째 유형은 광시성 베이하이시의 경우를 대표

-* 프랑스의 역사학자이다. 그는 경제학, 인류학, 지리학과 같은 다른 분야의 효과를 고려한 연구로, 지구의 역사에 관한 20세기의 연구에 혁명을 일으켰다. 그는 사회과학에서 꼼꼼한 사학적 분석에 집중하였던 아날학파의 저명한 회원이다.

적인 것으로 꼽을 수 있다. 허강시에서는 해당 지역 정부가 토지투기를 금지하자 부동산 시장이 이 지역 경제 성장의 원동력이 되었다. 반면, 베이하이시에서는 은행에서 대출을 받아 토지시장에 투기하는 방식으로 부동산 개발자와 은행이 서로 결탁했고, 그 결과 일반 민중들이 가격폭등으로 인해 집을 살 수 없게 되었다.

💲 충칭 실험 배후의 의도는 무엇인가

도시화가 진행됨에 따라 도시 인근의 농촌은 토지가치 상승으로 인해 많은 수익을 누린다. 그러나 도시에서 멀리 떨어진 농촌지역의 농민들은 도시화와 공업화로 인한 토지가치 상승의 혜택을 거의 누리지 못한다. 이 문제를 해결하기 위해 토지 지표거래를 도입하면, 농촌의 집단 소유 건설용지와 도시 건설용지의 확대, 축소를 상호 연계하여 원거리와 광범위한 지역에서도 토지가치 전환이 가능하다. 이를 통해 도시가 농촌을 부양하고 발전된 지역이 낙후된 지역의 발전을 이끌 수 있다.

지표거래의 본질은 토지개발권의 양도이다. 충칭은 농민이 제한적으로나마 토지개발권을 소유하고 있음을 암묵적으로 인정했다. 개발업자들은 농민의 제한적인 토지개발권, 즉 '지표'를 구입해야만 도시 건설용지 사용권의 경쟁입찰에 참여할 자격을 얻는다. 이는 토지 소유자가 개발을 시행하려면 다른 토지 소유자들로부터 충분한 몫의 토지개발권을 구입해야만 가능하다는 제도이다. 따라서 충칭의 토지거래소는 중국뿐만 아니라 세계직으로도 매우 중대한 제도적 혁신이라고 할 수 있다.[117]

미국을 만든
싱크탱크 랜드연구소

1948년 창립된 랜드연구소는 비전통적이고 바벨론적이며 가톨릭적 세계관을 가진 불세출의 싱크탱크로, 28명의 노벨상 수상자를 배출했다. 미국 내 1,800여 개의 싱크탱크 중 반세기 이상 모든 미국 정부에 큰 영향력을 미친 유일무이한 싱크탱크이며, 1,600여 명의 직원을 거느리고 영국, 벨기에, 카타르, 멕시코 등에 사무소를 두고 있다. 랜드연구소는 미국을 제국으로 만드는 데 결정적인 역할을 했으며, 현대세계를 창조했다고 할 수 있다. 우리 모두는 랜드연구소의 사상적 자식들이다. 창립 당시 공군에 전쟁 수행과 승리 방법을 조언하는 것이 목적이었다. 1970년대에는 전장에서 얻은 교훈을 도시계획에 적용해 뉴욕을 연구 실험실로 변모시켰다. 랜드연구소는 예나 지금이나 본질적으로 권력 기구의 조직이다.

랜드연구소는 국방부의 욕망과 금융계의 탐욕이 뒤엉킨 권력 기구, 즉 드와이트 아이젠하워(Dwight David Eisenhowe) 대통령이 말한 군대, 산업, 의회 복합체의 심장부에 자리 잡고 있다. 랜드연구소는 언제나 각종 아이디어 "만약 ~이라면" 여러 가지 가상 시나리오, 허황된 꿈처럼 보이

인문학으로 읽는 금융화폐 **자본주의**

는 계획과 관련을 맺고 있었다. 예를 들어 랜드연구소는 커트 캠벨(Kurt Campbell)이나 조지 케넌(George Frost Kennan), 국무부 동아시아 태평양 담당 차관보 리차드 아미티지(Richard Armitage), 조지프 나이(Joseph Nye) 등은(초당적 대아시아 전략지침서: 아미티지보고서 1차 2000년, 2차 2007년) 미국의 이익은 아시아에 크게 달려있고 아시아는 일본을 중심으로 관리되어야 한다며 미국 정부는 쿠릴열도 등 1947년 조지 케넌과 부하들에 의해 영토 문제를 분쟁의 씨앗으로 만들고자 검토하고 있었다. 남중국해 필리핀, 베트남 등 공해지역, 다오위다오섬 일본점유, 센카쿠 열도 러일전쟁 조차지, 독도문제는 한일 국교 정상회담 시 '달구경'이라는 암호명으로 협상이 진행되었다.

또한 남중국해 분쟁은 믈라카 해협의 원유 수송로가 막히면 에너지 대란이 발생하는 것으로 설계되어 있다. 우리는 랜드연구소가 초래한 (탈레반에 무기 제공, 조언) 또 다른 사건이 낳은 결과들의 그림자 속에서 살고 있다. 아프가니스탄에서 소련이 겪은 패배는 2001년 9월 11일의 참사로 가는 길을 가리키는 사건이었다. 사실 연구소의 진정한 목표는 소속 분석가들이 끝없이 팽창하며 마치 조물주처럼 세계를 자기 모습에 따라 개조하려는 미국의 옹호자, 설계자, 충복이 되게 하는 것이었다. 랜드연구소 사람들이 핵전쟁 시 통신 장애를 극복하기 위해 통신 패킷 교환 시스템을 만들어 인터넷의 기틀을 마련하고 미국을 핵 점멸 사태에서 구해낸 것만큼이나 중요하지만, 덜 알려진 사실도 있다. 랜드연구소는 서구 사람들의 정부 관점까지 바꿔 놓았다.

정부가 국민에게 해준 것과 국민이 정부에게 해준 것에 대해 논의할 때, 랜드연구소의 분석가들은 상상조차 하기 힘들었던 위험을 예측하려는 시도에서 중요한 역할을 했다. 그들은 정부의 효율성을 극대화하는 방법뿐만 아니라, 서구의 이데올로기 투쟁에 대한 철학적 토대까지 제공하며 훌륭한 담론을 발견했다. 이런 성취는 '합리적 선택론'을 통해 이루어졌다. 합리적 선택론의 핵심 주장은 종교나 애국심과 같은 집단적 이해관계의 영향을 받지 않는 이기심이 현대세계의 징표라는 것이다.

이 개념은 공산주의에 대항하기 위해 창조되었지만, 그 과정에서 사람들의 일상생활을 광범위하게 변화시켰다. 전쟁 수행 방식, 세금, 교육 방법, 보건의료 서비스 등이 이에 해당한다. 또한 이 개념은 이슬람 사회가 서구 문명에 폭력적으로 대응할 여지를 남겨놓았다.

"공동선이 으뜸가는 가치인 이슬람 사회에서는 합리적 선택이론이 제시하는 개인에 대한 예찬이란 곧 이슬람문화의 죽음을 의미했기 때문이다." 1945년 10월 1일 미국 맨해튼 계획의 육군항공대 사령관 아널드 장군은 미국 역사를 통틀어 5성 장군 아홉 명 중 하나였고 공군만 따지면 유일한 5성 장군이었다.

1947년까지 해리 트루먼 대통령은 육군에서 육군항공대를 분리할 예정이었고 1946년 3월 랜드연구소는 학생 없는 대학이자 육군항공대를 유일한 의뢰인으로 삼는 대학이 될 것이었다. 이후 해병대 출신의 프랭크 콜봄은 미국 최대의 항공기 제조업체 더글러스 항공 회장 도널드 더글러스의 오른팔이자 부회장 겸 엔지니어링 총책임자인 아서 E. 레이먼드의 특별보좌관이 됐다. 아널드 장군(Henry H. Arnold)과 프랭크 콜봄(Frank Collbohm)이 처음 만난 것은 1942년이었으며 육군항공대를 위해 매사추세츠 공과대학에서 개발 중이던 초기의 레이더 기술을 조달하는 담당자였다. 아널드 장군처럼 콜봄 역시 미국이 고용할 수 있는 최고의 두뇌들이 금방이라도 흩어져 버릴까 봐 걱정했으며 마침내 아널드 장군의 사무실까지 찾아갔을 때도 군대의 고문 역할을 해주는 독립적인 과학자들의 자문단을 구성하자는 구상을 채 설명하기도 전에 아널드 장군이 책상을 탕하니 내려치고는 반색하면서 소리를 질렀다. "당신이 무슨 말을 하려는지 알겠소이다. 그거야말로 우리가 할 수 있는 가장 중요한 일이지요." 아널드 장군은 곧바로 더글러스에게 전화를 걸어서 협조를 구해보라고 콜봄에게 말했다.

미국은 영국과 프랑스처럼 핵심 군사산업을 국유화하는 대신 과학 연구개발 부문을 민간기업에 맡기는 쪽을 택했다. 랜드연구소는 군사계획과 민간 개발이라는 두 세계를 잇는 다리가 되었다. 아널드 장군과 그 주변 인물들이 랜드연구소의 창시자였다면 르메이 장군(Curtis LeMay)은 일종의 대부였다. 특권층 출신의 몇몇 동료들과 달리 출신배경이 보잘것없었던 르메이 장군은 육군사관학교 웨스트포인트(West Point)가 아니라 학생 군사교육(ROTC)을 통해 임관했다. 그 뒤를 이어 윌리엄스의 주도 아래 랜드연구소는 운용분석 개념을 다듬은 체계분석 즉 핵무기를 배치하는 수단과 방법 그리고 그에 따른 엄청난 결과를 분석하는 분야에서 선구자가 됐다. 그러나 이처럼 많은 집단적인 재능을 보유했는데도 불구하고 랜드연구소는 과학의 한 분야만은 영원히 장악하지 못하게 된다.

이 분야 즉, 인간 심리에 대한 지식이 부족한 탓에 랜드연구소는 몇 차례나 위험에 처하게 된다. 이렇게 되어 그 후 1948년 스파이어는 공식적으로 랜드연구소 사회과학과를 운영하기 시작했다. 사회과학과는 두 곳에 사무소를 세웠다. 워싱턴 DC에 있는 사무소는 정치분석에 집중했고 랜드연구소 본부가 있는 샌타모니카의 사무소는 인간 행동에 초점을 맞췄다. 한편 1948년 콜봄이 게이서(샌프란시스코 명문 변호사)에게 더글러스 항공과 관계를 끊을 수 있는 적절한 방안을 찾아보라고 주문한다. 게이서가 100만 달러가 필요하다고 보고하자 샌프란시스코에 있는 웰스파고 은행을 설득해 60만 달러를 대출받고 헨리 포드 2세가 40만 달러를 지원하게 된다.

콜봄과 윌리엄스가 작성한 랜드연구소의 새로운 사업 목표는 단순한 무기 개발자가 되는 것 이상의 미래상을 담고 있었다. "공공의 안녕과 미합중국의 안전을 위해서 과학, 교육, 자선의 목표를 도모하고 장려한다." 곧 랜드연구소는 수학자와 공학자뿐만 아니라 천문학자, 심리학자, 논리학자, 역사학자, 사회학자, 항공역학자, 통계학자, 화학자, 경제학자 심지어 컴퓨터 공학자도 일하게 됐다. 이렇게 시작된 랜드연구소의 전문 두뇌들은 키신저 노벨평화상을 포함해 노벨상 수상자들만 28명을 배출한다.

죄의 대가, 맨해튼 계획의 총책임자 J. 로버트 오펜하이머(J. Robert Oppenheimer)는 제2차 세계대전 동안 미국의 핵무기 개발 프로그램인 맨해튼 프로젝트의 과학적 책임자였다. 그는 핵분열 폭탄의 개발을 지휘했으며, 이 폭탄은 후에 일본의 히로시마와 나가사키에 투하되었는데 이는 그를 평생 후회하게 하였다.

한때 지식의 에덴동산에서 살았던 물리학자들이 이제 "죄를 알게 됐다"라고 오펜하이머는 생각했다. 제2차 세계대전 이후를 살아가게 된 당대의 많은 전문가들은 세계기구를 창설해 엄청나게 위험한 새로운 핵무기의 사용권을 그 기구에 위임하라고 요구했다. 영국의 저명한 철학자 버트란트 러셀(Bertrand Russell)은 이런 세계기구 창설을 위해 로비 운동을 벌였다. 이에 반해 르메이 장군이 지휘하는 전략공군 사령부는 이른바 강력한 타격을 주장했다. 자신들이 보유한 원자폭탄 전부를 소련의 70개 도시에 투하하는 대규모 공격작전이었다. 그러나 합동참모본부의 승인 아래 공군 참모본부의 분석가들은 다른 계획을 내놓았다. 소련전쟁 수행력의 핵심요소 파괴를 의미하는 '델타', 소련의 원자폭탄 발사 능력 무력화를 의미하는 '브라보', 소련의 서유럽진출 저지를 의미하는 '로미오' 등 세 종류의 목표물을 구별하는 계획이었다.

당시만 해도 신비의 장막에 쌓인 스탈린 체제에 관한 정보가 너무나 부족했기 때문에 서구의 정책 결정자들은 확실한 증거 대신 추측에 의존할 수밖에 없었다. 당시 소련 연구자들은 일종의 정치적 점술가였다. 이들은 붉은광장에 걸린 단체 사진에서 그 사람이 스탈린과 얼마나 가까이 서 있느냐를 기준으로 삼아 소련 공산당 정치국원들의 정치적 영향력을 점치곤 했다. 2차 세계대전이 끝날 때까지 미국과 유럽의 지식인들은 대부분 자본주의가 역사의 패배자가 될 것이라고 믿었다. 오스트리아 태생의 저명한 경제학자 조지프 슘페터는 자본주의가 살아남을 수 있을까에 대해 아니라고 생각했다.

마르크스주의자들이 말하는 노동자의 천국에서 정점에 이르는 헤겔식 역사 운동을 신봉한 소련식 공산주의가 미래의 필연적인 물결이라고 여겨졌다. 역사나 시대정신이 개인을 통해 그 모습을 드러내더라도 집단의지가 사회를 지배하는 원리가 될 것이라고 믿었다. 개인의 가치는 집단의지에 따라 결정되고 해석은 전지전능한 공산당 지도부의 몫이었다. 이러한 소련식 공산주의는 자유의지, 개인의 권리, 제한된 정부에 대한 미국식 통념과 대조적이었다. 2차 세계대전 이후 미국의 지식인들은 소련식 공산주의의 신조에 대항하기 위해 마르크스주의의 교의를 단호하게 배제하는 역사를 정립하기 위해 노력했다. 이 새로운 교의는 억압적인 마르크스주의 국가 대신 개인이 스스로 선택하고 실수할 수 있는 권리를 옹호하는 체계를 추구했다. 1950년 랜드연구소에서 만들어진 이 교의는 훗날 '합리적 선택이론'이라고 불리게 됐다.

이 이론의 주요 주창자는 당시 스물아홉 살이었던 경제학자 케네스 애로였다. 당시 인턴사원이었던 애로는 개인이 합리적이며 일관되게 자신의 이기적 이익을 최대화하기를 선호한다고 가정했다. 그는 이성이 문화에 따라 상대적이 아니라 모든 인간에게 동일한 논리적 규칙에 따라 행동한다고 생각했다. 게다가 애로는 과학이 객관적이며, 그 법칙이 보편적이라고 여겼다. 즉, 제2차 세계대전 이전에 일부 경제학자들이 이론화한 것처럼 자본주의 사회와 공산주의 사회에서 각기 다른 두 개의 과학으로 존재하지 않는다는 것이다. 또한 애로는 개인을 궁극적인 결정 요소로 보았다. 그래서 어떤 경제체제에서든 개인이 가장 우선시되는 기본요소라는 점을 나타내기 위해 '소비자 주권'이라는 표현을 사용했다.

그렇게 애로의 '불가능성 정리'는 보편적인 과학의 객관성과 개인주의적 '합리적 선택'을 위한 이론적 기반이 되며, 마르크스주의, 전체주의, 이상주의적 민주주의의 기반을 허물었다. 간단히 말해, 애로는 집단은 아무것도 아니며 개인만이 중요하다는 자신의 주장이 불변의 과학에 의해 입증된다고 가정했다. 그의 합리적 선택에 관한 혁명적 연구는 랜드연구소가 게임이론 분야에서 이룩한 업적과 필적할 만했다. 몇십 년 동안 애로의 합리적 선택이론은 경제학과 정치학의 중심이 되었다. 1960년대 랜드연구소 사람들이 연방정부로 들어가면서 합리적 선택이론은 공공정책의 기초를 재정의했고, 신보수주의(네오콘) 운동의 시조로 자리 잡으며 랜드연구소에 명성을 안겨주었다. 랜드연구소의 체계분석 집단은 원하는 대로 예정된 결론에 도달하기 위해 어떻게 전체를 조작하고 인상적인 그래프, 계산, 방정식 등을 적용해야 하는지에 대해 연구했다. 그러나 랜드연구소는 세계에 관한 지식만으로는 충분치 않다는 파우스트와 같은 궁지에 직면해 있다.

정부의 승인을 받았다고 해도 살인, 폭력, 고문 등에 공모한 죄를 면제받을 수는 없다. 랜드연구소를 비난하는 미국인들은 사실상 자신들을 비난하는 것이다. 도덕적으로 의심스러운 정책을 고안하고, 설명하고, 옹호하는 기관들을 만들어 내고 용인하며 유지한 것은 미국의 유권자들과 납세자들이다. 이는 단지 그 정책이 미국에 이익이 되기 때문이었다. 따라서 랜드연구소의 죄는 미국 자체의 죄라고 할 수 있다. 합리적 선택이라는 신화를 받아들인 것은 바로 미국인들이며, 정치, 문화, 기술을 소비하고자 하는 미국 대중도 이러한 희생과 참여 없는 상황의 장본인이다.

도덕과 정부 정책이 유리하도록 눈을 감고 허용한 장본인은 미국 유권자들이다. 아랍의 석유든, 미국 제품을 팔기 위한 해외 시장이든, 중국산 저가 티셔츠든 간에, 원하는 것을 얻을 수 있다면 미국은 신경 쓰지 않았다. 미 제국은 어쨌든 미국의 이익을 위한 것이었다. 거울을 들여다보면 한 사람 한 사람이 바로 랜드연구소임을 알 수 있다. 그렇다면 문제는 이런 현실에서 무엇을 해야 하는가이다. 마르크스가 예측한 것처럼 자본주의가 내부적 모순에 의해 붕괴하지 않도록 끊임없이 자기 수정을 거듭했다면, 그의 예언은 부정적 의미에서의 '자기충족적 예언'이라고 할 수 있다. 자본주의가 자기모순으로 붕괴할 것이라는 마르크스의 예언이 설령 틀렸다 할지라도, 이 예언이 너무나 강렬해서 실현되지 않는 방향으로 사람들이 행동하도록 이끌었다면, 우리는 은연중에 마르크스를 믿고 있는 것일 수 있다. 이처럼 '짖지 않는 개'가 되었다는 자본주의자들의 선포에 의심을 갖게 된다. 마르크스는 여전히 살아 있는 것이 아닐까?[118]

키신저 게이트 평양 드라큘라 키신저
- 전략자산 사드(THAAD) 미사일방어체계(MD) 사기성

드라큘라는 빛이 있는 곳에서는 존재할 수 없는 존재로 어두운 곳에 서만 살아간다는 상징적인 의미를 가지고 있다. 이러한 의미에서 지난 30년 동안 북한은 동포들의 피를 빨아먹는 역사였다고 비유할 수 있다. 1990년대부터는 키신저가 나타나 핵에 대한 욕망을 조장하고, 핵을 독재의 도구로 삼으며 남한에 대한 협박의 무기로 사용하도록 했다. 이러한 상황은 남한이 핵에 대한 압력 때문에 어떤 군사적 행동도 제한되는 상황으로 이끌었다. 키신저는 북한에 핵개발 기회와 기술을 제공했고, 그것을 사용할 수 있는 시설까지 만들어 주었다. 이러한 정치적 배경은 1990년대를 특징짓는 중요한 요소였다. 이 모든 계획이 실패하고 드러나자, 9·11 테러가 일어났고, 이 사건이 알카에다의 단독 행동처럼 보이게 하는 거짓말이 이어졌으며, 이는 미국 정부에 계속적인 압박을 가하는 상황으로 이어졌다.

미국 내부의 정치적 분열은 백인 우월주의 세력과 유럽 중심의 유대 우월주의 세력 간의 갈등으로 나타났다. 키신저의 등장과 그의 정치적 행보는 미국을 두 개의 대립되는 세력으로 분열시켰다고 볼 수 있다.

한편은 미국을 중심으로 세계를 지배하려는 백인 우월주의 세력이고, 다른 한편은 유럽을 중심으로 세계를 지배하려는 유대계 세력이다. 이 두 세력의 갈등은 미국 내부에서 미소 냉전 구도보다 더 치열한 싸움으로 표현될 수 있다. 1990년대부터 백악관을 차지하게 된 유대계가 결국 한반도를 새롭게 다루어 동북아시아를 완전히 장악하여 세계를 장악하겠다는 계획을 세웠다. 1990년대부터 북한에 핵을 주고 자꾸 키우면서 미북 회담을 통해 겉으로는 핵을 키우지 못하게 막는 것처럼 하면서 속으로는 북한을 키워온 것이다. 만약 그때 제대로 오늘날의 트럼프 대통령과 같이 그런 국제외교를 했다면 지금 북한의 핵 시위나 핵은 없었을 것이다.

핵 회담에도 불구하고 오늘날 북한의 핵 시위가 계속되고 있으며, 이는 한국의 탄핵 사태와도 연관이 있다. 하지만 한국 국민들은 장기간 국제적인 핵 협상에 대한 문제의식이 낮아지고 잘못된 언론 보도에 의해 세뇌되어 있다는 지적이 있다. 일부는 핵 위협이 자신과 관련이 없으며, 북한이 미국을 겁주기 위한 수단으로 사용한다고 생각한다. 이러한 상황 속에서 키신저는 미국 내 백인 우월주의 세력에 맞서기 위해 북한의 핵무기를 이용하여 전쟁 공포를 조성했다는 의견이 있다. 그는 시진핑의 중국 쓰촨성에 첨단 비밀 핵무기 군사기지를 지원하고, 일본의 고이즈미에게도 중국 수준의 첨단 군사기지를 제공했으며, 아베와도 밀접한 관계를 맺었다고 한다. 키신저는 국제적인 위기관리 전문가, 뛰어난 정치가, 외교관으로 알려져 있으며, 클린턴 정부를 이용해 핵 협상을 통해 세계 질서를 관리하는 것으로 여겨졌다.

이러한 전략은 동북아시아를 자신의 영향력 아래 두기 위한 것으로, 거대한 군사 요새를 만들어 놓고 동북아시아 국가들의 안보주권을 통제하려는 계획이었다. '말을 듣지 않으면 처벌받을 것'이라는 위협적인 구도를 설정함으로써 한반도에서 전쟁이 필요하다고 여겨졌다. 이는 '전쟁 위험이 있으므로 집단 안보체제를 만들자'는 논리로 이어졌고, 이는 나토와 같은 체제의 필요성을 제기했다.

또한, 중국과 일본을 분리시켜 이 두 나라가 지역적으로 지속적으로 대립하도록 하는 전략도 있었다. 이는 아시아 연합체제의 형성을 방해하여 동북아시아 지역을 공포와 지배로 다스릴 수 있는 여건을 만들고자 하는 의도로 볼 수 있다. 이를 위해 한반도는 두 개의 나라로 분할되어 영구적인 대립 구조를 유지해야 했다. 그런데 남한이 너무 강성하다 보니 북한을 흡수 통일하게 생겼다.

군사력과 경제력을 파괴하기 위해 전쟁이 필요했다는 주장이 있다. 이에 따르면 키신저는 북한의 독재자들과 함께 비밀리에 악랄한 짓을 해왔다. 쓰촨성 대지진, 후쿠시마 쓰나미, 백두산 지진으로 인해 중국, 일본, 북한의 군사기지가 파괴되었고, 이로 인해 키신저와 연계된 이들 국가의 지도자들은 권력을 잃고 그들의 정체가 드러났다는 것이다. 이번 하노이 대화 결렬 이후 북한에서는 두 명의 김정은이 나타났다는 설이 있다. 하노이에 왔다 간 김정은 1호가 있고 4월 10일에 나타나 비핵화를 하지 않겠다는 2호 김정은이 존재한다면 이미 북한도 키신저 그룹 군부 세력에 통치권을 약탈당한 것이다.

이란 군대는 15만 명의 정규 군대가 있고 국가 예산 3분의 1에 해당하는 종교 지도자의 명령을 따르는 혁명 수비대라는 군대가 존재하는 것처럼 북한도 거의 비슷한 군부가 존재한다. 키신저 그룹은 미국의 군사, 경제, 정치를 속여가며 수단을 써서 거래하며 은밀하게 빼앗아 왔는데 이제는 트럼프 대통령이 올바른 법치적인 정의에 법칙과 질서에 따라서 확 비춰가기 시작하면 악한 방법의 범죄가 드러나고 뺏기게 되어있다. 국제관계에서 키신저 범죄가 드러나면 키신저는 트럼프의 빛에 의해 녹아 사라지는 드라큘라처럼 사라질 것이다. 과거에는 북핵을 스스로 만들었다고 우리는 생각했으나 그것이 아니라 앞에서는 미북 회담을 했고 뒤에서는 북핵을 가질 수 있는 명분도 만들어 주고 실제적으로 합법을 가장해서 미국의 우라늄도 갖게 해주고 스스로 북핵을 가진 것이 아니라 북핵을 갖게 한자가 있었다.

이러한 관점에서 볼 때, 키신저 세력은 미국에서 트럼프 대통령을 탄핵하려고 했던 세력과 동일하며, 이들의 시도는 실패로 끝났다. 한국에서는 문재인 대통령이 트럼프 대통령에게 심부름을 한 것도 겉으로는 자유주의적인 행보를 보이면서 속으로는 공산주의적인 접근을 취하게 한 키신저의 전략이었을 가능성이 제기되고 있다. 키신저가 북한에서 군부와 결탁하여 악행을 벌인 것이 드러났고, 이는 북한의 군부와 시민들 사이에서 통치권을 도둑질한 국제 세력(클린턴, 오바마, 힐러리 등 미국을 훔친 세력들)에 대한 반발로 이어졌다는 것이다.

로마 황제들 중에서 수명을 연장하기 위해 필사적인 노력을 한 사람은 없었다. 오히려 사회적으로 높은 지위에 있는 고령자들 중에는 병으로 인해 더 이상 살 수 없다는 것을 깨달은 후 치료를 거부하고, 곡기를 끊어 자살을 선택하는 경우가 많았다. 로마인들은 수명을 무리하게 연장하려는 생각과는 거리가 멀었다. 사회적 지위나 지적 수준이 높은 사람들은 특히 두뇌나 정신, 육체가 소진된 후에도 생명을 부지하는 것을 기피했다. 이는 스토아 철학의 영향으로, 생명이 있는 동안 충실하게 살아가는 것이 중요하다는 가르침이 로마인들에게 깊이 뿌리내렸을 것이다. 이러한 전통은 로마의 후예인 미국인들에게도 이어져, 그들도 죽음을 두려워하지 않고 죽음 하루 전까지 평소의 일을 계속하는 경향이 있다.[119]

세계 그레이트 게임과
아프가니스탄의 비극

1853년 크림전쟁에서 패한 러시아가 북반구를 지배하고, 영국이 남반구를 지배하는 그레이트 게임을 이해하면, 최근 미국의 아프가니스탄 철수 상황을 이해할 수 있다. 1839년, 영국은 자신들의 식민지인 인도와 파키스탄을 지키고 러시아의 남하를 막기 위해 아프가니스탄을 침공했다. 이후 러시아가 한반도로 내려오지 못하도록 일본의 메이지 혁명을 지원하고, 러일전쟁에서 러시아가 패하도록 만들었다. 100년 전 영국과 러시아의 아프간 사태나 강화도 조약은 일본이 앞장섰지만, 영국의 기획에 의한 것이었다.

이것이 한반도에 38선이 그어지는 원인이 되었다. 19세기의 영국은 현재의 미국과 같으며, 그 당시 러시아에 해당하는 자리에 현재는 중국이 있다. 소련은 1979년 아프가니스탄을 침공했으며, 유럽에서의 전투와 달리 험난한 산악 지역에서의 게릴라전으로 인해 전비를 낭비하고 늪에 빠지게 되었다. 당시 미국은 '무자혜딘'이라는 게릴라전 테러단체에 상당한 무기를 지원했다. 10년 전쟁 끝에 소련은 아프가니스탄에서 철수하며 국가 재정 낭비와 연방 해체의 원인을 겪었다. 이 전쟁에서 패배한 후 1989년에 철수했다. 탈레반은 그 후 1996년까지 아프가니스탄을 통치했다. 그러나 탈레반 정권은 국제질서에 무지하고 세계적 문화유산인 종교적 동상들을 파괴하는 등의 행동으로 미국과 국제사회의 신뢰를 잃었다. 하지만 미국은 아프가니스탄에서 탈레반이 정권을 잡으면 이란의 시아파와 중국의 신장 위구르족 문제에 영향을 미칠 수 있다고 보았다. 미국은 탈레반이 미국을 배신한 것처럼 위장해 철수하는 전략을 사용했으며, 이는 중국과 이란을 약화시키는 프로젝트의 일환이었다. 이를 '뉴엘도라도'-*라 부른다.

미국은 전쟁이나 지배 후 군대를 철수시킬 때 약 350만 개의 전쟁 무기를 남겨둔다. 이번 아프가니스탄 전쟁 후의 철수도 마찬가지로, 철수 후 남겨진 무기를 통해 원하는 방식으로 상황을 조종하는 전략을 사용했다. 이는 이란을 파괴하기 위해 이라크에 무기를 제공했던 것과 비슷한 방식이다. 탈레반은 남겨진 무기를 사용하여 아프가니스탄 정부군을 물리치고 점령할 것이며, 이후 탈레반 정권과 나토 회원국인 터키를 포함한 주변국들이 중국과 대리전 양상의 전쟁을 할 것으로 보인다.

20년 동안 미국은 해당 지역에서 영향력 있는 테러단체를 자신들의 방식대로 육성했다. 이 과정에서 도널드 트럼프 대통령의 기상천외한 연기력과 외교 전략이 세계의 주목을 받았으며, 현재 바이든 대통령은 '뉴엘도라도' 작전을 진행하며 철수하고 있다. 이는 코로나19 팬데믹과 아프가니스탄의 탈레반 게릴라전 테러에 대한 미국의 위장 작전으로

-* 새로운 황금 도박판

보인다. 아프가니스탄에서의 철수는 중국에 큰 문제를 일으킬 것이다.

베트남전 때와 마찬가지로 게릴라 전쟁의 늪에 빠지자, 승자 없는 전쟁으로 간주한 미국은 이러한 상황을 인식하고 철수 시 엄청난 무기를 버리는 것처럼 두고 갔다. 이런 전략은 미군의 철수전략을 용이하게 할 뿐만 아니라 철수 후 남겨놓은 무기를 사용하도록 한다. 예상한 대로 현재 탈레반이 아프가니스탄을 사실상 점령하고 있는 상태다.

미군 철수의 의미를 가장 잘 알고 반대하는 나라가 중국이다. 이는 지역 안정성과 관련된 그들의 이해관계 때문일 것이다. 한편, 미국은 통화정책, 경제정책, 외교정책, 국내 정치 등 다양한 분야에서 전반적인 위기에 직면해 있는 것처럼 보이지만 사실상 하이브리드 위장 전략이다. 바이든 정부의 대중국 정책은 미국이 혼자 중국을 처리하지 않고, 다른 국가들과 함께 대응한다는 전략을 취하고 있다는 것을 의미한다.

박근혜 대통령 탄핵의 숨은 배후

벌써 5년이 다 되어가는 하나의 사건이 있다. 박근혜 대통령 국정농단 사건이다. 2016년 대한민국에서는 대통령이 탄핵되는 사상 초유의 사태가 발생한다. 아직도 이해되지 않는 정말 이상한 사건이었다. 온 국민이 무언가에 홀리기라도 한 듯 탄핵을 외치며 길거리로 쏟아져나와 광장으로 몰렸다. 전직 대통령이 구속된 것은 지난 1995년 전두환 대통령과 노태우 대통령에 이어 22년 만이다. 대통령이라는 직책은 불소추 특권이 있어서 재임 기간에는 처벌이 불가능하다. 내란 선동으로 심각한 폭동을 일으키는 내란죄나 특정 국가와 협력하여 자국의 존립을 위태롭게 하는 외환죄를 범하지 않는 이상 대통령은 재임 중 형사상의 소추를 받지 않는 게 원칙이다.

그런데 전혀 납득할 수 없는 일이 현실에서 벌어지고 말았다. 헌법을 초월할 정도의 강력한 탄핵 여론은 시간이 지나면서 마치 전 국민의 뜻인 것처럼 둔갑했다. 모든 학생, 직장인, 주부, 노인 할 것 없이 완벽하게 동요되어 탄핵을 외쳤고 덩달아 탄핵 물결에 취한 헌법재판소의 결정은 법보다 국민여론 편에 있었다.

민주주의 대한민국에서 벌어진 일종의 인민재판이라고 할 수 있다. 헌재에 의해 탄핵이 결정되자 스크린 앞에 모여든 모든 국민이 월드컵에서 우승이라도 한 것처럼 환호했다.

이후 박근혜 대통령에 대한 구속수사가 빠르게 진행되었다. 혐의가 입증되지 않은 상태에서 구속 먼저 해놓고 죄를 캐내는 말도 안 되는 법적 절차가 이루어진 것이다. 그것도 심지어 대통령에게 말이다. 한술 더 떠서 당시 한국의 야권은 세월호 7시간, 태블릿PC, 촛불 민심 등을 운운하며 박근혜 대통령이 대역죄인임을 만천하에 기정사실화했다.

그리고 만 5년의 시간이 지난 지금, 당시 촛불을 들고 거리로 나왔던 어느 누구에게 물어보아도 박근혜 대통령 탄핵의 정당성에 대하여 제대로 설명하지 못한다. 모두가 공범이었기에 모두가 은폐하고 잊어버리자는 암묵적 약속이 사건의 발단부터 탄핵과정 문재인 대통령의 집권에 이르기까지 이어지는 일련의 과정들을 차근차근 상기해 보면 분명 거대한 세력에 의해 치밀하게 기획된 일종의 국가전복 사태라고밖에 볼 수 없다.

대통령이라는 자리에서 국가를 운영하다 보면 기업, 행정부처, 각급 기관 등 여러 조직과 단체들로부터 거액의 돈이 오고 가며 대통령은 이러한 자금의 흐름을 콘트롤하고 중재하거나 승인, 결재 등을 할 권한이 있다. 이러한 일들은 박근혜 대통령 이전의 전임 대통령들에게도 똑같이 행해졌던 업무상 관행들이다. 하지만 유독 박근혜 대통령에게만은 이러한 보편적 관행이 허락되지 않았다.

박근혜 대통령 탄핵은 애초에 대통령의 법적, 행정적인 책임에 근거했다기보다는 그 이유가 매우 빈약하고 저급했으며 오로지 민심을 자극하는 온갖 루머만으로 대통령을 중죄인으로 몰아갔다는 특징이 있다. 이 말인즉슨 무슨 수를 써서라도 박근혜 대통령을 끌어내려야만 하는 특별한 사유가 있었다는 것이다. 분명 이 사유는 민중들이 알아서는 안 되는 것이었으며 탄핵을 기획한 세력들에게는 향후 독이 될 수 있는 무언가였을 것이다.

즉 촛불, 세월호, 태블릿PC 등은 모두 명분에 불과했을 뿐 탄핵의 진짜 이유는 따로 있었다는 것이다. 이 문제를 제대로 이해하기 위하여 우리는 세계의 무역루트에 관해 이해할 필요가 있다. 과거 유럽의 동방 교역으로 탄생한 무역이라는 개념은 지금도 패권국의 지위 유지를 위한 가장 중요한 수단이며 크고 작은 역사적 사건들은 모두 무역루트를 통해 발생했다고 보아도 과하지 않다. 박근혜 대통령의 탄핵에 관해 이야기하면서 갑자기 무역루트에 관한 이야기가 나오니 매우 혼란스러울 것이다. 하지만 박근혜 대통령 탄핵 사건 또한 세계의 큰 그림 중 하나의 작은 사건에 불과하며 탄핵의 미스터리를 풀 수 있는 하나의 키워드가 바로 박근혜 대통령이 추진했던 "유라시아 이니셔티브" 정책이기 때문이다.

역사적으로 무역이라는 것은 콜럼버스 이전 시대에도 이미 활발히 이루어지고 있었다. 콜럼버스 이전 시대, 즉 서기 500년경부터 약 1300년 초 향신료 무역은 아시아와 동북 아프리카 그리고 유럽의 문명을 연결해 주었다. 당시 동양에서는 계피와 카다멈, 생강, 울금 등이 무역의 대상이었다. 이 향신료들은 실크로드를 통해 기원전 중동에 전해졌으며 상인들은 향신료의 정확한 원산지를 숨기고 환상적인 이야기와 결합시키기도 했다. 당시 유럽의 상인들이 아시아로 가기 위해서는 크게 두 가지 방법이 있었다. 북유럽과 유럽 등지에서 출발한 상인들은 지중해 동쪽 끝은 오늘날의 터키와 중동지역에 배를 정박시켰고 그곳에서 화물을 하선시켜 육상실크로드를 통해 인도 중국 등 동방 교역국으로 진출했다.

두 번째 방법은 지중해 동쪽으로 이동한 후 이집트 나일강을 통해 홍해로 빠져나가는 방법이었다. 홍해로 나간 배는 인도양을 건너 육상 실크로드와 합류하기도 했으며 해상무역로를 이용하여 동남아시아 중국 등지까지 오고 갈 수도 있었다. 이처럼 향신료 무역 시대에는 동방으로 가는 모든 상선이 반드시 지중해를 이용해야 한다는 공통점이 있었다.

이 때문에 이탈리아, 그리스 등 당시 지중해에 가장 큰 면적을 차지하고 있던 국가들은 찬란한 해상 무역의 꽃을 피울 수 있었고 유럽의 중심 국가로 성장할 수 있었다.

반면 당시 비교적 유럽의 서쪽에 위치했던 스페인, 포르투갈, 영국과 같은 나라들은 실크로드가 시작되는 중동지역과 지리적으로 멀었고 중동지역을 장악하고 있던 오스만제국 때문에 자유로운 동방무역을 할 수 없었다.

그런데 갑작스러운 격변이 찾아온다. 콜럼버스의 신대륙 발견과 선박 항해 기술의 발달 등을 통해 더 이상 중동 오스만점령 지역을 관통하지 않아도 되는 새로운 무역루트가 개척된 것이다. 이 루트는 유럽의 서쪽 끝에서 출발하여 아프리카 최남단까지 내려가 동양으로 진출하는 방법이었다. 특히 항해 기술의 발달로 모든 상선이 대서양을 쉽게 넘나들 수 있게 되면서 북남미와의 교역도 활발히 이루어졌다. 이때부터 영국, 스페인, 네덜란드, 홀랜드, 포르투갈 등 비교적 지중해 서쪽에 있던 국가들도 더 이상 이탈리아와 그리스의 영해를 지나가지 않아도 되었으며 새로운 무역루트를 통해 독자적인 대서양 무역과 동방무역이 가능해졌다. 기존 유럽무역의 중심이었던 지중해를 탈피하여 새로운 바다인 대서양을 이용할 수 있게 된 것이다. 따라서 이 시기를 대항해 시대라고 부른다.

상선들의 지중해 이용 빈도가 급격히 줄어들었고 그에 따라 기존의 무역 강국이었던 이탈리아와 그리스 등은 점점 쇠퇴의 길을 걷게 된다. 그 대신에 대서양을 넘나들던 영국, 스페인, 포르투갈 등의 서유럽 국가들이 이때부터 세계열강으로 부상하기 시작한다. 당시 그들은 미대륙 약탈을 통해 엄청난 양의 금과 은을 유럽으로 가져왔다. 그때부터 금을 기반으로 형성된 영국의 부와 권력은 오늘날까지 이어지고 있다. 이처럼 무역루트는 과거 유럽의 패권 구도를 바꿔놓기도 했으며 금을 통해 오늘날 유럽 국가들의 경제기반을 다지는 데 기여하기도 했다. 산업혁명 이후 이러한 세계무역에 이변을 가져오는 또 하나의 사건이 있었다. 바로 태평양전쟁이었다.

당시 극동의 강대국으로 등극한 일본 또한 강력한 해군력을 바탕으로 남방작전을 펼친다. 일본은 중국 본토를 비롯하여 인도차이나의 거의 모든 국가, 섬, 심지어 호주에까지 진출하게 된다. 여기에 위기를 느낀 미국은 즉각 전쟁에 개입하게 되고 미국에 의해 태평양의 질서가 정리되는 것으로 치열했던 전쟁은 막을 내린다. 그때부터 미국을 중심으로 아시아 태평양지역이 세계무역의 중심으로 주목받기 시작한다.

이미 19세기 말 블라디보스토크를 차지했던 러시아 또한 계속해서 남쪽 바다를 호시탐탐 노렸고 미국과 소련이라는 두 강대국의 패권구도가 본격적으로 시작되며 결국 이 두 국가는 한반도에서 충돌하게 된다. 한국전쟁 이후 냉전 시대의 서막이 열리게 되는데 냉전의 승리자 또한 단연 미국이었다. 군사적 열위, 재정적자 등의 문제로 구소련은 붕괴했고 기나긴 냉전은 막을 내렸다. 그때부터 지금까지 러시아는 더 이상 미국에 큰 위협이 되지 못하고 있다.

하지만 90년대 초반부터 급격한 경제적 성장을 이룬 신흥 열강이 있었다. 처음 그들은 러시아의 무한한 원조를 받으며 태동하기 시작한다. 그들의 법과 윤리 체계는 서방과 달랐으며 태평양이라는 새로운 무대를 넘보고 있었기 때문에 미국으로서는 매우 위협적인 상대가 아닐 수 없었다. 그들이 바로 오늘날 중국이다. 특히 북극이사회(Arctic-Council)가 1996년 발족되면서 미국, 러시아, 노르웨이, 덴마크 등 북극에 인접한 강대국들의 모든 시선이 북극항로에 주목되기 시작한다. 향후 인류의 새로운 무역루트로 북극이라는 미지의 땅이 거론되고 있었던 것이다.

당시 중국이 세계를 평정하려는 계획은 **날이** 갈수록 구체화되고 있었다. 시진핑이 추진하는 "일대일로" 정책이 국제사회에 언급되려고 할 때쯤 한국에서는 한 명의 여성 정치인이 선거의 여왕이라는 별칭을 얻으며 국민들의 사랑을 한 몸에 받고 있었다. 박근혜 전 대통령이 대통령 당선 이전부터 준비해 오던 야심찬 계획이 있었다. 바로 유라시아 이니셔티브이다. 이 계획은 부산에서 출발하여 북한, 러시아, 중국, 중앙아시아를 거쳐 유럽으로 도달하는 대한민국 주도의 새로운 실크로드 계획이었다. 이 계획에는 최근 전 세계의 관심사인 북극항로 또한 포함되어 있었다. 박근혜 전 대통령은 북극항로를 통해 부산항에서 유럽 끝까지 활발한 무역 활동을 하고 육상의 철도, 전력, 가스 파이프라인 등을 통해 한국과 유럽 간의 에너지 네트워크를 구축하려 했다. 특히 중앙아시아는 세계 인구 60% 이상이 모여 살고 있는 지역이다. 때문에 이 지역으로 진출하여 시장을 확대해 나간다는 것은 향후 대한민국의 미래를 위한 매우 중요한 국가사업이었던 것이다. 이것이 바로 그녀가 임기 내내 강조하던 창조경제였다.

유라시아 이니셔티브는 대륙을 하나의 경제공동체로 묶고 북한에 대한 개방을 유도한다는 박 대통령의 독자적인 구상이었다. 하지만 당시 북한은 여전히 체제개방을 거부하고 있었기 때문에 북한영토를 철도로 통과할 수는 없었다. "통일은 대박이다"라는 말을 모두 기억할 것이다. 이게 바로 한국 유럽 간 육상실크로드 구축을 말하는 것이었다. 한반도 이북으로 진출하려면 필연적으로 북한을 통과해야 한다. 즉, 중간에 낀 북한이라는 변수만 해결된다면 유라시아 프로젝트의 첫 단추가 해결되는 형국이었다. 때문에 박근혜 대통령은 통일을 대박이라고 표현했던 것이다.

그런데 당시 이런 범세계적인 네트워크를 구축하려던 또 하나의 나라가 있었다. 바로 중국이었다. 중국 또한 일대일로라는 거대한 계획을 준비하고 있었다. 일대일로는 중국, 중앙아시아, 유럽을 연결하는 육상 실크로드와 동남아를 연결하는 해상 실크로드를 뜻하는 말로 여기에 북극항로 또한 포함되어 있다. 어찌 보면 박근혜 정부의 유라시아 이니셔티브와 중국의 일대일로 계획은 매우 흡사한 중장기 국가사업이었다고 볼 수 있다. 특히 당시 박근혜 정부는 북한이라는 가장 큰 변수의 해결을 위해 일정 부분 중국의 도움을 받으려 했었다고 전문가들은 분석한다. 즉, 중국의 영향력을 이용하여 북한을 개방시키려 노력했던 것이다.

이것을 간접적으로 증명해 주는 사건이 2015년 10월 31일 있었던 한중 정상회담이다. 당시 한국 정부는 중국과의 정상회담을 통해 유라시아 이니셔티브와 일대일로 정책의 연계를 강화하기로 합의하게 된다. 정상회담 직후 합의 내용을 담은 양해각서 두건을 체결했다. 당시 양국은 유라시아 이니셔티브와 일대일로의 공통점이 많아 양국의 연계 가능성이 크다고 판단했다. 때문에 정책 공조, 기반시설 연결, 무역 투자 활성화, 금융 협력 등 다방면에 걸쳐서 경제협력을 확대하기로 결정했다. 특히 양해각서의 내용 중에 북한 문제를 양국이 협력하여 해결한다는 내용이 포함되어 있었다. 이러한 결과를 이끌어내기 위해 박근혜 대통령은 같은 해 9월 천안문 망루에 오르기도 했다. 당시 서방세계의 그 어떤 지도자도 참여하지 않았던 중국 전승절 행사에 미국과 우방에 있는 나라로 유일하게 대한민국의 대통령이 참석했던 것이다.

전승절 참석 이후 전 세계의 언론은 중국의 일대일로에 협력하려는 대한민국 정부의 움직임에 관한 기사로 미디어를 도배했다. 미중 무역전쟁이 시작될 조짐을 보일 때쯤 중국 공산당에 동조하는 국가나 정치세력 지도자 등은 모두 조용히 죽임을 당하거나 파면당했고 심지어 국가가 망하기도 했다. 박근혜 대통령 탄핵 사건과 유라시아 이니셔티브가 지금에 와서야 다시 회자되는 이유는 현재 미국판 일대일로 사업이라고 볼 수 있는 거대경제 블록 구축과 북극항로 개발이 이루어지고 있기 때문이다. 사실 이러한 계획은 글로벌 엘리트들에 의해 매우 오래전부터 계획되고 있었던 일이다. 특히 북극항로를 차지하려는 그들의 야욕은 어쩌면 태평양전쟁 이후 냉전 시대를 거치면서 꾸준히 논의되고 계획되어 왔을 것이다. 그런데 2015년 이후부터 이러한 자신들의 글로벌 어젠다에 방해를 줄 수 있는 요인들이 한국과 중국이라는 두 동아시아의 국가들에 의해 진행되고 있었던 것이다. 당시 이러한 박근혜 대통령의 행보는 향후 글로벌 엘리트들의 계획에 큰 걸림돌이 될 수도 있는 일이었다. 이 세상에서 절대 건드려서는 안 되는 "역린"이 있다면 무기체계, 기축통화, 원유, 무역루트다. 즉 박근혜 대통령의 유라시아 이니셔티브는 중국의 일대일로와 마찬가지로 글로벌 엘리트들의 역린을 건드린 사업이었던 것이다. 게다가 당시 박근혜 정부는 이와 같은 실크로드 구축을 자체적으로 실현하고자 했다. 결국 다음 해인 2016년 중순 박근혜 대통령은 최순실, 국정농단, 태블릿PC 등의 구설수에 오르며 탄핵 위기에 처하게 된다. 그리고 잘 짜인 수순대로 탄핵이 이루어지게 되고 글로벌 엘리트들의 꼭두각시가 보궐선거에 당선된다. 중국은 일당독재 국가이기 때문에 엘리트들이 대놓고 내정간섭을 하기가 쉽지 않다.

하지만 대한민국은 달랐다. 한국은 자유민주주의 국가로서 서방의 정치모델을 표방하고 있다. 항상 여야 간의 갈등이 심하며 국민들 또한 좌우로 정확히 나뉘어 있다. 이렇게 편을 갈라 싸우는 정치구조를 갖고 있는 국가는 엘리트들의 내정간섭이 용이하다. 그들은 언제든지 다양한 명분 이를테면 인권, 정부의 부패, 공직자 비리 등 과격한 개혁가들을 내세워 쉽게 내정간섭을 할 수 있게 된다. 하지만 중국과 같은 일당독재 체제에서는 반대 여론 형성 자체가 불가능하기 때문에 이런 수법이 먹혀들어 가지 않는다. 즉 박근혜 대통령 탄핵은 글로벌 엘리트들에 의한 보이지 않는 내정간섭의 결과이며 이게 바로 미국식 민주주의의 두 얼굴인 것이다.

박근혜 대통령 탄핵 직후 당시 한국경제신문의 정규재 주필은 직접 그녀를 찾아가 긴 시간 인터뷰를 가졌다. 당시 박근혜 대통령은 인터뷰를 통해 이것은 우발적으로 된 것은 아니라는 느낌을 갖고 있다. 그동안 추진해 온 계획과 추진에 반대하는 세력들로 보고 있다. 거대한 세력이 배후에 있는 것 같다. 그동안 진행과정을 좀 추적해 보면 뭔가 오래전부터 기획된 것 아닌가 하는 느낌도 지울 수가 없다고 밝힌다. 많은 사람은 당시 이러한 그녀의 고백을 지극히 좌우 진영 논리에서만 해석하려 했다. 때문에 수많은 정치분석가의 논평 오피니어 리더들은 단순히 좌익세력에 의한 우익 대통령 탄핵이라는 프레임 안에서 머물 수밖에 없었다. 하지만 시간이 지나 변화한 동북아 정세를 살펴보면 정작 더 큰 덩어리는 배후에 따로 있었다는 것을 알 수 있다.

박근혜 정부의 유라시아 이니셔티브 정책은 중국의 일대일로와 연계될 수밖에 없는 국가사업이었으며 그녀는 이 계획의 실현을 위해 어느 정도는 러시아, 중국과도 협력하려는 움직임을 보였다. 결국 그녀의 행보에 위기를 느낀 글로벌 엘리트들에 의해 가차 없이 역풍을 맞고 말았던 것이다. 지금 와서 생각해 보면 당시 불거졌던 태블릿PC, 정유라, 최순실 등의 키워드는 탄핵을 위한 명분일 뿐이었음을 알 수 있다. 그들은 이러한 거짓을 한국 사회에 유포하여 언론을 자극했으며 대국민 분노 여론을 형성시켰다. 즉 한국인의 특징을 잘 파악하는 특정 전략집단이 한국 국민의 정서에 맞는 탄핵 여론을 기획한 것이다. 박근혜 대통령 탄핵은 지난 2월 벌어진 아웅산 수치 구금 사태와 매우 닮아있다. 당시 많은 사람은 그녀를 끌어내린 세력이 중공일 것이라고 해석했다. 하지만 그와는 정반대였다. 아웅산 수치는 중국팽창의 상징인 일대일로 구축에 동조했다. 인도 태평양 패권을 차지하기 위해 혈안이 되어있고 가뜩이나 중국 때리기에 여념이 없는 글로벌 엘리트들의 눈에 그녀의 행보가 달갑게 보였을 리 없었던 것이다. 결국 몇 달이 지나 그녀는 군부에 의해 끌어내려 오게 된다. 즉 아웅산 수치 사건은 표면적으로는 부정선거에 반기를 든 미얀마 친중 군부가 그녀를 끌어내린 것처럼 보일 수 있다. 하지만 사실 이런 쿠데타의 이면에는 미국과 중국이라는 두 패권국의 알력 다툼이 숨어 있었던 것이다. 아웅산 수치는 1991년 노벨평화상을 수상할 정도로 서방세계의 덕망 높은 지도자의 이미지를 갖고 있었으며 여태까지 미국 또한 그녀에게 매우 우호적인 정치적 입장을 취하고 있었다. 그러나 그녀가 중국과 손을 잡으려는 움직임을 보임과 즉시 학살의 방관자, 밀수꾼, 부정선거 등의 프레임이 동원되어 가차 없이 끌어내려 오게 된 것이다.

특히 미얀마 쿠데타의 시점을 살펴보면 미얀마 내에 중국 파이프라인 확장공사가 진행되는 시점과 정확히 일치하는 것을 알 수 있다. 대한민국의 경우도 다르지 않다. 박근혜 대통령 탄핵 당시 국내 여론은 그야말로 좌우의 대립뿐이었다. 탄핵의 진짜 배후 세력은 자신들이 한 짓을 감추기 위해 여러 가지 거짓을 한국 사회에 유포했다. 한국 국민들이 분노할 것들만 골라 한국인 정서에 맞게 기획되었던 것이다. 모든 국민이 이 전략에 속아 넘어갔고 우익진영은 좌파의 소행이라고 단정 지었으며 좌익진영에서는 거짓에 거짓을 더해 한 명의 대통령을 중죄인으로 몰아갔다. 유라시아 이니셔티브를 저지하려는 글로벌 엘리트들의 전략이 제대로 먹힌 것이다. 당시 탄핵 사유는 억지스럽고 빈약했으며 저급했다. 좌우의 갈등을 극도로 부추겨 국민들이 편을 갈라 서로 싸우는 동안 배후에서 기획된 탄핵의 진짜 이유, 즉 박근혜 대통령이 추진하려 했던 한국 주도의 유라시아 이니셔티브 그리고 그것을 저지하려 했던 국제적 움직임들은 철저히 감춰질 수 있었던 것이다. 탄핵 당시 좌익 종북세력에 의해 보수정당의 대통령이 끌어내려 왔다는 분석은 당시 동북아 정세를 간과한 채 지극히 좌우 대립에 매몰되어 발생한 매우 순진한 해석이다. 대한민국이라는 나라는 야권세력에 의해 집권 대통령이 쉽게 물갈이될 수 있는 나라가 아니다. 왜냐하면 대한민국이라는 지정학적 위치는 글로벌 엘리트들의 동아시아 거점이나 다름없는 곳이기 때문이다.

즉 그들의 비호 속에 있는 한국이라는 나라의 대통령은 그렇게 쉽게 끌어내려 올 수 있는 위치가 아니다. 하지만 박근혜 대통령의 케이스처럼 엘리트들이 직접 정권교체를 기획하고 움직였다면 충분히 이야기는 달라질 수 있다. 이러한 메커니즘은 일본에서도 똑같이 적용된다. 일본의 수상은 미국에 의해 선출되며 또한 미국에 의해 실권한다고 말해도 과언은 아니다. 많은 국민들의 염원에도 불구하고 트럼프 대통령의 임기 동안 박근혜 대통령은 석방되지 않았다. 한국의 좌경화를 막고 나아가 한반도가 공산화되는 것을 막는다는 미국이 이러한 비정상적인 탄핵과정을 방관했다는 것은 상식적으로 납득이 안 되는 일이다. 박근혜 대통령 탄핵 사건은 엘리트들의 큰 계획에 의해 벌어진 일들이기 때문에 당시 미국 대통령의 위치에서 해결할 수 있는 일이 아니었다. 같은 구단주 밑의 바지사장들이라 할까?

한국이라는 지정학적 위치를 고려했을 때 역사적으로 대한민국의 대통령은 무언가 독자적인 노선을 타려고 하면 반드시 급제동이 걸렸다. 박정희 대통령 시해 사건 또한 김재규를 필두로 한 좌경용공 세력이 단순히 유신정권을 갈아엎기 위해 저지른 거사였다고 생각하면 안 될 것이다. 박정희 대통령은 한반도의 독자적인 무기체계인 미사일과 핵투발 수단을 구축하려 했다. 즉 그 또한 국제무기 시장을 장악한 방산 엘리트들의 역린을 건드리고 만 것이다. 이렇듯 배후에는 항상 더 큰 덩어리가 있다. 그들은 자신들의 큰 그림을 실현하기 위해 우방국의 정치 상황에 개입한다. 자신들 입맛에 맞게 지도자를 축출시키거나 새로운 정권을 탄생시키기도 한다. 이런 일들은 우리가 모르는 사이 세계 곳곳에서 비일비재하게 일어났다.

우리 모두는 하루빨리 좌우 진영 싸움에서 빠져나와야 한다. 한반도의 남북 체제 경쟁은 냉전 시대의 종식과 함께 이미 끝났다. 오늘날 세계에서 벌어지는 모든 정치적 사건들은 더 이상 사회주의와 민주주의의 싸움도 공산주의와 자본주의의 싸움도 아니다. 대규모 자본을 동원하여 에너지와 무역루트를 장악하는 패권 경쟁일 뿐이다. 상황이 이런데도 구시대적 이데올로기 갈등에 매몰되어 있으면 급변하는 시대에 정작 중요한 사실들을 보지 못하는 실수를 범하게 된다. 초엘리트들에 의해 지배당하는 세계에서 그들은 이러한 자신들의 지배구조를 감추기 위해 좌우를 만들어 싸움을 붙인다. 싸우기에 여념 없는 대중은 자신들 모두가 결국 피지배자임을 전혀 눈치채지 못한다. 지난 박근혜 대통령 탄핵 사건 또한 이러한 글로벌 엘리트들의 전략을 여실히 보여주고 있는 것이다.[120]

글로벌 엘리트들의
동아시아 지배 전략

　북극항로 대항해 시대가 열리고 있다. 북극항로는 북동항로와 북서항로로 나눠지는데 아직 북극항로라 하면 러시아 위쪽을 지나는 북동항로를 일컫는다. 아무튼 북극항로가 다시 관심을 받고 있다. 러시아에서는 북극항로를 연중 상시 운영할 거라고 밝혔는데 그동안 겨울철 결빙 기간이 4개월 이상 되면서 항로가 막혀 연중 상시 운행이 어려웠지만, 현재는 온난화의 가속화로 결빙이 2개월 내로 단축되면서 대형 화물쇄빙선 9척을 보유하여 연중 상시 운영이 가능할 수 있다고 말한 것이다.

　아이러니하게도 한국 주도 '유라시아 이니셔티브' 즉 부산에서 북한 중국 중앙아시아 러시아를 거쳐 유럽에 이르는 새로운 국제무역 루트 개발 때문에 탄핵당하고 매장당한 박근혜 대통령이 이 소식을 듣는다면 감회가 새로울 것이다. 비교적 가까운 시간 동안 세계 무역 루트 때문에 겪어야 했고 일어났던 몇 가지 사건들을 기억해 보기로 하자.

　첫째, 대항해 시대 영국은 동인도회사의 세계적 무역 루트 장악과 청나라 아편 전쟁 등으로 막대한 국부를 축적했고 미국에 예일대를 설립하는가 하면 1차대전 추축국인 일본의 메이지 유신을 지원하여 만주 괴뢰정부를 수립하여 러시아 남하를 저지했다.

둘째, 제2차 세계대전 이후 매트릭스 한국전쟁은 자본주의인가, 공산주의인가로 양 진영을 나누고 이념적 갈등과 국지적 분쟁을 유발해 글로벌 엘리트들이 소유한 군산복합체 기업들이 무기를 팔아 엄청난 돈을 벌 수 있는 냉전 시대의 개막을 알리는 신호탄이었다.

셋째, 비슷한 시기 미국의 헨리 키신저와 중국의 주은래 총리 회담은 중국에 드리운 죽의 장막을 걷어 내고 약 주고 병 주려는 미국의 치밀한 외교 전략이었다.

넷째, 이후 미국 대통령 리처드 닉슨과 중국 주석 모택동 회담은 향후 닥칠 냉전 시대 이후 중국을 무대 위에 올려놓고 털어서 세계인들에게 마치 중국과 패권 경쟁을 하는 것처럼 사기 치기 위한 전략이었던 것으로 추정된다. 따라서 소련 붕괴 이후 새로운 주적을 만들기 위해 중국을 새로운 신냉전 즉 미·중 무역전쟁 파트너로 키우고 준비해 왔다.

다섯째, 베트남전은 중국의 동남아시아 인도차이나 세력 확장을 사전에 차단하여 러시아를 태평양 남쪽으로 진출하지 못하게 했던 것처럼 중국을 영원히 태평양 바다 지역으로 나올 수 없도록 철저하게 차단한 것으로 보인다. 따라서 남베트남에 교두보를 확보하기 위해 고딘디엠 장군을 선발해 쿠데타를 지원해 성공시켰고 목적을 달성한 후 호치민을 선택해 중국을 견제해 완벽하게 목적을 달성한 전쟁으로 추정된다. 이후 필요 없고 무능한 남베트남을 버리고 고딘디엠을 역쿠데타로 제거했다.

여섯째, 북한의 김일성, 김정일, 김정은 정권은 세계사에서 유일무이한 3대 세습정권을 세계인들이 전혀 알 수 없도록 알게 모르게 미국 CIA 등 비밀기관 등을 통해 지원해 왔다. 결과적으로 북한 주민들은 안타깝고 불쌍한 것이다. 미국이 지원하는 대신 원하든 원하지 않든 자본주의의 반대편 악마의 공산주의 상징으로 80년간 악역을 충실하게 맡아 원치 않는 서커스 국가의 고통 속에서 살아왔다. 그러나 최근 미국의 동북아시아 회귀전략에 따라 미국은 미·중 무역전쟁과 미국의 군사적 패권 전략 때문에 한반도 중에서도 특히 북한지역이 지정학적으로 매우 중요한 위치로 떠오르고 있다. 따라서 미북 핵무기 전쟁으로 세계인들은 유엔의 경제제재 미국의 자금동결 조치, 주변국 무역제재 등을 통해 미·북이 엄청나게 싸우고 있는 것 같지만 사실은 최근 록펠러 재단의 거대자본 JP모건의 막대한 자금이 상당히 투입됐고 지원되고 있는 것으로 확인되었다.

일곱째, 대한민국의 박정희는 일본 아베 총리 외조부 기시 노부스케의 동생 사토 에이사쿠 총리로부터 비밀리에 핵개발 기술을 지원받고 있었으며 일본 총리 사토 에이사쿠는 독일 뤼프케 수상과 핵개발 비밀협약을 추진하고 있었다. 그러나 이러한 일들을 파악한 미국은 한국의 박정희 대통령과 일본의 사토 에이사쿠를 제거한 것이고 이러한 일들이 미·일 무역전쟁의 단초를 제공했고 이후 일본은 잃어버린 30년이 계속되고 있다. 또한 박정희 대통령 시해 사건 이후 정권을 챙긴 전두환은 박정희 대통령의 핵개발 기술을 그대로 이어받았고 핵개발을 비밀리에 계속 진행하다가 버마 랭군(Burma Army)에서 폭탄테러로 핵개발 중요 각료들 중 17명의 목숨을 잃고 이후 모든 핵개발 계획을 포기한 것이다.

여덟째, 1976년 8·18 판문점 도끼만행 사건도 카터 대통령 대선 전략인 '주한미군 철수' 공약사항을 미국 국민에게 공포 분위기를 조성 또는 보여 주려다 예기치 않게 확대된 사건이고 5 · 18 민주화운동도 카터 대통령과의 악연으로 박정희가 사망하고 카터 대통령의 재선 선거 중에 일어난 사건이다.

아홉째, IMF, 외환위기에 대해 이야기할 때 김영삼 대통령과 김대중 대통령의 역할은 반드시 짚고 넘어가야 할 것이다. IMF 위기는 단순히 경제 과열이나 국내 재정부의 무능 때문에 발생한 사건이 아니라, 한국의 핵심 국부와 우량부동산과 기반시설 등이 미국계 유대 자본가들에게 넘어간 사건으로 볼 수 있다. 당시 정부는 한국 금융시장을 외국자본에 개방하여 국가의 핵심 자산을 외국자본에 넘겨주는 환경을 조성했다고 볼 수 있다. 어찌 보면 북한의 기습 도발보다 정치계의 잇따른 혼란 사태보다 수많은 인명피해 사건보다 더 심각한 사건이 바로 대한민국의 IMF 사건이었다.

개발도상국에 찾아오는 단순한 경제 과열 혹은 국내 재정부의 무능과 실책 때문에 비롯된 사건이었다고 생각하는 사람들이 많으나 절대 그렇지 않다. IMF는 정확히 정해진 때 찾아왔으며 어쩌면 당연히 거쳐야 했던 일종의 수순과도 같은 사건이었다. 그리고 이러한 수순을 용인해 준 자들이 바로 김영삼 대통령과 김대중 대통령이다. 한국의 IMF는 이 두 대통령과 미국계 엘리트들 사이에 있었던 모종의 거래이자 글로벌 엘리트들에게 한국의 국부를 떠먹여 준 일종의 보답과도 같은 사건이었다.

1999년에 김영삼, 김대중 대통령이 동양인 최초로 포르투갈 신트라에서 열린 빌더버그 회의-*에 참석한 사실은 한국 현대사에서 주목할

-* 1954년 네덜란드 빌데르레르흐 호텔에서 처음 개최된 국제 외교관계 협의회 CFR

만한 사건이다. 외신 보도에 따르면, 이 회의는 향후 동아시아에서 펼쳐질 글로벌 엘리트들의 새로운 패권 구도를 논의하는 자리였으며, 미국의 아시아로의 패권 확장을 모색하는 시기와 일치했다. 당시 빌더버그 회의는 2000년 밀레니엄 이후 동북아 지역에서의 글로벌 엘리트 거점으로서 대한민국의 역할을 논의하는 자리였다고 한다. 이 회의는 대한민국 내 정치세력의 재편성을 모색하고, 글로벌 엘리트들의 어젠다에 맞춰 한국의 정치 구도를 재조정하는 데 중요한 역할을 했다는 것이다.

이 회의를 통해 한국의 우파와 좌파 정치세력이 김영삼계와 김대중계로 재편성되었으며, 오늘날 한국의 정치권은 이 두 계열로 크게 나뉘어 있다. 이로 인해 우파는 친미, 좌파는 반미라는 개념이 고착되었고, 특히 교회 장로였던 김영삼 대통령에 의해 기독교인은 우파로 인식되는 경향도 생겨났다. 이러한 정치적 재편성은 한국 내 좌우의 정치개념을 형성하는 데 중요한 영향을 미쳤으며, 이후 한국의 정치적 흐름에 큰 영향을 끼쳐왔다.[121]

어쩌면 대한민국 보수의 명맥은 이미 1979년 두 발의 총성과 함께 완전히 끊긴 것인지도 모른다. 즉, 상도동계와 동교동계의 싸움일뿐 개념정리 자체가 잘못되어 있는데, 무슨 진영 논리가 있을까?

진정한 보수의 흔적은 어디서도 볼수가 없는 것이다.

미국의 압록강 작전 어디서 설계했을까?

지금도 진행형이다. 현재 국제정세는 중국을 중심으로 이루어지는 다양한 변화를 경험하고 있다. 남한은 미국의 첨단무기를 구입하여 해군과 공군을 강화하고 있으며, 북한 역시 미국의 현대화된 무기체계로 육군을 강화할 가능성이 있다. 서해상 연평도 어업지도 공무원 사망사고는 불행한 일이지만, 베트남전의 제2의 통킹만 사건, 쿠바 침공 노스우즈-* 사건처럼 남한과 북한이 엄청난 적대적 관계인 것을 새삼스럽게 드러내 이는 중국을 기망하는 하나의 전략으로 볼 수 있다.

남한과 북한의 적대적 관계가 종식되면, 38선에서 군대가 움직여 압록강과 두만강으로 진출한다면 중국은 크게 동요할 것이다. 한편, 세계지도가 약 13개 구역으로 나누어진다면, 한국과 북한은 〈설국열차〉에서처럼 기술직, 공인직 등 중간계급까지 활용될 것이라는 기대가 있다. 4차 산업혁명 시대에서는 계층 상승이 어려워 개천에서 용 나는 사회

-* 1962년 미국군부가 쿠바를 침공하기 위해 배경이 되는 적절한 사건을 자작극으로 일으키려고 했던 계획.

가 아니다. 그래서 이 시대에 우리나라의 국가적 레벨이 세계 1등은 아니더라도 상위권에는 속해야 한다.

상위권 국가로의 진입은 국민들이 더 나은 삶을 누릴 수 있기 때문이다. 현재 내연기관을 이용한 3차 산업 사회에서 한국은 세계 무역 13대국에 속하며, 200여 개 국가 중 상위권에 해당한다. 이는 한국이 아프리카나 남미 출신의 사람들보다 훨씬 나은 생활을 하고 있다는 것을 의미한다. 이제는 20%가 80%를 먹여 살리는 시대가 아니라, 일한 만큼 디지털로 측정되어 임금이 지급되는 시대가 되었다. 4차 산업 사회에서는 노력하지 않는 자는 열매를 얻을 수 없으며, 이 시대는 공산주의도, 자본주의도 아닌 새로운 형태가 될 것이다.

한국의 대표적인 다국적 기업인 삼성, LG, 현대는 4차 산업혁명에 필요한 엄청난 반도체 투자와 생산(페트로반도체 달러 시대 추정), 세계 소비시장에 맞춰진 자동차, 전자제품 등을 제공하게 될 것이다. 이런 유리한 조건을 음모론이나 딥스테이트 등의 이슈로 포기해서는 안 된다. 4차 산업 시대에는 전 세계 인구의 90%가 잉여인구가 될 수 있으며, 잉여인구가 아닌 10% 안에 들어야만 생존이 가능하다.

현재는 전통적인 자본주의 산업 시대에서 4차 산업혁명으로의 전환기로, 인구의 많고 적음이 경제적 부담과 기회로 다르게 작용하고 있다. 중국의 14억 거대한 소비시장이 새로운 시대에 어떻게 적응하고 발전할지는 아직 불확실하다. 하지만 한국은 이러한 글로벌 경쟁에서 자국 내부 문제보다는 외부에서의 해결 방안을 찾을 수 있는 유리한 위치에 있다.

한편 다국적 세계 글로벌리스트들 시오니즘의 완성은 고토 수복으로 끝난다고 볼 수 있다. 그들은 별자리의 움직임에 따라 수도와 거주지를 이동했다. 시간, 분, 초가 따로 노는 것처럼 서로 흩어져 살다가 약 2천 년 주기로 만나 다시 정립하고, 다시 흩어지는 패턴을 보인다. 이번 세기에 그 위치가 한반도에 있다고 본다. 예를 들어, 재정 러시아의 남하를 막기 위해 조선과 일본을 근대화하려 했다. 이 근대화는 유대인들의 자금 지원을 받아 일본이 세계 2위의 강대국으로 성장할 수 있었다. 일본의 경제 성장과 강력함은 유대 자본의 영향이 있었다. 일본은 당시 미국과의 관계가 나빠지면서 유대인 자금의 지원을 받지 못했고, 이로 인해 '복어계획'-*과 '만주국 설립', '하돈 프로젝트'는 실패로 돌아갔다. 이 프로젝트는 만주에 이스라엘을 건설하고자 하는 계획이었다. 많은 유대인들이 독일 히틀러의 탄압을 피해 일본 영사의 도움으로 탈출해 중국 상하이로 갔다.

상하이에 도착한 후 다시 다롄으로 가 만주에 '뉴 이스라엘'을 건설하려 했으나, 일본과 미국의 관계 악화로 인해 실패하고 상하이에 머물게 되었다. 이곳이 바로 '상하이 게토'이며, 상하이 거주지역 게토에 있던 건물이 상해 임시 정부였다. 일본이 포기한 이스라엘 건설 계획은 결국 한국인에 의해 실행될 것이다. 많은 유대인이 한국의 항일투쟁에 자금과 무기를 지원했다. 이 항일투쟁은 만주에서 일어났으나 실패했다. 그러나 이것은 현재 진행형이며, '복어계획(河豚計畵)'의 일부이다.

-* 맹독을 품고 있는 고급 생선을 빗댄 은유 표현. 1930년 만주 지역에 유대계 미국인 자본을 유치하려는 계획.

일본은 미국에 있는 음모론에 자주 등장하는 록펠러, JP모건과 같은 인물들로부터 자금을 받아 만주에 이스라엘을 건설하겠다는 약속을 했다. 이로 인해 만주국이 건설되었다. 그러나 일본이 독일, 이탈리아와 삼국동맹을 맺으면서 만주국 프로젝트는 실패했다. 일본이 점령했던 지역은 인도·태평양 방어선과도 밀접한 관련이 있다.

일본이 메이지유신을 성공시키고 일본제국으로 발전할 때, 참모 조직은 '대본영'이라 불렸다. 당시 일본의 사상은 천문학적 근본으로 돌아간다는 복본사상(複本思想)이었다. 황국사관(皇國史觀)은 내선일체(內鮮一體), 만성사관으로, 본토와 조선, 만주, 몽골 등의 민족이 하나의 뿌리를 가진 민족으로 같은 역사에 포함된다는 사상이었다. 그러나 일본이 패배한 후 맥아더에 의해 이 황국사관은 폐지되었고, 일본은 원래의 섬나라 민족으로 축소되어 이러한 사상은 역사 속에 묻혔다. 그러나 시오니즘의 완성은 고토 수복이므로 아직 끝나지 않았다. 미·중 패권 경쟁 이후 중국이 분열되면 제2의 복어계획이 다시 일어날 것으로 보고 있다.

만약 복어계획이 다시 일어난다면, 일본이 과거 전쟁을 통해 이루고자 했던 '대본' 정책은 한국이 개발하고 있는 스마트시티, 4차 산업 등을 통해 하나로 묶어진 연방제 시스템으로 새로운 동아시아 연방이 만들어질 것이다. 이제는 북한이 중요한 역할을 하게 될 것이다.

박근혜 탄핵 전에는 북한의 김정은을 제거하고 북진 통일하는 것이 전통적인 계획이었다. 하지만 박근혜 탄핵 이후, 미·중 패권 경쟁에서 우파가 밀려나고 좌파가 득세하면서 상황이 변했다. 만약 트럼프 대통령이 재선한다면, 4년 이내에 중국과 대결을 펼칠 것으로 예상된다. 하지만 한국

인문학으로 읽는 금융화폐 **자본주의**

에서 우파가 정권을 되찾을 확률은 매우 낮다. 이런 상황에서 미국은 대중국 정책을 펼치기 위해 결국 좌파와 손을 잡아야 할 것이다.

새로운 형태의 동아시아 연방은 헨리 키신저가 말하는 새로운 형태의 집단안보 체제로, 반중 연합으로 구성될 것이다. 하지만 현재 우파는 분명한 어젠다가 없고 혼란스러운 상태이다. 미국은 현실적 관점에서 이 문제를 해결해야 한다.

미국이 현재 진행 중인 '플랜 Z'에 따라 남한의 좌파 정권을 유지시키려 한다. 이 계획은 남한과 북한이 각각 중국을 견제하는 동시에 반중 친미 어젠다를 가지는 것이 핵심이다. 즉, 남한과 북한의 정치체제가 다르더라도, 공동의 반중 친미 어젠다를 가진다면 미국 입장에서는 문제가 없다.

현재 김정은과 트럼프 대통령 사이에 비밀스러운 협상이 이루어지고 있다고 보는 것이다. 김정은과 트럼프 대통령의 연애편지가 25통이고 '각하'라는 표현을 9번이나 썼다지 않는가? 그래서 CIA가 유래 없는 아부성 발언이라 하지 않았는가? 또한 김여정이 비밀리에 미·북 협상을 진행 중이라는 점이 이를 뒷받침한다. 이런 상황에서 한국의 우파가 정권을 잡는다면, 북한에 대한 적대적 시각 때문에 미국의 중국 견제 전략에 차질이 생길 수 있다. 현재 북한군의 주요 부대가 중국 국경 지역으로 이동하고 있는 상황에서 남한군이 38선 휴전선 부근에 군대를 강화시킨다면, 이는 북한의 북진을 저해할 수 있다. 이는 남북 9·19 군사 합의와도 관련이 있다.

한국의 육군이 약화되고 공군과 해군이 강화되고 있는 상황은 미국의 극동아시아, 대중국 견제 정책과 관련이 있다. 북한의 육군과 남한 및 일본의 공군과 해군이 중요한 역할을 하는 것이다. 미국은 이러한 전략을 위해 한국 국방부 장관을 공군, 해군 출신으로 전환시켰다. 이는 미국의 큰 그림을 보여주는 것이다. 그러나 현재 한국의 우파는 이러한 상황을 제대로 소화해 낼 수 있을지 의문이다.

미국은 필요하다면 공산주의자와도 손을 잡는다. 과거 베트남 전쟁에서도 호치민을 지원하여 중국군을 막은 사례가 있다. 현재 북한은 김정은을 지키고, 김정은을 제거하려는 39호실을 없애는 것이 목표이다. 미국은 김정은을 지원하고 군부 39호실을 제거하는 전략을 취하고 있다. 이러한 맥락에서 남한의 종북주사파가 39호실이 아닌 김정은을 지원하는 것은 문제가 없다. 39호실은 중국과 밀접한 관계를 가지고 있기 때문에 친중파가 많다. 김일성의 개국공신들은 서자 출신인 김정은을 무시한다. 이러한 상황에서 김정은에게 힘을 실어주는 것이 중요하다. 이러한 메커니즘을 이해해야 한다. 우파는 이러한 국제관계 전략을 이해하려 하지 않는다. 미국이 진행 중인 전략을 이해하지 못하는 것은 문제가 있다.

결론적으로, 목표는 한반도를 중심으로 새로운 세계 질서를 만드는 것이다. 동아시아 연방이라는 구조가 언젠가 생길 것이며, 이 연방에 한국이 크게 기여하기를 바란다. 이렇게 중요한 역할을 하기 위해서는 현재와 같은 국수주의적인 사고방식이나 지나치게 자기 폐쇄적이고 수동적인 사상은 바람직하지 않다. 오히려 열린 사상과 사고를 가지되, 확고한 중심을 유지해야 한다. 이것이 새로운 세계 질서에서 한국이 중요한 역할을 할 수 있는 방향이다.[122]

괴벨스의 선전 선동과
대중심리학

왜 지금 괴벨스인가? 독재자 히틀러를 독일의 신화로 창조한 극악무도한 선동가로 단정하고 넘어가기에는 괴벨스가 남긴 유산은 적지 않다. 괴벨스의 후예들은 지금도 세계 곳곳에서 독재자를 찬양하고 부당한 권력을 정당화하며 가짜뉴스를 전파하고 있다. 미국(트럼프), 독일, 프랑스, 유럽의 극우 정당들의 약진, 특히 독일의 네오나치 독일대안당(AFD)의 약진에 더해 한국 사회는 2016년 겨울 수백만 명의 시민이 촛불을 들고 거리로 나오며 극적으로 극우의 패배를 끌어냈다. 세계적으로 매우 특별한 국면이었다.

그러나 극우는 잠시 패퇴했을 뿐 여전히 한국 사회에 잔존하고 있다. 그래서 우리는 현대적 극우 정치의 교본이자 선전 선동의 전략가였던 괴벨스를 이해해야 한다. 한국 사회에 괴벨스의 변종들이 설치고 있다는 사실에서 괴벨스의 연구는 독일에 국한될 수 없다. 괴벨스는 마르크스, 트로츠키, 룩셈부르크가 모두 유대인이라는 점에 착안해 마르크스주의가 유대인들의 속임수이고 인종적 자각을 지닌 민족을 거세하고 도덕을 타락시키려는 것이라고 결론을 냈다.

그는 유대인을 제거해 서구의 몰락을 막아야 한다고 진지하게 생각했다. 히틀러는 1924년 2월 재판에서 자신의 쿠데타를 좌파와는 다른 애국적 행위라고 변호했다. 나치는 당이 불법화되자 독일 민족 자유당과 연합해 민족주의 사회주의 연합으로 선거에 나섰는데 주요 강령은 반유대주의 의회주의와 마르크스주의에 맞서자는 것이었다. 민주주의 지도자는 대중의 자비에 의존한다. 살아남으려면 천박한 대중의 본능에 아부해야 한다. 그가 생각한 나치의 주적은 증권 자본주의였다. 그는 증권 자본은 생산적 자본이 아니라 기생적이고 탐욕적이다. 그 자본의 주된 주체는 유대인이다.

이제 각국의 국민은 40년 또는 100년간 미국의 세뇨리지(seigniorage)로 찍어낸 달러 위에 코로나를 핑계로 무제한 풀린 거대한 달러와 더불어 각국의 화폐들은 화폐의 마법 금융이란 이름으로 대주주들이 모두 자사주 매입과 배당금 부동산 거품으로 독식해 버리고 퇴장시켜 구경도 할 수 없다. 그들은 코로나바이러스로 고령자나 임산부들이 속절없이 죽어 나간다는 것도 기존 20세기적 기업 또는 자영업자들이 다 망한다는 것도 알고 있다.

하지만 지금까지 가르쳐 왔고 배워온 기독교적 생명 존중 사상으로는 중환자실의 식물인간 산소호흡기 하나도 뗄 수가 없다. 따라서 수많은 음모론자들은 새로운 지배 하나의 통일된 정부 실현 등등 수많은 오해와 의심 속에서도 이들은 지구라는 행성의 인류 미래를 위해 눈한번 질끈 감고 '그레이트 리셋(Great Reset)'이라는 계획을 실행하는 것으로 추정된다. 국민이 스스로 통치한다는 생각은 자유주의의 산물이다.

자유주의가 표방하는 국민주권 뒤에는 세상에서 제일 교활한 사기꾼들이 숨어있다. 나치즘 세상에서 제일 용감한 자들이 권력을 쥐고 있다면 솔직하게 말해야 한다. 우리는 지금 독재하고 있지만 대신 역사에 대한 책임은 우리가 책임질 거라고 한다. 그런 우리에게 대체 누가 돌을 던지겠는가? 겁쟁이들은 권력을 쥐고 있을 때 국민이 지배하고 있다고 말한다. 마르크스주의자들은 파시즘을 두고 자본주의 해체에 대한 프롤레타리아의 압력이 강할 때 자본가들이 생산수단에 대한 통제력을 갖기 위해 테러에 호소하는 체제라고 명명했다.

히틀러는 독일의 사명이 유대 볼셰비키적 러시아를 굴복시키고 유럽을 정복하는 것이라 믿었다. 파시즘은 좌파와 우파 모두에 대한 적대감을 민족주의와 결합한 운동으로 근대에 등장한 대체 종교였다. 선전은 또한 일반적으로 지배자들의 언어다. 독일이 전쟁과 유대인 학살을 합리화했듯이 미국과 영국 또한 전쟁 국면에서 국민을 속이기는 마찬가지였다. 그래서 선전에는 배신 속임수와 같은 부정적 이미지가 따라다닌다. 그러나 근대적 선전의 창시자가 갖는 생각은 다르다.

에드워드 버네이스(Edward Bernays)는 진정한 사회학자라면 민심이 신성하다거나 특별히 현명하고 고결한 사상을 대변한다고는 더 이상 믿지 않는다. 민심은 국민의 생각을 표현하며 국민의 생각은 국민이 신뢰하는 지도자와 여론조작에 능한 사람들에 의해 형성된다고 주장한다. 선전 그 자체는 악이 아니며 선전은 도구다. 때론 악마의 도구다. 우리는 영화와 라디오 언론의 도움으로 국민들을 교육한다. 국가는 그것들을 내버려 둬서는 안 된다. 언제든 빈민으로 추락할 수 있다는 두려움이 있는 곳일수록 극단주의가 지지를 받고 선전은 효과적으로 먹혀든다. 전쟁과 대공황을 겪은 그들 앞에 나타난 파시즘은 그래서 먹힐 수 있었다. 가짜뉴스가 쏟아지는 뉴스의 시대 이제 비판적 독해 능력(미디어 리터러시)은 합리적인 시민사회를 위한 시민들의 양식이자 민주주의를 지켜내는 수단이다.

:: 현대전은 심리전쟁(영국 타비스톡 집단심리 연구소)

런던교외의 타비스톡 집단심리 연구소는 모든 매스미디어를 동원해 인간의 허구적 자아를 만든다. 미국 정치권 두 개의 당이 같은 정체인데 때로는 조폭 때로는 천사의 모습으로 공화당, 민주당으로 번갈아 바꿔 쓰지만, 선거에 의한 눈가림이다. 바티칸의 교황도 계시록의 큰 짐승을 흰 교황 측과 검은 교황 측 동물들 싸움을 시키면서 대중이 눈치채지 못하도록 결국 원하는 목적을 달성하고 있다.

예를 든다면 JTBC는 청와대 국회와 싸우며 심리전쟁을 대중에게 주입하고 나치 괴벨스와 할리우드는 심리 선전영화로 독일군과 연합군 사기 문제를 개입하여 군인들 머릿속을 조정하고 미국의 MD미사일 디펜스 체계는 패트리엇과 사드로 대중 심리전쟁을 각인시키고 미국의 대륙간 탄도미사일은 중국 항공모함과 똥빵 21.17 미사일과 워게임 심리전쟁을 벌이며 대중의 마음을 훔치며 돈은 모두 가져간다. 박정희가 논두렁에서 농민들과 막걸리를 마시는 장면이 보도될 때 정부는 저곡가 정책으로 농민을 쥐어짰다. 전두환이 웃으며 야구장 시구에 나설 때 또 다른 현실에선 광주민주화운동을 은폐하고 삼청교육대를 만들어 군사 독재를 유지했다.[123]

소작농의 참정권을 거두는
지배 엘리트

지배 엘리트가 지난 100년 동안 민주주의를 하면서 소작농들에게 참정권을 줘봤는데 비용 대비 효과는커녕 사회경제 문화적으로 너무 많은 비용과 손실이 발생한다. 지배 엘리트 관점에서 민주주의를 했더니 단점이 너무 많고 소작농들에게 참정권을 줬더니 자신들이 주인이라고 생각하고 목소리를 높이기 시작한 것이다. 이런 상황을 엘리트 계층이 용납할 수가 없게 된 것이다.

지배 엘리트들이 패전트 소작농들에게 인내심을 잃어가는 바로 이런 상황 속에서 중국 공산당은 오히려 효과적으로 중국을 지배하고 있다. 중국 인민들에게 참정권도 주지 않고 민주주의도 하지 않고 인민들을 완벽하게 감시하고 통제하고 있는데 비용도 별로 들지 않고 국가가 효율적으로 흘러가고 소작농들이 열심히 일을 해서 주인들인 지배 엘리트들에게 과실을 가져다주는 것이다. 유럽, 일본, 한국, 미국 모든 나라가 마찬가지로 지배 엘리트들이 중국의 시스템이야말로 진정 인류가 나아갈 길이라고 판단하기 시작한 것 아닌가? 그래서 2020년도에 지배 엘리트들이 드디어 참정권을 본격적으로 거두어들이기 시작했다.

그러나 미국의 ESG펀드에 빨대가 꽂혀 사지를 잘리고 시진핑의 역할이 다하는 날에도 중국은 절대로 민주주의 국가로 전환되지 않을 것이다. 어차피 서방 국가가 필요한 것은 자원이 없는 찢어진 14억의 중국 소비시장일 뿐이다. 이러한 상황은 트럼프 대통령이 재선하든 바이든이 재선하든 똑같을 것이다. 4차 산업혁명이 시작됐고 5G 디지털 기술사회에서는 모든 사람을 감시하고 통제할 수 있기 때문이다.

얼마 전 하버드대학에서 유학하고 돌아온 교육부 나○○ 사무관이 말하지 말아야 하는 그들만의 비밀은 "민중은 개돼지"란 것이다. 이러한 기득권들의 최근 사상의 전환은 과거 고대 2500년 전 그리스 도시국가 스파르타는 1만 명의 시민과 그들의 노예(헬로트) 10만 명이 있었다. 그들 중 일정 재산을 소유한 시민만 국가 정책에 참정권을 줬고 노예 10만 명에게는 참정권을 주지 않았다. 따라서 소크라테스가 꿈꿨고 세계를 지배하고 있는 그들(딥스테이트 네오콘)이 20세기 미국의 설계자 제2의 투키디데스 조지 캐넌이 꿈꿨던 그리스의 아테네 민주주의가 아닌 스파르타식 공산주의식[124] 수정자본주의를 상상하고 지향하고 있는 것이다.[125]

인문학으로 읽는 금융화폐 **자본주의**

자본주의 정치제도의
도발적 가설

🪙 부정선거 이론적 배경과 선거 관전 포인트

미국의 선거제도는 승자독식제도(winner takes all)로 240여 년 전 건국의 아버지들이 독립선언서를 마련하면서 미연방 정부가 어떻게 운영되고 돌아가야 할 것인지에 대해, 그리스 대중의 무지한 민주주의 방식과 대중이 어떻게 무지하고, 대중이 선전 선동 심리학에 의해 어떻게 투표를 행사할 수밖에 없는지에 대해 선거제도를 심층적으로 주도면밀하게 전제하여 설계되었고, 그러한 연방 선거법을 만들고 운영해 왔다.

그런데 세계 최고의 선진국이고 패권국인 미국에서 행해지다 보니, 그것이 마치 최고의 민주적인 제도인 것처럼 생각하고 인식됐으나, 다음과 같이 설계되었다는 점을 간과한 것이다. 과거 2500년 전 그리스 아테네에서는 일정 재산을 가진 시민들만 선거에 참여할 수 있었다. 정치학에서 베네치아의 추첨방식이나 바티칸의 콘클라베 교황 선출 방식, 다수결 선거제도도 귀족정의 일종이다.

소위 민주주의라 하는 선거제도도 돈으로 사든, 자리로 꿰든, 언론 세뇌로 꿰든, 다수결의 원칙 즉 한 표만 더 이겨도 승리한다는 제도는 어쩔 수 없는 차선책인 것이다. 미국도 주(州)선거 결과 단 1표만 더 이겨도 주 선거인단 전체를 다 가져갈 수 있는 승자독식제도다. 이 제도는 과거 미 대륙 땅덩어리가 워낙 넓고 멀기 때문에, 정보통신과 교통 상황을 감안해 주(州) 대표단이 정치의 심장부인 워싱턴에 모여 각 주의 선거 결과를 형식적으로 최종 투표해 민주주의 형식을 갖추는 방식이었다.

그러나 미국은 공화당과 민주당 양당 체제가 지도자를 뽑거나 상원, 하원, 국회의원을 뽑을 때, 마치 엄청나게 싸우는 것 같지만, 그 안을 들여다보면 그렇지만은 않다. 어찌 보면 그들은 같은 편이다. 지금까지 돈으로 표를 사든, 언론과 매스미디어를 동원해 대중을 세뇌하든, 자신들이 원하는 특정 후보가 당선되었다. 공화당 대통령은 세계를 돌아다니며 미국 이익을 위해 도끼로 찍고 다니고, 민주당 대통령은 얼마나 아프냐며 어루만져 주는 척하며 둘 다 터는 방식이다. 즉, 지금까지는 그들이 필요로 하는 후보를 원하는 방식으로 원하는 결과를 만들어 온 것이다. 즉, 그들은 정당만 두 개로 나눠 있을 뿐이지, 적당히 암묵적인 카르텔이 존재해 왔다고 볼 수 있다. 그러나 최근 현대사회로 넘어오면서 심각한 문제가 생긴 것이다.

과학기술의 발전과 정보통신의 혁명, 교육 수준의 향상, 소득의 증가 등으로 어느 정도 무지해야 할 시민들이 너무 많이 중산층에 진입한 것이다. 너무 똑똑해진 유식한 중산층이 많아진 것이다. 알아서는 안

되고 알지 말아야 하는 그들만의 엘리트들의 지배 전략을 알아버렸고, 그동안 돈으로든 자리로든 수단과 방법을 가리지 않고 결과를 만들어 내던 선거 결과가 이제는 한계에 봉착해 버린 것이다. 다시 말해 수많은 중산층이 서민들을 부추겨 극소수의 지배층에 혁명적으로 대들거나 도전하는 상황이 발생한 것이다. 급기야는 극소수 엘리트들이 중산층과 무지한 서민층에 지배받을 수 있는 상황에 내몰린 것이다. 따라서 이러한 상황에서 중산층들을 서민 빈곤층으로 전락시켜야만 하고, 계급을 파괴하고 새로운 문명으로 바꾸기 위해서 코로나19 팬데믹이 설계된 것으로 추정되고 있다.

다시 한번 전대미문의 세계적 경제 대공황을 앞두고 있고, 경험하게 될 것이다. 또한, 이들은 과거의 전통적 선거 방식이 막혀 버렸기 때문에 어쩔 수 없이 위험을 무릅쓰고 눈에 보일 수밖에 없는 부정선거를 했던 것으로 추정된다. 다시 말해, 미국을 지배하고 있는 극소수 엘리트들이 미국을 구성하고 있는 노예 같은 다민족, 다인종 구성원들의 말도 안 되는 투표 결과를 받아들일 수 없는 상황까지 내몰린 것이다. 따라서 선거는 니들 맘대로 해라, 개표는 내가 하면 되니까, 이런 부정선거를 보게 되는 것이다.

2500년 전 플라톤이 말한 소크라테스를 빗대어 표현한 철인통치, 민주주의 지도자는 무지한 대중에게 아부해야 한다. 그렇기 때문에 각 주에서 부정선거가 일어나고 발견됐어도 그것은 지배 엘리트들이 그럴 만한 이유가 있었을 것이다. 그래서 연방 대법원에서도 아무런 조처를 할 수 없는 것이다. 왜냐하면, 우리는 종교를 발명했고, 돈을 발명했고, 은행을 발명했고, 증권거래소를 발명한 우리가 통치하는 것이 가장 이상적이기 때문이다. 결론적으로, 젖과 꿀이 흐르는 새로운 신의 나라, 이집트인 미국, 언덕 위의 도시 신예루살렘 뉴욕, 미국의 선거제도는 거리와 시간 때문에 설계됐던 선거제도가 그들이 원하는 선거 결과로 조작할 수 있는 시간과 기회를 마련하기 위해 변형된 것이다.

다시 말해, 그들끼리는 다 알고 있었던 사실이다. 미국의 선거제도는 흰 돌과 검은 돌의 숫자로 결정되었던 아테네 선거제도의 방지책이었다. 미국의 선거제도는 미국을 건국할 때부터 건국의 아버지들에 의하여 헌법에 일반 대중의 무지를 일정 정도 배제하는 정신이 들어 있었다. 즉, 미국의 국민투표는 형식에 불과하며 결국은 승자가 독식하는 구조이다. 선거인단 제도는 "결정은 표를 돈 주고 사든, 개표를 조작하든, 우리가 결정한다"라는 것이다.

이렇게 보는 이유는 공동체를 유지하기 위해서는 누군가는 지구의 종말을 방지하거나 늦출 수 있어야 한다. 그렇다고 신에게 맡길 수는 없다. 왜냐하면 신은 없기 때문이다. 신은 우리가 만든 것이기 때문이다. 따라서 그 신의 역할을 우리가 해야 한다. 그렇다면 무엇이 문제인가? 과학기술의 발전, 저출산 고령화, 복지예산, 연금 고갈, 지구환경 오염, 온난화, 지구의 자원 낭비, 우주 자원 개발, 축적된 사유재산, 고착화된 법치주의. 현재 미국의 상황에서 볼 때, 기존 우파의 과거 낡은 이념으로는 절대로 이길 수 없는 싸움이다.

왜냐하면, 지금까지 그들이 정해놓은 질서, 법, 도덕, 관념으로 늘 이겨 왔고 지배해 왔기 때문에, 미래 사회에 관한 공부가 게을렀고, 대비하지 않았다. 반면, 오랫동안 지배받았고 억눌려 식민화되어 있던 좌파 엘리트들은 과학기술의 발전과 함께 기득권을 뒤엎을 계획을 꾸준히 연구하고, 계획하며 준비해 왔으며, 과학기술의 발전과 함께 우파의 자멸과 진보의 결과다. 따라서 과거 세습과 사유재산 축적에 의한 왕족과 귀족들의 전통적인 기득권은 정당성을 유지하기 어렵게 되어 물러나게 하거나 뒤로 밀려 몰락하게 하고, 새로운 세상을 꿈꾸고 계획했던 좌파 엘리트 세력들과 4차 산업 신기술, 빅텍기업들이 그들을 밀어내고 주도권을 잡으려 하고 있다.

💲 부정선거를 할 수밖에 없는 이유

부정선거는 공학의 영역이다. 선거는 민주주의라는 탈을 쓴 허구일 수 있다. 미국의 우편투표와 한국의 사전투표는 서민들의 생업을 핑계로 매표하는 방식이다. 고대 그리스 아테네의 직접 민주주의에서도 투표 참여에 대한 일당을 지급했다. 결국 이는 돈으로 표를 사는 것이다. 표를 돈으로 사든, 여론을 조작하든, 자리를 꿰차든, 계수기 숫자를 조작하든, 그들이 정하는 것이다. 왜냐하면 일반 사람들은 죽음과 맞서며 높은 산에서 살아본 경험이 없어 산 위에서 사는 그들의 생각을 이해할 수도, 그런 생각을 할 수도 없기 때문이다.

한국 법원에서 증거보전을 신청해 부정선거에 사용된 것으로 추청되는 투표용지 계수기와 투표지에 걸린 접근금지 명령에도 중앙선거관리위원회에서는 아무런 제재가 없었다. 또한 미국의 11월 3일 부정선거도 사전우편 투표지가 제멋대로 분류되고 숫자가 조작되든 개표 시 참관자들이 어떤 방식으로 부정행위가 개입되든 마찬가지다. 그러니까 부정선거가 어떠하든지 사전투표가 잘못됐든지 우편투표가 잘못됐든지 집계 과정에서 부정이 개입됐든지 상관할 바 아니다. 왜냐하면 선거는 민주적이라는 너울을 쓴 것이고 개돼지들이 자기 손으로 대통령을 뽑았다고 생각하게 만드는 눈속임이었다.

그런데 최근 여러 번 자신들의 계획과는 달리 미국과 한국에서 대중의 인기를 얻는 후보가 당선되는 상황을 지켜볼 수밖에 없었다. 따라서 새로운 방법과 기술이 필요하게 되었고 문명이 진보한 결과인 인터넷 기술과 첨단 과학기술은 오히려 중산층 삶을 거꾸로 괴리시키고 유린시키고 있다.

즉 내가 만든 유도 반도체가 나를 향해 날아오고 있는 미사일 형국이다. 기술이란 과학을 갖고 놀다 보니 애가 밴 꼴이다. 이제 배춧잎 투표지든 이상한 투표지든 공학의 영역이다. 2016년 탄핵 이후부터 평범함으로는 이해할 수 없다. 투표지 인쇄 상태를 현미경으로 들여다만 보면 알 수 있는데 안 하는 이유는 무엇인가? 그것은 미국까지도 연결된 스테이트Q 기득권들 때문 아닐까?[26]

PART 7

생각하는
힘의 철학

철학은 다른 식으로 생각하는 것을 배우는 것이다. 철학은 비판
능력과 생각하는 힘을 함양시켜 다른 사람은 왜 나처럼 생각하지
않는지 생각하는 힘을 키우는 학문이다.

종교 관념적
철학 사유 능력

종교 관념적 철학 사유 능력

역사와 분리된 철학은 존재하지 않는다. 철학은 기성품이 아니라, 함께 모색해 나가는 과정이며 종교와 맞물려 혼돈으로 이어진다. 순수하게 사유체계로서 존재하는 철학이라는 개념 자체가 기만적인 생각이다. 모든 철학은 역사성과 밀접한 관련이 있으며, 문화, 사회, 철학은 분리될 수 없다. 철학이 독자적으로 존재한다는 것은 일종의 사기에 불과하다. 21세기에는 '철학'이라는 개념 자체가 없어져야 하는지, 아니면 다른 말로 불러야 하는지에 대한 논의가 필요하다. 특히 역사학과 철학은 치열한 사유를 통해 분리할 수 없다.

국가를 이끌어가는 지도자들은 학교에서 배운 세속적 지식뿐만 아니라, 세상이 어떻게 작동하는지에 대한 최소한의 의미를 이해하려는 노력이 필요하다. 관념적 철학과 종교가 인간 심리구조에 어떻게 작용하고, 세뇌하는지를 이해하지 못하면, 자본주의를 해석할 수 없다. 우리가 지금까지 듣고 배운 교육에 대해 다음과 같이 생각해 본 적이 있는가?

첫째, 기독교 발명, 이슬람 발명, 적이 없으면 적을 만들어라.

둘째, 성경의 위변조, 고대 선진문명과 진화된 문명을 부패하고 퇴폐적이었다고 누명을 뒤집어씌우고 사실은 그 발전된 문명을 자신들이 깔고 앉고 자신들 문명이라고 변조해 우기고 있다.

셋째, 제국 콘스탄틴 황제가 마치 기독교를 국교로 받아들여 기독교 세계화에 기여했다고 배우고 알고 있지만 사실은 기독교를 통치 수단으로 로마 황제로서 육체적 지배 로마 교황으로서 정신적 지배를 이용한 것이지 정의로운 기독교 사상을 받아들임이 아니었다.

넷째, 유대인이란 의미는 추상명사다. 바빌론 다신교 태양신 사상과 유대교 사상이 가톨릭에 들어가 그 복제품이 기독교와 이슬람이다. 그 의미는 우리는 지배하겠다. 너희는 하나님인 나에게 바라는 것을 기도만 하면 된다.

다섯째, 금융과 화폐자본주의에서 대통령이 누가 되든 상관없다. 내가 돈을 찍어낼 수 있는 한 선거제도를 깊숙이 뜯어보면 알 수 있다.

여섯째, 대중선전, 선동, 심리학, 세뇌, 언론, 매스미디어, 빅테크, 영화 등은 대중을 세뇌하는 데 가장 적합한 도구로 활용된다. 사담 후세인은 메소포타미아 지역, 특히 바빌로니아의 역사가 유대인들에 의해 위조, 변조, 윤색되었다고 주장하며 이를 바로잡고 알리려다 죽음을 당한 것이다. 즉 이라크는 고대 문명에서 최고의 전성기를 누렸던 바빌로니아였다.

따라서 자신들에게 문명의 혜택을 준 바빌론에 대해 자신들의 경전인 성경에 부패하고 퇴폐적 환락적이었다고 누명을 씌우고 있는 것이다. 즉 이라크를 침공해 사담 후세인을 죽이고 이라크 박물관에 남아 있던 고대 바빌로니아 유물증거들을 약탈 형태로 없애버린 것이다. 그는 기독교 성경의 부당함과 과거 고대 이라크의 전신인 바빌론 역사를 재조명하려다 죽임을 당한 것이다.

따라서 동양의 불교적 사상에서 시작된 그리스 철학을 기독교와 교묘하게 섞어낸 독일의 철학적 사유에서 벗어나는 것이 진정한 철학적 사유로 여겨진다. 지그문트 프로이트(Sigmund Freud, 1856~1939)는 칼 마르크스(Karl Marx, 1818~1883)와 결합하여 프랑크푸르트학파를 이끌었으며, 이는 신마르크스주의로 알려져 있다. 무의식은 언어화되지 못한 인간 욕망의 실체로, "나는 내가 아니다"라는 생각은 인간이 자기의식의 주인이 아니며, 조절할 수 없는 무의식에 의해 결정되고 지배당하는 존재임을 나타낸다.

프로이트는 아내와 딸, 손녀의 죽음을 깊이 아파하며 이를 관찰하고 분석하여 정신분석학에 기여했다. 손님이 오면 의식의 방으로 안내하지만, 무의식의 방은 너무 지저분하고 엉망이라 손님을 모실 수 없다고 생각했다. 철학자가 닭을 키우는 이유, 모성애가 자연의 생리인지 문명의 도덕인지에 대한 물음은 철학적으로 중요하다. 모성애는 인간에게 사랑의 모든 원천이자, 어떤 의미에서는 종교의 원천이기도 하다. 특히 포유류에 있어서 조류는 깨어나서 바로 자기가 48시간 이내로 완벽한 독립 개체가 되기 때문에 자기 먹이를 자기가 어느 정도 개척이 유리하다. 그런데 사람의 경우 갓 태어난 아이를 방치하면 100% 죽는다.

인문학으로 읽는 금융화폐 자본주의

포유류의 주요 특징 중 하나는, 엄마의 젖에 의존하여 성장한다는 점이다. 아기가 밖으로 나왔다고 해도, 여전히 엄마의 젖을 통해서만 제대로 성장할 수 있다. 포유류의 책임 기간이 긴 것은 인간의 생존 방식이 상대적으로 불리하기 때문이다. 이에 비해 닭은 알 속의 흰자위에 초기 48시간 동안 필요한 모든 영양분이 들어 있어, 새끼들이 힘차게 살 수 있다.

종교라는 것도 이 닭을 키우면서 느끼는 모성애는 순수한 생리냐 문명의 도덕이냐에 대해 생각하게 되었다. 우리가 이 모성애를 보는 것도 우리가 인간이기 때문이며, 맹자의 사상은 인간이기 때문에 어머니처럼 숭고한 어떤 도덕적 표상이다. 그런데 순수하게 닭에 있어서는 그 모성애 자체가 생리적이라고 볼 수밖에 없다. 하지만 인간의 여자에게 있어서 모성애는 생리적인 것이냐, 문명적인 것이냐에 대한 의문이 든다. 여기서 생리적인 것은 자연의 법칙이냐, 문명의 법칙이냐, 사랑이 자연이냐 문명이냐, 종교가 자연이냐 문명이냐와 같은 질문을 우리가 던질 수 있다는 것이다.

이런 과제 상황이 철학을 만들어 간 문제 설정들이다. 도덕이 무엇이냐에 대해서, 닭의 생태를 우리가 보면서 내가 볼 수 있었던 것은 어떤 생리적 조건이 맞아떨어지지 않으면 엄마 노릇을 못하더라는 것이다. 인간도 마찬가지다. 남자를 만나서 남자에게 딸린 아이에게 계모 노릇을 한다면, 그때 상황은 비슷한 컨디션이 아닌가. 그런데 그것을 정말 자기 자식처럼 잘 키우는 엄마는 그걸 생리적 조건이 맞은 것이냐, 문명의 도덕이냐에 따라 분석하는 시각에 따라 여러 가지 문제가 있을 것이다. 그러니까 인간이라는 것은 과연 무엇이냐는 문제로 들어갈 때 인간에게 가장 숭고한 그러한 어떤 모습을 닭에서도 발견할 수 있는데, 내가 발견한 것은 역시 자연의 생리적 조건의 지배를 받는다는 것이다.

인간에게 있어서 어디까지가 생리고 어디까지가 도덕인가에 대한 질문이 생긴다. 맹자는 철저하게 약자의 배려가 있어야 하고, 자연을 거부하는 것이다. 고독하고 외롭고 힘없는 인간들에 대한 철저한 배려도 맹자가 문명의 어떠한 도덕을 기초로 해서 인간을 생각하는 것이다.

독일인들이 자연에 대해 얼마나 깊이 생각했는지는 의문이다. 나는 이 점이 독일철학의 큰 맹점이라고 본다. 모성애를 예로 들어, 우리가 자연이냐 문명이냐, 무엇이 자연이고 무엇이 문명인가에 대한 문제의식을 일상적인 체험 속에서 찾을 수 있다. 그리고 그 발견을 바탕으로 그리스철학, 독일철학, 중국철학, 공자, 소크라테스를 탐구하는 것이다. 오늘날 문제의식을 느낀 사람은 독일철학을 볼 때 같은 시각으로 바라볼 수밖에 없다.

그러니까 철학의 문제는 어디까지나 오늘 우리가 살고 있는 이 세계를 어떻게 이해하느냐 하는 문제고 우리가 당면한 문제를 어떻게 해결하느냐 하는 문제다.[127]

독이 든 관념철학의 이론적 가설

아테네와 예루살렘이 무슨 관계가 있단 말인가? 3세기 로마의 테리툴리아누스(Tertullianus)는 이런 화두를 던지며 헬레니즘과 헤브라이즘 통합을 시도했거나 예루살렘이 아테네에서 가져온 철학과 사상을 섞으려 했다. 즉 헬레니즘은 이오니아의 자연철학과 이소노미아(isonomia)의 무지배 사상을 결합한 것이다.

아테네의 데모크라시 민주정치 헬레니즘은 인간의 자유의지 정신이다. 다시 말해 아테네 정신에서는 인간이 신을 만들었다. 오히려 신은 자연의 다른 이름일 뿐이다. 자연과 교통하며 조화를 이루어 자유로워지라는 것이다. 인간에게는 보편적인 존엄한 가치가 있다는 사상이다. 모든 사람 개개인에게는 천부의 인권이 있다는 것으로 현대 법 정신의 기본이다. 이에 반해 예루살렘 정신은 자연이란 신이 인간을 위해 만들어 주었기 때문에 신에게 복종하라는 지배신학이다. 지배하려는 로마 정신은 그리스도교 세력에게 유대교적 사상으로 일정하게 되풀이되는 제국에 길들일 수밖에 없었다.

로마 사회의 유대인들은 바빌론, 안티오크, 페르시아에서 그래왔던 것처럼 처음에는 상권을 시작으로 그다음에는 금융을 장악하고 또 그다음에는 궁정 회계사로 신분을 상승시키며 귀족들과 혼인, 혼맥을 통해 제국의 중심으로 들어가 로마제국을 지배하는 주류세력이 되었다. 또한 로마제국의 주류세력들은 기독교를 발명한 표면적 유대인이었다. 이들은 오늘날까지 신성로마제국인 미국과 제2의 예루살렘인 뉴욕을 지배하고 있다.

스피노자의 신의 율법-*들이 정치조직인 유대 연방을 자리 잡게 했다. 유대인들의 구약성경은 신앙이 아닌 복종의 문제였다. 유대인들의 돈에 대한 실용적 정신이 그리스도교 개신교를 믿는 사람들의 정신이 되었기 때문에 유대민족은 비유대인에게 정신적 복수로 그리스도교를 물려주어 유대교의 복제품을 만들어 낸 것이다. 마르크스의 관념론, 유대인은 기독교인을 자기들의 복제품으로 만들고 있다. 기독교인들은 탐욕의 신 맘몬의 노예가 되었다. 유대인은 재력을 사용해 자신을 해방시키고 기독교인을 노예로 만들고 있다.

유대인은 종교적이지 않고 경제적이다. 돈을 대하는 유대인의 태도는 화폐경제를 파괴하면 유대인과 그들의 종교가 세계에 준 타락한 기독교는 쉽게 사라질 것이다. 그러면 유대교로부터 인류를 해방시키는 것이다. 모든 교황이 예수회 수도사에 의해 지탱되는 것처럼 모든 전제군주는 유대인에 의해 지탱되고 있다는 사실을 우리는 깨달아야 한다.

-* 스피노자, 『신학정치론』

1840~1850년에 마르크스가 부르주아 사회에 일관된 비판을 수행할 수 있도록 만들었다. 그들은 계급투쟁 이론을 만들었으며 자본주의가 자신의 무덤을 팔 노동자 계급을 스스로 잉태한다는 것을 논증하였다. 공상적 사회주의자인 프르동, 푸리에, 오웬, 생시몽은 자본주의를 비판하고 그것을 단죄하고 저주했다. 마르크스와 엥겔스가 새로운 사회의 창조자가 될 수 있는 능력을 가지고 있으며 동시에 그런 창조자가 될 수밖에 없는 사회세력을 자본주의 품속에서 찾아내고 나서야 비로소 사회주의는 처음으로 하나의 과학적 토대 위에 세워졌다. 사회주의는 공상에서 과학으로 진화하기 시작했다. 스피노자, 멘델스존, 칸트, 헤겔, 포이어바흐, 마르크스, 니체, 프로이트 등이 반유대주의를 지지하고 다른 민족을 옹호했다는 공통점은 3세기 테르툴리아누스처럼 아테네 정신과 예루살렘 정신 통합을 시도한 사상가라는 점을 알려준다.[128]

한편 인간이 만든 제도는 인간이 고칠 수 있다. 주식회사 제도는 인간이 영원히 살고 싶어 하는 욕망에 근거해 설계한 인류공동체 역기능적인 제도다. 신약성경에 모든 인간의 죄를 짊어지며 십자가에 피 흘리며 죽은 예수가 3일 만에 부활하고 승천하여 언젠가 재림한다는 것은 인간이 영원히 살고 싶어하는 꿈인, 신화를 관념적인 내세관으로 발명해낸 것이다.

계약의 본질은 돈이다. 야훼와 히브리 민족 간 선민계약은 인류문명 최초의 계약이다. 시오니즘이라는 무대를 보여줌으로써 내세적 삶을 관념화했다. 한 번의 출자로 영원한 배당을 보장하는 주식회사 제도는 죽음 이후에 자식에게 상속되어 영원한 삶을 이어간다는 무덤의 관념화다. 증여, 상속은 죽은 자와 산 자의 거래계약이다. 쓰지 않고 맡겨놓은 돈이나 한번 구입한 최초의 토지는 공동체로부터 영원히 가로채는 것이나 다름없다.

그에 반해 죽음 뒤 자연으로 돌아간다는 사상은 죽음 이후에는 자신을 위해 재산을 쓸 수 없다. 그 재산을 죽기 전 명예롭게 이름을 남기는 데 쓴다면 공동체의 경제에도 좋은 영향을 줄 것이다. 조상신이 내 기도를 듣고 역경을 없애주기는 하나? 경제적인 어려움에 처했을 때 즉시 지급되는 사회복지 펀드가 있다면 신에게 계속 기도할 것인가? 내가 다시 살 것도 아니고 자식에게 줄 것도 아니라면 최선을 다해 살 필요가 있을까? 인간에게 더 가지려는 욕망이나 자식에게 남겨주려는 욕망이 없다면 무슨 재미로 남보다 열심히 뛰겠는가? 이런 질문이 나오는 것은 당연하다. 인간에게 욕망이 없으면 발전은커녕 퇴보할 것이다. 하지만 제도가 관념화되어 굳어졌을 뿐이지 인간이 만든 제도는 인간이 수정할 수 있다. 욕망의 크기를 일정량 조절해야 한다.

예를 들어 K%상속—법인카드 세액공제처럼 소비하지 않으면 세금으로 납부하게 해 국민경제 활성화에 기여하고 있다. 마찬가지로 살아있을 때 사회에 환원하지 않을 때 높은 상속세를 부과하면 동일한 효과가 나타날 것이다. 또 인간의 부패 방지를 위해 AI를 활용한 과학적 관리도 가능하다.

🏦 새로운 주식회사 제도

새로운 이해관계 주주총회, 〈지역주민 주주총회참석, 채권자집단 주주총회참석, 종업원 주주총회참석〉 새로운 화폐제도 약 25년 주기로 자산재평가 축적된 자산을 정해진 가치로 감가상각 노화하는 화폐로 평가해 공동체 기부나 세금으로 납부하는 방법이다.

새로운 사유재산제도

최초의 사유재산제 전쟁을 통해 폭력으로 빼앗은 토지에 대한 소유권을 영원히 인정한다는 것은 잘못된 혼인제 즉, 근친결혼, 일부다처제, 일처다부제처럼 근대사상가들의 오류다. 토지에 씨를 뿌려 수확한 열매는 그의 것이다. 하지만 그 토지는 공동체의 것이다. 바다에서 잡은 고기는 그의 것이지만 그 바다는 공동체의 것이다. 풍력을 이용해 생산한 전기는 그의 것이나 그 바람은 공동체의 것이다.

사슴 한 마리를 5일 걸려 잡고 7일 동안 식량으로 사용하다가 자본의 축적과 기술혁신으로 2일 동안 활을 만들어 3일 만에 잡거나 총으로 하루 만에 잡게 되었다. 이렇게 축적된 자본은 저축이나 분배 등 보관 방법을 찾거나 기업에 투자되면 썩지 않으나 부동산투자에 쓰이면 서서히 썩는다.

다시 말해 우리가 만든 사회제도를 공동체를 위한 제도로 수정하기 위해서는 두 가지 공부를 해야 한다. 하나는 타인을 이기기 위한 독이든 관념적 철학이다. 자연을 지배할 수 있다는 급진사상으로 타인을 공격하는 유일신 지배신학이다. 다른 하나는 자신을 이기기 위한 자연철학이다. 타인과 공존하고 자연을 신으로 공존하는 다종교사상이다.

프로이트의
네 가지 발견

프로이트는 처음에 히스테리 정신발작에 관심을 가지고 병원에서 수련을 시작했다. 그는 정신분석학이라는 이름으로 삶과 영혼을 지배하는 과정을 발견했는데, 그의 첫 번째 발견은 의식이 정신분석학 영역에서 아주 작은 부분이라는 것이다. 무의식적 정신적 과정이 의식의 통제를 벗어나 의식은 무의식에 종속된다고 했다. 이에 따라 무의식이 훨씬 더 강력하고 지배적이며, 의식은 빙산의 일각이라면 무의식은 물밑의 거대한 부분이다. 모든 정신적 사건은 인간성 발달의 내력을 통해 완벽하게 이해될 수 있는 기원과 의미를 가진다.

정신분석학은 발작 같은 행위를 의식만으로 보면 설명할 수 없지만, 무의식을 통해 그 원인과 의미를 설명할 수 있다. 이는 의식만으로 설명할 수 없었던 정신분석학에 무의식을 도입함으로써 충분히 설명할 수 있다는 것을 보여준다. 영화 속 미친 인물이나 이상적인 인물들이 무의식적 동기를 통해 설명되는 것이 이를 대표한다. 이는 인간이 무의식을 통해 지배받는다는 것을 보여주며, 인간에 대한 탐구에서 더 깊은 이해를 가능하게 한다. 이를 통해 정신분석학은 인간을 과학적으로 설명하는 데 중요한 역할을 하며, 이제 자연과학의 일부로 인정받게 되었다.

두 번째 업적은 어린이의 성을 연구하여 성적 에너지인 리비도가 정신적 삶의 중심적 원동력임을 증명한 것이다. 이는 육체와 정신, 특히 성적인 것과 정신이 서로 분리되지 않음을 보여준다.

세 번째 업적은 어린이의 성을 통해 심리적 억압의 시스템을 보여주었다는 것이다. 이러한 발견들을 통해 프로이트는 정신과 의식, 무의식의 관계에 대해 새로운 이해를 제시했다. 그는 인간 정신의 복잡성을 탐구하고, 이를 통해 정신분석학이라는 새로운 학문 분야를 개척했다. 이러한 발견들은 인간의 행동과 생각, 감정의 근원을 탐구하는 데 큰 기여를 했다. 프로이트의 이러한 연구와 발견은 정신분석학의 발전에 중요한 역할을 했으며, 현대 심리학과 정신의학에 지속적인 영향을 미치고 있다.

오이디푸스 콤플렉스-*를 비롯해서 심리적인 억압의 시스템을 보여주고 그래서 모든 문명인 이 사실은 그런 의미에서는 심리적 억압 속에서 존재하는 특히 성적인 억압이 중심에 있지만 억압 속에 존재하는 자로서 인간을 새롭게 현실적인 삶을 새롭게 정하는 방식을 주었다.

네 번째 업적은 결국 도덕이란 것은 도덕적인 성격은 신이 준 것이 아니라 양육과정에서 그 억압과 연관해서 규정된다는 것이다. 또한 프로이트의 꿈에 대한 정신분석학과 한때 제자에서 등을 돌린 칼 융의

-* 부친 살해, 모친 근친상간으로 조화를 깨뜨린 세계에 대한 죄의식으로부터 균형을 회복하려는 잠재의식.

동기 부여론은 어찌 보면 최근 인류문명의 변화 AI 등 4차 산업혁명에 대해 깊은 성찰을 얘기해 주고 있다. 한편 우리가 사는 문명과 문화는 모두 '환상'에서 시작됐다.

심리학계 전설이 말하는 무의식의 힘

사람들이 의식적 세계에 사는 동안 무의식에는 통념들이 존재한다. 세기를 거친 통념들이다. 표준적 개념들은 개인을 통해 수 세기 동안 계속된다. 그리고 정치나 종교의 변혁을 부르는 큰 운동에서 빛을 발한다. 개혁 전의 시대에 사람들은 큰 변화를 꿈꾸었고 그렇기에 큰 변화를 예측할 수 있었다. 구체적인 예로 나치당의 등장은 프로이트가 관찰한 독일인 환자들의 환상으로 예상할 수 있었다. 심지어 아주 세부적이었다. 1919년도에 독일 내에 무언가 아주 위협적이란 것을 알았다.

무언가 아주 큰 재앙이었다. 무의식을 관찰하면서 그는 모든 것을 이미 알았다. 따라서 이 사례에 비춰보면 누군가 관찰할 때 보는 것은 사람, 집, 하늘이며 만질 수 있는 물체이다.

하지만 스스로 내면을 관찰하면 움직이는 이미지를 볼 수 있다. '이미지의 세상', 흔히 말하길 환상이라 하지만 이 환상들은 사실이다. 사람이 가진 환상은 사실이며 진실이다. 만질 수 있는 실체다. 예를 들어 사람이 특정한 환상을 가짐으로써 다른 사람이 목숨을 잃거나 혹은 다리가 건설될 수 있다.

이 집들도 전부 환상이었다. 우리가 여기서 하는 모든 것, 다른 모든 이들이 하는 것, 모든 것이 환상에서 시작되었다. 또한 환상은 현실

인문학으로 읽는 금융화폐 **자본주의**

과 충돌된다. 환상 자체가 물론 만질 수 있는 물체는 아니지만 그럼에도 사실이다. 에너지의 형상이다. 우리가 측정할 수는 없지만 어떤 것의 환상이다. 그리고 우리 내면의 이미지를 관찰한다면 세상의 영상을 관찰할 수 있게 된다. 외부 영향력에 따라 사는 사람은 사회지각 감각에 의한 인식과 같이 사는 것이다. 그들은 자신이 더 타당하다고 생각한다. 이것들은 이미 증명됐고 현실이다. 하지만 주관적으로 사는 사람은 타당하지 못할 것인가? 주관적인 사실은 아무것도 아니니까? 그렇지 않다. 그 사람도 마찬가지로 타당하다. 그는 내면의 세계에 초점을 둔 것이다. 그러므로 그는 매우 옳다. 그건 단지 내 환상이라고 말해도 된다. 이건 내향적이다. 내향적인 사람은 항상 외향적 세상을 두려워하고 내향적인 것에 대해 항상 미안해할 것이다.

그리고 이건 단지 자기의 환상일 뿐이라고 말할 것이다. 세상이 보편적으로 이렇다. 특히 미국은 심하게 외향적이다. 내향적 사람들이 들어설 곳이 없다. 단지 그들이 내면적 세계를 이해했다는 사실을 몰라서 근래에 우리는 자연적 재앙의 위협으로부터는 벗어났지만. 핵폭탄 위협에 시달리고 있다. 전부 인간들이 한 짓이다. 우리가 큰 위험이다. 정신이 무서운 것이다. 정신에 문제가 생기면 어떻게 할 것인지 오늘날 우리에게 질문을 던진다. 인간 정신의 위력이 어느 정도인지 아는 것은 중요하지만 우리는 아무것도 모른다. 독서와 인문학이란 인간을 이 세계를 어떻게 보고 있는가? 구체적인 현실과 연계해서, 다른 작품들과 연계해서, 글의 내용과 자신의 삶을 연계해서 인간과 삶의 다양성을 이해할 수 있는 예술적 소양을 보는 눈과 초월적 진리를 찾아가는 정신적 자본과 신체적 자본이라 하는 교양을 늘려준다.[129]

서양 기독교 역사는 과학인가, 역사인가

조지 오웰은 "과거를 지배하는 자가 미래를 지배하고 현재를 지배하는 자가 과거를 지배한다"라고 하였다. 이집트에서는 아이시스가 늑대를 상징하며 유대인들도 늑대를 상징한다. 늑대는 초원의 식물 균형을 유지하기 위해 초식 동물 개체 수를 조절하는 신성한 동물이다. 중세에서 근대에 이르기까지 영국의 궁정 유대인들은 유럽의 7대 왕실을 혼맥으로 점령했다. 유대인은 추상명사이며 유대인과 유대교는 깊이 성찰해야 알 수 있는 추상명사이다. 추상명사란 은유법, 비유법, 환유법을 공부하지 않으면 현재의 사회적 현상과 자본주의를 알 수 없게 되어 있다. 유대인은 금융, 상공업, 카르텔을 의미하며 성경 속의 히브리인 유대인은 아니다. 유대인은 특정 민족이나 나라가 아니라 추상명사이다. 우리는 과거를 모르면 현재를 알 수 없고 미래를 계획할 수 없다.

고대부터 유럽의 7대 왕실을 점령한 궁정 유대인들은 전 세계 왕실은 물론 100년 전 아시아 지역의 러시아 왕실, 청나라 왕실, 일본 메이지 왕실, 조선의 왕실을 기독교 선교사로 위장하여 침투해 국정을 농

인문학으로 읽는 **금융화폐 자본주의**

단하고 자신들의 입맛에 맞게 설계했다. 이것은 미·중 전쟁, 코로나19, 러·우 전쟁, 양안 전쟁, 센카쿠 분쟁, 남중국해 분쟁, 독도 분쟁 등 현재 벌어지는 일들과 관련이 있다. 이것은 우연히 일어난 일이 아니라 오래전에 설계된 영·미 기독교 유대 딥스 세력의 동북아시아 회귀 전략과 신종 하이브리드 전쟁의 일환이다.

고대부터의 방식으로 유럽의 7대 왕실 궁정 추상명사 유대인들은 궁정의 재정 관리, 국가의 세무 관리 책사로 발탁되어 왕실을 서서히 장악한 다음 근친결혼으로 유전병에 의한 지적장애나 신체적 약골, 능력 없는 허수아비 왕을 세우거나 바보 같은 왕을 앉혔다. 이들은 오랜 시간 동안 자신들과 우량하고 우수하며 강한 북유럽 후손들의 유전자를 섞어 유럽 7대 왕실 혼맥을 장악해 나갔다. 18세기 그들의 아시아 진출과 성경책은 세계정부 로드맵으로 볼 수 있다. 유대인은 실체가 없는 민족이다. 금융과 상업을 장악한 소수의 혈연, 지연, 학연 등으로 연결된 네트워크에 소속된 사람들이 그들의 정체성을 유대인으로 정하고 그들만의 유대감을 공고히 하기 위해 선택된 민족과 언어가 바로 유대인과 히브리어이다.

자본주의 간첩

우리가 사는 세상은 영적 전쟁터로 두 진영으로 나뉘어져 있다. 한쪽은 고대부터 왕, 귀족, 중세부터는 수도원, 종교단체, 원래부터 다국적기업, 금융기관, 자본가, 토지를 점유한 자들이다. 가장은 자녀들을 부양할 책임이 있으며, 이를 위해 토지사유제가 필요하다고 주장한다. 이상한 법은 빈자를 고통에 빠뜨릴 뿐만 아니라 부자를 타락시키기까지 한다. 자선의 한계는 다른 한편으로는 타인을 착취하면서 살아가는 사람들의 양심에 진통제로 작용하며 도덕적 망상과 영적 자만심을 키워준다. 부자가 모든 재산을 남에게 나눠준다고 하더라도, 토지사유제가 있는 한 빈곤은 계속될 것이다. 사람이 태양을 멈출 수 없듯이 기존의 사회악도 개인의 힘으로는 혁명을 멈출 수 없다.

토지는 착취할 수단, 기도할 이유, 바다에서 잡은 물고기는 재산권을 취득할 수 있지만 바다 자체를 배타적으로 소유할 수는 없다. 풍차를 돌려 생산한 전기는 배타적 권리와 양도 또는 증여할 수 있는 사유재산이나 바람 자체는 그렇지 않다. 토지에 투입한 노력은 그 결실에 대한 소유권을 발생시킬 뿐 토지 자체에 대해서는 그렇지 않다.

다른 한쪽은 소작농, 임대업자, 노동자이다. 인간은 토지 위에서 삶을 얻으며, 토지의 사용을 통해서만 공기와 햇빛, 물과 같은 다른 요소를 사용할 수 있다. 현대에는 토지가 건물임차의 형태로 바뀌어 있다. 사유재산의 종류가 하나만 있는 것은 아니다. 적절한 결혼은 하나님의 법에 부합하지만, 일부 국가에서 인정하는 일부다처제, 일처다부제, 근친혼까지 적절한 결혼이라고 할 수 없다. 이와 마찬가지로 사유재산이 모두 도덕적으로 정당하다고 할 수 없다. 부도덕한 결혼이 존재하듯이 부도덕한 사유재산도 존재한다는 것이다. 정당한 대가를 지불하고 매입한다 해도, 도덕적으로 인정되지 않는 재산권은 매매를 거쳐도 도덕적으로 정당성을 가질 수는 없다.

따라서 토지에 투입한 노력은 그 결실에 대한 소유권을 발생시킬 뿐, 토지 자체에 대해서는 그렇지 않다. 토지사유제가 강도 행위와 마찬가지라는 사실을 사람들이 잘 깨닫지 못하는 이유는 토지사유제가 대부분의 경우 개인에 대한 강도짓이 아니라 사회에 대한 강도짓이기 때문이다. 우리가 실현하려는 평등은 재산의 평등이 아니라 자연의 기회에 대한 평등이며 이성과 신앙이 다 같이 인정하는 평등이다. 카인과 아벨이 새로 출생하는 사람의 토지 사용을 거부한다면 이는 살인을 저지르는 것과 같다. 교황님이 생각하시는 노동단체는 불이 차갑고 얼음이 더울 때나 군대가 무기 대신 장미잎으로 전쟁할 때나 가능할지 모른다. 노예 도망 사건에 대한 미국 연방대법원의 유명한 판례 평가처럼, 교황님의 회칙도 노동자에게는 복음을, 지주에게는 땅을 주신다.[130]

만약 토지공개념과 토지가치세 시행으로 어느 정도 분배정의가 실행되다면 교회와 종교의 존립 근거가 사라지고 할 일이 없어질 것이다. 헨리 조지는 사회주의자 마르크스가 잉여가치의 발생과 자본가의 착취를 빈곤의 근본 원인으로 꼽는 것에 대해 더 나아가 그 이유를 찾아야 한다고 주장한다. 그러나 사회주의는 이런 경향이 임금체계에 내재해 있다고 가정하고 자유경쟁에 따른 불가피한 결과라고 치부한다고 비판한다. 그들이 임금철칙이라고 부르는 현상은 자연법칙이 아니며 그들이 경쟁의 폐해라고 하는 것은 실은 제약된 상황에서 이루어지는 경쟁, 즉 토지를 박탈당한 사람들이 처한 일방적 경쟁의 폐해라는 사실을 이해하지 못한다. 어쩌면 찰스 다윈의 진화론 이론이 기독교 창조론을 뒷받침하기 위한 기독교의 간첩일 수도 있고 마르크스의 사회주의 또는 공산주의는 자본주의를 설명하기 위한 자본주의의 간첩일지도 모른다.[131]

코로나19는
대체 무엇일까

 코로나바이러스는 본질이 아니라 인류가 처한 재앙에서 벗어나기 위한 목적의 부수적인 것에 불과하다. 역사적으로 지난 수천 년간 문명은 언제나 변함없이 진화하고 발전해 왔다. 중세부터 지난 수백 년간 이어진 인류문명이 잘못되었다는 것은 아니지만, 어제의 문명도 오늘의 문명도 임무를 다하고 새로운 내일의 문명으로 대체해야 할 문턱에서 있다. 현재의 코로나19 전염병을 공포로만 바라볼 것이 아니라, 전염병이란 공포를 이용해 지금까지의 수백 년 동안의 인간들의 생각, 행동, 관습, 제도, 사회구조 등이 새로운 4차 산업 문명의 진화와 과학기술의 발달, 의식구조 변경 등으로 인류는 또다시 새로운 문명으로 변화해야 하는 문명의 변곡점에 와 있는 것이다.

 그러나 이를 부정하거나 나쁜 의도로 해석하는 수많은 음모론이 있다. 예를 들어, 뉴월드 오더, 특정 엘리트들이 세계를 지배하려 한다는 계획, 통일된 하나의 정부, 거짓된 지구온난화, 환경보존 계획, 인구수 조정, 지구자원 보존 방법, 지구환경 개선 방법, 4차 산업혁명에 의한 상품생산 방법 등 어느 것 하나 틀린다거나 맞는다고 할 수 없는 확인되지 않은 가설들이다. 그러나 새로운 시간을 거부하거나 저항하는 것은 부질없는 일이다. 한편 지구상 존재하는 수많은 사람이 지금까지 배워온 대로 민주주의, 자본주의, 사유재산, 인권, 자유의지 등을 모두 인정하며 새로운 문명으로 건너가기는 굉장히 오랜 시간과 논의가 필요할 것이다. 그러나 시간이 없다. 수많은 사람이 생각하고 싶은 대로 생각하는 세상은 이제 한계에 도달했을 뿐만 아니라 설득하고 이해시킬 수 있는 시간이 없다. 따라서 누군가는 과감히 용기를 내어 미래 세대를 위하여 실천하지 않으면 안 될 시간이다. 그렇기 때문에 현재의 4차 산업혁명은 지금까지의 방식대로 몇백 년 또는 몇십 년씩 점진적인 교육과 계몽을 통해 수많은 사람을 설득 또는 이해시키는 것은 비현실적이고 낭비다. 수많은 개인자영업자에게는 새로운 신경제 생태계를 만들어 내기 위해서는 좀 잔인한 일이지만 어쩔 수 없다.

좀 더 온건한 방법으로 한다면 지구의 모든 환경과 조건은 더욱 악화될 것이 분명하다. 다시 말해 어쩔 수 없이 미래를 위해 앞장선 엘리트들은 전염병이란 공포를 이용해 짧은 시간 내에 그동안 지구를 위해 연구하고 준비된 계획을 아주 짧은 시간에 바꾸려는 것이다. 또한 2000년 동안 인류문명의 정신인 기독교 사상도 수정할 때가 온 것이다. 왜냐하면 고령자 병상 대란, 100세 시대의 저주, 고령 사망자 급증, 병상 대란, 재택 치료, 내란 수준의 생활 주거지 공포, 의료체계 붕괴, 일반 대중을 버리는 정책 등 지금까지의 20세기적 지적 수준으로는 토론이 불가능하다.

높은 곳과 낮은 곳

　현재의 헤게모니 국제정세와 하이브리드 전쟁을 분석하기 위해서는 미국과 중국의 무역전쟁, 러시아의 유라시아 제국, 시진핑의 '중국몽', 유럽연합과 브렉시트, 전염병과 인구론, 셰일가스와 석유, 시온주의와 중동, 가톨릭과 청교도 등에 대한 배경지식이 어느 정도 있어야 할 것이다. 다보스 포럼은 1970년 클라우스 슈밥(Klaus Schwab) 세계경제포럼 창립자가 유럽 기업인을 다보스로 초청해 유럽경제 문제를 논의한 것에서 시작됐다. 다보스 베르크호프 요양원에서는 당시 전 유럽 의료수준이 결핵, 즉 폐병은 고칠 수 없는 병으로 여겨졌다.

　따라서 돈이 없는 서민들은 죽어야 했고, 돈 있는 상류층 지식인들과 철학자, 인문학자, 경제학자, 종교학자 등 다양한 유럽의 전문가들은 죽음을 앞두고 그곳 요양원에서 인생과 삶에 대해 토론하곤 했다. 이때 독일의 토마스 만이 아내의 병간호를 위해 요양원에 머물며 보고, 느끼고, 대화하며 쓴 책이 1924년 작품『마의 산』이다. 그 후 세계적인 소설이 되었으며 노벨 문학상을 수상했다. 그 추종자 중 한 명이 젊은 클라우스 슈밥 교수였고, 시간이 지나면서 다보스에 모이는 세계적 명사들은 토마스 만이 특별한 시간을 보냈던 그곳에서 그의 추종자가 되었다. 시민사회는 평지를 상징하며, 질서를 강요하는 시민사회와는 달리 『마의 산』은 주인공에게 영적 모험의 기회를 제공하는 특수한 지역으로 설정되어 있다. 베르크호프 요양원은 병과 죽음이 난무하는 비정상적이고 초월적인 체험을 부여하는 그로테스크한 신세계를 상징한다. 높은 곳은 죽음을 상징하고, 낮은 곳 세상은 비겁함을 상징한다. 매년 다보스에서 열리는 세계적 경제 포럼은 겉으로는 세계 초상류층들의 사교 모임으로 보일 수 있으나, 실제로는 세계 최고 권력자들의 정치적 모습으로 비칠 수 있다. 그러나 이는 발표되는 것 외의 세계가 작동하기 위해서는 드러내 놓고 논의할 수 없는 아주 난해하고 비밀스러운, 일반인들에게 공개적으로 발표할 수 없는 깊숙한 밀교적 세션도 아주 비밀리에 논의되고 결정되고 있다.

따라서 다보스 포럼은 권력의 상징으로 여겨지며, 많은 돈을 내고 초청을 구애하는 그들만의 세계적 촌놈들과 서로 간 알아볼 수 있는 주류가 있다고 볼 수 있다. 인간은 고대부터 현대까지 함께 평등하게 사는 것처럼 보이지만, 누군가는 사회를 이끌어야 하고, 누군가는 지배하거나 통치해야 한다는 자연의 법칙이 존재한다. 이를 이해할 수 있는 자는 이곳이 프리메이슨들과 밀교적, 변형적 삶의 비밀에 대한 위험한 탐구의 장소인 것을 알 것이다. 그것을 알기 위해서는 저 위 높은 곳에서 살아봐야 한다. 여기 평지에서는 기본개념이 없으며, 실제로 세계 국가는 세속적인 국가의 초월적 형태이기 때문이다.[132]

PART 8

인간의 영원한 삶
내세 발명 종교

전 세계 종교들이 2000년이 됐다. 시대가 변하면 종교도 그 시대에 맞게 조정돼야 한다. 마치 태엽 시계처럼 과학 문명이 발달했기 때문에 조정할 때가 된 것이다. 세계은행, 국제통화기금, 그 외 세계적 금융기관 및 다국적 기업들은 전 세계를 돌며 진보, 성장, 이윤, 경쟁, 복음을 전파하며 새로운 신도를 만든다.

콘스탄티누스 1세와
기독교 공인

콘스탄티누스 1세가 기독교를 로마의 국교로 공인했을 때 그는 실제로 신앙인이었을까? 콘스탄티누스 황제는 기독교인 로마 군주로 알려져 왔지만, 실제로는 신앙인이 아니라 로마 통치에 집중한 군주였을 뿐이다. 기독교는 313년 이전까지 로마에서 박해받던 종교였다.

그러나 콘스탄티누스에 의해 공인받고, 325년 니케아 공의회를 소집해 기독교 발전에 기여했다. 또한, 그는 324년 비잔티움을 새로운 로마로 공표하고, 330년에는 로마제국의 새로운 수도로 콘스탄티노플, 현재의 이스탄불을 정했다. 이러한 조치는 콘스탄티누스가 기독교를 새롭게 설정한 로마의 황제였음을 보여준다. 그러나 그가 이러한 결정을 신앙적 이유로 했는지 아니면 어떤 정치적 목표를 가지고 했는지는 니케아 공의회를 통해 알 수 있다. 당시 총회에서 제일 먼저 '니케아신경'을 만들어 아리우스파를 이단으로 정죄했다. 이는 정치적으로 반대 세력을 제거하는 것이었다.

콘스탄티누스의 목표는 하나의 제국, 하나의 황제, 하나의 종교였다. 기독교는 콘스탄티누스가 제국의 종교로 공인하기 이전에 로마 인구의 약 1% 정도만을 차지하는 소수였다. 반면 로마제국 시민의 50% 이상은 그리스 아테네의 '아테미 여신'(바빌론 여신: 세미라미스)을 믿었다. 그렇다면 왜 다수가 믿는 아테미 여신이 아닌 기독교를 선택했을까? 그 이유는 기독교에 '바울의 교리'가 있었기 때문이다. 바울은 '권세에 순종'하라고 가르쳤으며, 충성, 복종, 순종을 기독교의 미덕으로 삼았다. 이 중에서도 제일 중요한 덕목은 '순종'이었다.

인간을 순종하게 만들려면 종교를 이용하는 것이 가장 간단하다고 여겨질 수 있다. 다신교와 같은 다른 종교들에는 없는, 기독교에만 있는 '순종'이라는 요소가 있었다. 콘스탄티누스는 기독교에 충성이라는 개념이 있다고 보았으며, 제국을 기독교로 설정하면 제국이 크게 성장할 것으로 생각했다. 그래서 결과적으로 서로마는 멸망하고 동로마는 1000년 동안 번영을 누린 것이다. 우리가 알고 있는 기독교는 예수가 가르친 복음이 아니라 콘스탄티누스가 만든 니케아 신경을 배우고 있다. 니케아 신경을 벗어나면 바로 아리우스파처럼 이단으로 취급되는 것이다. 아리우스파는 공인되기 전 300년 동안 존재했으며, 그들의 핵심 사상은 "마리아는 신이 아니다"라는 것이었다.

아타나시우스파, 즉 콘스탄티누스는 마리아를 신으로 만들어야 했다. 왜냐하면 아테네의 '아테미 여신'을 믿는 로마 시민 50%를 기독교인으로 흡수하려면 '마리아'가 여신이 되어야 했기 때문이다. 여신을 숭배하던 사람들이 여신을 숭배하는 종교로 개종하는 것은 큰 거부감이 없었을 것이다. 그래서 순결한 여인 마리아를 만들어야 했다. 모든 사람은 사이코패스, 소시오패스 기질을 타고난다고 볼 수 있다. 알렉산더, 나폴레옹, 스탈린, 히틀러도 자신의 목적을 위해 수많은 사람이 죽어도 눈 하나 깜짝 않는 소시오패스였다. 기독교를 국교로 공인하며 로마제국의 꿈을 키운 콘스탄티누스도 소시오패스였다. 이러한 점을 지적하기 위해 유대교 사회에 예수가 오셔서 공감 능력을 말씀하셨다. "피리를 불어도 춤추지 않고, 슬퍼하여도 곡을 하지 않는다"라는 말은 당시 유대교 사회와 율법이 공감 능력을 떨어뜨린다고 지적하는 것이었다. 요한복음에서 예수가 눈물 흘리는 유일한 장면은 공감 능력을 보여주고 가르치는 것이다. 그런데 공감 능력이 가장 결여된 종교가 불교인가, 힌두교인가, 아니면 기독교인가? 기독교가 바로 1번이다. 기독교는 같은 기독교인만 공감해 주고, 타 종교는 철천지원수로 여겨야 한다고 본다. 기독교 성경에는 "원수도 사랑하라" 했는데, 실제로는 같은 기독교인에게만 공감 능력을 발휘하고 있다.

현재의 기독교는 예수의 종교라기보다는 콘스탄티누스의 종교라고 할 수 있다. 이것은 로마제국에 충성하는 종교의 현재 모습이다. 기독교에서 이집트의 알렉산드리아는 매우 중요한 지역이다. 이는 알렉산드리아가 지중해 연안 국가들을 잇달아 지배했던 페니키아, 그리스, 로마의 영향을 받았기 때문이다. 기독교는 로마 시대에 태어났고, 수도는 로마였지만, 미국의 수도가 워싱턴이지만 경제, 문화, 예술, 학문의 중심이 뉴욕인 것처럼 로마의 뉴욕 역할을 했던 곳이 알렉산드리아였다. 전 세계의 석학, 신학자, 철학자, 과학자들은 알렉산드리아로 모여들었다.

로마제국 안에서 가장 책이 많이 모여있던 곳도 알렉산드리아 도서관이었다. 알렉산드리아에는 예수에 대한 자료나 유대교에 대한 자료가 예루살렘보다 훨씬 많았다. 이는 로마가 장악한 제국 내 모든 문화

유산, 모든 경전과 자료들을 알렉산드리아로 옮겨놓았기 때문이다. 미국이 2003년 이라크를 침공했을 때 바그다드 박물관을 약탈한 이유는 무엇일까? 이라크 박물관의 7000년 된 바빌론 유물을 포함한 17만 점을 누가 가져갔을까? 이라크에 있던 수메르, 메소포타미아 문명의 유물들이 영국, 프랑스 등 유럽의 대형 박물관과 미국으로 모두 갔다. 앞으로 서양에서 이런 유물과 자료를 가지고 역사를 조작해 내면 후대에는 사실이 아닌 것을 믿게 되는 것이다.

로마가 예루살렘을 70년경 함락시키고 모든 유물과 자료를 로마에 갖다 놓지 않고 알렉산드리아에 갖다 놓았다. 모든 종교와 예수를 연구하기 위해서는 예루살렘보다는 알렉산드리아로 가야 했다. 그러니까 알렉산드리아에서 선한 것이 나올 수 있었다. 진짜를 연구할 수 있는 데이터가 그곳에 있었으니 알렉산드리아에서 나오는 것이 신빙성이 높을 수밖에 없다. 알렉산드리아에서 공부한 아리우스 신학자는 알렉산드리아의 유명한 기독교 신학자로서 엄청난 공부를 했다.

그런데 아리우스가 왜 콘스탄티누스에 의해 이단으로 정죄됐을까? 한편 알렉산드리아 도서관이 언제 파괴됐는지도 따져볼 필요가 있다. 역사는 언제나 강자의 편에 서 있는 것이 비극이다. 전 세계에서 가장 신비로운 알렉산드리아 도서관은 262년에 원인 모를 파괴로 흔적도 없이 사라져 버렸다. 이것은 모두 의심해 봐야 하는 사건이다. 262년이라면 로마가 전성기였던 시기이고 여기에는 뭔가 이유가 있었을 것이다. 그러나 이유가 뭔지 모르고 있다. 지금도 세월호 사고 원인이 안 밝혀지는 것처럼 이유가 밝혀지면 안 되는 것들은 모두 정치적인 요소가 얽혀 있다. 그리스 알렉산더 대왕이 제국의 식민지로부터 갖다 놓기 시작하고 로마 황제들이 500년~600년간 갖다 놓은 그 어마어마한 알렉산드리아 도서관의 장서만 해도 엄청난 양을 상상할 수 있다. 그런데 어느 날 깔끔하게 없어졌다니 알렉산드리아에서 공부했다면 방대한 유대교 경전, 방대한 예수에 관한 자료를 참고했을 것이다.

알렉산드리아의 학자들은 히브리어 구약성경을 헬라어로 70인 번역본뿐만 아니라 전 세계 모든 종교 경전을 헬라어로 번역했고 알렉산드리아 도서관에 보관했다. 아리우스도 이러한 공부를 한 인물이다. 현재 알렉산드리아 도시 인구의 30%가 기독교인이다. 한 가지 분명한 사실은 현재 우리가 알고 있는 기독교는 예수 시대의 기독교가 아니라 콘스탄티누스에 의해 만들어진 기독교란 사실이다.[133]

바울의 기독교 발명은 유대교의 복제품으로, 2000년 전 바울은 인간 심리에 대해 프로이트보다 100배나 깊은 이해를 가진 정신분석학의 권위자였다. 아리스토텔레스보다 100배나 앞선 심리학자이자 사상가였던 바울이 없었다면 유대인들은 세계에서 이 정도 대접을 받지 못했을 것이다. 그는 신앙가이기 이전에 위대한 사상가로서 정치적인 혁명과 인간의 정신 혁명을 동시에 이룩했다. 서양 철학과 그리스 철학의 모든 사유가 바울만큼 강력하게 우리에게 전달된 예는 없다. 그래서 바울이라는 한 인간으로 인해 서구 정신사의 기틀이 만들어졌으며 오늘날 우리는 바울을 막연하게 신봉하는 것이 아니라 1세기에 존재했던 바울이라는 역사적 인물을 통해 우리가 무엇을 배울지 고민해야 할 것이다.

종교란?

모든 종교는 별자리 이동에 따라 유통기한이 끝난다. 불교나 이슬람이나 기독교는 물고기자리 시대의 종교였다. 그래서 불교에서는 '샤워도'라는 물고기가 나오고 기독교도 물고기가 '지저스'를 상징한다. 그러나 새로운 시대 즉 물병자리 시대엔 기독교도 불교도 사라질 것이다. 그리고 미국은 기독교를 기반으로 한 나라가 아니다. 미국이 기독교를 기반한 나라라면 백악관에 예수가 있어야 하는데 예수는 어디에도 없다. 미국 국회의사당에는 그리스의 12신을 비롯한 각종 신들만 있다. 그리고 미국의 깃발에 어떤 십자가나 예수가 어디 있는가?

미국의 상징물 중에 기독교를 상징하는 게 없는데, 있다면 대통령 선서할 때 성경에 손을 얹는 정도다. 미국은 종교의 자유가 있는 나라로 모든 종교가 포함된다. 미국이 이란과 싸울 때도 많은 이란인이 미국으로 이민을 왔고, 지금도 이란계 미국인이 많다. 그 사람들은 기독교도가 아니다. 그냥 시아파 이슬람을 믿고 산다. 미국은 그것을 허용하는 나라다. 또 미국이 이라크와 싸울 때도 이라크인의 이민을 받았다. 그리고 이라크 사람들이 미국에 살면서 수니파 이슬람을 믿는 것을 인정한다. 심지어 9·11테러가 일어났을 당시에도 미국 내에 있는 이슬람계 미국인들이 탄압받을까 봐 보호했는데 모두 미국 시민으로 간주한 것이다. 이것이 "로마제국의 다신교 수용 사상과 미국 제국의 다신교 수용 사상이다." 기독교는 종교가 아니다. 기독교는 종교도 라이프스타일도 신념도 아니다. 그 이상의 어떤 것이다. 종교는 감정의 문제가 아니라 가장 거룩한 노동이다.

기독교는 그리스도라는 인물과 관계가 있고 그의 참된 제자의 삶을 의미한다. 기독교는 그리스도를 이해하는 것이다. 기독교는 종교가 아닌 하나님과의 만남, 하나님의 뜻이다. 하나님의 뜻이란 가치 있는 것에 무가치를 두고 무가치해 보이는 것에 무한한 가치를 두는 것이다. 하나님이 그리스도에게 세 가지를 위탁했는데 그것은 생명과 업적, 명예를 내놓을 수 있는 사역자이다. 미국은 어떤 나라를 점령하기 전 정보기관이 먼저 들어가 그 나라의 신화와 역사를 먼저 연구한다. 그 역사를 배워서 종말론을 그대로 사용한다. 요한계시록 실현에 맞춰서 이벤트를 벌이는 것이다. 그것이 신의 뜻이라 생각하는가? 물론 일반 사람들은 신의 뜻이라고 생각해야 한다. 5천만 인구를 자랑하던 잉카인이 불과 100여 명밖에 안 되는 스페인 정복자들한테 점령당한 이유가 뭔가?

당시 샤먼은 자기들이 쫓아냈던 케챠코아트 자손들이 복수하기 위해 동방으로부터 다시 돌아와서 그들을 멸망시킬 것이라고 예언했다. 그런데 하필이면 예언과 흡사하게 등장한 스페인 군대를 보니 잉카 사람들이 심리적으로 무너져 버린 것이다. 그래서 그들을 케챠코아트 신의 아들이라 생각하고 싸워보지도 않고 포기한다. 더욱이나 전염병까지 돌았는데 백인들은 천연두에 면역성이 있기 때문에 죽지 않는다. 그러니 잉카인들은 신의 저주라고 생각했다. 과거 조상이 케챠코아트를 모질게 대해서 후손인 그들이 벌을 받는 것으로 여기고 싸움의 의지를 꺾어 허망하게 무너뜨린 것이다. 우리나라에선『정감록』-*을, 이슬람에선 코란에 있는 요한계시록 같은 말세론을, 힌두교, 기독교 모든 종교에 종말론을 연구해서 그 순서대로 일만 일으킨다.

그러면 우리는 신의 예언이 실현됐다고 생각하며 휴거를 준비하기 시작한다. 하지만 절대 휴거는 일어나지 않으며 지구의 종말도 오지 않는다. 이미 그러한 실험은 성공했다는 것이 첫 번째 실험인 다비드교 사건을 통해 입증되었다. 남미에서 미국 기독교인들이 만든 사회공동체에서 문제가 생겼을 때 집단 자살로 그 성공을 보였다. 우리나라의 오대양 사건에서도 천국에 가겠다며 집단 자살이 있었다. 물리학적 법칙을 무시하지 말아야 한다. 인간은 육신을 가진 존재이며, 육체를 벗어난 허황된 생각을 하는 순간 위험에 처하게 된다. 육체를 가진 상태에서 해야 할 일이 있으며, 육체를 무시하고 저세상을 말하는 것은 미친 짓이다.

종교를 벗어나야 할 때이며, 지금은 과학의 시대다. 미래를 알기 위해서는 고대 종교를 알아야 한다. 고대 종교에는 힌두교나 불교의 요소가 조금 남아있으며, 그들의 경전에는 천문학과 물리학이 많이 나온다. 우리 인류 이전에 다른 인류가 존재했으며 그들도 자연재해로 멸망했다. 우리는 그 후 다시 태어난 인류다. 고대 인류는 현대만큼의 과학

-* 조선시대 민간에 널리 유포되었던 예언서.

문명을 가지고 있었으며, 그들의 문명을 연구하면 많은 것을 발견할 수 있다. 고대 종교는 합리적이었으며 맹신적인 기복신앙은 없었다. 고대 종교들은 종교와 과학이 같은 방향으로 나아갔다.

현재 종교는 과학과 분리되어 있다. 과학적으로 의문을 제기하면 "믿어야 한다"며 의심을 금지한다. 이는 신의 시험이라고 주장한다. 반면, 고대 종교는 종교와 과학이 함께 나아갔다. 종교적이면서도 과학적이었다. 과학이 발전하면서 인공지능과 유전자 조작과 같은 기술이 등장했다. 이런 과학기술이 인류를 파괴할 수 있는 정도로 발달했다. 잘못 이용하면 인류 멸망으로 이어질 수 있다. 고대 종교에서는 과학 위에 윤리가 있었고, 금기 사항도 있었다. 할 수 있지만 하면 안 되는 일이었다. 인류 멸망의 위험 때문에 금기가 설정되었다.

당시 종교는 과학을 기반으로 하면서도 자연의 균형을 유지하기 위한 윤리 의식을 더했다. 과학의 발전을 파괴로 이어지지 않게 했다. 기도하거나 기복신앙으로 신의 은총을 바라는 것은 효과가 없다. 모든 것은 우리 인간이 해결해야 한다. 고대 종교는 그랬다. 그래서 제사는 원래의 취지를 벗어나 필요 없는 것이 되었다. 4차 산업 시대에 맞는 새로운 종교는 현재 인류의 지적 인식에 부합하는 종교가 될 것으로 보인다.

따라서 기존 종교는 결국 사라질 것이다. 종교는 이미 썩을 대로 썩었기에 없어질 것이다. 이러한 합리성에 기반한 새로운 종교가 나올 거라 보고 나오게 되면 인터넷이라는 강력한 확산성을 이용해서 세상을 장악할 것이라고 본다. 지금의 종교는 인류에게 전혀 도움이 안 된다. 서로 패권 싸움에 파벌 싸움만 일으키고 화합에 도움을 주지 않는다.

인류 역사상 전쟁의 80%가 종교 때문에 일어났다. 전 세계적으로 종교가 침체기에 접어들었다. 세속화되고 권력을 얻은 종교에서는 사람들이 마음에 안식을 얻을 수가 없다. 이제는 교회나 절을 가도 권력투쟁의 장이지 마음에 안식을 얻으러 가는 것이 아니다. 한편 고대인들의 철학을 공부하다 보면 누구나 신이 될 수 있고 누구나 신이다.

누구나 신이기 때문에 사람을 죽이는 것 자체가 신을 죽이는 행위가 되는 것이다. 따라서 인본주의 철학도 그렇게 연결돼서 생명 존중 사상도 나올 것이다. 그러면 사람만이 아니라 동물까지도 함부로 죽일 수 없게 되는 것이다. 동물도 신이기 때문이다. 토테미즘, 애니미즘을 얘기하는 게 아니라 모든 것이 하나로 연결돼 있기 때문이다. 그렇다고 해서 동물을 죽이지 말라는 것은 아니다. 인간의 내부구조는 소화를 시키게 돼 있다. 뭘 먹어서 소화를 시켜야 내가 사는 것이다. 따라서 내가 살기 위해서 남의 생명체를 죽이는 것은 어쩔 수가 없는 것이다. 이것은 결국 정당화될 수밖에 없다. 그러나 그것을 필요 이상으로 하지 말라는 것이다, 그렇기 때문에 가축들도 존중해 줘야 한다는 것이다,

지구는 300억 인구 설령 500억 인구가 사는 것도 가능하다. 하지만 그 정도 인구가 지구에 살게 되면 더 많은 수의 가축이 있어야 한다. 미래에 식량이 부족해지면 과학기술을 이용해서 영화 〈설국열차〉에서처럼 바퀴벌레로 음식을 만들어서 여러분을 먹일 수도 있다. 인구가 감소해야 보다 나은 삶을 살 수 있다. 자연의 생태계도 깨끗하게 유지되고 서로 이익이다. 75억 인구가 미국 사람들처럼 살았다간 지구는 거덜나버린다. 그래서 인구 증가는 안 된다는 것이다.

자본주의 근대은행은
종교이며 돈이다

기독교에서는 왜 제사를 못 지내게 할까? 처음 수렵시대 샤머니즘 시대는 나무, 곡물, 과일, 나물 등 채집한 것을 모아서 사냥과 채집을 잘하지 못한 어려운 사람들에게 나눠줄 목적으로 제사를 지냈다. 그런데 점차 농경사회 정주사회로 변하고 저장이 가능한 재물들로 바뀌면서 재산축적 형태로 변했다. 그렇게 축적은 권력과 연관되다 보니 제사를 못 지내게 했다.

한국에서는 종가에서 지금도 유교식으로 제복과 의관도 갖춰 입고 1년에 30번 가까이 제사를 지낸다. 요즘은 귀찮아서 제사가 불편한 것이지 옛날에는 그렇게 제사를 지내면 집안 망한다. 음식이 귀하던 시대에 1년에 20번~30번씩 제사를 지내면 돈이 어마어마하게 들 것이다.

그래서 조선시대 때도 20~30번씩 제사를 지내려면 논이 필요했고 제사는 장남이 지내다 보니 종갓집의 토지는 장남한테 물려줬다. 제사 지내라고 땅을 장남에게 준 것이다. 차남 삼남 이후의 자식은 제사를 주관하지 않기 때문에 땅을 물려주지 않았다. 토지를 물려받는 상속의 유래가 여기에 있으며 돈 때문이었다. 조선시대 때 토지는 돈이다. 농

경사회 때는 토지가 곧 돈이다. 제사는 돈이라는 권력의 문제였기에 장
손만 하게 한 것이다.

서양 자본주의 역사의 시작은 교회에서 시작되었다. 교회에서 예배
를 보는 것이 우리가 얘기하는 하늘에 제사를 지내는 '천제'다. 옛날에
는 천제에 바친 양이나 동물을 제사 이후 구성원이 나눠 먹었다. 그러
나 이후 화폐경제가 발달하면서 이제는 음식을 갖다 바치는 게 아니라
금을 갖다 바치기 시작했다. 쇠는 썩지만, 금은 영원히 안 썩는다. 금
을 축적하다 보니 부가 축적된다. 제사가 끝나면 음식은 썩으니까 나눠
줬는데 이제는 금으로 받으니까 나눠주지 않고 축적되다 보니 고대교
회가 은행 역할을 하게 된 것이다. 십자군 전쟁 때 바티칸이 프리메이
슨 기원이 되는 성전기사단들이 오늘날 근대은행이 되는 기초가 된다.
　교회에서 제사를 지내면 신도들로부터 금을 받는다. 즉 돈이 들어온
다. 따라서 정통성을 갖고 있다고 생각되는 종교 즉 바티칸 그들만 해
야 하는 것이다. 다른 사람이 하게 되면 자기에게 들어올 금이 다른 곳
으로 간다. 그러니까 제사 지내는 것은 우상숭배고 사악한 것으로 금
지한 다음에 부를 독점했다. 이것이 바로 자본주의의 기원이다. 그런데
오늘날 우리나라 사람들은 제사를 못 지내게 했던 최초의 기원과 목적
을 망각한 채 사탄숭배 의식이라고 한다. 자기들이 독점하기 위해 민간
한테는 소문을 퍼뜨린 것이다. 원뜻을 알면 본질이 보인다.

제사가 신과의 관계라는 것은 차치하고서라도 당장 현세에서 돈 때
문에 하는 것이다. 알고 보면 다 돈 때문이다. 대부분의 사람들은 자신
을 위해 일한다. 그것은 종교 지도자도 예외가 아니다. 그러니까 현실

적 시각에서 보면 답이 보인다.

조선시대 말기에 가톨릭과 개신교가 동시에 들어왔는데 이 시대 지배계급이 유교를 국교로 하면서 그 지배계급인 사대부들의 지방에 유림이 있었으며 사당이 있었다. 그곳을 중심으로 제사가 이루어졌다. 제사 때마다 주민들이 바친 돈을 기반으로 유교가 조선이라는 국가의 통치 이념으로써 존재했다. 그런 사회에 만약에 개신교나 가톨릭이 퍼지려면 뭐부터 끊어야 하겠는가. 유교로 들어가는 자금줄부터 끊어야 했던 것이다.

그 자금줄을 끊는 첫 단계가 제사의 금지다. 다시 말해 종교는 돈이다. 중세의 개념으로 보면 중세의 바티칸이 끊임없이 십일조라든가, 무슨 명목으로든 돈을 뜯어 갔다. 그러니까 지방에 있는 왕들은 축적할 수 있는 시간과 돈이 없어 사병을 운영할 수 없는 것이다. 그렇게 해서 통치 시스템을 만든 것이다.

지금 시스템을 다시 만들고 있는 중이다. 국민연금 국부펀드 공공의료 ESG펀드 등 걷는 돈들도 연결돼 현대판 공물 제도다. 끊임없는 세금 명목으로 가져감으로써 아무리 많은 연봉을 줘도 거의 50% 이상 어떤 명목으로든 직접세, 간접세 다 포함해서 세금이 빠져나가는 것이다. 겨우 먹고살 만큼의 수입만 생기는 것이다. 그럼으로써 먹고살기 정신없다 다른 생각을 하지 못하게 이 시스템을 지속한다. 시대가 변해도 기본원리는 변하지 않는다.[134]

미국 건국,
기독교가 유대교의 복제품인 이유

유대교와 유대인의 미국 자본주의와 민주주의, 사회주의와 공산주의를 이해하고 분석하려면 기독교를 알아야 하고 기독교를 알기 위해선 교황청과 미국의 건국과 그 의미를 알아야 한다. 오늘날 세계 대중은 미국을 청교도들이 세운 기독교 국가라고 알고 있다. 교황청에 의해 박해받던 유럽의 프로테스탄트들이 신대륙으로 건너가 새로운 나라 미합중국을 건국했다고 배웠다.

따라서 미국은 건국 당시부터 기독교의 가치로 세워진 국가이고 기독교 신앙을 바탕으로 지금까지 유지되어 온 축복을 받은 나라이며 그 축복 덕분에 세계 제1의 강대국으로 성장할 수 있었다고 인식하고 있다. 이 말이 과연 사실일까? 이러한 사실을 증명하기 위하여 우리는 미국 건국 과정에 대해 자세히 살펴볼 필요가 있다. 한 나라의 뿌리를 알아보기 위해서는 먼저 그 나라가 속한 영토의 고대사를 연구해 보는 것이 가장 확실한 방법이다.

고대 유적을 조사해 본다거나 유물과 역사 문헌을 살피고 인접국과 비교 분석함으로써 해당 국가의 건립 시기와 건국 당시 살았던 사람들은 누구인지 당시 사람들은 어떤 세계관을 갖고 있었는지 알 수가 있다. 이처럼 아주 머나먼 과거의 성립된 국가라 할지라도 고고학, 지리학, 천문학 등의 힘을 빌려 역사적 사실과 매우 근접한 결과들을 도출해 낼 수 있다. 빙하기와 간빙기가 몇 번씩이나 교차하고 지나갔던 선사 이전의 인류 흔적까지도 찾아내는 것이 오늘날의 과학기술이다.

때문에 고작 250년도 안 된 역사를 가진 미국이라는 나라의 뿌리를 알아내는 것은 사실 일도 아니다. 다행히도 미국의 뿌리를 추적하기 위해 고대 유적을 조사한다거나 땅을 파서 유물을 꺼내는 수고도 필요 없다. 왜냐하면 미국은 건국 당시 지어진 상징적인 건물들을 아직도 잘 사용하고 있기 때문이다. 건축양식은 그것을 만들었던 당시 사람들의 세계관을 대변해 준다. 특히 미국 건국이라는 역사적 순간에 맞춰 건설된 주요 건축물들이라면 더더욱 미국의 건국 세력과 그들의 세계관을 알아내기에 좋은 증거들이라 할 수 있다.

지금부터 미국은 과연 어떤 나라인지 전 세계인들에게 선전된 것처럼 미국은 정말 기독교의 나라고 축복받은 자유의 땅 기회의 땅이 맞는 것인지 자세히 알아보도록 하자.

미국 건국 당시 건축되었던 초기 백악관과 1980년대의 백악관은 아직은 많이 닮아있다. 세월이 지난 현재의 백악관 모습은 중앙현관의 디자인이 둥근 테라스로 바뀌고 아치형 지붕이 없어졌다. 이러한 백악관의 변천사를 보면 분명한 한 가지 공통점을 발견할 수 있다. 백악관의 건축양식이 모두 그리스 신전의 모습을 닮았다는 것이다.

다른 곳들도 살펴보면 미국의 심장부로 일컫는 뉴욕 맨해튼의 월스트리트를 들 수 있다. 월스트리트는 거대자본을 움직여 세계를 주무르는 국제자본가들의 주 활동 무대이기도 하다. 그렇다면 월스트리트의 명물인 증권거래소 건물의 형상은 어떨까? 증권거래소 건물 역시도 영락없이 그리스 신전 건축양식을 모티브로 설계되었다는 것을 알 수 있다. 이뿐만이 아니다. 연방대법원 건물의 모습도 그리스 신전의 건축양식을 바탕으로 지어졌다는 사실을 알 수 있다.

워싱턴 DC의 캐피털 빌딩은 건국 당시부터 미국의 수많은 대통령과 상하원 정치인들이 거쳐 갔으며 오늘날 미국정치의 상징이라고 평가되는 역사적인 건축물이다. 캐피털 빌딩은 독립전쟁 직후인 18세기 말부터 착공하여 1800년에 완공되었다. 독립전쟁 직후라는 건축 시기를 고려했을 때 이곳 역시 미국 건국 세력의 세계관이 그대로 녹아있는 건축물이라고 볼 수 있다. 그리고 이곳 또한 마찬가지로 기독교의 가치로 건국되었다는 미국의 건국이념과는 전혀 어울리지 않는 건축디자인을 차용했었다는 것을 알 수 있다.

특히 캐피털 빌딩 내부의 중앙 돔 천장에는 워싱턴을 중심으로 열세 명의 처녀가 그려져 있다. 마치 최후의 만찬을 본떠 그린 것으로 보이기는 하나 이 벽화 역시도 기독교인들이 갖고 있는 신앙과는 무관하다. 이것은 천문현상에서 모티브를 얻은 것으로 태양과 황도 12궁을 상징한다. 그림에서 워싱턴은 태양과 같은 존재로 묘사되며 그 태양 주위를 12개의 별자리가 둘러싸고 있는 형상을 보여주고 있다. 처녀가 13명인 이유는 12개의 별자리 중 쌍둥이자리가 포함되어 있기 때문이다. 또한 이 돔의 외부 꼭대기에는 자유의 여신 콜롬비아 조각상이 우뚝 솟아 있다. 뉴욕 리벌리섬에도 거대한 자유의 여신상이 있다. 이렇듯 미국 건국 당시 지어진 건물과 조형물들에는 온통 그리스 신전, 콜롬비아 여신, 자유와 승리의 상징들만 존재하고 있을 뿐 개신교의 상징인 십자가나 그리스도 예수의 모습은 그 어디서도 찾아볼 수 없다. 이 말인즉슨 과거 미국의 건국 세력들은 기독교 신앙을 바탕에 두고 있지 않았다는 말이다. 오히려 기독교적 세계관과 완전히 충돌하는 자기들만의 고집과 이상에 둘러싸여 있는 자들이었는지도 모른다.

그렇다면 그들은 과연 누구일까? 분명한 사실은 이러한 통일된 건축 양식과 여신조각상 들만을 채택한 것을 미루어 짐작해 보았을 때 그들은 자신들만의 신념과 세계관이 매우 뚜렷했다는 결론을 도출해 낼 수 있다. 미국의 건국 세력에 대한 해답을 얻을 수 있는 단서들은 미국 전역에서 찾아볼 수 있다. 건국의 아버지라 불리는 조지 워싱턴과 그를 둘러싼 핵심 인물들을 보면 이들의 복장이 매우 특이하다. 모두가 앞치마 비슷한 것을 두르고 있는 것을 볼 수 있다. 앞치마의 정체는 바로 프리메이슨의 예복이다. 즉 미국 건국에 참여한 주요 인물들 모두가 프리메이슨 복장을 했던 것이다.

앞치마를 두른 모습과 계급을 상징하는 목걸이 장식들이 눈에 띈다. 이것은 미국의 건국 세력은 기독교 프로테스탄트가 아닌 18세기 유럽의 기득권이자 지배층이었던 프리메이슨이었다는 것이다. 미국 건국에 참여했던 이들은 단 한 명도 빼놓지 않고 모두가 프리메이슨이었다. 조지 워싱턴은 프리메이슨 소버린 인스펙트 제너럴이었으며, 자유의 여신상을 만든 조각가 바르톨디와 백악관을 디자인한 제임스 호번도 프리메이슨의 일원이었다. 이로써 미국은 유럽 프리메이슨이 자신들의 꿈을 실현하기 위해 선택하여 세운 나라였다는 것을 알 수 있다. 미국 독립선언문 전문과 미국 국가의 가사에는 예수 그리스도에 대한 언급이 전혀 없으며, 평등, 박애, 자유, 새로운 정부 등의 표현만 가득하다. 이러한 표현들은 프리메이슨의 교리와 사상과 정확히 일치한다. 프리메이슨은 예수가 아닌 자신들만의 신과 믿음을 강조했다. 이러한 건국 의지는 1달러 지폐 뒷면에 새겨진 미국 국새를 통해 명백하게 드러난다. 건국 대통령 조지 워싱턴이 그려진 화폐 1달러 뒷면을 자세히 들여다보면 미국의 건국 세력이 자신들의 세계관을 어떻게 표현했는지 알 수 있다.

미국의 정식국호는 유나이티드 오브 아메리카(United States of America)다. 아메리카라는 이름은 이탈리아의 항해사이자 측량가였던 아메리고 베스푸치의 이름에서 유래했다고 알려져 있다. 실제로는 고대 이집트에서 금성을 '메리카'라고 불렀고, 신대륙은 프랑스어로 '라메리카'라고 불렸다. 이 이름은 영국인들의 발음에 의해 앞의 '엘' 자가 없어져 현재의 '아메리카'로 변형되었다.

미국 건국을 말할 때 흔히 신앙의 자유를 찾아 신대륙으로 건너간 청교도들이 거론된다. 신대륙으로 건너간 사람들 중 청교도는 단지 100여 명에 불과했고, 이들 중 절반은 원주민의 습격, 추위, 질병으로 1년 만에 사망하여 겨우 50명 정도만 살아남았다. 이는 미국 건국 과정에 대한 우리의 일반적인 학습과 매우 다르다. 18세기 미국은 영국령이었으며, 영국은 미대륙의 부에 대한 세금을 크게 인상했고, 미대륙의 자체 화폐 사용을 금지하는 법령을 발표했다. 이에 반발한 미국의 프리메이슨이 무장봉기를 일으키며, 이것이 바로 독립전쟁이다. 이 전쟁은 미국의 프리메이슨과 일부 영국 프리메이슨의 공모로 일어난 것이며, 1775년부터 1783년까지 8년간 지속되었다. 독립전쟁은 그들이 이후 일으키게 되는 프랑스 혁명이나 러시아 혁명과 마찬가지로 혼란을 유발하고 민중을 선동하여 폭동의 수순으로 진행되었다. 이와 같은 무장봉기로 인해 프랑스나 러시아에서는 왕정이 무너진 반면 미국에서는 미국이라는 한 나라가 건국되었다.

1776년 7월 4일 혁명군 사령관이 된 조지 워싱턴은 독립을 선언하게 된다. 독립선언문에 서명한 56명 중 53명이 프리메이슨이었다. 그리고 조지 워싱턴을 시작으로 이후 배출된 17명의 대통령이 모두 프리메이슨 그랜드마스터였다. 이 정도면 미국은 기독교 국가가 아니라 프리메이슨의 국가라 해도 과언은 아닐 것이다. 신대륙을 발견한 크리스토퍼 콜럼버스 또한 프리메이슨의 일원이었다. 그는 오로러 크라이스터 혹은 나이스템플러 프리메이슨 종단의 핵심 멤버였다. 미국의 수도 워싱턴 DC 즉 콜롬비아 특구 역시 콜롬비아 사람들의 지역이란 뜻이다.

그가 신대륙 탐험에 사용했던 핀타리나 마리아호의 돛을 보면 템플 기사단*의 문장이 정확히 그려져 있다는 것을 알 수 있다. 이 밖에도 뉴욕이라는 지명 또한 프리메이슨에서 유래를 찾을 수 있다. 새로운

-* 1118년 프랑스의 기사 위그 드 파앙(hugues de payeng)이 성지순례자들을 보호하기 위하여 결성한 종교기사단.

요크라는 뜻을 가진 도시는 과거부터 영국에 있던 요크라는 지역의 이름을 따온 것이다. 요크는 중세에 북부 잉글랜드의 중심도시였고 요크 공작이라는 작위는 요크지방의 영토와 세금을 관장하고 있었다. 이곳은 프리메이슨 핵심 조직이었던 더요크 라잇의 본거지였다. 즉 영국 요크의 프리메이슨이 주축이 되어 본래 네덜란드인들이 살고 있던 미 동부 해안의 항구도시 뉴암스테르담을 빼앗게 되는데 그곳이 현재의 뉴욕 일대다. 루이지애나 도시 뉴올리언스 또한 프랑스의 거대 프리메이슨 나치가 있었던 올레앙이란 지명을 따온 것이다.

오늘날 프리메이슨으로 알려진 역대 미국 대통령들은 건국 대통령 조지 워싱턴을 포함해 프랭클린 루스벨트, 도널드 레이건 등 총 21명에 이른다. 현재 미국 상원의원 대부분도 프리메이슨이며, 과거 한 주류 언론은 TV 프로그램을 통해 프리메이슨이 캐피털 빌딩을 지배하고 있다고 보도한 적도 있다. 이는 프리메이슨이 아니면 미국 정계에 진출하기 어렵다는 사실을 시사한다. 누군가는 미국이 기독교 국가가 아니라는 사실을 밝히는 것의 중요성을 의문시할 수도 있지만, 미국을 정확히 이해하지 못할 경우 다양한 정치적, 종교적 모순이 발생한다. 가장 큰 문제는 미국 역사 속에서 나타난 비기독교적이고 비윤리적인 행위들이 기독교 국가 미국의 신화 뒤에 숨겨지거나 미화되는 것이다.

바이든 행정부 출범 이후 미국은 기독교 국가라는 이미지에서 벗어나려는 움직임을 보이고 있다. 바이든은 임신중절 수술과 동성혼을 공개적으로 지지했으며, 성 정체성에 따른 탈의실과 화장실 이용을 허용하는 법을 도입했다. 캘리포니아주에서는 아동과의 부적절한 관계를 합법화하려는 시도도 있었다. 이러한 변화들은 기독교인의 관점에서 볼 때 미국이 기독교 국가라고 말하기 어렵게 만든다. 바이든 행정부는 미국을 글로벌 엘리트들이 득세한 초기 미국의 모습으로 되돌리려 하고 있다. 미국은 프리메이슨에 의해 설립된 나라이며, 미국의 개신교도 수가 많다는 사실은 유럽 지배자들의 세계관과는 관련이 없다. 미국이 기독교 신앙으로 세워져 하나님의 축복을 받아 강대국이 되었다는 관념은 사실과 다르다. 미국을 강대국으로 만든 것은 자본, 군사력, 세계 패권을 장악하려는 글로벌 엘리트들의 외교활동이었다. 미국을 기독교와 연결하려는 시도는 종교적 관점에서 정치적 문제를 해석하려는 경향 때문이다. 정치 지도자들이 종교를 이용해 지지자들을 결집하는 경우도 있다. 하지만 정치와 종교는 본질적으로 다르며, 신앙심 있는 개인의 정치 참여와 종교계의 정치 참여는 다른 차원의 문제다.

종교의 정치 참여는 근대국가의 정교분리 원칙에 어긋난다. 이는 수세기 전 정교가 합치된 시대로의 회귀와 같은 것으로, 정치에 기생하는 종교는 영적 타락을 불러온다는 것은 명백하다. 한국의 교회들도 이러한 현상에 영향을 받고 있으며, 미국 프리메이슨과 결부된 종교적 모습들을 기독교의 신앙과 전통으로 오해해서는 안 된다. 한미동맹은 동북아 정세에서 역사적으로 중요한 역할을 해왔으며, 지금까지 잘 유지되어 왔다. 그러나 종교적 신념을 결부시키는 오늘날의 맹목적 사대주의는 이념적 모순을 야기하고, 한미 간의 국제관계를 잘못 해석하게 하는 잘못된 상황을 초래할 수 있다.[135]

자본주의와
디아스포라

성서 창세기에 나오는 바벨탑 사건은 인간이 벽돌 굽는 공예와 건축 기술로 하나님에게 도전한 사건이다. 바빌론 왕 느부갓네살은 하나님과 같은 권력을 얻기 위해 하늘까지 이르는 탑을 쌓으려 했다. 이에 하나님은 인간의 교만을 벌하기 위해 언어를 섞어 서로 소통하지 못하게 하고, 다양한 민족으로 분산시켰다. 페르시아 왕 키루스는 하나님의 뜻에 따라 바빌론 제국을 멸망시켰고, 포로로 잡혀간 유대인들 중 일부는 돌아가지 않고 바빌론과 메소포타미아의 여러 도시에서 거대한 상권과 금융을 장악했다. 이들을 첫 번째 디아스포라 유대인이라고 부르며, 그들의 재정적 지원으로 솔로몬 신전 건축과 토라 경전의 편집 작업이 시작되었다.

기독교는 그리스로 이동해 철학이 되었고, 로마로 옮겨와 제도가 되었다. 이후 교회는 유럽으로 가서 문화의 일부가 되었으며, 마침내 미국으로 옮겨와서는 기업의 형태를 띠게 되었다. 그들이 콘스탄티누스를 로마 황제로 만들고, 이후 로마 바티칸이 세계로 확대되었다. 로마 바티칸의 교황제도는 현재까지 이어지고 있다. 2013년 WCC 총회 이후

프란치스코 교황은 중국을 주목하고 있다고 한다. 박근혜 대통령의 통일 대박 발언, 중국 전승절 참석, 중국군 사열 등이 주목받았다. UN 역시 프리메이슨 집단으로 여겨진다. 유대인이라는 명사는 혈통적 유대인이 아닌 추상적인 의미로 사용되며, 이러한 유대인들은 과거 고통을 받았다고 주장하며 기독교 유대인 행세를 하고 있다. 아스다롯, 바다 위에 떠 있는 비너스 여신의 이미지는 모든 자본을 상징한다. WCC⁻*, NCCK⁻**와 같은 단체들은 불교와 개신교의 통합을 지향한다고 알려져 있다. 현대의 바벨탑은 군사기술과 IT 융합 기술을 상징하고 있다.

결국, 로마가톨릭은 우상숭배, 사람숭배, 부와 권세는 하나님 앞에선 아무것도 아닌 것이다. 따라서 예수님 말씀 빛과 깨달음을 따르면 하나님의 어린양이 되고 요한계시록에서는 루시퍼와 메이슨들이 운영하는 현 세상에서 빼내심을 얻는다는 것이다. 신앙생활이란 하나님께서 말씀하신 것을 네 마음속에서 떠나지 않게 하는 것이지 교회에 나오라는 것은 인간이 속이는 말이다. 미가서에서 하나님께서는 나에게 어떤 제의를 드릴까 걱정하지 말라, 나는 그런 것은 안 받는다. 세상을 훼방하는 자들은 사람들의 영혼을 지옥으로 보내는 바알신의 제사장들이다. 그들이 목사와 신학 교수들이다. 지금 뭐하기 위해 합치고 통합하는가? 짐승의 나라로 가기 위해 큰 성 바빌론으로 가기 위한 것이라는 것이다. 중산층 파괴 및 금융노예를 만드는 전략에 협조한 것이다.

-* 세계기도교교회협의회.
-** 한국기독교교회협의회.

예수님께서 말씀하신 하늘나라는 어떤 곳이고 부활 때는 어떤 일이 일어나는가? 하늘나라는 시집 장가가는 일도 없다는 말씀은 하늘에 있는 천사와 같은 영혼들 아브라함, 모세, 이삭, 야곱 등은 시집 장가가는 일이 없다는 것이지. 세속세계에서 혼인하지 말라는 것이 아니다. 나는 아브라함, 이삭, 야곱의 하나님이란 말씀은 나는 죽은 자 루시퍼 사탄의 하나님이 아니라 산자의 하나님이란 말속에 들어있다.

다니엘서에서 미카엘이 하늘에 올라가 예수 탄생을 예언했다. 베들레헴에서 이스라엘을 다스리는 왕이 태어나서 하나님의 처소 땅의 높은 곳 예루살렘을 밟을 것이라고 예언했기 때문에 하늘에서 용이 쫓겨났다. 후일 믿음이 떠난 자들이 로마가톨릭 성직자들 혼인을 폐하고 사제독신주의 신부를 폐할 것이다. 성서에는 하나님의 능력을 모르면 진정한 자유시간을 인간적인 제멋대로 해석할 수밖에 없도록 엄청난 알레고리(비유, 은유, 환유)가 들어있다. 마태복음만 해도 죽은 자의 하나님이 아니라 산 자(내 말을 알아듣는 자, 빛을 본 자, 깨우친 자)의 하나님이다.

수메르, 앗수르 지역에
무슨 일이 있었던 것인가?

노아의 둘째 아들 함은 애굽에서 430년간 외국인 근로자로 생활했다. 이후 광야 시내산에서 40년간 준비하여 가나안에 들어가 나라를 세웠다. 수백 년 후 사울왕, 다윗왕, 솔로몬왕이 120년간 한 민족 한 국가로 이어졌다. 솔로몬 왕의 죽음 이후 나라는 북이스라엘 왕국과 남유다 왕국, 한민족 두 국가로 200년 동안 나뉘었다.

북이스라엘은 사마리아를 수도로 하며 앗수르 제국에 의해 멸망했고, 남유다는 예루살렘을 수도로 하며 바빌론에 의해 멸망하고 70년간 포로 생활을 했다.

북이스라엘 멸망 후 남유다의 떠돌이 장사꾼인 히브리 민족은 앗수르의 상권을 장악한 후 바빌론을 끌어들여 히타이트와 아카드 문명을 붕괴시켰다. 이후 바빌론에 의해 성전이 파괴되고 멸망한 후, 그 히브리 민족들은 예레미아가 주장한 통치와 질서를 배우며 70년간 포로살이 하고 권력의 중심인 궁정에 진입하여 페르시아를 끌어들여 바빌론을 멸망시켰다. 이후 자연재해로 묻혀버린 그 지역 문명을 자신들의 역사로 왜곡하고 날조하여 '유대인 탄생'이라는 그들만의 역사를 만들어 냈다.

중세와 근대에 이르기까지, 영국의 궁정 유대인들은 유럽의 7대 왕실과 혼맥으로 점령했다. 시간이 흐르고 과학기술이 발전하면서 숨겨진 사실들이 드러나기 시작했다. 앗수르 문명은 520년 동안 서아시아의 주인이었는데, BC 609년 바빌론 제국의 등장과 함께 사라졌다. 18~19세기의 산업혁명 시기에 증거주의와 이성주의가 발달하면서, 모든 것에 증거가 필요한 시대가 되었다. 이때 유럽에서 많은 사람이 성경을 믿을 수 없는 책으로 여기게 되었다. 성경 66권 중 요나서와 나훔서는 앗수르로 시작해 앗수르를 다루지만, 실제 앗수르의 흔적이 없다는 것이다.

다시 말해 수메르 앗수르 문명은 사라졌기 때문에 요나서, 나훔서 두 권의 성경은 인정할 수 없다는 말이 퍼져가고 있을 때 1846년도 영국의 고고학자 헨리 네이어드가 앗수르 수도 니느웨에 가서 6미터 모래 밑을 파봤더니 거기에 니느웨의 전체 유물이 그대로 있었다. 이러한 증거들은 오래전 소위 노아의 홍수라고 알려지고 전해지는 지구의 엄청난 자연재해로 인해 어떤 지역 문명이 사라진 자리에 어떤 자들이 자신들의 역사를 억지로 꿰맞추는 과정에서 역사를 위조, 변조, 조작한 것으로 볼 수 있다.

발견된 유물 1,108점은 대영박물관 앗수르관에 전시되어 있다. 그리스의 역사학자 헤로도토스는 520년 동안 상아시아 주인이었다고 말했는데 520년 동안 상아시아의 주인이었던 앗수르는 바빌론 제국의 등장과 함께 사라진다. 그 바빌론 제국은 BC 609년도에 등장한다. 그렇다면 BC 609년에 사라지기 시작해서 고고학자가 니느웨 지하 6미터에서 발굴하기 약 2450년 동안 묻혀있었던 것이다.

그러니 알렉산더가 그 위를 지나가고 그 수많은 인물이 거기를 지나다니면서 그 밑에 전 세계에 주인 노릇을 해서 황금의 산을 이뤘던 그 인간의 거대한 문명이 있었다는 것을 몰랐었다. 그러면 앗수르는 어떻게 황금의 산이 되었는가? 어떻게 니느웨를 휘황찬란한 황금의 산으로 보일 만큼 그런 거대한 문명을 만들었는가? 앗수르는 카파도키아 그러니까 티그리스강 상류에 있는 앗수르가 지금의 터키 카파도키아까지 무역을 했다는 것이다.

앗수르 제국은 무역하는 데서 멈추지 않았다. 앗수르는 더 나아가서 이제 조공을 받게 된다. 조공을 받는다는 것은 힘을 가진 나라에서 힘 약한 나라를 위협해서 무조건 가져오게 바치게 하는 것이다. 만약에 안 가져오면 더 어려운 일을 만들어 주겠다는 것이다. 이런 이야기가 성경에 나온다. 주변국의 상전이 됐다는 뜻이다. 특히 1,108개의 유물 중 우리 눈을 사로잡는 두 개의 그림이 있는데 하나는 블랙 오벨리스크이며 또 하나는 사자를 사냥하는 앗수르왕을 새긴 돌이다.

해당 유물은 로마 시대 콜로세움에서 열린 검투사의 결투를 수많은 사람이 지켜본 것처럼 왕의 사자 사냥을 백성들이 지켜보는 광경을 묘사한다. 한마디로 앗수르왕의 상징은 사자였다. 왕이 얼마나 사자 사냥을 잘하느냐는 백성들에게 의미가 있었다. 그의 취미 때문에 인근에 있는 사자들의 몇몇 종은 멸종됐다고 하는데, 이는 단순한 사냥이 아니라 주변의 모든 민족과 나라를 지배한 왕의 용맹함을 상징한다. 지금 그 자리에는 레바논(페니키아)과 시리아(앗수르, 바빌론)가 있는데 그곳을 이스라엘이 천천히 먹어 들어가고 있다.

종교와 지배의 힘

고대사회 당시 최고의 선진국은 이집트였다. 주변 소수 부족 또는 이민족들은 기근이나 어려운 생활 환경에서 벗어나기 위해 선진국 이집트에 외국인 노동자 신분으로 자신의 노동력을 팔기 위해 많은 이주의 역사가 있다. 구약 중 출애굽기란 당시 메소포타미아 히타이트 지역에 상상하기 힘든 엄청난 자연재해 소위 노아의 홍수로 그 지역 모든 문명과 거주자가 사라졌다. 이에 따라 이집트에서 외국인 노동자로 생활하고 있던 가나안족 유다 부족들이 생활을 멈추고 무주공산이 된 가나안 지역에 정착해 북이스라엘과 남유다라는 도시왕국을 세웠다.

북이스라엘은 200년 부패로 멸망하고 이후 남유다도 멸망하고 바빌론 포로 생활을 하게 된다. 유대인들은 바빌론 종교와 문명을 여기저기서 베끼고 배워서 페르시아를 끌어들여 멸망케 하고 바빌론 제국이 부패했다고 역사 지우기 공정을 한 것이다. 마치 자신들이 창조한 것처럼 자신들의 성경에 기록해 결국 샤먼에서부터 아시아 불교에서 시작된 바빌론 문명을 자신들의 유대교로 가로채고 자신들이 지배하기 위해 정신 지우기 종교복제품 기독교를 발명해 유럽에서부터 아메리카 등 세계에 뿌린 것이다. 이러한 과정의 증거들로써 유대민족 디아스포라는 선진종교와 외국어 환율을 익힐 수 있었다. 성경의 알레고리 중 예를 들자면 카인과 아벨 사건을 들 수 있다. 아벨은 유목사회 자유를 상징한다. 카인은 농경사회를 상징하고 계급과 전쟁, 살인을 상징한다. 유대인이란 추상명사다. 아브라함 혈통보다 카자르 표면적 유대인들이 중심 세력이다. 유대인은 유대교 복제품 기독교를 발명해 냈고 이후 이슬람 발명과 이슬람 제국 확산은 페스트와 유목 생활과 세금 정책 때문이었다. 기독교로 로마를 점령하고 콘스탄틴 황제가 로마 교황까지 겸직한 것이다.

그 후 영국을 궁정 유대인으로 점령, 유럽 왕실을 혼맥으로 점령하고 가톨릭으로 통치하며 바티칸 공국이 세계를 지배하게 된 것이다. 영국 중앙은행을 점령하고 세금을 담보로 화폐 권력을 탈취하고 자본주의와 공산주의를 발명, 미국 연방준비제도 FED 중앙은행을 설립하고 점령, 증권거래소 발명 기축통화에 의한 부채 자본주의 발명 신용화폐로 노동자들 미래 시간까지 노예화에 성공했다.

한편 중산층이 증가하자 지배층에 대한 혁명의 싹을 자르기 위해 화폐 거품으로 자산시장을 붕괴시켰다. 고령화로 복지예산이 더 필요해지고, 전염병 유행으로 경제가 파괴되면서 중산층이 몰락하기 시작했다. 러시아 우크라이나 전쟁은 식량 가격을 폭등시켰으며, 소비와 여행 없는 디플레이션이 계속될 것이다.

결론적으로 가정해 보면 샤먼에서부터 시작된 불교 사상이 계급숙명론과 더불어 고대 바빌론의 종교 풍요의 상징 황소 마루둑신, 페르시아 종교 조로아스터신 등에 전해지고 유대인들이 포로로 끌려가 그들의 종교를 베껴 유대교를 만들고 이후 로마제국의 영향력 있는 궁정 유대인들이 되어 로마의 다신종교에 유대교를 섞어 유대교 복제품 가톨릭을 만들고 당시 로마제국 식민지와 주변 세계로 전파했다. 이후 유대 딥스들은 봉건제 왕정을 파괴하고 정치권력을 위해 개신교 즉, 예수라는 사람 잡아 오는 괴물종교 기독교를 만들어 현재에 이르고 있는 것이다.

좀 더 구체적으로 말하자면 떠돌이 작은 부족이 당시 선진제국 이집트에 외국인 근로자로 근근이 일하는 처지였다. 그런데 메소포타미아 지역 수메르 아카드에 소위 노아의 홍수라 일컬어지는 엄청난 지진과 홍수 해일 등 자연재해로 수메르 아카드 도시국가들이 흔적도 없이 사라질 정도로 문명이 파괴되고 그 지역 가나안땅은 무주공산 비어 있는 땅이 되었다. 이때 유대 부족들은 이집트에서 배운 선진노동력과 기술을 가지고 외국인 신세를 면하고 주인이 없어진 땅에 부족, 민족, 국가를 세우기 위해 동부 개척을 선택했을 것이다.

소위 그들의 문학적 탈출기는 이렇게 해서 모세라는 인물로 시작된 것으로 보인다. 이때부터 성경 속 알박기, 자본주의와 디아스포라 경제가 탄생한 것이다. 이후 앞서 말했듯이 사울, 다윗, 솔로몬 120년 왕국을 경험해 본 바 왕들의 편 가르기, 과도한 세금 사용, 국가와 권력이란 부패할 수밖에 없다는 것을 경험하고 이후 두 개의 국가로 찢어져 분단되고 북이스라엘 200년 10지파 멸망과 남유다왕국 바빌론 포로 생활로 이어진다. 이들은 성경에 일반인들은 알 수 없도록 자신들의 성직자 랍비들만 알 수 있도록 암호화하여 비유법, 은유법, 환유법 등으로 해석하고 창세기에 카인과 아벨 사례를 기록해 소위 자본주의 알박기 디아스포라를 현재까지도 유지하고 있는 것이다. 마치 프로이트가 아내와 딸, 손녀 죽음을 아주 섬세하게 임상실험 하듯이 관찰하고 인간의 죽음에 기초한 정신분석학을 발명하고 완성 시켰듯이 마르크스가 폭력혁명을 위한 자본가의 쇠사슬이란 공산주의를 발명하였듯이 바빌론 유수시기 선진국 종교를 벤치마킹해 자신들의 유대교라는 종교를 자신들에 맞게 정립하고 그것을 기초해 복제품 짝퉁 종교 가짜종교 기독교라는 종교를 발명하여 사람들의 머리를 점령하고 세뇌하기 위해 세상에 퍼뜨렸다.

다시 말해 카인은 정주생활을 상징한다. 인간이 모이면 계급과 권력 살인을 저지르게 돼 있다. 아벨은 유목생활을 상징하고 떠돌다 보면 세계 각국의 외국어 소통 능력, 환율 각종 희귀한 상품거래 능력과 상권장악으로 부자로 살 수밖에 없다. 인간은 혼자일 때 강해지고 자유를 느낄 수 있다. 모이지 않으면 지배받을 일도 없다. 아모스 9장 1~6 추상명사 빛을 본 자 북이스라엘 10지파 멸망과 예수 그리스도의 나라를 기업으로 받을 남유대 의로운 남은 자들. AD 70년경 로마에 의해 두 번째 멸망. 이때부터 주변 세계 각지로 디아스포라를 본격 시작하고 로마 궁정 유대인 유대교 복제, 기독교 전파, 가톨릭 유대교가 점령 결론적으로 정주문명이 권력투쟁, 계급, 카인과 아벨 살인 내전 상황이란 것을 알게 되고 디아스포라를 체득했다.

제국 내 궁정 유대인으로 시작해서 페르시아를 이용해 바빌론을 치고 로마 황제를 자신들이 정하고 잉글랜드 왕을 사로잡고 유럽 7대 왕실을 자신들의 혼맥으로 채우고 바티칸 교황청을 점령하고 왕과 귀족들의 권력을 뺏기 위해 개신교 즉, 기독교를 발명하고 자본주의와 공산주의를 발명하고 주식회사, 은행, 증권거래소를 발명하고 신성 로마제국 젖과 꿀이 흐르는 땅 신의 나라 미국이란 새로운 이집트를 만들고 제2의 언덕 위 도시 신예루살렘 뉴욕을 건설했다. 사회는 이미 저항할 수 없도록 짜여 있다. 사회적으로 어느 정도 영향력 있는 자리에 오르면 좌파든 우파든 정치인이든 기업인이든 노동 운동권이든 그 뿌리를 쫓아 올라가 보면 그 우두머리 실체는 하나다. 그는 이미 그 그룹에 자신도 모르게 포함되어 있는 자이다.

따라서 자본주의든 공산주의든 사회주의든 다수의 뜻대로 되지 않고 그들이 허용하는 만큼뿐이다. 지금까지 냉전이 끝나고 약 40년 가까이 전 세계 중산층 풍요는 러시아의 싼 에너지 자원과 중국의 저가 제품 때문이었다. 그들은 아프가니스탄, 중국, 일본, 대만, 인도, 한반도, 러시아, 유럽나토, UN, 코로나 팬데믹, 우크라이나, 곡창지대, 파괴, 식량 공포, 이란 혁명수비대 테러단체 지정, 에너지 공포, 비트코인, CBDC 전자화폐 등을 이용해 동북아시아에서 새로운 냉전을 준비하고 있는 것이다.

깨달아야 바뀌는 것

성경을 문자대로 이해해서는 안 된다. 일종의 문자주의에 대한 반감. 신비주의는 종교의 정점이다. 루돌프 볼프만은 4대(마르코, 마테오, 요한, 루카) 복음서는 신화라고 말했다. 문자 뒤에 감춰진 속내를 봐야 한다. 상징은 뭔가를 가리키는 손가락 너머 그때 당시 사람들이 자기들의 실존적 정황을 어떻게 이해했느냐 하는 것을 말해주는 것이다. 신은 하나의 존재일 수 없다. 존재란 시간과 공간에 갇힌다. 비교 종교학이란 사람들을 에베레스트산에 올라갔던 사람들이 내려와서 하는 얘기들을 많이 수집하는 것이다. 즉, 올라갔을 때는 어떤 느낌 무슨 장비를 다른 사람들이 올라가는 데 도움이 되는 역할이다.

형이상학적 눈뜸이 있어야만 참된 의미의 기쁨이 있을 수 있다. 빛나는 오늘을 위해 어떤 노력을 하고 있는가? 하늘의 소리를 들을 수 있는 귀가 있고 의식구조가 바뀌어야 한다. 변화는 깨달아 보는 시야가 바뀌는 것, 그 변화를 통해 자유를 느끼는 것이다. 종교가 정말 기쁨을 주려면 그 종교가 진짜 주려고 하는 참된 진수에 들어가서 그것을 맛봐야만 우리에게 즐거움을 줄 수 있다. 표층 종교는 지금의 내가 이기적인 내가 내 가족 내가 잘되려고 하는 것이고 심층 종교는 지금의 나는 내가 아니다. 진짜 나는 숨겨진 보석 같은 나다. 정신적 성숙 그걸 위해서 애쓰는 종교다.

즉, 그리스도의 길이란 남들이 쫓는 세상에 가치를 두고 있는 것에 무가치를 남들이 쫓지 않는 무가치한 세상의 것에 가치를 두는 사유의 깨달음인데 많은 사람이 그리스도란 하나님, 한 분이신 아버지, 빛에서 나신 빛과 같은 말이란 것을 깨닫지 못하고 있다.[136]

세상은 성경대로
되어간다

이란은 성경 속에서 맨 마지막 때 가장 큰 원수로 등장할 것이다. 창세기 10장 노아의 홍수 이후, 셈의 아들들 이름은 엘람(이란), 아람(시리아), 앗수르(이라크), 아르박삿(아브라함)이다. 창세기 14장 소돔과 고모라에서 롯이 납치되고 아브라함이 구출한다. 에스더서 수사—페르시아 겨울궁전, 1925년 팔레비가 쿠데타로 1979년 호메이니 신정체제 전까지 50여 년을 집권했고 1935년부터 페르시아 국호를 이란으로 변경했다. 현재 이란에 핵은 없고 탄도 미사일은 있다. 반면 북한은 핵은 있고 탄도 미사일 완성은 못 한 상태다.

에스겔서 38장 39장 성경은 맨 마지막 때 이스라엘이 돌아온다. 곡과 마곡의 전쟁 러시아, 터키, 이란, 그밖에 에티오피아, 리비아 이들을 하나님께서는 7가지 재앙 지진, 역병, 많은 피 흘림, 홍수, 우박, 유황, 불로 쓸어버릴 것이다. 천년왕국이 이뤄지기 전 내가 여호와 하나님이라는 사실과 영광 받기 위해 한 일이다. 스가랴서 14:12에 따르면 눈이 눈구멍에서 소멸하고 그들 혀가 입속에서 소멸할 것이라고 한다. 아마겟돈과 비슷한 전쟁 기록 핵무기 관련 예언 기록일 것이다.

요엘서 마지막에는 이스라엘 백성을 위해 내가 내 영을 하늘에서 쏟아부어 줄 것이라고 한다. 왜 특별히 이란에만 어려운 일이 생기나? 예레미아 49:35 내가 엘람(이란) 그들의 으뜸 되는 활을 꺾을 것이다. 그들의 무기도(핵무기) 소멸되고 온 세상으로 쫓겨나고 그들은 소멸될 것이다. 그리고 내가 내 왕좌를 그곳 엘람에 세울 것이다. 다른 하나는 예루살렘이다. 현재 이란은 페르시아 시절 하만-*(유대인 제거주장)의 영이 다스린다. 이슬람의 가르침이 이스라엘을 멸절시켜야 한다고 하디스 율법에서 이맘 12명이 가르치고 있다.

시아파(이집트, 사우디 등) 이맘은 훌륭하지만, 성인은 아니다. 이들의 공통점은 메시아사상이다. 이슬람 국가 이란은 미국과 이스라엘을 제거하고 마흐디가 통치할 것이라는 12번째 이맘이 은거하다 무함마드 알마흐디가 세상을 통치하기 위해 돌아온다는 것이다. 예수 재림도 같은 시기인데 그는 가짜 그리스도라는 것이다. 유대, 이스라엘도 메시아 이슬람 국가들도 마흐디 메시아가 오기를 기다리는 것은 같다. 즉, 어느 한쪽은 적그리스도인 것이다.

현재 이란 인구 8,200만 명 중 기독교 인구는 40만~50만 명으로 가장 빠르게 기독교가 전파되고 있는 국가다. 인권이 없다 보니 젊은이들 사이에 빠른 속도로 퍼지고 있다. 성경 기록대로 에스더를 통해 페르시아 왕이 눈이 열려 유대인을 구했듯이 현재의 이란은 성경에 멸절되기로 정해진 악의 축 국가다. 그런데 기독교를 받아들임으로써 기독교 제국(글로벌딥스 집단지도 체제)의 지배받는 국가가 될 것이다. 미국대사관 예

-* 하만은 적그리스도의 예표. 아각사람 아말렉(유다남부) 함므다다의 아들.

루살렘 이전 의미는 1948년 5월 14일 이스라엘 건국 유대력 4월 19일 이미 축하 행사, 1948년 8월 15일 대한민국 건국, 1967년 6일 전쟁 시 요르단 영토인 예루살렘을 점령했다.

이스라엘은 이삭을 바쳤던 모리아산에 제3 성전 건립을 추진하고 있다. 다니엘서 27장, 적그리스도 들어간 이후 제3 성전이 파괴되고 성경에는 메시아가 통치할 제4 성전 계획도 기록되어 있다. 시편 제2편 예수님이 재림하실 때 올리브산에 오시고 이방인들이 결박한 것을 끊고, 이러한 상황에서 현재 이슬람국가 57개국 17억 인구의 협력기구가 터키의 에르도안을 중심으로 맞서고 있으며 인디파타*가 예상된다. 2017년 12월 6일 미국 대사관을 예루살렘으로 이전할 것이라고 트럼프가 발표했다. 2018년 5월 14일 건국 70주년에 맞춰 이전하고 기념주화도 발행했다. 동전 앞면에는 키루스 뒷면에는 트럼프 초상을 새겼다. 하나님이 트럼프를 세우셔서 성경의 느부갓네살, 키루스 같은 미국대사관 이전은 마지막 때 하나님의 백성 이스라엘 백성이 돌아온다는 것이다.

들을 수 있는 자는 들어라 볼 수 있는 자는 보아라, 잠들지 않은 자는…. 그들은 돌아와서도 예수님을 인정하지 못할 것이다. 현대 앵글로·색슨족이 유대 12지파를 대체하고 있다. 로마서 이스라엘 유대인을 흩으러 소멸시키고 교회로 하여금 새 이스라엘로 대체한다는 대체 신학 이방인들, 사도 바울로 하여금 이방인들에게 기독교를 전파하여 모두 유대인으로 만드는 하나님의 계획이었던 것이다. 다윗 왕조 국가는 부패할 수밖에 없음을 깨우친 유대인들의 디아스포라 지배전략이었다.

-* 팔레스타인 내부 정치세력 분열, 하마스—파타의 정치적 경쟁자로 부상. 무슬림형제단과 하마스 팔레스타인 민중과 이스라엘전쟁사.

수메르문명과
바빌로니아

성경을 지식으로 공부하면 반드시 선과 악으로 누군가를 심판하게 되는데 자신도 심판하게 된다. 이 땅에 존재하는 모든 이단 종교는 지식을 추구하고 더 강한 지식을 추구하게 되어있다. 미국 기독교 중 70%가 침례교이다. 침례교는 평신도 중에서 목회자를 선발하다 보니 권위를 갖기 위해 표적이나 이적을 보여줘야 한다. 그러다 보니 성경 공부에 권위를 부여하기 위해 무리하게 신비주의 지식에 빠지는 경우가 많다. 지식은 끝까지 목마름이요, 허무한 바닷물 같은 것이란 것을 알아야 한다. 지식의 마침표는 하나님의 말씀대로 살아가는 체험적인 삶이다.

에스라는 한 권도 힘들다는 성경을 역대 상, 하, 에스라 세 권을 썼다. 이런 선지자가 성경에 여호와를 사탄으로 바꿔 썼을 때는 실수가 아니라 분명 어떤 의도가 있지 않았겠는가? 사무엘하 24:1, 역대상 21:1 기원전 580년경 바빌론 포로기 이전 성서의 솔로몬 왕의 기도에서는 하늘보다 높고 땅보다 큰 피조물인 우주 밖의 창조주 하나님으로 기록돼 있다. 그런데 바빌론 포로 생활에서 돌아온 이후의 기도문에 "하늘에 계신 우리 아버지"로 기록된 것은 창조주는 하늘과 땅을 만들었기 때문에 피조물 밖에 있어야 하는데 그 피조물과 같은 안쪽에 있는 하나님으로 바뀌기 시작한다. 이런 성서 기록과 종교적 변화는 유대인들의 야훼 하나님 '일신론' 신앙에서 바빌론의 '이신론' 신앙을 받아들이는 것은 과거 유대 신정국가 체제에서 인간이 통치하는 정치체제로 넘어가는 것을 말한다. 결국 모세 5경 토라를 부정하는 결과가 되고 백인들의 뿌리인 '아리안족 이론'을 따라가게 된 원인으로 볼 수 있다. 그 후 인디아, 수메르, 페르시아, 이란, 그리스 북부 종족 마케도니아 알렉산더까지 그리스철학과 종교, 조로아스터교, 이데올로기 변형이 신약성경 사도들을 통해 묻어 들어가 기독교가 탄생하였다.

결과적으로 아리안족들이 심어놓은 씨앗이 자라서 꽃을 피우고 수백 배의 열매를 맺는 기독교사상이 된 것이다. 유일신 일신론인 구약성경에서 신약성경 이원론인 기독교 신앙 바빌로니아 이데올로기는 로고스인 하나님 말씀, 빛의 세계, 깨달음, 근본, 원칙, 원리, 질서를 볼 수 없도록 인간의 불안심리, 죽음의 공포, 더 살고 싶은 인간의 탐욕과 본성을 이용해 신비주의 성경을 뛰어넘고 "믿습니다"로 가버린 것이다. 예를 들어 철학자, 경제학자들은 세밀하게 따진다. 그러나 가장 다루기 쉬운 인간은 권위를 가진 인간이 믿느냐고 한마디만 하면 "믿습니다"하고 복종하는 종교인이다. 사유하는 사람만이 성장하고 진화한다. 현재 이란은 자신들이 아리안의 후예라고 강력히 주장하고 있다.

창세기 10장에서 아브람 이전부터 "바벨이란 시날 땅에" 근거를 말하고 있다. '수메르 계약법' 이미 고대의 선진문명이었던 수메르의 선진제도가 고대 이집트에 전해져 피라미드 건설 당시 노동자들의 노동법은

1일 8시간 8일 일하고 2일을 쉬도록 노동 계약이 체결되었고 노동 계약서상에 음식을 제공할 때 과일과 생선은 몇 개를 줘야 하고 쉬는 동안에도 임금이 지불된다는 복리후생에 관한 내용도 포함되어 있었다. 성경에서 피라미드 건축 시 노예는 서양의 의도적인 계획과 편집이었다. 당시 히브리족의 이집트 노예 생활이란 없었다. 허구적, 역사적인 기록이다. 성경에서도 돈 벌러 간 것으로 기록되어 있어 노예로 끌려간 것이 아니다. 그런데 노예 생활 운운하는 해석은 가까운 근대에 교회 성직자들의 주관적 해설과 할리우드 영화 십계에 의해 현대인들에게 각인된 것이다.

피라미드 건축은 어느 쪽이든 개인의 탐욕은 사실이지만 임금을 받는 노동자들이 만들었다. 기독교인들만이 노예에 의해 만들어졌다고 세뇌되어 있다. 노동자들은 파라오와 자유계약에 의한 노동이었다. 성경에선 히브리족이 파라오의 착취에 못 이겨 모세의 이끌림에 이집트를 떠난 것으로 기록되어 있으나 당시 바로왕과 이집트는 히브리족의 인구가 늘어 폭동 등 위협을 느끼고는 있었으나 노동력이 빠져나가는 것은 원치 않고 있었다. 성경의 내용과 영화 속의 내용들의 머릿속에 든 것은 재검토되어야 한다.

서구신학과 엉터리 같은 노동 얘기가 만나면 현대의 자본주 착취 노동과 적자생존 노동시장을 전제해 고대에는 더했을 것이라는 가정으로 말하고 있다. 분명히 출애굽 성경에서 '노동감독관'이 나오고 노동의 강도가 세졌다는 말은 노예 감독관이 아니었다. 당시 성경 내용 중 애굽 사람을 죽인 것처럼 나도 죽이려 하느냐는 대목이 있는데, 히브리 노예들이 이집트 왕자인 모세에게 이렇게 말할 수 있을까? 신약성경 기록은 예수님과 바리새인 율법 학자와 유대인들과 논쟁이다. 요한계시록 17장에서도 큰 성 바빌로니아가 무너졌다는 표현은 제국의 이데올로기가 무너져야 하나님의 말씀을 알 수 있다는 표현이다. 당시 바빌론 제국은 현재의 미국 제국처럼 바빌론 대학을 나오지 않으면 제국의 관료, 유대 사회 관료 엘리트 집단으로 진입이 어려웠다. 현대의 아이비리그 대학들이다. 제국의 명문대학을 졸업하면 엘리트 중의 엘리트를 뽑아서 어마어마한 지원으로 확실하게 장관, 관료로서 진입이 보장됐다.

당시 유대 1세대들의 엘리트들은 돌아오지 못하고 제국에서 기반을 닦고 1.5세대 3·4세대까지 바빌론에 씨앗으로 심었다. 당시 바빌론 제국의 느부갓네살 왕은 엄청난 투자를 하고 있었다. 하버드를 졸업하면 미국의 국무장관을 시켜주니 당시 유대인들은 히브리식 이름을 스스로 바꾸었다. 당시 바빌론 국립대학을 졸업하면 황제가 직접 면접했다. 황제의 출중한 능력뿐만 아니라 당시 이스라엘보다 몇백 배 훌륭한 사회제도를 갖고 있었다. 다니엘서의 다니엘이 왕이 내린 음식을 안 먹는다는 말은 바빌론 씨앗을 안 받아들인다는 뜻이다.

예수가 말한 성경을 보려면 바빌론 것을 완전하게 빠져나가야 주류 아리안 철학(3000년 전 바빌론 철학, 종교, 역사 지배, 현재도 지배)에서 빠져나가야 비로소 빛의 세계, 깨달음을 얻을 수 있다. 하나님을 만나려면 바빌론 이데올로기에서 벗어나 좁은 문으로 가야 한다. 지혜, 지식, 학문도 현재 한국의 강남권 매뉴얼을 벗어난 비강남권 인재를 황제는 찾았고 아리안 매뉴얼, 바벨식 정답을 벗어나야 하나님의 뜻을 알 수 있다. 황제는 남유다왕국 침공 시 지식인들을 데려와 교육시키고 치밀한 정보분석 능력을 키우고 관료로 기용하여 식민지를 관리하고 통치하는 지혜롭고 민주적인 왕이었다. 바빌론은 수많은 국경을 접하고 있어 도망갈 수 있는 섬나라처럼 학연, 지연, 혈연이 발달할 수 없어 성경에서처럼 부패하지 않았다. 대륙 국가는 시스템이 합리적으로 발전할 수밖에 없다. 제국이 반란을 방지하고 유지되려면 공통 분모가 필요하다. 그것은 체코, 그리스, 인도, 페르시아가 함께 쓴 '아리안 언어'였다. 이러한 바빌론의 문명이 유대 문명, 로마 문명, 미국 문명으로 오늘날까지도 계속되고 있다.

하늘에 계신 우리 아버지를 왜 못 알아듣고 포로기 이후의 철학인 백인들 아리안족들의 세뇌를 알지 못하고 있는 것이다. 예수 철학을 공부했던 사람들이 바빌론 철학을 포로 후 400여 년 동안 포로기 이전 하나님(일신론)이 아닌 하늘에 계신 우리 아버지(이신론)를 공부했다.

따라서 그때부터 인간이 만든 종교가 되어 오늘날까지 이어져 오고 있다. 1.5세대부터 돌아온 경우는 현대판 귀농으로 이해할 수 있다. 잘 나가는 사람들은 안 돌아오고 망한 엘리트거나 특별하게 진리를 찾는 사람들이었다. 성경을 배웠다는 사람들이 신비주의로 빠지고 더 악해진다. 성경을 아주 세밀한 부분까지 알아야 체험적 삶으로 갈 수 있다. 사무엘서와 역대기에서 에스겔이 여호와를 사탄이라고 기록한 의미의 알레고리는 포로기 이전 철학을 가지고 포로기 이후 철학을 해석하려 하면 아무도 못 알아듣는 것이다.

이슬람교의
기원과 정체

기독교와 대비되는 이슬람은 '죽음의 상인들'과 함께하는 왈츠로 묘사될 수 있다. 종교가 어떻게 만들어졌는지, 기독교는 누가 발명했으며, 자본주의와 공산주의에 어떻게 관여해 대중을 세뇌하고 선전 선동의 도구로 사용되는지에 대한 가설을 세워 추정해 보고자 한다. 예수는 고정된 실체가 아니며, 선과 악, 흑과 백, 빛이 있으면 어둠이 있는 것처럼 그 반대의 상대가 있어야 한다. 소위 모세 율법, 구약의 적장자 이삭의 반대편에는 이스마엘의 후손인 이슬람이 있다. 이슬람만큼 빠르게 팽창한 종교는 없다.

로마가톨릭은 다양한 에큐메니칼 공의회를 거쳐 왔다. 니케아 공의회(325년), 제1차 콘스탄티노플 공의회(381년), 카르타고 공의회(397년), 에페소스 공의회(431년), 칼케돈 공의회(451년), 제2차 콘스탄티노플 공의회(553년), 그레고리우스 1세의 교황 즉위(590년), 제3차 콘스탄티노플 공의회(681년), 제2차 니케아 공의회(787년). 이러한 공의회를 할수록 교회는 이상한 교리를 만들었고, 성경적으로 다가오기보다는 오히려 성경으로부터 멀어지는 회의를 하는 것이었다. 문제는 공의회를 거치면서 진리가 더 명료

인문학으로 읽는 금융화폐 **자본주의**

해져야 하는데, 놀랍게도 진리에서 점점 더 멀어지게 되었다는 것이다. 여기에는 악한 자가 개입했다고 볼 수 있다. 사탄도 악한 짓을 혼자 할 수 없고 종교 지도자와 함께 할 수밖에 없는 것이다. 이슬람 경전 코란은 마호메트가 꾼 꿈과 환상을 가톨릭 수도자 '바라카'가 생각하고 해석해 써놓은 책이다. 마호메트는 할아버지 손에 어린 시절을 보냈고, 아버지는 태어나기 전에 죽었으며, 어머니는 그가 7세 때 세상을 떠났다. 할아버지마저 9세 때 여의고 나서, 그는 삼촌과 함께 낙타 무역 상인으로 생활하며 성장했다.

마호메트의 첫 부인은 25세에 결혼한, 15살이나 많은 40세의 수녀였던 '하디자'이다. 하디자는 교황청의 지원을 받아 부유한 과부로 행세했다. 마호메트의 아홉 명의 부인 중 가톨릭 신자인 하디자는 가장 지혜롭고 마호메트의 중요한 참모였으며, 교황청의 지시에 철저히 순종했던 것으로 보인다. 사막에서 많은 경험을 쌓고 강해진 마호메트는 630년에 10,000명의 병사를 거느리고 메카를 정복했다. 메카를 점령한 후에 그가 처음 한 일은 그곳 사람들이 섬겨 왔던 모든 우상을 제거하는 것이었다.

이러한 마호메트의 행동에 로마 교황청이 하디자와 바리카를 보내 공작한 것은 일반 사람들에게는 알려지지 않았다. 교황청의 한결같은 소원은 예루살렘에 교황청을 세우는 것이었다. 그러나 이 사업을 추진하는 데 걸림돌이 될 사람들은 첫째로 정통파 유대인들, 둘째로는 가톨릭을 반대하는 기독교인들이었다. 전 세계 여러 지방에 있는 수도원은 사실상 가톨릭의 정보센터였다.

모든 수도원에서 수집한 모든 정보를 교황청으로 보내는 것은 교황청이 세계 종교 통합을 위한 '에큐메니칼' 운동을 일으키도록 하기 위한 것이었다. 수도원의 수도자들은 교황청의 첩보원들이었다. 또한 세계의 많은 화교들도 유대인 첩보원들이다. 화교 중 30% 이상이 유대인들이며, 지금도 화교가 있는 곳에서 수집된 모든 정보는 이스라엘 모사드에게 전달되고 있다. 로마가톨릭은 이 세상에서 일차적으로 없애야 할 사람들로 정통파 유대인과 가톨릭 교리를 반대하는 기독교인들을 꼽는다. 그런데 가톨릭 자신들은 무기를 쓰지 못하거나 잘못 사용하므로 전위부대처럼 홍위병처럼 이슬람 세력을 이용하려 했다.

교황청은 반대 세력을 직접 처단하기보다 이슬람 세력을 이용했다. 아랍을 하나로 묶어 로마 교황청에 복종하게 할 영웅으로 마호메트를 선택한 것이다. 이것이 가톨릭의 선교 방식이었다. 이 영웅을 통해 무력으로라도 아랍을 통일하고 예루살렘에 교황청을 세울 계획이었으나, 이 계획은 오늘날까지 이루어지지 않았다. 현재 이슬람교는 가톨릭보다 더 커졌으며, 가톨릭은 11.5억 명, 이슬람은 16억 명에 이른다. 하디자와 바라카의 미션은 무엇이었을까? 교황청은 40대의 부유한 과부 하디자를 선택했다. 그녀는 자신의 재산을 가톨릭교회에 헌납하고, 수녀원에서 은둔하며 기도하다가 특수 임무를 받아 세상으로 나왔다. 자금 지원은 교황청이 책임졌고, 하디자와 바라카는 특수임무를 수행했다.

이들은 어거스틴의 책을 많이 읽으며 가톨릭의 기본 교리를 습득했다. 교황청은 북아프리카에서 위대한 지도자가 나타날 것이라는 예언을 퍼트렸다. 이러한 풍문은 이스마엘 자손들 사이에서 사실로 왜곡되어 많은 사람의 선교 노력을 헛되이 만들었다. 마호메트가 '히라산'에서 환상을 본 것은 바라카가 해석했다. 보았다는 환상을 기록한 것이 코란이다. '마호메트앤 마운틴'이라는 영어 속어는 정체가 드러났음에도 불구하고 뻔뻔한 사람을 의미한다. 마호메트가 본 환상과 교리로 인해 이슬람은 가톨릭을 신봉하는 왕들로부터 항상 보호받았다. 가톨릭과 비슷하기 때문에 가톨릭 세계에서도 마호메트를 반대하지 않고 보호했다. 그러나 마호메트가 쓴 문서는 단 한 페이지도 존재하지 않는다. 마호메트가 뭘 봤든, 어떤 환상이든 바라카가 해석했기 때문에 마호메트의 의지는 필요 없었고, 교황청의 생각대로 쓰였을 것이다.

또한 교황청은 이슬람이 북아프리카로 진출해 통일하는 것을 승인하고 자금까지 지원했다. 이 과정에서 교황청은 세 가지 조건을 약속받았다. 첫째, 정통파 유대인과 가톨릭을 반대하는 기독교인들을 제거할 것. 둘째, 어거스틴 수도사와 로마 가톨릭교회를 항상 보호할 것. 셋째, 예루살렘을 정복해 교황청에 돌려줄 것. 이 조건에 따라 자금을 무한히 지원받았고, 그 결과 중동을 통일하고 북아프리카, 포르투갈, 스페인까지 차지하게 되었다.

이슬람 최고 지도자의 손에 있을 것으로 추정되는 합의 문서에는 정통파 유대교와 가톨릭 교리를 반대하는 기독교인들을 어떻게 말살시킬 것인지에 대한 내용이 기재되어 있다. 이 문서가 외부에 유출될 경우 두 종교에 큰 타격을 줄 수 있기 때문에, 양측은 서로 조심하고 있다. 이는 가톨릭과 불가침 조약이 있는 '정교조약'이 존재한다는 것을 의미한다. 610년 메카에서 시작된 이슬람은 빠르게 아라비아반도를 넘어 프랑스 남부, 스페인, 북아프리카, 이란, 인도, 파키스탄, 중앙아시아로 전파되었다. 현재 이슬람을 믿는 나라들 중 절반이 초창기에 이미 만들어진 나라들이다. 8세기 중반에는 중앙아시아에서 벌어진 탈라스 전투에서 당나라를 대파해 중국의 서역 진출 꿈을 포기하게 만들었다.

초기 이슬람의 전파는 이들이 만든 이슬람 제국의 영토와 완벽히 일치한다. 제국 자체가 정복을 통한 이슬람의 포교를 위해 만들어졌기 때문이다. 이렇게 만들어진 이슬람의 영토는 로마제국의 거의 두 배에 달했고, 로마가 900년이 걸린 것에 비해 겨우 100년 만에 이룬 성과다. 이 전무후무한 속도의 팽창은 어떻게 가능했을까? 물론 이슬람에서는 알라의 뜻으로 여기겠지만, 종교적 측면을 배제하고 역사적, 시대적 배경을 살펴보자. 당시 이 지역은 서양을 대표하는 비잔틴과 동양을 대표하는 페르시아의 거대 제국이 패권을 다투고 있었다.

비잔틴과 페르시아는 300년 넘게 싸워왔고 이에 따라 두 나라 모두 피폐해져 있었다. 끝없이 이어지는 소모전과 쿠데타 같은 정치 혼란이 반복되었고, 전비 마련을 위한 가혹한 세금과 약탈로 인해 민심이 모두 떠난 상태였다. 그야말로 새로운 세력의 출현을 기다리는 분위기였다. 이 두 나라를 더욱 약화시킨 것은 페스트였다. 6세기 중반 이집트에서 시작된 페스트는 곧 비잔틴 제국의 수도 콘스탄티노플로 퍼졌고, 사람들이 대량으로 죽어 나가기 시작했다. 심한 날에는 하루에 만 명이 페스트로 죽었는데 비잔틴 인구의 40%가 단기간 내에 사라졌다.

전염병은 아군과 적군을 가리지 않았다. 곧 페르시아에도 페스트가 퍼져 페르시아 인구의 25%가 사라졌고, 그중에는 페르시아 왕도 포함되어 있었다. 페스트는 두 제국을 모두 기진맥진하게 했다. 반면 아라비아반도의 이슬람은 페스트의 영향을 거의 받지 않았다. 대부분이 사막이라 페스트를 전파하는 쥐가 서식할 수 없었기 때문이다. 비잔틴과 페르시아가 대도시에 밀집해 사는 것과 달리, 아라비아반도의 유목민들은 대부분 사막에 흩어져 살았기 때문에 페스트를 피하는 데 절대적으로 유리한 환경이었다. 오랜 전쟁과 페스트로 인해 비잔틴과 페르시아의 힘이 약화되지 않았다면, 역사상 유래없는 이슬람의 급속한 전파는 일어나지 않았을 것이다. 대부분의 지역이 이 두 강국의 영향권에 있었기 때문에, 제3세력의 성장을 그저 지켜보지는 않았을 것이다. 하지만 아무리 국제적 환경이 유리하더라도 스스로 충분한 힘을 갖추지 못했다면, 이슬람이 이처럼 거대해지지는 못했을 것이다.

사실 아라비아반도는 경제적으로 낙후된 지역이었다. 부족 단위로 사막과 초원을 떠돌며 양이나 치는 것이 전부였다. 적은 목초지와 오아시스를 두고 부족 간 전쟁이 일어나 경제력이 쌓일 여지도 없었다. 그런데 비잔틴과 사산조 페르시아 간의 장기 전쟁이 아라비아반도에 의도치 않은 경제변화를 가져왔다. 페르시아에서 지중해에 이르던 전통 교역로가 차단되자, 상인들은 새로운 루트를 찾아야 했다. 아라비아 사막을 가로지르거나 서부의 홍해 연안을 따라가는 길이 그것이었다.

이 덕분에 메카와 메디나 같은 도시가 발달하고 중계무역으로 전에 없던 호황을 누리게 되었다. 이슬람 창시자로 알려진 마호메트 역시 메카의 상인 출신이었다. 이런 변화 덕분에 이슬람은 정복 전쟁의 경제적 토대를 마련할 수 있었다. 정복 전쟁을 위해서는 강력한 군대가 필수적이었다. 이 문제는 결과적으로 양대 제국의 도움을 받았다. 비잔틴과 페르시아는 오랜 전쟁으로 인력난에 시달려 많은 용병을 고용했고, 지리적으로 가까웠기 때문에 이 국경을 지키는 군사의 대부분은 아랍인이었다. 이들은 유목이나 농사보다 더 많은 수입을 얻었기 때문에 선망의 대상이었다. 선진제국의 전쟁 전술을 익힌 이들이 이슬람으로 개종한 후 정복을 이끄는 최고의 전사가 되었다. 새로운 무역로 덕분에 만들어진 경제력과 용병으로 다져진 군사력은 분명 정복 전쟁의 든든한 바탕이 되었다. 하지만 이슬람의 전광석화 같은 확대를 가져온 두 가지 결정적인 요인은 포용정책과 조세정책이었다. 당시 이슬람 세력은 숫자가 매우 적어 넓은 정복지를 직접 다스리는 것은 불가능했다. 따라서 이슬람 제국은 기존 제국과는 전혀 다른 통치 시스템을 사용했다.

세금을 내는 조건으로 토착 세력의 기득권을 인정하는 간접 통치였다. 전쟁에서 패하면 죽거나 노예로 팔려나가는 시대에 이런 관용정책은 파격적이었다. 심지어 세금만 낸다면 어떤 종교도 허용되었고, 기독교도 믿을 수 있었다. 이러한 제도를 '딧마'라고 하고, 무슬림이 아닌 국민을 '딧미'라고 불렀다. 아랍의 유목민 자체도 숫자가 많지 않았다. 제국을 유지하기 위해서는 적정 인구가 필요했다. 그래서 '딧마' 제도를 통해 피정복민을 보호하고, 대신 세금이라는 실리를 취했다.

당시 주변국의 민중에게 매력적이었던 것은 이슬람의 조세정책이었다. 이슬람 제국에서는 25%의 토지세만 내면 누구든 땅을 소유할 수 있었다. 이는 마음껏 농사를 지으며 경작물도 가질 수 있게 했다. 비잔틴과 페르시아 제국의 가혹한 수탈에 싫증이 난 사람들에게 이 제도는 혁명과도 같았다. 여기에 10%의 인두세만 내면 이슬람으로 개종하지 않아도 되어, 이슬람은 다른 종교들로부터 큰 거부감을 받지 않았다. 특히 유럽 가톨릭으로부터 이단으로 몰려 핍박받던 곱트 기독교, 네스토리우스파, 단성론자, 아랍에 사는 일부 유대교도들은 이슬람이 종교의 자유를 보장하자 오히려 해방군으로 여겼다. 초창기 이슬람의 정책은 개종과 세금, 그리고 죽음 중에서 선택하라는 것이었다. 이슬람을 믿어 구원을 얻거나 세금을 내고 자신들의 보호를 받으라는 것이었다. 그런데 세금을 내면 기득권은 물론 자신의 종교도 지킬 수 있었고 그 세금마저 비잔틴이나 페르시아보다 훨씬 쌌기 때문에 이슬람은 많은 곳에서 환영을 받았다.

이슬람의 세력 확장에 결정적인 역할을 한 것은 도시들이 싸우지 않고 통째로 투항하는 경우가 점점 더 많아졌기 때문이다. 이는 이슬람으로의 개종 시 10%의 인두세마저 깎아주는 제도 덕분이었다. 이 때문에 나중에는 아랍에 사는 기독교 집단과 페르시아의 조로아스터교도들이 대거 개종하기도 했다. 그 결과 세수가 급격히 줄어들어서 잠시 집단 개종을 막기도 했다. 이슬람 제국은 사상 처음으로 지배 이념이 된 제국이었다. 무함마드의 죽음 후에도 정통 칼리프, 우마이야 왕조, 아바스 왕조가 이어지며, 이슬람의 확산에만 전념할 수 있었다. 이는 알렉산더가 죽은 후 몰락한 헬레니즘 제국과는 완전히 달랐다.

이후 이슬람은 절정기를 맞이했다. 아랍은 그리스·로마 시절의 천년의 설움을 날리고 유럽 문명을 천 년간 앞서게 되었다. 그들이 이 시기에 그리스 학문을 연구하지 않았거나 자연과학, 수학, 천문학, 의학,

화학 분야에서 탁월한 성과를 남기지 않았다면 현대 과학기술은 결코 지금의 수준에 이르지 못했을 것이다. 영어 국명 '코리아'가 된 것도 이슬람의 황금기에 아랍 상인들이 고려를 세계에 소개한 덕분이다. 하지만 18세기 말 나폴레옹의 이집트 침공 이후 아랍과 유럽 간의 힘의 균형은 다시 역전되었다. 이슬람은 초기의 포용력이나 종교로 다져진 단결력이 이미 사라진 지 오래다. 수니파와 시아파로 나뉘어 곳곳에서 분열과 피 흘림이 일어나고 있다. 만약 이 문제를 해결하지 못한다면 아랍은 서방세계에 휘둘리는 천년의 세월을 다시 지내야 할지도 모른다. 마호메트가 죽을 때 사촌이자 사위인 알리를 후계자로 지명했다는 수니파 사우디와 그렇지 않다고 주장하는 시아파 이란의 갈등은 여전하다. 유대인을 이해하기 위해서는 유대인이라는 말이 추상적인 의미를 가진다는 것을 알아야 한다.

이는 구약성경 속 가나안 땅의 유대 민족, 아브라함의 생태적 혈통을 가리키는 것으로, 문자적인 의미 이상의 비유적, 은유적, 환유적 해석이 필요하다. 혈통적 유대인, 자칭 유대인, 복제 유대인, 표면적 유대인, 카자르 유대인, 아쉬케나지 유대인 등을 이해하는 것은 세계의 모든 전쟁과 최근 우크라이나 전쟁의 원인을 파악하는 데 필요하다. 자산시장, 부동산, 주식, 종교가 자본주의 경제에 어떻게 들어왔는지를 이해하는 것은 중요하다.

유대인이 만든 것은 구원인가 지옥인가, 외눈박이 역사 인식

혼돈 속에서 질서를 이루며, 결과가 수단을 정당화한다. 2000년의 역사 속에서 서양 기독교의 주도권은 예수, 바울 등 인간 사유에 큰 영향을 미쳤으며, 그들이 만들어 낸 것은 엄청난 것이다. 최근 팔레스타인 땅에서의 인명 살상을 보면, 유대교든 기독교든 그들이 과연 생각이 있는지 의문이 든다. 가톨릭의 초대 교황 베드로, 기독교의 발명자 바울, 아인슈타인, 공산주의 창시자 칼 마르크스, 정신분석학 창시자 프로이트, 영화감독 스필버그, 현대 작가 유발 하라리(Yuval Noah Harari) 등은 사유를 업그레이드한 유대인들이다.

그러나 그 사유를 통해 세상을 업그레이드했다고 생각했지만, 최근의 사건들을 보면 마찬가지이다. 인간이 진화했는지 되돌아보면, 약육강식의 모습이 드러난다. 종교는 인간에게 구원의 길을 제시하고 많은 이들이 그 구원관을 따르지만, 실제로는 현실의 지옥을 만들고 있다.

2000년 전 로마로부터 나라를 잃고 전 세계를 떠돌며 고난을 겪은 유대인들은 70년 전 고향 땅으로 돌아가 이스라엘을 세웠다. 그들이 2000년 동안의 고난을 겪은 후 새로운 것을 창조했으면 얼마나 좋았을까? 하지만 그들은 팔레스타인을 핍박하며, 인류는 예수님과 부처님도 인류의 약육강식, 복수, 보복, 살육을 끊기 위해 새로운 개혁을 만들었지만, 그들은 다시 원점으로 회귀하는 모습을 보여주고 있다.

이에 따라 우리는 절망할 수밖에 없고, 이는 참으로 안타까운 일이다.

우리가 속은 것일까? 아니면, 우리는 자본주의라는 극장에서 계약이란 두 가지 관념적 사례를 본 것은 아닐까?

첫 번째, 계약위반 사례로 신을 부정하고 십자가에 못 박혀 죽게 한 죄의 대가로 탄압과 학살 장면.

두 번째, 계약의 영원성 끝없는 이행 사례로써 1900년간 나라 없이 떠돌던 민족의 1948년 이스라엘 건국 시오니즘 장면.

그럼에도 희망적인 이유

지금까지 경제학의 여러 모델과 새로운 경제학에 대해 어떻게 접근하는 것이 좋을지 많은 사례와 함께 논의해 왔다. 하지만 이제는 지금까지의 경제학 모델 중 어떤 모델이 좋은 모델인지를 선택하는 것이 큰 의미가 없을지도 모른다. 4차 산업혁명과 과학기술, 즉 챗GPT 같은 AI와 인공지능 기술 혁명은 모든 사회 환경과 체제에서 경제학 모델을 논하는 시대를 마감했다. 좀 더 구체적으로, AI 때문에 학벌이 점점 더 퇴색해 간다. 예전에 수천만 원, 수억 원을 들여 관계를 맺던 것이 필요 없어지고, 전문가인 척 흉내 내는 것으로는 더 이상 존재할 수 없다.

궁금증이 많고 책을 많이 읽어 질문하고 추론할 수 있는 열정이 더 중요한 시대이다. AI와 친숙해져야 한다. 일방적으로 지식을 전달하는 시대는 끝났다. 내년 3월이면 AI 터보가 나올 것이고, 사람보다 더 사람 같은 AI시대가 도래할 것이다. 제일 중요한 능력은 추론 능력이며, 그것은 '하브루타' 교육 방식에서 나올 것이다. 추론 능력은 질문하고, 토론하고, 경험하고, 논쟁하는 교육 방식에서 발전한다.

언어의 장벽도 이제 크게 문제가 되지 않을 것이다. AI가 번역뿐만 아니라 대화기능을 가진다는 것은 기술의 발전이 통역 전문가나 지식

전달자 계급을 더 이상 필요로 하지 않는다는 것을 의미한다. 의사든, 기자든, 법률 사무직이든, 챗GPT가 미국 변호사 시험에서 상위 10%로 통과할 정도이다. 충분히 발달한 과학기술은 마법과 구분할 수 없다.

우리 눈앞을 가로막고 있는 것은 무엇인가?

무엇보다 그 사회 정치제도는 부정부패의 근본적인 문제다. 따라서 이러한 문제들을 당장 한 번에 고쳐지거나 제거되지 않는다. 그러나 새로운 시대의 과학기술이 대체될 수만 있다면, 언젠가 수용될 것이라는 전제로 본질적인 개혁 과제로 주장할 수 있다는 점에서, 미래 변화의 밑거름이 될 수 있으며 그 가치는 결코 작지 않다.

또한, 우리 앞에 가로놓여 있는 것은 무엇인가?

이제 뭐라 해도 미래에 희망이 있다는 것이다. 이 책은 유토피아나 디스토피아로 향해 나아간다고 단정하지도 않고, 주장하는 방향과 결과가 도덕적 통찰을 제공한다고 주장하지도 않는다. 다만, 미래의 4차 산업 과학기술 시대 사람들은 돈이 쌓일수록 이상적인 가치를 추구할 것이라는 점에 희망을 두고 있다. 왜? 소유하는 시대가 끝나가면서, 『인문학으로 읽는 금융화폐 자본주의』를 읽으며 우리 눈앞을 가로막고 있는 것들이 무엇인지 질문과 토론을 하다 보면 인류의 미래 즉 우리 눈앞에 가로놓여 있는 것들이 AI 민주주의라는 것을 마주하게 될 것이다.

AI가 정치의 모든 분야에 도입되어, 입법, 사법, 행정 및 정부의 전반에 걸쳐 활용될 수 있음을 의미한다. 예산을 적절하게 배분하는 설계를 통해 낡은 지역구 국회의원의 숫자를 줄이거나 권한을 약화시키는 AI 지원 프로젝트를 시행하고 AI 입법지원 프로그램을 통해 판검사 수를 줄이거나 입법위원 수를 약화시키는 프로젝트 등을 시행할 수 있다. 따라서 죽기 전에 이것 하나만은 꼭 바꾸고 싶다면 앞장서거나 기부해라! 몰래몰래 여우굴을 파야 할 것 아닌가? 그것은 AI 시스템을 만드는 것이다. 앞으로 모든 것에 대안이 있다. 가치 있고 경의로운 일에 영원히 이름을 남기고 싶은 사람들이 과거에는 대학교에 기부하고 죽었다. 이제는 이런 프로젝트에 기부하는 시간이 온 것이고 개혁의 시간 미래의 시간이 도래한 것이다.

지금까지 기득권의 벽이 워낙 견고하고, 자신들 자리를 계속 보전하려 침을 뱉거나 쳐다보지 않으려 했다. 그러나 기술의 발전은 저 멀리 나가 있는데, 우리는 너무 과거에 머물러 있다. 이 간극을 줄여줄 수 있는 유능한 정치인만이라도 귀를 기울여준다면, 우리는 앞서 나갈 수 있다. 앞으로는 대통령이나 정치인이 존경받기보다는 시민의 리더 말을 듣고 새로운 형태의 정치를 앞서 나가 할 수 있다.

누군가 이러한 프로젝트를 시작하면 그 사람은 대통령보다도 더 훌륭한 존경받을 수도 있다. AI 기술 발전 수준이 6개월에서 1년이면 이러한 프로젝트 설계가 가능한 수준까지 와있다는 것이다. 누군가 시작하면 돈과 명예도 기부하는 사람 이름도 영원히 남는 프로젝트인 것이다.

:: 참고문헌

1) 고진석, 『우리는 어떻게 프로그래밍 되었는가』, 갤리온, 2012.

2) 리반햄, 『성장에 눈먼 세상』, 지영사, 2016.

3) 루드비히 포이어바흐, 『종교의 본질에 대하여』, 한길사, 2006.

4) 루드비히 포이어바흐, 『종교의 본질에 대하여』, 한길사, 2006.

5) 김산해, 『수메르 최초의 사랑을 외치다』, 휴머니스트, 2007.

6) 오토 바우어, 『민족 문제와 사회민주주의』, 백산서당, 2006.

7) 베르너 좀바르트, 『사치와 자본주의』, 문예출판사, 1997.

8) 존 로크, 『통치론』, 돋을새김, 2019.

9) 세일러, 『경제독해』, 위즈덤하우스, 2009.

10) 미제스, 『인간 행동론』, 지식을 만드는 지식, 2009.

11) 황련위, 『자본주의 역사와 중국의 21세기』, 이산, 2001.

12) 이근식, 『상생적 자유주의』, 돌베개, 2009.

13) 마이클 노박, 『가톨릭 윤리와 자본주의 정신』, 인간사랑, 1990.

14) 박찬국, 『현대 철학의 거장들』, 이학사, 2012.

15) 존 그레이, 『자유주의』, 이후, 2007.

16) 로버트 하일브로너, 『경제사상』, 민음사, 2001.

17) 에리히 프롬, 『소유냐 존재냐』, 범우사, 1999.

18) 그레고리 클라크, 『맬서스 산업혁명 그리고 이해할 수 없는 신세계』, 한스미디어, 2009.

19) 박명광, 『사회주의와 자본주의의 경험과 미래』, 무역경영사, 2004.

20) 찰스 P. 킨들버거, 『경제 강대국 흥망사』, 까치글방, 2004.
   권홍우, 『부의 역사』, 인물과사상사, 2008.

21) 에두아르트 베른슈타인, 『사회주의의 전제와 사민당의 과제』, 한길사, 1999.

22) 홍성국, 『세계 경제의 그림자 미국』, 해냄, 2005.

23) 크리스 하먼, 『저항의 세계화』, 북막스, 2002.

24) 짐 스탠포드, 『자본주의 사용 설명서』, 부키, 2010.

25) 막스 베버, 『프로테스탄트 윤리와 자본주의정신』, 문예출판사, 2010.

26) 세일러, 『경제독해』, 위즈덤하우스, 2009.

27) 나오미 클라인, 『쇼크 독트린』, 살림Biz, 2008.

28) 카와무라 아츠노리, 『엔데의 유언』, 갈라파고스, 2013.

29) 나카타니 이와오, 『자본주의는 왜 무너졌는가』, 기파랑, 2009.

30) 마르크스, 『자본론』, 동서문화사, 2008.

31) 이근식, 『자유주의』, 돌베개, 2009.

32) 칼 포퍼, 『삶은 문제 해결의 연속이다』, 포레스트북스, 2023.

33) 아돌프 히틀러, 『나의 투쟁』, 동서문화사, 2014.

34) 김운희, 『왜 자본주의는 고쳐 쓸 수 없는가』, 알렙, 2013

35) 제임스 가비, 『위대한 철학책』, 바이북스, 2015.

36) 이근식, 『자유주의와 한국사회』, 철학과현실사, 2007.

37) 샤르르 푸리에, 『산업적 협동사회적 새 세계』, 책세상, 2007.

38) 차현진, 『금융 오디세이』, 메디치미디어, 2021.

39) 강기원, 『교양경제』, 비봉출판사, 1996.
    이토 미스하루, 『존 케인즈』, 소화, 2004.

40) 세일러, 『경제독해』, 위즈덤하우스, 2009.

41) 박종현, 『케인즈 & 하이에크』, 김영사, 2008.

42) 나카타니 이와오, 『자본주의는 왜 무너졌는가』, 기파랑, 2009.

43) 잉그바 칼손, 안네 마리 린드그랜, 『사회주의란 무엇인가』, 논형, 2009.

44) 칼 폴라니, 『거대한 전환』, 길, 2009.

45) 네이마 사히로, 『경제혁명 저 88』, 한국경제신문사, 1998.

46) 폴 스트레턴, 『경제학자들의 삶과 사상』, 몸과 마음, 2002.

47) 잉그바 칼손, 안네 마리 린드그랜, 『사회주의란 무엇인가』, 논형, 2009.

48) 박명광, 『사회주의와 자본주의의 경험과 미래』, 무역경영사, 2004.

49) 이근식, 『상생적 자유주의』, 돌베개, 2009.

50) 심성보, 『민주화 이후의 공동체 교육』, 살림터, 2008.

51) 이근식, 『서독의 질서자유주의』, 기파랑, 2007.

52) 칼 폴라니, 『거대한 전환』, 길, 2009.

53) 존 그레이, 『자유주의』, 이후, 2007.

54) 이근식, 『신자유주의』, 기파랑, 2009.

55) 제라르 뒤메닐, 『자본의 반격』, 필맥, 2006.

56) 세일러, 『경제 독해』, 위즈덤하우스, 2009.

57) 앤소니 기든스, 『좌파우파를 넘어서』, 한울, 1997.

58) 폴 슈마커, 『정치 사상의 이해 II』, 오름, 2007.

59) 나오미 클라인, 『쇼크 독트린』, 살림Biz, 2008.

60) 미제스, 『자유주의』, 자유기업원, 2020.

61) 밀턴 프리드먼, 『통화론적 자유주의』, 한경BP, 2009.

62) 아인 랜드, 『철학, 누가 그것을 필요로 하는가』, 자유기업센터, 1998.

63) 모하메드 엘-에리언, 『새로운 부의 탄생』, 한경BP, 2009.

64) 폴 크루그먼, 『미래를 말하다』, 엘도라도, 2012.

65) 홍성국, 『세계경제의 그림자 미국』, 해냄, 2005.

66) 나카타니 이와오, 『자본주의는 왜 무너졌는가』, 기파랑, 2009.

67) 후지와라 마시히코, 『국가의 품격』, 북스타, 2006.

68) 레이 쓰하이, 『G2 전쟁』, 부키, 2014.

69) 윌리엄 클라인 크넥트, 『세계를 팔아버린 남자』, 사계절, 2012.

70) 하이에크, 『치명적 자만』, 자유기업원, 2014.

71) 네이마 사히로, 『경제혁명』, 한국경제신문사, 1998.

72) 이승종, 『크로스오버 하이데거』, 동연출판사, 2021.

73) 박찬국, 『하이데거와 나치즘』, 문예출판사, 2001.

74) 조지 세이빈, 토머스 솔슨, 『정치사상사 2』, 한길사, 1997.

75) 나오미 클라인, 『쇼크 독트린』, 살림Biz, 2008.

76) 박성래, 『레오 스트라우스』, 김영사, 2005.
    신들과 인간의 자식, 이들은 사회는 또 다른 신이라는 것이다.

77) 데니스 맥세인, 『증오의 세계화』, 글항아리, 2016.

78) 박성래, 『레오 스트라우스』, 김영사, 2005.

79) 캐서린 슐츠, 『오류의 인문학』, 지식의 날개, 2014.

80) 앤드루 로스 소킨, 『대마불사』, 한울, 2010.

81) 왕양, 『환율전쟁』, 평단문화사, 2011.

82) 아인 랜드, 『아틀라스』, 민음사, 2005.

83) 고병권, 『화폐 마법의 사중주』, 그린비, 2005.

84) 이마무라 히토시, 『화폐 인문학』, 자음과모음, 2010.

85) 데이비드 그레이버, 『부채』, 부글북스, 2021.
    카와무라 아츠노리, 『엔데의 유언』, 갈라파고스, 2013.

86) 토머스 H. 그레코 Jr, 『화폐의 종말』, 이른아침, 2010.

87) 데이비드 그레이버, 『부채』, 부글북스, 2021.

88) 스테파노 자마니, 『탐욕』, 북돋음, 2014.

89) 필립 굿차일드, 『돈의 신학』, 대장간, 2013.

90) 토마스 만, 『마법의 산』, 을유문화사, 2008.
　　아인 랜드, 『아틀라스』, 민음사, 2005.

91) 미야타 미쓰오, 『홀로코스트 이후를 살다』, 한울아카데미, 2013.

92) 김영도 『아테네와 예루살렘이 무슨관계가 있단말인가』.

93) 그리스 자연은 신이다. 헬라신이 자연을 창조했다.

94) 정실에 얽힌 인간들의 주관적 판단보다 AI 로바마 프로젝트 대안 요구.

95) 레오 스트라우스, 『자연권과 역사』, 인간사랑, 2001.

96) 강신주, 『노자 국가의 발견과 제국의 형이상학』, 태학사, 2004.

97) 제러미 리프킨, 『공감의 시대』, 민음사, 2010.

98) 리반햄, 『성장에 눈먼 세상』, 지영사, 2016.

99) 니겔 도드, 『돈의 사회학』, 일신사, 2002.

100) 카와무라 아츠노리, 『엔데의 유언』, 갈라파고스, 2013.

101) 헨리 조지, 『진보와 빈곤』, 살림, 2008.

102) 추이즈위안, 『프티부르주아 사회주의 선언』, 돌베개, 2014.

103) 마저리 켈리, 『자본의 권리는 하늘이 내렸는가』, 이소출판사, 2003.

104) 실비오 게젤, 『자유 화폐 이론』.

105) 이반 일리히, 『그림자 노동』, 미토, 2005.

106) GAFA(구글, 애플, 페이스북, 아마존) 빅텍 기업들이 전 세계 반도체 수출 발주 물량 조절.
　　반도체 수출 이익 배당금을 추적하면 국민소득 평균의 함정을 알 수 있다.

107) 실비오 가젤, 『자연스런 경제질서』, 2014.

108) 칼 마르크스, 『자본론』, 다락원, 2009.

109) 권영근, 『위험한 미래』, 당대, 2000.

110) 요제프 괴벨스, 『대중선전 선동심리학』, 책리뷰, 2006.

111) 프랭클린 포어, 『생각을 빼앗긴 세계』, 반비, 2019.

112) 성 어거스틴, AD354 카르타고 신학자, 철학자에 대한 내용.

113) 『법률의 묵시적 폐지』, 법제처 국회 법령 정보.

114) 슐로모산드 『만들어진 유대인』, 2008.

115) 박영숙, 『세계 미래 보고서 2024-2034』, 제롬글렌, 2023.

116) 이리 유카바 최, 『그림자 정부 경제편』, 해냄출판사, 2008.

117) 추이즈위안, 『프티부르주아 사회주의 선언』, 돌베개, 2014.

118) 알렉스 아벨라, 『두뇌를 팝니다: 랜드 연구소』, 난장, 2010.

119) 시오노 나나미, 『로마인 이야기』, 한길사, 2006

120) 로그네, 『미국 스피카 스튜디오 강연실황』, 2017.

121) 경제신문 특별 취재팀, 『김우중 비사』, 한국경제신문, 2005.

122) 알렉스 아벨라, 『두뇌를 팝니다』, 난장, 2010.

123) 정철운, 『요제프 괴벨스』, 인물과 사상사, 2018.
    에드워드 베네이스, 『프로파간다』, 공존, 2009.

124) 천병희 『펠로폰네소스 전쟁사』, 숲, 2011

125) 레오 스트라우스, 『정치론』, 인간사랑, 2010.

126) 로이킴, 『해커의 지문 발견기』, 세이지, 2023.
    김미영, 『해커의 지문』, 세이지, 2021.
    김용옥, 『숫강』.

128) 김영도, 『아테네와 예루살렘이 무슨 상관인가』

129) 카를 융, 『동기부여』, 김영사, 2022.
    지그문트 프로이트, 『꿈의 해석』, 돋을새김, 2014.
    르누아르, 『삶의 기쁨』, 프랑스 인상파 화가 색채 표현.

130) 1891년 레오 13세 교황에게 보내는 공개서한

131) 헨리 조지, 『노동 빈곤과 토지 정의』, 비봉출판사, 2016.

132) 토마스 만, 『마의 산』, 살림, 1929.

133) 쿠스타프 융의 신화적 기독교(가톨릭)에 대한 내용, 부글북스, 2023.
    프로이트 유대교적 기독교(개신교)에 대한 내용, 부글북스, 2023.

134) 본회퍼, 『기독교는 종교가 아니다』, e북, 2015

135) 그레이트수, 『미국 유튜브 강연실황』, 2017.

136) 오강남, 『기쁨 참 기쁨, 예수는 없다』, 현암사, 2017.
    루돌프 볼프만, 『역사와 종말론』, 1998.

인문학으로 읽는
금융화폐 자본주의

초판 1쇄 2024년 3월 15일

지은이 김원동
발행인 김재홍
교정/교열 김혜린
디자인 박효은
마케팅 이연실

발행처 도서출판지식공감
등록번호 제2019-000164호
주소 서울특별시 영등포구 경인로82길 3-4 센터플러스 1117호(문래동1가)
전화 02-3141-2700
팩스 02-322-3089
홈페이지 www.bookdaum.com
이메일 jisikwon@naver.com

가격 28,000원
ISBN 979-11-5622-861-5 03320